精益管理法

董立杰　董立志　著

LEAN
MANAGEMENT

企业管理出版社
ENTERPRISE MANAGEMENT PUBLISHING HOUSE

图书在版编目（CIP）数据

精益管理法 / 董立杰，董立志著 . — 北京：企业管理出版社，2021.9

ISBN 978-7-5164-2377-6

Ⅰ.①精… Ⅱ.①董… Ⅲ.①智能制造系统－制造工业－工业企业管理－研究－中国 Ⅳ.① F426.4

中国版本图书馆 CIP 数据核字 (2021) 第 073740 号

书　　名	精益管理法
作　　者	董立杰　董立志
责任编辑	蒋舒娟
书　　号	ISBN 978-7-5164-2377-6
出版发行	企业管理出版社
地　　址	北京市海淀区紫竹院南路17号　　邮编：100048
网　　址	http://www.emph.cn
电　　话	编辑部（010）68701661　　发行部（010）68701816
电子信箱	26814134@qq.com
印　　刷	河北宝昌佳彩印刷有限公司
经　　销	新华书店
规　　格	700毫米 × 1000毫米　　16开本　18.5印张　357千字
版　　次	2021年9月第1版　2021年9月第1次印刷
定　　价	72.80元

版权所有　翻印必究　·　印装有误　负责调换

序：历史的使命

人类历史的长河中，亘古以来就流淌着一种看似瞬息万变实则万变不离其宗的活力基因——管理。无论管理是自发的还是有组织的、显性的还是隐性的，管理的真谛始终是"少出力、多出活""少投入、多产出"，也就是用尽可能少的人、财、物的消耗，创造尽可能多的价值。

为了实现"少出力"，人类发明了生产工具。生产工具大大解放了劳动力，提高了劳动效率。后来发展到工具自己干活，进一步减少了对劳动力的使用，这就是我们今天所讲的智能化。为了实现"少投入、多产出"，人类学会了节约，后来又想到了废物再利用，进一步减少对资源的消耗，向着集约化、精细化方向迈进，这就是精益化。精益化也好，智能化也好，实际上都是人类自古以来孜孜以求的生存发展之道。

这不禁让我想到了一个直击灵魂的问题：我们赖以生存的地球还好吗？

长期以来，人类沉醉于地球资源"取之不尽，用之不竭"的美好梦想中。但遗憾的是，从二十世纪下半叶开始，便出现了能源危机的迹象，更准确地说，是化石能源的危机。据估计，地球上的煤、石油和天然气可持续开采的时间不超过100年了。想想就很可怕，人类只用了几百年时间就差不多将地球几亿年甚至更长时间积蓄的能源积累消耗殆尽！另外，淡水资源的匮乏、自然物种的灭绝、森林面积的锐减、垃圾污染的加速……凡此种种，我们的地球，真的还能承受吗？

历史的车轮滚滚向前，人类的探索从未止步。从节能减排到循环经济，从环境保护到绿色发展，从智能制造到创新发展，从和谐共享到人类命运共同体建设，从碳达峰到碳中和，人类为节约资源、创造财富和改善地球艰辛努力。而这一切的背后，我们都能看到两大支撑性理念：智能化和精益化。

对现代企业来讲，智能化是企业转型升级的必然选择，因为它有利于资源的科学合理利用和企业高效发展；精益化是企业提升竞争力的重要法宝，是企业高质量发展的必由之路。尤其是制造业企业，一方面承担着建设美好家园的重担，另一方面还承担着保护美丽地球的重担，如欲实现"建设"和"保护"的双重目标，就必须高度重视精益，把精益管理作为企业发展的核心理念。

但在实际操作中，"精益"二字又谈何容易！精益生产的理念已经诞生几十年，可是真正将精益管理在企业全面落地的企业屈指可数。为何？因为精益管理是一个系统化的体系，是一套从思维到逻辑、从理念到方法的整体方案。"人有多大胆，地有多大产"的想法在精益管理中并不适用，必须按照科学系统的路径，遵从精益管理的法则，使用科学的工具与方法，循序渐进地推进和实现精益管理。然而，路从何来？

《精益管理法》正是在智能制造的大背景下，从实战角度为企业管理者带来了全面落地的精益管理之道。本书对信息化、数字化、智能化、精益化的逻辑关系做出了精准分析，指出了精益管理实现的路径，并用翔实的图文描述了实现精益管理的工具、方法、步骤和方案，集理论和实践于一身，为制造业企业实施精益管理、实现转型升级提供了不可或缺的管理指南。在精益管理日益深入人心的今天，这也算是本书应该承担的历史使命吧！

谨以此序。

董立志 于济南

二〇二一年四月

前　言

　　"精益"是什么？

　　是生产方式？是管理模式？是思维模式？是文化理念？是创新？是改善？

　　好像都是，也好像都不是。当我们在疑惑中犹豫时，精益离我们越来越远，这时我们才发现，原来精益首先就是"行动起来，开始干吧！"

　　其实这个问题，老祖宗已经给出了答案，它既不神秘，也不遥远，更不是舶来品。

　　精益就是"三个臭皮匠，赛过诸葛亮"。合众人之力，办众人之事，集组织内每一个人于一体，为了共同的降本增效目标行动起来，我为人人，人人为我，这就是精益，正所谓"上下同欲者胜"，亦可谓"二人同心，其利断金"。

　　精益就是"打破砂锅问到底"。追究事情的根底，寻找问题的根因，治理隐患的根源，不放过，不错过，不漏过，这就是精益，即"善问者如攻坚木""穷根究底，追本溯源"。

　　精益就是"只要功夫深，铁杵磨成针"。精益之道道阻且长，终有荣光，坚持不懈，永不放弃，精益求精，没有最好，只有更好，改善永无止境，这就是精益。正可谓"锲而不舍，金石可镂"，抑或是"千淘万漉虽辛苦，吹尽狂沙始到金""苟日新，日日新，又日新"。

　　精益还是什么？让我们沉下心来，一起研读这本书吧！越精通，越精益！

董立杰 于青岛

二〇二一年四月

目　录

第 1 章　智能制造与精益管理 1

1.1　工业革命 2

　　1.1.1　第一次工业革命，工业1.0，蒸汽时代 2

　　1.1.2　第二次工业革命，工业2.0，电气时代 3

　　1.1.3　第三次工业革命，工业3.0，自动化、信息化、数字化时代 4

　　1.1.4　第四次工业革命，工业4.0，智能化时代 4

1.2　德国工业4.0 5

　　1.2.1　德国工业4.0的一个网络和两大主题 6

　　1.2.2　德国工业4.0的三项集成 8

　　1.2.3　德国工业4.0的五大愿景 10

1.3　美国工业互联网 12

　　1.3.1　工业互联网的三大要素 12

　　1.3.2　工业互联网的三大核心体系 13

　　1.3.3　工业互联网的平台架构 15

　　1.3.4　工业互联网的五大特点 17

1.4　中国制造2025 18

1.5　智能制造的全面解读 21

　　1.5.1　智能制造（人机一体化智能系统） 21

　　1.5.2　工业物联网 25

　　1.5.3　智能制造VS德国工业4.0VS美国工业互联网VS中国制造2025 27

1.6　智能制造下的精益管理 30

　　1.6.1　智能化和精益化相关概念解析 30

1.6.2 精益管理和智能制造的关系 32

第 2 章　精益基础 35

2.1　精益生产与精益管理 36
 2.1.1　概念解析 36
 2.1.2　精益管理的核心思想 37

2.2　转变精益思维，突破管理瓶颈 40
 2.2.1　更加关注企业效益，认识精益管理的必要性 40
 2.2.2　更加关注员工成长，打造精益思维基础 41
 2.2.3　更加关注预防管理，打造精益思维导向 43
 2.2.4　更加关注库存浪费，挖掘精益思维深度 46
 2.2.5　更加关注"小事"，实现精益循环上升 47
 2.2.6　精益管理的一个核心：高层挂帅 48

2.3　精益管理的两条主线：精益文化引领与价值流引领 50
 2.3.1　第一条主线：用精益文化引领精益管理工作 50
 2.3.2　第二条主线：用价值流引领精益运营工作 55

2.4　精益管理的三大目标 61
 2.4.1　第一目标：消除生产中的七大浪费 63
 2.4.2　第二目标：避开管理中的七大深坑 68
 2.4.3　第三目标：剑指生产"七个零" 75

2.5　精益管理的实现路径 76

第 3 章　精益管理体系：流程型组织建设 79

3.1　揭开流程型组织的面纱 80
3.2　流程型组织架构 82
3.3　流程型组织的五略模型 84

- 3.4 流程型组织的实现路径 **87**
- 3.5 流程的设计 **91**
  - 3.5.1 流程设计的三大原则 **91**
  - 3.5.2 流程架构体系设计 **92**
  - 3.5.3 流程的设计思路 **93**
- 3.6 精准操作，正确识别核心流程 **96**
  - 3.6.1 核心流程及核心关注要素 **97**
  - 3.6.2 核心流程与执行力 **98**
  - 3.6.3 核心流程的识别与界定 **98**
- 3.7 流程型组织的持续改善 **100**

第 4 章　精益生产的三大步骤 **103**

- 4.1 第一步：用精益生产工具构建业务流 **104**
  - 4.1.1 用均衡排产实现生产计划的平衡 **104**
  - 4.1.2 用单件流提高生产效率 **108**
  - 4.1.3 用看板管理控制生产过程 **112**
  - 4.1.4 用拉动式生产实现生产同步化 **116**
- 4.2 第二步：用精益运营工具强化业务管理 **121**
  - 4.2.1 用5S强化现场管理 **121**
  - 4.2.2 用目视化管理推进5S的标准化 **130**
  - 4.2.3 用现场观察深化目视化管理 **133**
  - 4.2.4 用标准化作业提高作业效率 **136**
  - 4.2.5 用快速换模减少生产等待时间 **140**
  - 4.2.6 用全面生产维护打造精益生产管理体系 **145**
- 4.3 第三步：用精益管理工具实现持续改善 **151**
  - 4.3.1 用全面质量管理（TQM）打造系统性精益管理 **152**

4.3.2　用PDCA实现全面质量管理的循环改善 **159**

4.3.3　用八何分析法（6W2H）和5WHY找到问题根因 **164**

4.3.4　用"七种武器"助力TQM进行系统分析 **168**

第 5 章　精益管理的四大项目打造 **181**

5.1　建设实践性的培训体系 **182**

5.1.1　企业培训的必要性 **182**

5.1.2　培训体系 **183**

5.1.3　培训体系建设的原则 **185**

5.1.4　培训需求分析 **187**

5.1.5　培训计划的制订步骤 **196**

5.1.6　培训效果评估 **201**

5.1.7　课程体系的设计 **204**

5.1.8　精益管理下的企业培训基地 **210**

5.2　实施有效的对标管理 **218**

5.2.1　为什么：企业的对标动力 **218**

5.2.2　和谁对：企业的对标对象 **219**

5.2.3　对什么：企业的对标内容 **220**

5.2.4　怎么对：企业的对标管理 **221**

5.2.5　怎么改：对标后企业变革 **222**

5.3　用岗位创新形成不断提升的动力 **224**

5.3.1　从一个邮差说起 **224**

5.3.2　创新的形式 **225**

5.3.3　岗位创新的关键思维 **227**

5.3.4　岗位创新的实施步骤 **231**

5.4 推进价值流专项改善：精益大项目管理 **235**

    5.4.1 精益大项目核心思维 **235**

    5.4.2 大项目的课题选择 **238**

    5.4.3 大项目评价和激励管理 **240**

    5.4.4 大项目的实施步骤 **242**

第 6 章 　精益智造的信息化战略规划 **245**

6.1 信息化规划基本概念 **246**

6.2 信息化实现路径及前置条件 **248**

6.3 信息化启动 **250**

    6.3.1 确定团队与目标 **250**

    6.3.2 信息化建设方案 **254**

6.4 信息化蓝图规划 **256**

    6.4.1 信息化蓝图架构模型设计 **256**

    6.4.2 业务架构规划 **256**

    6.4.3 信息架构规划 **258**

    6.4.4 应用架构规划 **264**

    6.4.5 技术架构规划 **267**

    6.4.6 信息化实施路径 **268**

6.5 建立信息编码体系 **270**

    6.5.1 信息编码的意义和原则 **271**

    6.5.2 信息编码体系 **273**

    6.5.3 企业信息编码架构 **276**

    6.5.4 信息编码工作实施路径 **279**

    6.5.5 信息编码的信息化管理 **281**

参考文献 **283**

第 1 章
智能制造与精益管理

专业与业余的区别在于,专业人员通过不停的思考将自己的工作用最简单优雅的方式实现,形成一套标准化的程序,并通过不断的练习将这套程序固化进骨骼和肌肉,在无意识的状态下,就能通过骨骼和肌肉的自主动作完成最好的操作,如专业运动员、专业舞蹈家、专业技师、熟练工人。这个时候,原本没有思想的骨骼和肌肉就具备了"智能",而且,越简单,越智能。

1.1 工业革命

工业主要指原料采集与产品加工制造的产业或工程，是第二产业的重要组成部分。工业自诞生以来在国民经济中居主导地位。在生产力诸要素中，生产工具是生产力发展水平的主要标志，而生产工具主要是由工业部门制造的。工业的作用体现在它不断为国民经济各部门提供原材料、燃料和动力，为满足人民生活需要提供工业消费品，是国家积累的主要源泉和加强国防的重要保障，是国民经济各部门进行改造和不断发展的物质基础，从而推动整个国民经济的现代化。

现代化机器大工业是一个国家现代化的起点和推动力，工业现代化是社会生产力发展到一定阶段的产物，只有现代化机器大工业，才能用现代化的科学技术和先进生产手段来装备工业，才能真正发挥工业的主导作用。可以说，没有工业的存在与发展，就没有机械化、电子化、信息化的诞生，也就不会有国民经济其他部门的发展。工业技术的现代化程度和发展速度，决定了整个国民经济的面貌。从英国发生第一次工业革命到现在，人类的工业化技术和工业化程度已经发生了翻天覆地的变化。人类过去250多年的经济增长史，是连续三次工业革命的直接"福利"。

现在工业已经发展到了4.0版本，从工业1.0到工业4.0的发展过程如图1-1所示。

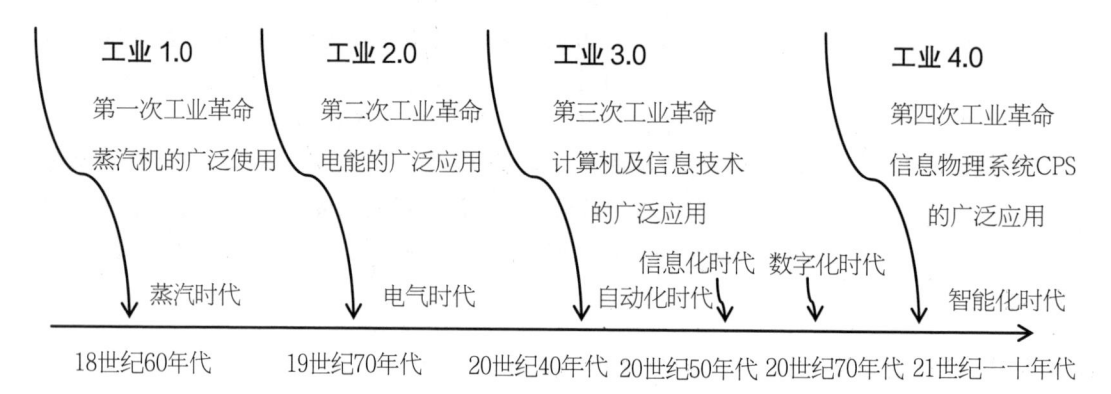

图1-1　工业1.0到工业4.0的发展阶段

1.1.1　第一次工业革命，工业1.0，蒸汽时代

18世纪60年代中期，从英国发起的技术革命是技术发展史上的一次巨大变革，它开创了以机器代替手工工具的时代。这不仅是一次技术改革，更是一场深刻的社会变

革。这场革命是以发明、改进和使用机器开始的,是以蒸汽机作为动力机并被广泛使用为标志的。这一次技术革命和与之相关的社会关系的变革,被称为第一次工业革命或者产业革命。

1776年,英国人瓦特在已有蒸汽机的基础上改良发明的高效能蒸汽机制造成功并应用于实际生产,迅速将工业革命提上了发展的快车道,随即整个欧洲和美国都普遍使用了蒸汽机。蒸汽机带动了纺织机、鼓风机、抽水机、磨粉机等的出现,推动了纺织、印染、冶金、采矿等行业的迅猛发展,创造了人们以前难以想象的技术奇迹。蒸汽机的出现和广泛使用,推动了其他工业部门的机械化,促进了工程技术的全面改革。在工业上,这一次的技术革命刺激了机器制造业、钢铁工业、运输工业的蓬勃兴起,完整的工业技术体系初步形成;在科学上,促进了热力学理论的建立,推动了社会生产力的巨大进步。工业革命使工厂代替了手工工场,用机器代替了手工劳动,使依附于落后生产方式的自耕农阶级消失了,工业资产阶级和工业无产阶级形成和壮大起来。

1.1.2 第二次工业革命,工业2.0,电气时代

19世纪最后30年和20世纪初,科学技术的进步和工业生产的高涨,被称为近代历史上的第二次工业革命,世界由蒸汽时代进入电气时代。这一时期,一些发达资本主义国家的工业总产值超过了农业总产值。

19世纪,伴随着电磁学理论的进展,工程技术专家敏锐地意识到电力技术对人类生活的意义,纷纷投身于电力开发、传输和利用方面的研究。1834年,第一台实用电动机诞生,电动机进入了实用化阶段。与此同时,发电机也处在研制阶段。19世纪60年代,因为电力的应用和内燃机的发明和广泛应用,美国和德国引领并掀起了电气化革命,同时带动石油化学工业、家用电器等新产业陆续出现,工业重心由轻纺工业转为重工业。远距离输电技术的出现,使电气工业迅速发展起来,电力在生产和生活中得到广泛应用。内燃机的出现及其在19世纪90年代以后的广泛应用,为汽车和飞机工业的发展提供了可能,也推动了石油工业的发展。化学工业是这一时期新出现的工业部门,从19世纪80年代起,人们开始从煤炭中提炼氨、苯、人造燃料等化学产品,塑料、绝缘材料、人造纤维、无烟火药也被相继发明并投入了生产和使用。原有的工业部门如冶金、造船、机器制造以及交通运输电信等的技术革新加速进行。

这再次大大促进了社会生产力的发展,深刻改变了人们的生活,使产业结构发生了彻底变化。电力、电子、化学、汽车、航空等一大批技术密集型产业兴起,使生产更加依赖科学技术的进步。

1.1.3 第三次工业革命，工业3.0，自动化、信息化、数字化时代

20世纪40年代后期，开始了以电子计算机、原子能、航天空间技术为标志的科学技术革命，这场震撼人心的科技革命涉及科学技术各个重要领域和国民经济的一切重要部门，被称为第三次工业革命。从20世纪70年代初开始，又出现了以微电子技术、生物工程技术、新型材料技术为标志的新技术革命。其规模之大、速度之快、内容之丰富、影响之深远，在人类历史上都是空前的。

20世纪科学技术发展的速度，远远超过了以前所有的时代。它带来了一大批新型工业，其中最具划时代意义的是电子计算机技术的迅速发展和广泛应用并带来信息时代的开端。二十世纪四五十年代以来，原子能、电子计算机、微电子、航天、分子生物学、人工材料、互联网、人机交互和遗传工程等领域的技术取得重大突破。同时，第三产业迅速发展，带来了一种新型经济——知识经济，知识经济发达程度的高低已成为各国综合国力竞争的关键。

这次科技革命不仅极大推动人类社会经济、政治、文化的变革，而且影响人类的生活方式和思维方式，使人类社会生活和现代化向更高境界发展。如果说第一次工业革命的意义是推动人类社会正式进入"工业"时代；第二次工业革命的意义就是嵌入生物能、扩展机械能的效率和规模，人类社会进入大规模生产时代；那么第三次工业革命的意义就是进一步升级机械能的职能和产能，人类社会进入产能过剩时代。

1.1.4 第四次工业革命，工业4.0，智能化时代

工业4.0是德国政府提出的一个高科技战略计划，这个概念最早在2013年的汉诺威工业博览会上正式推出，旨在提升制造业的智能化水平，建立具有适应性、资源效率及人因工程学的智慧工厂，在商业流程及价值流程中整合客户及商业伙伴。核心目的是提高德国工业的竞争力，帮助德国工业在新一轮工业革命中占领先机。该项目由德国联邦教育及研究部和联邦经济技术部联合资助，随后被德国政府列入《德国2020高技术战略》，是其所提出的十大未来项目之一。工业4.0的技术基础是网络实体系统及大数据、物联网、云计算、移动互联和人工智能，利用信息物理系统（Cyber Physical System，CPS）将生产中的供应、制造及销售信息数据化、智慧化，最后实现快速、有效、定制化的产品供应。

工业4.0的概念包含由集中式控制向分散式增强型控制的基本模式转变，目标是建立一种高度灵活的个性化和数字化的产品与服务的生产模式，传统的行业界限将被打破，并产生各种新的活动领域和合作形式，创造新价值的过程正在发生改变，产业链分工将被重组。德国学术界和产业界认为，工业4.0是以智能制造为主导的第四次工业革命，或革命性的生产方法，旨在通过充分利用信息通信技术和网络空间虚拟系统—

信息物理系统相结合的手段，将制造业向智能化生产转型升级。预计第四次工业革命持续时间为30—40年，所以工业4.0对制造业的变革、重塑和相融才刚刚起步。

1.2 德国工业4.0

工业4.0是由德国提出和倡导的制造系统变革，基于信息物理系统（CPS）的核心技术，强调通过技术的使用实现制造业革新，是制造业对信息化、数字化、智能化改造的追求目标，成为制造业发展的方向。工业4.0旨在将一切的人、事、物都连接起来，形成"万物互联"。在这张"大网"里，某些工作可以由具有学习能力的机器人和人工智能自动完成，而且不需要指导。

所以说，工业4.0就是一个智能互联系统，其主要特点如下所述。

❶核心内容是连接。要把原材料、机器设备、生产流水线、加工厂、企业产品、供应商、经销商、客户以及企业内的每一个人密切地结合在一起。基础工作就是连接各项数据资料，将组织和财务数据资料、管理方法数据资料、经营数据资料、机器设备数据资料、工业生产链数据资料、产品研发数据资料、企业产品数据资料、销售数据资料、客户数据资料等与企业相关的所有信息都融合在一个大系统内，互联互通，共享共用。

❷基本方法是集成化。工业4.0将无处不在的控制器、内嵌式中端系统、智能控制、通信配套设施根据信息物理系统形成一个智能化系统物联网，使人和人、人和机器设备、机器设备和机器设备、各类服务项目和服务项目之间形成智能互联系统，逐步实现横向、纵向和端到端的**高度集成化**。

❸表现形式是创新性。工业4.0的执行全过程就是制造业创新驱动发展的全过程，从企业业态、企业组织、管理模式、商业模式、生产技术、生产方式、生产过程、企业产品等多方面驱动创新，实现从创新技术到创新产品，从创新模式到创新业态，最后再到创新型的流程化组织。

❹实现路径是转型发展。制造业就是要从传统式的1.0、2.0、3.0的加工厂转型发展到4.0的加工厂；从大规模生产制造的形态，转向更为柔性化生产、个性化服务、高端定制化的形态。

德国工业4.0的核心内容，可以用"一个网络""两大主题""三项集成""五大愿景"来表述。

1.2.1 德国工业4.0的一个网络和两大主题

1. 一个网络：CPS网络

CPS网络即信息物理系统，是一个集成计算、网络和物理环境的多维系统，以ICT（Information Communication Technology，信息通信技术）为基础，通过3C（Computation、Communication、Control）技术的有机融合与深度协作，实现大型工程系统的实时感知、动态控制和信息服务。CPS实现计算、通信与物理系统的一体化设计，可使系统更加可靠、高效且实时协同。通过人机交互接口实现和物理进程的交互，使用网络化空间以远程的、可靠的、实时的、安全的、协作的方式操控一个物理实体。

CPS主要包括三个部分，即感知层、数据传输层和应用控制层。感知层主要由传感器、控制器和采集器等设备组成，传感器作为信息物理系统中的末端设备，主要功能是获取环境的信息数据，并定时发送给服务器进行相应的处理，再将相应的信息返回给物理末端设备，并指导其进行相应的变化；数据传输层的主要功能是数据传输，为CPS系统提供实时可靠的网络服务，是连接信息世界和物理世界的桥梁；应用控制层主要实现机器与人的连接，根据感知层的认知结果和物理设备传回来的数据进行相应的分析，并将分析结果在客户端以可视化的界面供客户查看和控制。

在自动化的基础上，工业4.0一方面通过CPS连接嵌入式的生产系统，另一方面使得企业内外的各类生产管理系统之间也能够交互信息（通信协议的标准化），实现全部生产环节的信息互联。通过大量部署各类传感元件实现信息的大量采集，将IT（Information Technology，技术信息）控件小型化与自主化，然后将其嵌入各类制造设备中从而实现设备的智能化，依托日新月异的通信技术达到数据的高速与无差错传输。虽然产品要素（如业务流程和应用场景）和构件（如软件系统和硬件系统）的组合是千变万化、各式各样的，但它们同时具有一致性的标准，在未来的工业生产中，将由上层应用软件通过CPS网络调用信息化工具（如应用系统和中心资源库），指挥操作机械设备，并实现各类生产行为的协同。

2. 两大主题：智能工厂和智能生产

智能工厂的研究重点是智能化生产系统、网络化分布式生产设施和生产系统的过程管理，聚焦于生产车间的高度信息化。智能工厂的三层信息技术基础架构如图1-2所示。

首先，工厂通过CPS系统实现生产车间的"纵向集成"，通过信息采集、数据计算、行为操控等实现全面的生产自动化，完善优化工业3.0相关内容的升级改造。其次，通过CPS系统进一步实现"横向集成"，实现企业各信息系统之间的互联对话，根据实际情况和客户需求自主调整生产计划，改进生产环境，优化各类生产资源的利用。同时，工厂还能完成自主预测性维护和资产资源管理工作，如软件系统升级、版本管理、能源供应等。

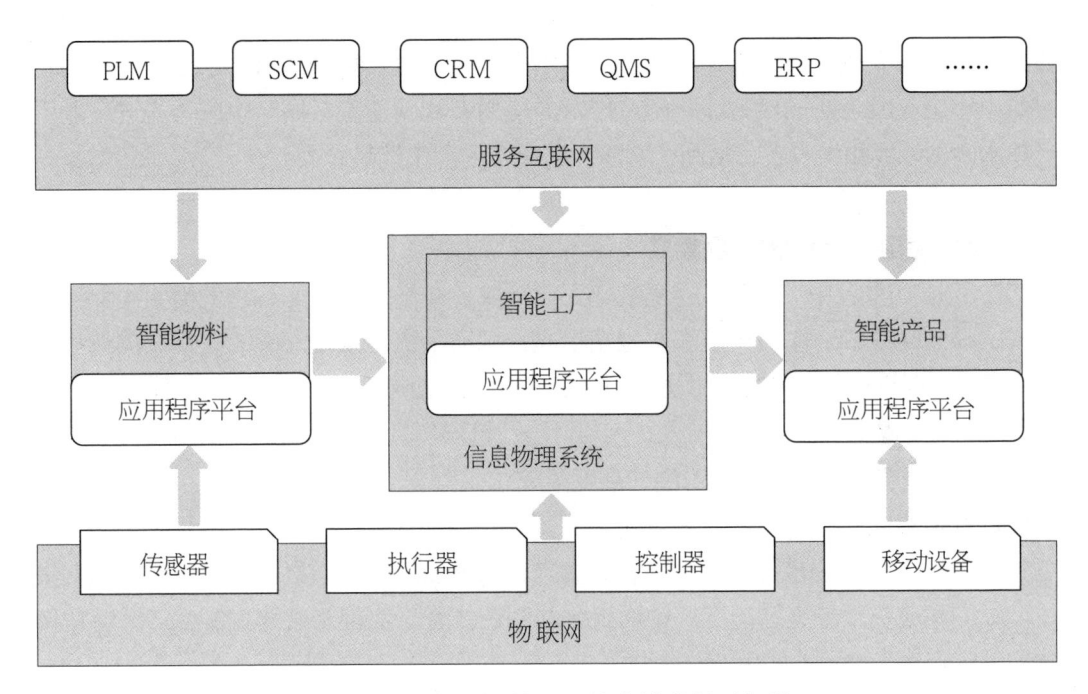

图1-2　智能工厂的三层信息技术基础架构

智能生产是一种智能化的自主服务过程，围绕着个性化、创造性的市场需求，重点研究整个企业的智能化生产管理、智能化物流管理、人机互动以及3D技术在工业生产过程中的应用等，实现某个领域上下游企业"端到端集成"的产业生态。

智能生产满足用户需求的过程如下所述。

首先，用户可自行设计产品。通过互联互通的客户端，用户自行设计所需要的产品，包括产品外观设计、功能设计、结构设计等，并由客户端系统生成最终设计文件。当然，用户也可以委托其他单位和个人设计产品，或直接提出相关需求，由系统进行智能化模拟设计，最终生成多个产品形态供用户决策选择。

其次，用户还可以亲自参与产品制造过程。例如，用户可远程操控3D打印机给自己的产品制作一个专属的"手工"标志，智能工厂可以将该标志贴附到用户的定制产品上。

最后，实时跟踪客户信息。产品的设计、生产、物流过程记入大数据平台，随后产品管理系统会跟踪用户在产品使用和体验过程中的相关数据反馈，分析生成用户的需求特性和使用习惯，并成为下一次满足用户质量和特性需求的依据。智能生产不再采用大批量生产和固定流程的模式，而是被"单件、小批量、个性化"的定制化生产模式替代。

我们可以看到，满足用户需求的过程所涉及的产品设计、设计修改、排产计划调整、生产流程调整，以及和用户的时时对话等，都不再需要"人"的参与，完全由机器和系统代为完成，所以它是"智能"的生产。智能生产特别注重中小企业的参与，将使中小企业成为新一代智能化生产技术的使用者和受益者，同时也成为先进工业生产技术的创造者和供应者，从而让智能生产成为平台化产品。

1.2.2 德国工业4.0的三项集成

在工业4.0平台中，通过CPS来实现工业领域各类系统的适配，这就需要实现三项集成，即纵向集成、横向集成和端到端集成，打通系统和设备之间的信息数据沟通渠道。工业4.0将无处不在的传感器、嵌入式终端系统、智能控制系统、通信设施通过CPS形成一个智能网络，使人与人、人与机器、机器与机器以及服务与服务之间能够互联，从而实现横向、纵向和端对端的高度集成。

1. 纵向集成

工业4.0首先关注产品的生产过程，力求在智能工厂内通过联网建成生产的纵向集成。纵向集成基于未来智能工厂中网络化的制造体系，实现个性化定制生产，替代传统的固定式生产流程（如生产流水线）。

正如企业的组织架构，各个部门通过明确分工各司其职，同样，企业的信息系统也是一个完整的架构。工业领域的企业现代化是由众多的信息管理系统实现的，各系统分别服务于不同的管理领域和生产服务环节。在工业3.0时期，各信息系统各归其主，各自独立，彼此的接口标准不统一、数据形态各异，导致各信息技术层面通常不具备传递数据的条件。

然而，在工业4.0时期，组织形式向流程型组织转变，各部门之间也要实现互联互通，逐渐模糊甚至消除部门之间的界限，这就为信息系统架构提出了同样的要求。企业要实现智能工厂和智能生产，信息的互联互通成为必要条件。例如，销售系统在接到用户订单后，它们的第一需求就是尽快地让用户拿到保质保量的产品，这就需要通知设计系统和排产管理系统；设计系统则迫不及待地想得到测试系统的测试成功通知，从而通知排产管理系统排产；排产管理系统在安排生产计划时，一定希望采购系统尽快满足它们的原材料需求；采购系统在采购前，希望可以通过销售系统评估用户的质量要求，从而选择供应商。

从以上过程可以看出，智能的基础就是信息的紧密沟通。所以，面对生产经营中日益增多的"信息孤岛"，企业必须让全部的信息系统从"老死不相往来"变为随时随地的相互交流。工业4.0最重要的目标，就是通过CPS的标准化架构，用一种统一的"语言"实现企业内全系统之间的"对话"和信息互通，这就是纵向集成。纵向集成包括两个方面的内容：一是以车间和设备为主的生产系统（含传感器、执行器等）和各信息系统之间的互联；二是各信息系统之间的互联。

2. 横向集成

横向集成关注产品整个生命周期的不同阶段，是企业之间通过价值链及信息网络所实现的一种资源整合，包括设计与开发、排产与采购、过程与控制和物流与售后等，实现各个不同阶段之间的信息共享和无缝合作，从而达成提供实时产品与服务过程的数字化集成。

在实现产品交付的产业链上分布着职能不同的多家企业，每家企业都要负责产业链上的一个或多个环节，它们必须在做好自身工作的同时，将自身的信息和上下游甚至全网共享，实现企业和企业之间的互联互通。这样，在产业链上就形成了一条完整的信息链：销售、需求、设计、测试、采购、生产、物流、售后、增值服务等，链条上的每家企业和组织，都可以根据产业链上的信息进行方案优化、资源调配、适量排产、库存调整、技术升级、市场满足等工作。企业各系统间的横向集成，将各企业的智能决策系统，通过相互间的对话实现了生产协同，根据彼此的需要共同完成商业交付。

在工业4.0的构架中，企业和企业之间可以进行亲密对话，互相熟知产业链全量的业务信息，增加了企业间的默契程度和协调配合，减少了商业合作中的矛盾和摩擦，做到了统筹综效，创造出更多价值。如此，整个制造行业就成为一个"虚拟的大智能工厂"，这个大工厂中的每一家企业，都是一个"岗位"，各个"岗位"各司其职，根据上下游环节中其他"岗位"提供的信息，动态、灵活地组织生产，共同完成为用户提供产品的任务。

横向集成需要调动和协调的资源众多，处理的关系错综复杂，且投资费用高昂，是一般的中小企业所承担不起的，所以工业4.0的落地必须由工业巨头或联盟来推动。一是工业巨头或联盟可以辐射大量与产业链相关的中小企业，把聚集其周围的中小企业紧密地连接到一起；二是可以从外部刺激这些企业，引领它们快速发展，融入工业4.0体系，实现工业4.0的核心目标。

3. 端到端的数字化集成

端到端的数字化集成关注全社会价值网络的实现，指贯穿整个价值链的工程化数字集成，从产品的研发与应用拓展到建立标准化策略、提高社会分工合作的有效性来探索新的商业模式，最大限度地实现个性化定制，并考虑全社会的绿色可持续发展等。工业4.0希望实现的最终理想并不是"两端连接"，而是通过不断的纵向集成和横向集成，将商业交付（产品和服务）价值链上涉及的所有环节、所有系统和设备都连接在整体开放的CPS系统中，围绕产品和服务的全生命周期进行信息交互和价值创造，最终实现商业价值链在CPS中的贯穿，这是端到端的数字化集成的核心思想。

端到端的数字化集成将纵向集成和横向集成融合在一起，使与企业相关的所有生产环节都能实现数字化、信息化，并相互连通、亲密对话，形成完整的产业生态。在这个生态中，端到端的数字化集成可以将"人"的干预降至最低，甚至消除，自主自动地完成订购、设计、排产、组装制造、配送、售后服务等一系列的工作。

我们模拟一个端到端集成的智能生产过程。

第一步，进行纵向集成。

首先，用户在订单管理系统中下了一个批次的产品订单。

然后，产品管理/设计系统会自动交出产品的设计图纸和其他相关的生产信息。

接着，生产管理系统根据产品信息开始协调资源，进行排产。

最后，制造执行系统根据排产计划通过PLC模块（Programmable Logic Controller，可编程逻辑控制器）控制生产线上的设备开始生产制造。

第二步，进行横向集成。

该批次产品的生产企业不可能提供所有需要的原材料，其生产过程可能就是对某些原材料的加工和对产品各零部件的组合装配，那么该批次产品中所需的许多原材料和零部件就需要从其他企业采购。

所以，在收到客户订单后，该企业会进一步分拆和细化产品需求，向其他供应商购买原材料或向上游厂家订购零部件、向仓库协调备货情况等，组织各企业、各单位共同完成产品的生产。在此过程中，各企业需要将订单管理系统、产品管理系统等进行无缝对接，保证产品设计图纸的同步和排产计划的协同。

从以上示例可以看出，通过纵向集成和横向集成，就实现了整个商业交付的端到端的数字化集成。

在这三项集成中，纵向集成是企业内部的资源整合；横向集成是企业之间的能力协同；端到端的数字化集成则是在前两者实现的基础上，面向产品和服务流程的整合，可提升相关系统之间的配合度，传递信息，创造最大化价值，提高生产效率和用户需求的满足效率。

1.2.3 德国工业4.0的五大愿景

德国工业4.0战略具有极大的灵活性和韧性，并规划了远大的目标和愿景。这将催生动态、实时优化、自我组织的价值链，并可通过一系列标准（如成本、可用性和资源消耗）进行优化，在工程、规划、制造、运营和物流流程中实施最高标准，同时形成适用的监管框架、标准化接口和统一的业务流程。

1. 使制造业中所有参与者与所有涉及的资源高度互动

参与者包括企业员工、供应商、服务商和客户等，制造资源主要包括机械设备、机器人、物流设备和仓储设备及各种生产设施等。它们自成网络，独立自主，在不同情况下能进行自我管理、自我配置；同时还通过各类分散安装的传感器，按照工业4.0的规划联通融合为整体的管理信息系统，这些系统又可以称为价值网络。作为这一愿景的关键组成部分，智能工厂将被纳入公司内部价值网络，制造过程实现端对端流程化运作，打通数字世界和物理世界，使不断复杂的制造流程趋于简单，并同时确保企业效率、效益平衡兼顾的可持续性发展。

2. 智能产品随时可控生产阶段、节奏与进程

德国工业4.0追求的是在制造流程任何环节上的所有细节均可知、可见、可控，这意味着，智能产品可以控制生产阶段、生产节奏与生产进程，进行自主化生产。同时还要确保产品了解自身发挥最佳性能的参数，以便调整生产过程中的各项资源，实现最优化的产品质量。并能够自主辨别生命周期中发生的故障、磨损和损毁的标识，进行过程规避、自我修复或向专家报警。最终将所有信息数据融合，用云计算、大数据和人工智能技术实现智慧生产。

3. 适应完全个性化定制和柔性化生产

德国工业4.0战略实施后，将有可能把客户和产品的独特定制化需求融入设计、订购、计划、生产、配置、运营和回收的各个阶段，并以最优化的成本来实现。甚至可以在制造和运营之前最后一分钟或生产进行中提出需求改变的请求，这将使生产单件定制产品和小批量产品也能产生合适的利润。

4. 让人力资源变得更加灵活和有价值

德国工业4.0战略的实施，将使企业每一位员工都能根据实际情况进行自我工作的控制和业务流程的监管，并合理配置智能制造资源网络和优化制造步骤。员工无须按时按地进行固化的例行工作，他们可以更多地关注创新和进行更具附加值的活动。所以，他们在提高产品质量和满足客户需求方面将起到关键作用，而且灵活的工作条件也为他们提供了将工作和个人需求完美结合的机会。

5. 促进基础网络的技术提升

德国工业4.0战略的实施，对网络和数据传输的稳定性与准确性提出了更高的要求，要求进一步扩展相关的网络基础设施，提升网络服务能力，并通过服务水平协议进一步规范网络服务质量，这就为满足大流量数据应用程序和服务供应商的高带宽需求提供了基础，以保证关键应用程序的运行效率。

1.3 美国工业互联网

工业互联网是工业与互联网结合的概念，是全球工业系统与高级计算、分析、感应技术以及互联网连接融合的一个结果。工业互联网的本质是通过开放的、全球化的工业级网络平台把客户、工厂、供应商以及车间的设备、生产线、产品等紧密地连接和融合起来，结合软件和大数据分析，高效共享工业经济中的各种要素资源，从而通过自动化、智能化的生产方式降低成本、增加效率，重构全球工业，激发生产力，帮助制造业延长产业链，推动制造业转型发展。

工业互联网的概念最早由通用电气于2012年提出，随后美国数家行业龙头企业（IBM、思科、英特尔和AT&T）联手组建了工业互联网联盟(Industrial Internet Consortium, IIC)，致力于推广工业互联网的概念，推动其建设和应用。工业互联网联盟采用开放成员制，致力于建立标准化的"通用蓝图"，使各个厂商的设备之间可以按照标准化的规则实现信息互联和数据共享。该蓝图的标准涵盖了互联网网络协议、数据存储规范、互联设备的参数、数据流量控制等指标，这将有助于硬件和软件开发商以物联网为载体开发完全兼容的产品，实现各种类型的企业实体之间、设备传感器之间、计算机和云计算系统之间，乃至车辆之间等通过网络技术全面整合，推动整个工业产业链的效率全面提升。其目的在于通过制订通用标准，打破技术壁垒，打通物理世界和数字世界的界限，升级关键的工业领域，更好地利用互联网激活传统工业。

1.3.1 工业互联网的三大要素

工业互联网充分体现出自己的整合能力，将两大科学技术革命的优势和人类社会发展融合在一起。第一是工业革命的优势，工业革命带动无数台机器、设备、计算机等陆续出现并广为应用，成为工业互联网的硬件基础。第二是信息技术革命的优势，在其带动下，计算、网络、信息与通信技术获得蓬勃发展，一大批相关应用系统涌现，成为工业互联网的软件基础。第三是人类社会的发展，共享共联思维深入人心，分工合作日益被接受，成为工业互联网的人力基础。同时，人们对物质产品和服务产品的多样化、个性化需求，激励着工业和科技的进一步发展。

机器、信息和人力三种元素逐渐融合，形成了工业互联网的三大要素，充分体现出工业互联网的精髓。

第一要素是智能机器：以崭新的方法将现实世界中的机器、设备、团队和网络通过先进的传感器、控制器和软件应用程序连接起来。

第二要素是高级分析：通过基于物理的分析法、预测算法、自动化和材料科学、电气工程以及其他关键学科的深厚专业知识来理解机器与大型系统的运作方式。

第三要素是工作人员：建立人员间的实时连接，连接各种工作场所的人员，以支持更为智能的设计、操作、维护，以及高质量的服务与安全保障。

这三大要素的融合，将为各类企业和经济体提供新的机遇。比如，传统的统计方法采用历史数据收集技术，通过收集历史数据来进行数据的分析和行为决策，但是这种方式通常将数据采集、数据分析和行为决策等活动分隔进行，无法保证数据分析的实时性和共享性。随着先进信息技术的发展和信息化系统成本的降低，实时数据处理的规模和能力得到极大提升，高频率大范围的实时数据为系统操作提供了全新的角度和更加开阔的视野。机器分析则为数据分析流程和分析方法开辟了新的维度，各种物理方式和虚拟方式的结合、专业知识和标准化的连接、信息流的自动化程度和自主预测能力的提升，在大数据工具和云计算系统下形成了完整的智能化平台。最终，工业互联网将传统的数据处理方式与现代化的技术手段融合到一起，实现了对历史数据与实时数据的充分利用。

1.3.2 工业互联网的三大核心体系

工业互联网包括三大核心体系，即网络体系、平台体系和安全体系。其中，网络体系是基础，平台体系是核心，安全体系是保障。三大体系的本质就是通过"数据+模型"提供协同设计、联合生产、共担质量、共同决策的全生命周期管理。

工业互联网平台是工业互联网的核心，相当于工业互联网的"操作系统"，能够通过优秀的平台聚拢更多企业、设备、人力等资源，就能够掌握工业互联网发展的主动权。但是能够提供这样强大平台的企业不会太多，或者说一定是巨头公司。第一类企业拥有强大的工业制造能力，如美国的通用电气和德国的西门子，2015年通用电气正式发布了全球第一个工业云平台Predix，2016年西门子发布了全球第二个开放的工业云平台MindSphere。第二类企业拥有强大的信息技术能力，如微软。无论是传统的消费物联网平台，还是现代的工业互联网平台，均须经过"分析需求、建立模型、编写代码"这三个步骤的平台开发过程，但前者三项工作所占比例为2：3：5，后者恰恰相反，是5：3：2，由此可见其工作重心的差异。

1. 网络体系：循环系统

网络体系是工业互联网的基础，是全系统互联互通的载体。工业互联网将连接对象延伸到工业全系统的全部要素，既包括企业、车间、产线等生产场地，又包括人力、机器、设备、物料、工器具、产品等生产资源和生产结果，还包括设计、研发、生产、管理、服务等价值链上的全部活动，在实现价值链全要素的深度互联与数据顺畅流通的基础上，形成智能化工业的"循环系统"。无论是信息互联还是数据流通，都必须以低时延、高可靠、广覆盖的网络基础设施为前提，这就是网络体系的基础性之所在。

2. 平台体系：中枢系统

平台体系是工业互联网的核心，是基于网络体系操作、控制、服务的工业云平台。平台体系以制造业数字化、网络化、智能化需求为依据，实现对海量数据的采集、汇聚和分析服务，支撑制造过程的全要素资源开放连接、弹性供给和高效配置。工业互联网平台为数据汇聚、建模分析、应用开发、资源调度、监测管理等提供支撑，实现生产智能决策、资源优化配置、商业模式优化、产业生态创新，成为智能化工业的"中枢系统"。

工业互联网平台的本质是将传统云平台与现代化信息技术叠加融合，用新兴的物联网、大数据、云计算、人工智能等技术升级传统的平台体系，构建更加精准、及时、高效的实时数据采集体系，建设包括信息采集、数据存储、系统集成、开放互访、智能分析和集中管理的全功能性平台，实现技术、数据、知识等的模型化、标准化和复用化。最终以工业APP、浏览器、PC系统等便利的形式为工业企业提供各类创新应用，形成资源丰富、共同参与、共享共担、协同演进的制造业生态。

工业互联网平台的特点和作用具有"四化"特征。

连接开放化，即具备对硬件设备、软件系统、参与人员、生产活动、管理活动等各类生产要素数据的全面采集能力。

服务云化，即实现基于云计算框架的海量数据存储、计算和管理的能力。

知识复用化，即工业互联网平台能够提供基于工业知识机理的数据分析能力，并实现知识的积累、标准化和复用。

应用创新化，能够调用平台功能及资源，提供开放的工业系统开发环境，实现工业化创新应用。

3. 安全体系：免疫系统

安全体系是工业互联网的保障，是实现工业互联网数据安全的标准化机制。工业互联网打破了传统工业系统与互联网天然隔离的边界，在吸收了互联网便捷功能的同时，导致了制造业关键领域直接面对互联网安全风险的渗透，工业安全风险与网络安全风险交织到一起，对工业安全、经济安全乃至国家安全都产生了极大的影响，这就需要有一个可靠的防护体系来保护工业互联网的安全。

工业互联网的未来是美好的，但是万事万物的发展过程总是前进和曲折的统一，最关键的数据安全问题必须得到保障。首先，工业互联网上的企业对数据安全的担忧严重影响了它们上云的积极性，因为谁也无法承担核心数据泄露带来的严重后果甚至灾难。其次，保护数据不是靠意识和概念就能解决的，既需要工业互联网平台本身拥有可靠的技术，也需要企业本身拥有过硬的管理能力和优秀的软硬件环境。

工业互联网的安全主要涉及数据接入安全、访问安全和平台整体安全等，安全体系一般采用工业防火墙、加密隧道传输和工业网闸等技术，达到防止数据泄露、防侦听、防篡改的效果，保障数据在采集、传输、存储、访问等过程中的安全。通过设立标准化的访问机制和规范化的访问权限，实现对云平台计算资源和网络资源的访问控制和管理，防止非法访问与非法控制；通过平台入侵实时检测机制、网络安全防御系统、恶意代码防护系统、网站威胁防护系统、网页防篡改系统等技术和工具，实现工业互联网平台的代码安全、数据安全、应用安全等，从而形成智能化工业的"免疫系统"。

工业互联网三大核心体系各有侧重点：在网络体系方面，重点推动企业内外网络的改造升级，构建标识解析与标准体系和可靠高效的网络基础设施，为工业全要素互联互通提供有力支撑；在平台体系方面，着力夯实平台发展基础，提升平台运营能力，推动企业上云和工业APP培育，形成"建好平台"与"用好平台"协调发展的格局；在安全体系方面，着力提升安全防护能力，建立数据安全保护体系，推动安全技术手段的应用和建设，全面强化工业互联网安全保障能力。

1.3.3 工业互联网的平台架构

在描述工业互联网的平台架构之前，我们先来了解云计算架构。

云计算是网格计算、分布式计算、并行计算、效用技术、网络存储、虚拟化和负载均衡等传统计算机和网络技术发展融合的产物。其功能是通过基于网络的计算方式，将共享的软件/硬件资源和信息进行组织整合，按需提供给计算机和其他系统使用。

一般来说，公认的云计算架构划分为基础设施层（Infrastructure as a Service，IaaS）、平台层（Platform as a Service，PaaS）和软件服务层（Software as a Service，SaaS），如图1-3所示。

IaaS，基础设施即服务。主要包括计算机服务器、通信设备、存储设备等，能够按需向用户提供计算能力、存储能力或网络能力等IT基础设施类服务。IaaS得以成熟应用的核心在于虚拟化技术，通过虚拟化技术可以将形形色色的计算设备统一虚拟化为虚拟资源池中的计算资源，将存储设备统一虚拟化为虚拟资源池中的存储资源，将网络设备统一虚拟化为虚拟资源池中的网络资源。当用户订购这些资源时，数据中心管理者直接将订购的份额打包提供给用户，从而实现IaaS。

PaaS，平台即服务。如果我们把云计算和传统计算机的"硬件+操作系统/开发工具+应用软件"架构相比较的话，云计算的平台层提供的是类似操作系统和开发工具的功能，所不同的是这个平台是部署在云上的。PaaS定位于通过互联网为用户提供一整套开发、运行和运营应用软件的支撑平台，就像在一台装有Windows的计算机上使用软件开发工具开发并部署软件应用一样。

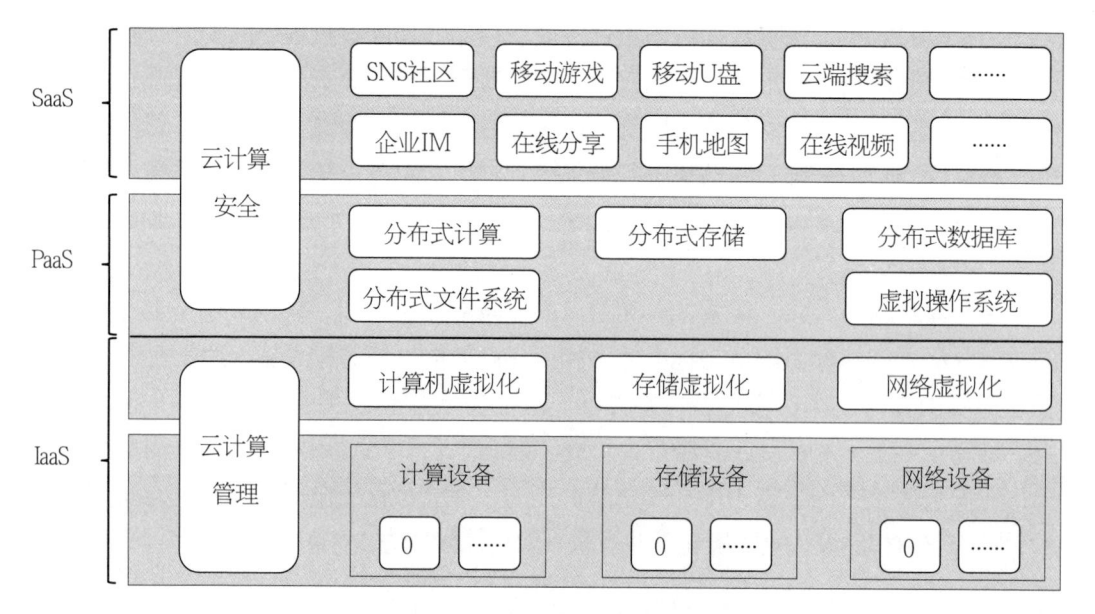

图1-3 云计算架构示意图

SaaS，软件即服务。SaaS就是通过互联网为用户直接提供软件服务的一套系统。基于SaaS，用户不再需要属于自己的硬件设备、软件系统甚至开发团队就可以通过互联网享受相应的服务，SaaS相当于替代了用户的开发人员、服务器、操作系统和开发工具等。

工业互联网平台的主体架构类似于云计算架构，包括边缘层、基础设施层、平台层和应用层。其中，基础设施层对应云计算的IaaS层，平台层对应云计算的PaaS层，应用层则对应云计算的SaaS层，如图1-4所示。

边缘层是基础，主要任务是数据采集。其本质是利用泛在感知技术对多源设备、异构系统、运营环境、人力资源等要素信息进行实时高效采集和云端汇聚。

基础设施层是支撑，主要是各种云基础设施。它通过虚拟化技术将计算、存储、网络等资源虚拟化为资源池中的内容，向用户提供可计量、弹性化的资源服务。

平台层是核心，即工业PaaS。工业PaaS建设的目的是构建满足工业实时、可靠、安全需求的云平台，实现路径就是对通用PaaS平台进行深度改造，将大量规则化、软件化、模块化的工业技术原理、行业知识和基础模型等封装为各种微服务，实现灵活调用和可重复使用，降低应用程序开发门槛和开发成本，提高开发、测试、部署效率，为海量开发者提供支撑和保障。

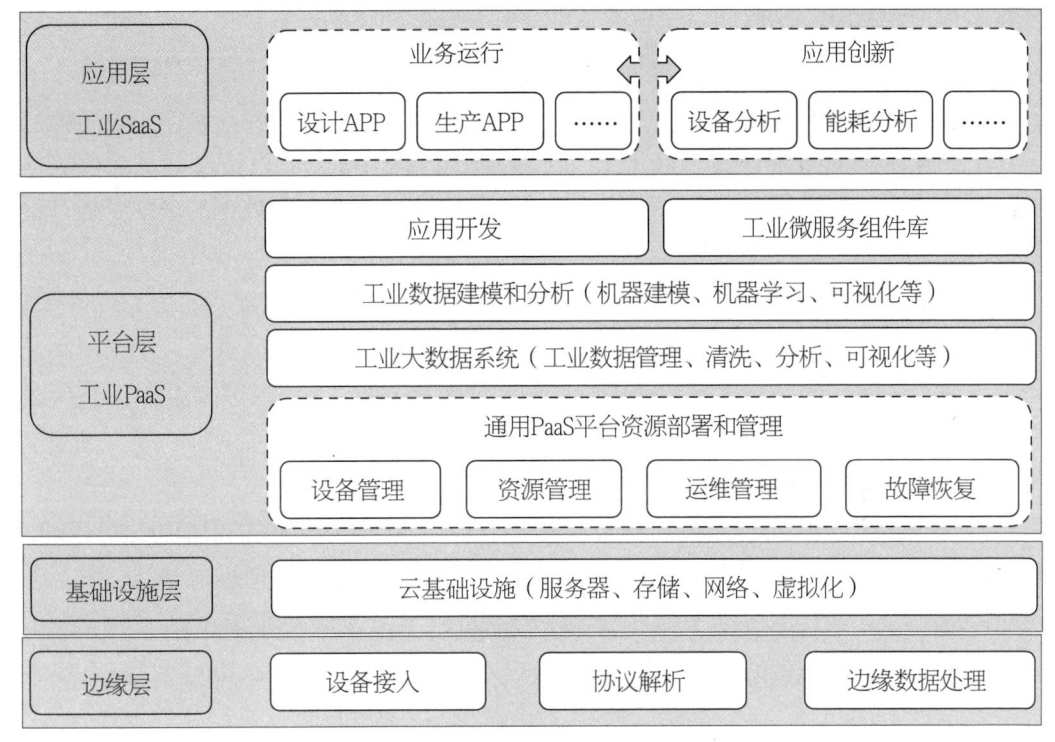

图1-4　工业互联网平台架构示意图

应用层是关键，即工业SaaS、工业APP。面向特定工业应用场景，激发全社会资源，推动工业技术、经验、知识和最佳实践的模型化、软件化和再封装（即工业APP），用户通过对工业APP的调用实现对特定制造资源的访问、管理和优化配置。

1.3.4　工业互联网的五大特点

1. 工业数据的共享互联

传统的工业企业数据不仅在企业与企业间处于分离、独立、割裂状态，乃至同一企业的不同生产环节和不同管理部门之间都是相互独立的。而工业互联网，正是基于各种网络互联技术解决了这两个"独立"，将产品设计到产品和服务交付用户，以及交付后的用户使用体验全过程所涉及的全生命周期串联起来，将数据信息赋能整个工业系统，使其拥有描述、诊断、预测、决策、控制的智能化功能。

2. 工业分析能力的智能化

随着工业物联网上连接的设备以几何级的速度增长，传统的"端—管—云"模式已经无法应对海量的终端连接和数据传输，也就无法保障工业生产控制的实时性和可靠性。未来的工业分析能力将是"云计算+边缘计算"的互补性、互助性技术组合：云计算聚焦于非实时、长周期的大数据分析，以及数据的周期性维护和业务决策；边缘计算则聚焦于实时、短周期的数据分析，支撑本地业务的实时智能化处理与执行。

3. 工业价值的多维化

工业互联网立足于信息，立足于工业数据，这就引导工业设备厂商从之前关注"以产品售卖、维修保养为主"的盈利模式向将来"以提供基于数据的多维度生产性服务为主"的盈利模式转变。

4. 产品生命周期管理能力提高

基于工业互联网技术获得的工业数据、数字孪生技术成为发展重点，未来产品从研发、生产到使用都会从传统产品生命周期管理转变为数字孪生应用场景，实现产品全生命周期的虚拟世界映像，提升全生命周期管理能力。

5. 产品供应链的动态管控

传统供应链管理局限于业务流程的关联性管理，不是对数据驱动的价值链进行管理，导致企业无法提供更多增值服务，且同质化严重、利润率下降、供应链协同效率低、核心业务流程运行不畅、信息开放性差等瓶颈问题无法解决。工业互联网可实现产品实时数据的采集与管理，基于实时数据实现供需双方精准的匹配，实现供应链的有效动态管控。

1.4 中国制造2025

《国务院关于印发〈中国制造2025〉的通知》（国发〔2015〕28号）指出，"新中国成立尤其是改革开放以来，我国制造业持续快速发展，建成了门类齐全、独立完整的产业体系，有力推动工业化和现代化进程，显著增强综合国力，支撑我世界大国地位。然而，与世界先进水平相比，我国制造业仍然大而不强，在自主创新能力、资源利用效率、产业结构水平、信息化程度、质量效益等方面差距明显，转型升级和跨越发展的任务紧迫而艰巨。"

《中国制造2025》由百余名院士专家着手制定，经国务院总理李克强签批，是国务院于2015年5月19日发布的部署全面推进实施制造强国的战略文件，是中国实施制造强国战略第一个十年的行动纲领。

1.《中国制造2025》的内容框架

一个目标：立足国情、立足现实，力争通过"三步走"实现制造强国的战略目标。

两化融合：工业化和信息化融合。

三步走：整个战略分三步推进，每十年左右前进一步。

四项基本原则：市场主导，政府引导；立足当前，着眼长远；整体推进，重点突破；自主发展，开放合作。

五大基本方针：创新驱动、质量为先、绿色发展、结构优化和人才为本。

五项重大工程：基本制造业创新中心（工业技术研究基地）建设工程、智能制造工程、工业强基工程、绿色制造工程和高端装备创新工程。

十大领域：新一代信息技术产业、高档数控机床和机器人、航空航天装备、海洋工程装备及高技术船舶、先进轨道交通装备、节能与新能源汽车、电力装备、农机装备、新材料、生物医药及高性能医疗器械。

2.《中国制造2025》的基本方针

❶创新驱动。坚持把创新摆在制造业发展全局的核心位置，完善有利于创新的制度环境，推动跨领域跨行业协同创新，突破一批重点领域关键共性技术，促进制造业数字化、网络化、智能化，走创新驱动的发展道路。

❷质量为先。坚持把质量作为建设制造强国的生命线，强化企业质量主体责任，加强质量技术攻关、自主品牌培育。建设法规标准体系、质量监管体系、先进质量文化，营造诚信经营的市场环境，走以质取胜的发展道路。

❸绿色发展。坚持把可持续发展作为建设制造强国的重要着力点，加强节能环保技术、工艺、装备推广应用，全面推行清洁生产。发展循环经济，提高资源回收利用效率，构建绿色制造体系，走生态文明的发展道路。

❹结构优化。坚持把结构调整作为建设制造强国的关键环节，大力发展先进制造业，改造提升传统产业，推动生产型制造向服务型制造转变。优化产业空间布局，培育一批具有核心竞争力的产业集群和企业群体，走提质增效的发展道路。

❺人才为本。坚持把人才作为建设制造强国的根本，建立健全科学合理的选人、用人、育人机制，加快培养制造业发展急需的专业技术人才、经营管理人才、技能人才。营造大众创业、万众创新的氛围，建设一支素质优良、结构合理的制造业人才队伍，走人才引领的发展道路。

3.《中国制造2025》的战略任务

实现制造强国的战略目标，必须坚持问题导向，统筹谋划，突出重点；必须凝聚全社会共识，加快制造业转型升级，全面提高发展质量和核心竞争力。

❶提高国家制造业创新能力。完善以企业为主体、市场为导向、政产学研用相结合的制造业创新体系。围绕产业链部署创新链，围绕创新链配置资源链，加强关键核心技术攻关，加速科技成果产业化，提高关键环节和重点领域的创新能力。

❷推进信息化与工业化深度融合。加快推动新一代信息技术与制造技术融合发展，把智能制造作为两化深度融合的主攻方向；着力发展智能装备和智能产品，推进生产过程智能化，培育新型生产方式，全面提升企业研发、生产、管理和服务的智能化水平。

❸强化工业基础能力。核心基础零部件（元器件）、先进基础工艺、关键基础材料和产业技术基础等工业基础能力薄弱，是制约我国制造业创新发展和质量提升的症结所在。要坚持问题导向、产需结合、协同创新、重点突破的原则，着力破解制约重点产业发展的瓶颈。

❹加强质量品牌建设。提升质量控制技术，完善质量管理机制，夯实质量发展基础，优化质量发展环境，努力实现制造业质量大幅提升。鼓励企业追求卓越品质，形成具有自主知识产权的名牌产品，不断提升企业品牌价值和中国制造整体形象。

❺全面推行绿色制造。加大先进节能环保技术、工艺和装备的研发力度，加快制造业绿色改造升级；积极推行低碳化、循环化和集约化，提高制造业资源利用效率；强化产品全生命周期绿色管理，努力构建高效、清洁、低碳、循环的绿色制造体系。

❻大力推动重点领域突破发展。瞄准新一代信息技术、高端装备、新材料、生物医药等战略重点，引导社会各类资源集聚，推动优势和战略产业快速发展，重点发展十大领域。

❼深入推进制造业结构调整。推动传统产业向中高端迈进，逐步化解过剩产能，促进大企业与中小企业协调发展，进一步优化制造业布局。

❽积极发展服务型制造和生产性服务业。加快制造与服务的协同发展，推动商业模式创新和业态创新，促进生产型制造向服务型制造转变。大力发展与制造业紧密相关的生产性服务业，推动服务功能区和服务平台建设。

❾提高制造业国际化发展水平。统筹利用两种资源、两个市场，实行更加积极的开放战略，将引进来与走出去更好结合，拓展新的开放领域和空间，提升国际合作的水平和层次，推动重点产业国际化布局，引导企业提高国际竞争力。

4.《中国制造2025》的五项重大工程

(1) 制造业创新中心（工业技术研究基地）建设工程。

围绕重点行业转型升级和新一代信息技术、智能制造、增材制造、新材料、生物医药等领域创新发展的重大共性需求，形成一批制造业创新中心（工业技术研究基地），重点开展行业基础和共性关键技术研发、成果产业化、人才培训等工作。制定完善制造业创新中心遴选、考核、管理的标准和程序。力争到2025年形成40家左右制造业创新中心（工业技术研究基地）。

(2) 智能制造工程。

紧密围绕重点制造领域关键环节，开展新一代信息技术与制造装备融合的集成创新和工程应用。支持政产学研用联合攻关，开发智能产品和自主可控的智能装置并实现产业化。依托优势企业，紧扣关键工序智能化、关键岗位机器人替代、生产过程智能优化控制、供应链优化，建设重点领域智能工厂/数字化车间。在基础条件好、需求迫切的重点地区、行业和企业中，分类实施流程制造、离散制造、智能装备和产品、新业态新模式、智能化管理、智能化服务等试点示范及应用推广。建立智能制造标准体系和信息安全保障系统，搭建智能制造网络系统平台。到2025年，制造业重点领域全面实现智能化，试点示范项目运营成本降低50%，产品生产周期缩短50%，不良品率降低50%。

(3) 工业强基工程。

开展示范应用，建立奖励和风险补偿机制，支持核心基础零部件（元器件）、先进基础工艺、关键基础材料的首批次或跨领域应用。组织重点突破，针对重大工程和重点装备的关键技术和产品急需，支持优势企业开展政产学研用联合攻关，突破关键基础材料、核心基础零部件的工程化、产业化瓶颈。强化平台支撑，布局和组建一批"四基"研究中心，创建一批公共服务平台，完善重点产业技术基础体系。到2025年，70%的核心基础零部件、关键基础材料实现自主保障，80种标志性先进工艺得到推广应用，部分达到国际领先水平，建成较为完善的产业技术基础服务体系，逐步形成整机牵引和基础支撑协调互动的产业创新发展格局。

(4) 绿色制造工程。

组织实施传统制造业能效提升、清洁生产、节水治污、循环利用等专项技术改造。开展重大节能环保、资源综合利用、再制造、低碳技术产业化示范。实施重点区域、流域、行业清洁生产水平提升计划，扎实推进大气、水、土壤污染源头防治专项。制定绿色产品、绿色工厂、绿色园区、绿色企业标准体系，开展绿色评价。到2025年，制造业绿色发展和主要产品单耗达到世界先进水平，绿色制造体系基本建立。

(5) 高端装备创新工程。

组织实施大型飞机、航空发动机及燃气轮机、民用航天、智能绿色列车、节能与新能源汽车、海洋工程装备及高技术船舶、智能电网成套装备、高档数控机床、核电装备、高端诊疗设备等一批创新和产业化专项、重大工程。开发一批标志性、带动性强的重点产品和重大装备，提升自主设计水平和系统集成能力，突破共性关键技术与工程化、产业化瓶颈，组织开展应用试点和示范，提高创新发展能力和国际竞争力，抢占竞争制高点。到2025年，自主知识产权高端装备市场占有率大幅提升，核心技术对外依存度明显下降，基础配套能力显著增强，重要领域装备达到国际领先水平。

1.5 智能制造的全面解读

1.5.1 智能制造（人机一体化智能系统）

智能制造（Intelligent Manufacturing，IM），是一种由智能机器和人类专家共同组成的人机一体化智能系统，通过人与智能机器的合作共事，实现柔性化、智能化和高度集成化的生产，在制造过程中自动进行分析、推理、判断、构思和决策等智能活动。智能制造的核心是智能制造技术和智能制造系统，基于现代传感技术、网络技术、自动化技术以及人工智能，通过感知、人机交互、决策、执行和反馈，实现产品设计过程、制造过程和企业管理及服务的智能化，是信息技术与制造技术的深度融合与集成。智能制造内容架构如图1-5所示。

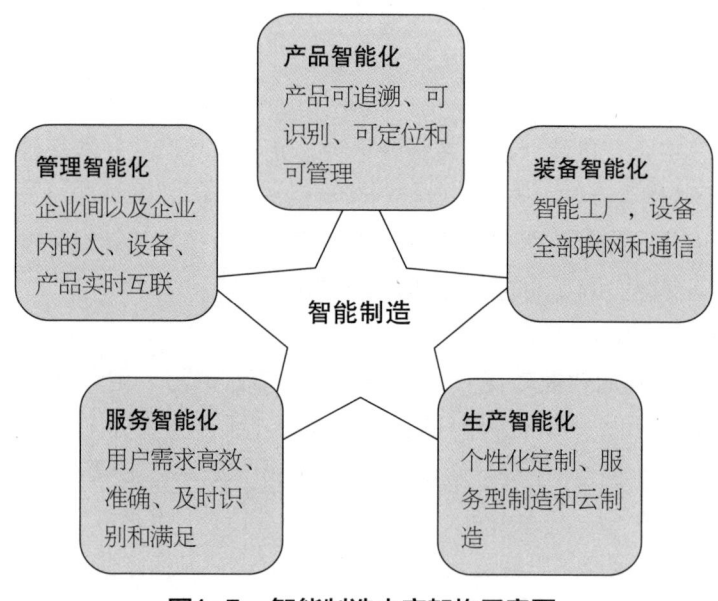

产品智能化
产品可追溯、可识别、可定位和可管理

装备智能化
智能工厂，设备全部联网和通信

管理智能化
企业间以及企业内的人、设备、产品实时互联

服务智能化
用户需求高效、准确、及时识别和满足

生产智能化
个性化定制、服务型制造和云制造

智能制造

图1-5　智能制造内容架构示意图

1. 智能制造系统

智能制造系统（Intelligent Manufacturing System，IMS）是一个复杂的相互关联的子系统的整体集成，具有自学习、自搜集与自理解功能，可对接触到的环境信息和自身信息进行分析判断，并规划自身行为，在实践中不断充实知识库。其功能是通过设备柔性和计算机人工智能控制，收集、存储、完善、共享、继承和发展人类专家的制造智能，自动完成设计、加工和过程控制，解决高度变化环境下制造的有效性问题。智能制造模式突出了知识在制造活动中的价值和地位，知识经济又是工业经济后的主体经济形式，所以智能制造成为影响未来经济发展过程的制造业的重要生产模式。智能制造系统是智能技术集成应用的环境，也是智能制造模式展现的载体。

从制造系统的功能角度，可将智能制造系统细分为设计子系统、计划子系统、生产子系统和系统活动子系统四个部分。设计子系统突出了产品设计过程中消费需求影响的智能定制概念，并关注产品可制造性、可装配性和可维护性及保障性的功能设计概念。计划子系统依托知识密集型的数据库构造，将模糊推理等专家系统集成应用在排序和制造资源计划管理中。生产子系统实现自治或半自治的智能化生产，并将智能技术广泛应用于生产过程监测、生产状态获取、故障诊断和装配检验等各个方面。系统活动子系统在系统控制中应用神经网络技术、分布技术和多元代理技术等，通过开放式结构打造高度集成的系统。

2. 智能制造系统的五大特征

和传统制造系统相比，智能制造系统具有以下特征。

(1) 人机一体化。

智能制造系统是人机一体化的混合智能系统，而不单纯是"人工智能"系统。人类专家具有三种思维能力，即逻辑思维（专家系统）、形象思维（神经网络）和灵感思维（思维创新），基于人工智能的智能机器只能进行机械式的推理、分析、预测和判断，所以仅能具备逻辑思维和部分形象思维能力。在制造过程中，智能机器无法全面取代人类专家，独立承担分析、推理、判断和决策等任务，所以必须要人机一体化协作。一方面，突出人在制造系统中的核心地位，完全发挥人类专家的智能，使高素质、高智能的人才发挥更好的作用；另一方面，人类专家在智能机器的配合下，可以更好地发挥自身的潜能，实现人机之间相互"理解"、相互协作，将机器智能和人的智能完美集成。

(2) 虚拟现实技术。

虚拟现实技术（Virtual Reality，VR）是实现虚拟制造的支持技术，也是实现高度人机一体化的关键技术之一。VR以计算机为基础，将信号处理、动画技术、智能推理、智能预测、智能仿真和多媒体技术融为一体，并借助各种音像和传感装置，虚拟展示现实生活中的各种物体、活动和过程等，因而也能实现产品设计和制造过程的虚拟化，这是智能制造的一个显著特征。

(3) 自律能力。

自律能力就是通过自动搜集与理解自身信息与环境信息，进行分析判断和规划自身行为的能力，强大的知识库和完善的知识模型是自律能力的基础。智能机器就是具有自律能力的设备，能够在一定程度上表现出独立性、自主性和个性，以及相互间的协调运作甚至相互竞争。

(4) 自组织超柔性。

智能制造系统的自组织表现在系统中的各组成单元能够依据工作任务的需要，自行组成一种最佳结构。其柔性具有明显的生物特征，就像人类专家团队一样，在运行方式和结构形式上都突出了柔性的特征，所以称为超柔性。

(5) 自学习与自维护。

智能制造系统的"智能"突出表现在其自学习功能上，能够在实践中不断充实知识库、固化经验。同时，在运行过程中，面对故障具备自行诊断、自行排除和自行维护的能力，使智能制造系统能够在自我优化的过程中适应各种复杂的环境。

3. 智能制造与现代化信息技术

智能制造的实现需要多个层次上各种现代化技术、智能产品的支持，如工业物联网、工业大数据、工业网络安全、工业机器人、知识工作自动化、虚拟现实、云计算、3D打印和人工智能等（见图1-6）。从智能制造的核心技术上来说，可以归结为三大类，分别是工业数据采集、工业物联网和云计算，这其中就涉及智能制造与云计算、大数据、人工智能、5G、工业物联网之间的关联，我们将在下节详细介绍工业物联网。

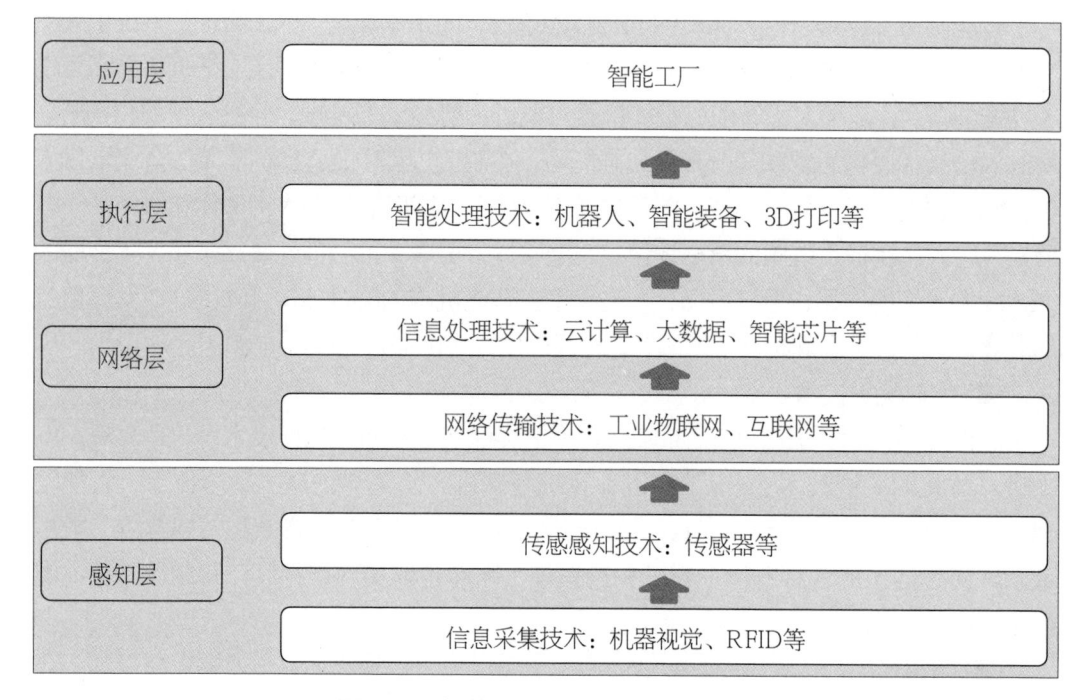

应用层	智能工厂
执行层	智能处理技术：机器人、智能装备、3D打印等
网络层	信息处理技术：云计算、大数据、智能芯片等
	网络传输技术：工业物联网、互联网等
感知层	传感感知技术：传感器等
	信息采集技术：机器视觉、RFID等

图1-6 智能制造与现代化信息技术

（1）云计算（Cloud Computing）与智能制造。

云计算就是提供覆盖区域更广、计算能力更强的云网络，可以实现海量数据和大量企业员工及管理者接入工业互联网，更可以让开发者在广阔的空间里设计更好的应用。云计算还可以为价值链上的企业、工厂、经销商、客户提供接口，进行相关数据的共享互联，既方便用户对产品进行个性化定制，更方便提供产品过程中各参与要素的协调。

智能制造需要应用大数据分析系统在生产过程自动进行数据采集和分析处理，并对现场设备进行控制，这就需要高性能的计算机和网络基础设施。传统的数据存储以大量独立分离的硬盘为载体，硬盘之间很难实现数据随时随地的共享查看和使用；便携式U盘存储空间有限，且使用不方便；工厂如果需要专业计算就必须配备大量成本高、算力低的计算用服务器。现在，这些难题被数据存储于网络云端的云计算平台轻松解决，只要用户连上互联网，就可以轻松地在任何地方实时使用云计算的资源，省时、省力、省钱。

(2) 大数据（Big Data）与智能制造。

互联网是一个无限的概念，我们已经感受到日常使用的消费互联网数据量之大，但相比工业产生的数据来说其体量是很小的，智能制造产生的数据只能用"海量"来形容。所以必须通过大数据技术，对生产、制造、物流等所有流程数据进行存储和分析，深入挖掘其中的数据价值。企业要推进智能制造，就必须使用大数据技术，包括数据采集、数据管理、订单管理、产品定制、智能化生产、智能化物流、客户分析、战略决策等功能，从而让企业大幅提升订单、设计、生产、仓储、配送、销售的效率，降低成本，优化整个价值链。

(3) 人工智能（AI）与智能制造。

经过几十年的技术和理论探索，计算机技术已经发展到相当高的水平，所以出现了拥有类似人类智能的新型设备。人工智能本身就是一个算法，一个模型，通过算法进行深度学习，识别人类的语言、图形等方面的信号，并根据这些信号进行相应的操作，代替人完成一些重复的、机械的工作或一些可量化、参数化的工作，如精密加工、流程化加工等，可不断训练模型，让其生产更加智能化，更加向人类的智能靠近。

随着人工智能的不断发展，智能制造系统将会实现工况自感知、工艺自学习、装备自执行、系统自组织等功能。将人工智能引入工业制造，其实就是让人工智能作为人的替代，帮助人管理工厂，管理整个制造生产流程，甚至采购、物流和销售等活动。

(4) 5G与智能制造。

5G是新一代移动通信技术标准，是网络连接的重要技术手段，在工业互联网的架构中，5G主要在接入层发挥作用。5G所具有的便捷连接性、高连接速率、超低网络延时、海量终端接入、高可靠性等特点，将使其成为替代现有物联网通信技术的最佳选择。一些以往受限于网络接入而不能实现的场景，在5G的帮助下，都变得方便可行。如高精度机械臂加工工艺，如果采用5G对其进行远程控制，不但实现简单，而且网络延时将缩短到1秒钟以内，完全满足了对加工精度的要求。5G的超高带宽、切片计算、边缘计算等技术，都可以在智能制造领域找到适合的应用场景。

1.5.2 工业物联网

工业物联网是工业领域的物联网技术，是融合软件系统和硬件设备的信息管理平台，是将具有感知、监控能力的各类采集、控制传感器或控制器，以及移动通信、智能分析等技术不断融入工业生产过程各个环节，并与企业现有的数据采集与监视控制系统有效融合，大幅提高制造效率和实时精度，改善产品质量，降低产品成本和资源消耗，最终实现将传统工业提升到智能化的新阶段。从应用形式上，工业物联网的应用具有实时性、自动化、嵌入式、安全性和信息互通互联性等特点。

1. 工业物联网智慧平台的四层架构

❶数据采集层。利用有线传感器、RFID和无线传感器等基于末端的智能感知/识别技术，通过自动工作的方式进行数据的实时采集。

❷数据传输层。通过工业网关、无线通信等多种网络系统和网络协议将采集到的数据进行分类和融合，完成数据的核验与保存，并安全、高效地上传至监测系统数据库。

❸数据整合层。利用大数据、人工智能、云计算等相关技术，对保存的数据进行建模、分析和优化，以及对数据深度开发应用；同时从数据仓库中挖掘出数据间的内在关联和潜在关系，并对隐藏的各种信息进行预测性分析和判断，准确快速地找出有价值的信息，为系统决策提供有效的支持，并提升系统自身的决策支持能力。

❹应用服务层。以浏览器、APP、PC系统等各种应用终端为载体，让管理者、调度者、操作者能够及时掌握生产运行情况、设备状态及物料信息等，实现对生产过程的实时全程监测。

2. 工业物联网发展的四个阶段

❶感知阶段，智能的感知控制。各类传感系统嵌入或贴附在设备中，实现对生产数据的实时实地采集。

❷连接和平台阶段，全面的互联互通。通过工业总线、CPS、互联网等各种通信手段，实现各类生产信息在开放信息平台的汇聚。

❸计算和智能阶段，深度的数据应用。利用云计算、大数据等相关技术，一方面对汇聚的数据进行清洗、建模、分析和优化；另一方面将分析和优化的知识凝练在相关工业软件中，如各种分析工具、计算工具、专业功能模块等，最终实现多源异构数据和机械设备的深度开发应用，达成行业技术和信息技术的组合进化。

❹服务阶段，创新的服务模式。计算和智能阶段的技术组合进化将引发服务业创新，从而产生新的商业模式和更多的商业价值。工业领域的企业将不再仅关心生产，还会把用户的体验与增值需求作为重点考虑对象。

这四个阶段，代表着一种"自下而上、从低到高"的工业发展模式，即以大量的生产数据作为信息化的基础，通过网络的演化和信息化系统的功能提升，逐渐扩大信息的应用范围，最终实现全领域的开放互联和服务互动。那些工业巨头，本身拥有某领域大量的完整生产数据，可通过CPS连接，把这些"业务多样性和技术复杂性"的数据装进云计算系统，搭建起专业性极强的工业物联网平台，实现大数据分析和数据的智能应用。

1.5.3　智能制造VS德国工业4.0VS美国工业互联网VS中国制造2025

美国的工业互联网（被称为美国版工业4.0）和德国的工业4.0战略殊途同归，还有中国制造2025，核心特征都是互联，都是通过数字化的转型，提高制造业的水平，实现智能化生产。它们的本质就是通过数据自动化流动，从规模经济转向范围经济，以同质化、规模化的成本，构建异质化、定制化的产业，从而推动产业结构的改革。

1. 智能制造是方法，也是目标

《中国制造2025》明确提出，全面贯彻党的十八大和十八届二中、三中、四中全会精神，坚持走中国特色新型工业化道路，以促进制造业创新发展为主题，以提质增效为中心，以加快新一代信息技术与制造业深度融合为主线，以推进智能制造为主攻方向，以满足经济社会发展和国防建设对重大技术装备的需求为目标，强化工业基础能力，提高综合集成水平，完善多层次多类型人才培养体系，促进产业转型升级，培育中国特色的制造文化，实现制造业由大变强的历史跨越。美国的"先进制造业伙伴计划"、德国的"工业4.0战略计划"、英国的"工业2050战略"、韩国的"制造业创新3.0战略"等，都将发展智能制造作为本国构建制造业竞争优势的关键举措，也是实现本国工业升级转型战略的重要手段与方法，同时，智能制造又是企业生产方式智能化改造实现的结果和目标，让全球的工厂都可以实现智能化、智慧化生产。

工业4.0是产业的技术转型，是产业的变革；智能制造是可持续发展的制造模式，是全新的工业生态系统，是生产和服务方式的革命。工业4.0提出的智能制造面向产品全生命周期，实现泛在感知条件下的信息化制造，所以说智能制造是实现工业4.0的重要手段和方法，而工业4.0产业变革的目标又是实现智能生产和智能工厂，这两者的组合其实就是智能制造的概念。

工业互联网是实现智能制造的基础，是第四次工业革命的核心推动力，是实现智能制造的发展模式和路径，智能制造的实现需要工业互联网打造全新的工业生态系统。智能制造的数字化、网络化、智能化程度取决于上云的数据维度、数量、质量，同时影响工业互联网服务的产业宽度和深度；工业互联网反馈的应用效果，反过来优化智能制造的设计。

智能制造的实现主要依托两方面的基础能力，一个是工业制造技术，包括先进装备、先进材料和先进工艺等，这是工业4.0的核心；另一个是工业互联网，即基于互联网、物联网、大数据、人工智能，以及云计算等现代信息技术，充分发挥工业装备、生产材料和制造工艺的潜能，优化资源配置效率，实现产品定制化和服务增值化。由此看来，"制造+互联网"就是工业4.0，"互联网+制造"就是工业互联网，而制造和互联网的充分融合就是智能制造。

2. 工业4.0与工业互联网

工业4.0强调生产过程的智能化，更加关注通过信息网络与工业生产系统的充分融合和有机整合，打造智能工厂，实现以价值链上的三大集成为基础的生产过程智能化，提高工业资源利用率，提升生产效率。

工业互联网更侧重基于数据资产的智慧服务。工业互联网的内核是以物联网为基础，利用各种复杂的软件系统，将带有内置传感器的机器和其他机器、人连接起来，进行实时数据的收集、传输、处理和反馈，提取数据并进行深入分析，挖掘生产或服务系统在性能提高、质量提升等方面的潜力，实现生产资源效率的提升与优化。虽然工业互联网与工业4.0的目标都是资源优化与效率提升，但其侧重点有所不同。工业互联网侧重于对互联网、物联网、大数据等生产设备的智能管理，形成开放的全球化工业网络，并将工业与互联网在设计、研发、生产、物流、营销、服务等各个阶段进行充分融合。

其实第四次工业革命的本质就是对世界未来的工业标准主导之争，是由德国和美国依照各自的思维逻辑和表达方式开展推动的。以工业控制技术见长的德国所界定的工业4.0，有着强有力的机械加工工艺能力和各类内嵌式控制系统的专业设备和工作能力，德国很关心加工过程的智能化系统和虚拟化技术的深刻改变。以计算机、软件、互联网、大数据、人工智能、机器学习等IT技术见长的美国明确提出了工业互联网规范，关心机器设备智能互联系统、数据统计分析系统，以及各类数据资料对业务流程的洞悉，其侧重点在互联网、大数据和云计算技术。美国要以GE、IBM等企业为基础，从软件出发连通硬件；德国要以西门子、库卡、SAP等企业为主导，期望从硬件连通到软件。其实，这种理念的差别从第三次工业革命的中后期就开始了，以微软、IBM、英特尔等IT巨头领衔的美国产业体系逐渐向软件、互联网、计算机等IT革命转变，而以西门子等工业巨头领衔的德国产业体系却向着机电一体化、机器人、数控系统等方向开启了自动化革命（见图1-7）。

这两种不同的智能制造发展概念，其实就是两种技术路线或两种技术人员的理念之别。IT从业人员，期望将自己擅长的IT理念、互联网思维和技术应用到工业环境中，由软而硬，以实现智能制造的目标，这就是工业互联网。运营技术（Operational Technology，OT）从业人员，期望通过生产系统带动IT技术的应用，从硬到软，这也是我们通常提到的智能制造的概念。不论从软到硬，还是从硬到软，虽然执行路径和逻辑思维不同，但总体目标一致，就是要建立移动互联和工业生产的融合，建立智能工业。工业4.0提出的新型工业体系，把CPS系统建立放在首位，但是CPS的基础是软件和模型，核心就是工业互联网，这是支撑信息化和工业化深度融合的一套综合技术体系。所以说，工业4.0和工业互联网的实质是相同的，不同之处在于思维。

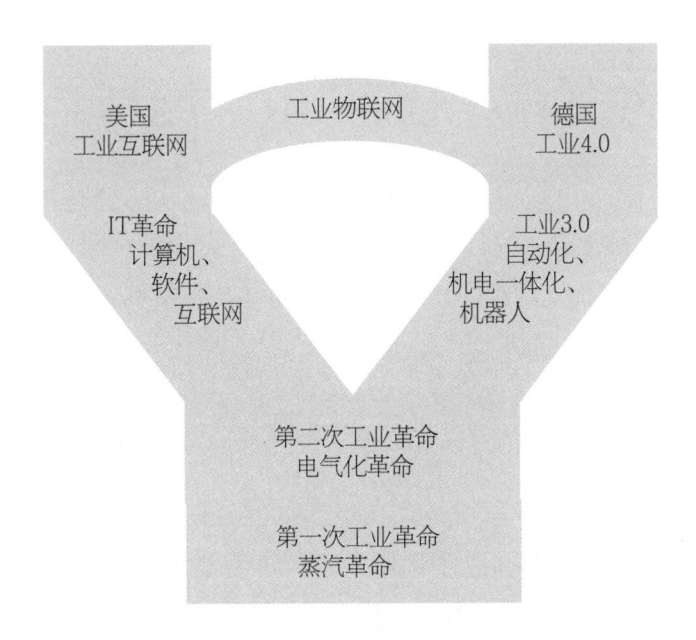

图1-7 工业革命发展路径示意图

3. 中国制造2025和德国工业4.0

中国制造2025和德国工业4.0都是在新一轮工业革命、科技变革和产业升级背景下提出的制造业转型发展战略举措，对两个战略进行充分对比后，可以发现它们之间的异同。

（1）战略目标一致。

中国制造2025和德国工业4.0的战略目标是相同的，都是增强国家工业的综合竞争力，在新一轮的世界工业竞争中抢占先机。德国希望通过工业4.0战略的实施提升本国的全球竞争力，成为新一代工业生产技术的供应国和主导者。中国希望通过中国制造2025战略的实施，全面提升中国制造业发展质量和水平，使中国迈入制造强国行列。

（2）战略定位不同。

中国制造2025和德国工业4.0战略定位是不同的：中国提出创新驱动、质量为先、绿色发展、结构优化、人才为本的基本方针，是由制造大国向制造强国的转变；德国是实现智能化工厂和智能制造，由自动化、数字化向智能化迈进，由制造强国向超级强国发展。

之所以存在这样的差异，完全是由两国的工业基础和国情决定的。

德国提出工业4.0的基础是德国的工业已经经历了三次完整的工业革命进程，数控系统、自动化等生产技术已经相当成熟，德国制造业已经成为世界上最具竞争力的制造业之一，德国更是制造装备领域的引领者。德国工业4.0战略是一个革命性的基础科技战略，是以其完整的工业发展体系为基础而制定的，立足点是从制造方式基础层面上进行变革，提高科研创新能力，依靠"高、精、尖"理论知识实现整个工业发展的质的飞跃。

对于中国制造业，中国工程院院士、前华中科技大学校长李培根认为，德国工业4.0是在工业3.0的基础上进行的，而中国还面临着工业2.0要补课、工业3.0要普及、工业4.0要示范跟上的处境。中国的工业尚处于大批量生产阶段，从量上看稳居世界第一，但从质上看仍然处于工业2.0和工业3.0混合交织的阶段。企业之间的发展水平参差不齐，且在基础材料和产业技术等方面的创新和保障上都不够到位，基础学科的研究比较薄弱，科研创新能力不强，这也映射出中国制造业大而不强的现状。

基于此，中国制造2025在战略范围上涵盖更广，不仅局限于中国制造业的全面重组，还追求从基础科学到生产方式的全面突破。所以，中国制造2025是根据中国国情做出的重大战略决策，目的是全面提升中国制造业发展质量和水平，在坚持创新驱动、智能转型、强化基础和绿色发展的道路上走出自己的特色，加快迈入制造强国行列。

1.6 智能制造下的精益管理

精益管理源于精益生产，精益生产是日本丰田汽车公司的生产组织管理方式。美国麻省理工学院詹姆斯·P. 沃麦克等专家，通过国际汽车计划（International Motor Vehicle Program，IMVP）先后对世界17个国家90多家汽车制造厂进行调查和对比分析，认为丰田的精益生产方式是最适合现代制造企业的生产管理方式。经过多年发展，精益管理已经由最初在生产系统的成功实践逐步延伸到企业的各项管理业务，也由最初的具体业务管理方法上升为战略管理理念。

精益管理的核心内容就是降本增效，通过降低成本、提高质量、加快流程速度、改善资本投入等，努力消除浪费，实现股东价值最大化，并为客户提供满意产品和服务。精益管理的本质就是实现全价值流的精益生产过程，就是实现产品全周期的精益化运营。它是推进智能制造进程的重要要求，是实现智能制造的基础和保障；智能制造是精益管理成功实践创造的结果，同时智能制造又会提升精益管理的水平和科技含量，让生产制造更加精益化，从这个意义上来说，智能制造又是精益化的一个手段和工具。

1.6.1 智能化和精益化相关概念解析
1. 业务数据化和数据业务化
信息化、数字化、数据化、智能化、精益化的概念人们已非常熟悉，但是对它们之间的逻辑关系却没有非常统一的认识，这也导致了企业在实现智能制造的规划上往往出现偏差。

我们仔细分析发现，这些概念最终都会指向一个根本，那就是数据，它们都是建立在数据之上的新技术和新管理模式的应用，都是将数据和业务进行互转互化的过程。这就引出了两个必须厘清的概念：业务数据化和数据业务化。

业务数据化是以专业的信息化系统为承载，实现企业业务管理过程中所涉及全部对象的信息转化为数据，并达到业务数据在运营环节可利用、可分析、可改进的处理过程。数据业务化是以信息化系统的数据资产积累为基础，结合企业业务发展，设计适用的数据服务应用，将数据转变为带有建议性的运营信息，为企业提供数据价值，反哺业务运营过程，实现更加精益的管理。

信息化多半承载了业务数据化的过程，是产生数据的过程和工具；数字化承载了数据业务化的功能，基于大量的运营数据分析，对企业的运作逻辑进行数学建模和优化，反过来再指导企业日常运行，即"机器学习"与"智能指导"。信息化是数字化的支撑，数字化是信息化的高阶阶段，是信息化的广泛深入运用，是从收集、分析数据到预测数据、经营数据的延伸。

业务数据化的目的就是通过数据化的专业处理，为精益运营提供数据支撑。数据业务化的目的是为精益运营提供决策支撑；反之，精益运营又提供了准确的、动态的、可衡量的、可标准化的数据，同时对数据业务化的结果进行验证和反馈。

从这个意义上说，精益的数字化就成为智能化的坚实基础，解决了人和机器的关系这一核心问题，变成一个"人机一体化"世界。人和机器之间的语义失调与思维裂隙逐步消除，最终走向人机无差异，为智能化夯实基础。

2. 标准化

企业的标准化，是对企业生产经营活动所涉及的重复性事物和概念，通过制订、发布和实施标准达到统一，以获得最佳效率和质量的过程。标准的制订、执行及完善的过程，就是标准化。企业标准化的范围很广，一切企业的活动和资源都可以通过标准化来进行规范和统一，包括标准化的制度规范、业务流程、作业流程、作业活动等，以及设备、配件、原料等，还有信息化规范，如编码规则等。对产品进行定义的标准就是产品标准，对工作进行指导和规范的标准就是管理标准，对现场作业进行规范的标准就是作业标准，作业标准也可归类于管理标准。

标准化是自动化的基础，也是智能制造的前提。例如，汽车行业生产过程的自动化程度很高，一个重要的原因就是标准化。汽车行业为了降低产品成本，普遍采取共用平台和通用零部件等策略，用标准化的零部件实现批量生产，将原来的根据整车进行零部件生产改为根据零部件进行整车生产的方法。有了标准化，自动化才"有法可依"，才能实现机器的流程化作业，如自动装配、自动包装、自动打标等。如果生产资源和作业方式不统一，规则多样，形式各异，那么实现自动化将变得非常困难，且成本很高。

标准化是管理精益化的基础。通过标准化，可以将有效的、科学的优秀经验与成果固化保存，并可以进行不同企业、不同部门、不同员工之间的横向或纵向复制。标准化通过规范员工的业务操作、动作及工作活动，实现企业管理从"人治"到"法治"的转变，保证了工作的质量、效率、成本和安全，并保证不会因为参与人员的变化和承担部门的变化而出现不同的结果。例如，丰田的理念是"下一工序即客户"，正是因为每一道工序在标准化的前提下实现稳定的产出，才最终保证了公司生产成本的降低、效率的提高、质量的稳定和安全的有效，这正是精益化管理的核心目的。

标准化是人才培养、管理输出和知识赋能的有效方法，是体系化精益管理的基础。建立标准的过程就是梳理员工知识和经验体系的过程，标准执行的过程就是培养员工规范意识的过程，完善标准的过程就是提升员工改善能力与知识管理能力的过程。完善的标准化，能够形成健全的知识、经验、培训、文化体系，加速人才的培育过程，为精益管理搭建起完善的人才梯队。另外，企业在进行管理咨询输出或在企业进行快速扩张需要新建工厂或并购时，能够通过现有模式的快速复制，保证项目的成功。所以，标准化可以为体系化的精益管理打下良好的基础。

3. 精益化

精益生产，最早就是面向多品种小批量的定制化需求而设计的，现在精益已经演变为一种涉及研发、营销、供应、生产、物流、制度和流程全价值链的管理理念和方法，带动着制造业到服务业的全面管理提升。精益生产所追求的"创造价值、消除浪费"的思想、方法和工具促进了生产资源的优化配置，获得质量、效率和反应速度的快速提升，精益运营的专业能力就成为智能工厂的核心。

精益生产要解决的核心问题就是浪费、低效和波动，如库存的浪费、搬运的浪费、手工作业的浪费、品质的浪费、交货周期的等待等。可想而知，在低效的生产模式下是不可能实现智能制造的，而智能制造还要重点考虑投资回报率的问题，精益管理只需要在现有基础上进行资源的重新配置、流程的重新优化、思维的重新养成，即可实现对生产资源的充分利用，可谓是投资回报率最高的一种方式。

1.6.2 精益管理和智能制造的关系
1. 精益管理是实现智能制造的基础

精益生产是一种能够快速响应客户需求变化、最大化减少生产过程中浪费的生产体系和管理方式，是智能制造的基石，是推行智能制造必须经历的变革过程。不要指望在落后的工艺基础上实现自动化，不能指望在落后的管理基础上建立信息化，更不能指望在缺少数字化、网络化的基础上实现智能化。

智能，我们可以从"智""能"两方面来理解。智就是智慧，是从感觉到记忆再到思维的过程；能就是能力，是将智慧产生的行为和语言进行表达的过程，所以智能就是从感觉到用经过思考的方式表达的整个过程。制造的智能化就是使制造过程中的"物"具备"人"的智能的过程，也就是从人工到自动，再到自主的过程。

在这个过程中，我们会发现，必须逐步调动感觉、记忆、思考分析、表达执行等各方面的功能，而每个功能都对应着不同的对象。用工业语言来表达就是，感觉就是收集数据的过程，记忆就是将数据信息化的过程，思考分析就是将信息进行数字化处理的过程，表达执行就是智能化的结果，而智能化的结果由数据的精细化、精益化来决定。

智能制造需要具备客观、合理评估企业自身生产能力的能力，扬长避短，动态调配资源，从而实现生产的智能化和过程的智能化，提高企业的整体竞争力。这就需要智能制造系统获得足够的、有效的、准确的信息和数据，而获得这些数据和信息的途径就是数字化、精益化生产过程中传输的数据，通过生产的精益化，采集产品设计、销售、采购、生产、物流、生产节拍、换模、成本、质量等一系列的标准化数据。

如果我们把智能工厂比为一栋摩天大楼，那么精益管理就是这栋大楼坚实的地基。智能制造必须建立在高效的生产模式之上，从质量、成本、效率上根本解决"快速反应"，达到定制化、个性化、柔性化制造。精益管理正是以客户为中心，通过研发、制造、质量、供应链上的精细化管理，以快速反应取胜，提升生产效率，降低成本，实现企业价值最大化，驱动智能制造的发展。

表1-1直观地表达了各概念的逻辑关系。

表1-1 各概念的逻辑关系

概念	侧重点	与精益管理的关系
信息化	数据管理：业务信息的数据化	• 信息化将精益管理过程进行存储 • 精益管理保障数据的准确性、精细化
数字化	数据调用：基于信息化技术，让业务和技术产生交互，实现数据资源的分析与调用	• 精益管理为数字化提供方法论 • 数字化实现并固化精益管理的流程与方法
数据化	数据分析：将数字化的信息进行处理，为决策提供有力的数据支撑	• 精益管理保障数据化的标准 • 数据化指导精益管理的过程
智能化	数据应用：使业务对象具备灵敏准确的感知功能、正确的思维与判断功能、自适应的学习功能，以及行之有效的执行能力	• 精益管理承载智能化的高效 • 智能化是精益管理指导下的结果

工厂数字化建设不仅是一系列新技术或新系统的单纯应用，还是涉及设备自动化、流程信息化与管理数字化的综合性工程。所以企业在引入实施数字化管理时，一定要以价值为导向，从全局进行系统规划，而对价值体现最核心的管理方式就是全面的精益化管理。所以说，实现智能制造的基础是精益，随着数字化技术的发展，精益管理很多理念都可以通过数字化实现，更加助力了精益管理的推进和实施，即精益管理理念下的"信息化+数字化+数据化=智能化"的进程。

2. 智能制造反哺精益管理

从生产过程来看，精益生产中的很多理念，如5S（Seiri整理、Seiton整顿、Seiso清扫、Seiketsu清洁、Shitsuke素养）与目视化、价值流分析、节拍生产、拉动式生产、标准作业等，都是顺利实施生产数字化、智能化的基础。通过精益生产的改善手法减少浪费、创造价值、提升效益，实现在线的可视化、均衡化、准时化生产和数字化、智能化的管理目标。同样，在线数字化系统可通过物联网、互联网、大数据、云计算、人工智能等技术手段进行分析、预判、决策支持、自我维护等活动，实现精益与科学管理成果的落地与固化，并通过在线管理促进企业持续性优化升级。

智能制造把传统生产过程中无法实现的精益管理方式变成了可能，把传统方式下无法落地的精益思维和精益工具变成现实，为生产和制造的进一步精益化提供了技术基础，为把精益管理变为生产力提供了足够的保证。

3. 智能制造影响精益生产的变革

精益生产方式自诞生以来，一直进行优化和变革，智能制造的新需求从内部和外部两方面影响着精益生产的变革。

在企业内部，智能制造影响着精益生产的内部管理和员工培养方向。传统生产模式追求人本主义，因为生产环节的各个方面都需要大量技能型人员参与，所以在员工关怀和技能培养方面投入了大量精力和资源，确保员工作业能力的提升和工作积极性的发挥，从而保持较高的生产效率和较好的产品质量。在智能制造环境下，人力在生产环节的投入比重将大幅度降低，许多工作将由机器代替，需要的人力资源将向管理型和技术型人才倾斜，从而影响人才的选用育留管理政策。

在企业外部，智能制造影响着精益管理对外部环境的适应方式。传统生产方式下的精益生产管理注重通过敏捷制造、快速切换等技术实现对外部环境变动的适应以追求准时生产目标的最大化。但因传统技术下的信息流速度较慢、决策反应不及时以及执行效率较低等原因，最终很难实现预期目标。在智能制造的环境下，通过物联网、互联网体系构建的全价值流架构，通过信息的实时交互、人工智能技术的全面应用，以及信息处理模型的快速反应等，对外部环境的适应性和应变能力大大提高，推动着精益管理向更高水平迈进。

第 2 章
精益基础

  千万不要让员工处于长期过劳的疲惫状态，尤其是单调乏味的疲惫。因为长期疲惫会导致员工脑力处于机械性思考和思想惰性状态中，一旦稍有放松，他们就会陷入不能自拔的"暂时享受"，这种"享受"会给身体带来更多疲劳，甚至员工偶尔会控制不住地犯错误，这是精益管理要解决的首要问题。

精益是企业全体员工一起进行的一场旨在提升企业综合能力的"修炼"，修炼的"道场"就是企业现场，修炼的对象是企业中的人、事、流程、制度、设备、系统等全部生产资源和生产活动。考虑到精益管理的整体性和系统性，我们统一将精益相关工作称为"精益管理"。

2.1 精益生产与精益管理

2.1.1 概念解析

1. 精益生产

精益生产（Lean Production），简称"精益"，是源自丰田生产方式的一种管理哲学，是一种彻底追求生产过程合理性、高效性和灵活性，通过"彻底消除浪费"来达到这一目标的新型生产方式。精，就是使用最少的资源（人力、物料、时间等）；益，就是产生最大的效益（企业效益、员工效益、社会效益等）。

精益生产是通过企业管理模式、商业模式以及生产方式等方面的变革，使生产系统能快速适应不断变化的市场环境和用户需求，并通过精简生产过程中一切不创造价值的活动和物品，最大可能减少浪费，最终达到创造最大价值和输出最好结果的一种生产管理方式。众多知名制造企业和著名大学教授对丰田生产方式的深入研究和应用推进，进一步促进了精益生产理论的发展，并由之产生了先进的生产管理体系。精益生产方式更加关注产品生命周期管理，包括产品概念设计、产品研发、生产线优化、工作台设计以及作业方法的改进等，通过生产计划管理、流程再造、供应链协同优化、库存控制、人力资源管理和设备资源管理等方式，逐渐优化成本管理、质量管理、营销管理和客户服务管理。

精益生产的实质是管理模式和管理过程的不断优化。一是流程型组织的建立，对组织进行扁平化改革，精简管理层级和管理人员的数量，减少不直接创造价值的人员比重；二是推行均衡排产和柔性生产，追求零库存；三是建立全生产过程的质量保证体系，追求零不良；四是减少和降低所有管理、生产活动的浪费，追求零浪费；五是最终实现拉动式准时化生产方式。

2. 精益管理

精益运营（Lean Operations）是由企业最高层主导的为了实现业绩目标而有意识开展的一种持久的运营变革，通过对员工能力、观念、制度和流程的持续改善来实现业绩提升。精益管理（Lean Management）是企业开展精益运营变革的管理体系，将精益思维植入每位员工心中并在企业的各项活动中运用，是一种管理的提升和运营的改善。

关于精益管理的概念经常出现两个认识误区，这就关乎精益管理的"是"与"非"的问题，也就是"是什么"和"不是什么"的问题。

精益管理是过程，不是结果。例如，我们在丰田看到的良好的现场、优秀的业绩，达到这个结果的过程才是精益管理。再如，某公司生产效率提升30%，这是精益管理的阶段性成果，获得这个成果的过程中做出的经营管理活动是精益管理。

精益管理是信仰，不是工具。很多人认为精益管理就是拉动式生产、单件流、看板管理、5S、IE（Industrial Engineering，工业工程）、QC（Quality Control，质量管理）、六西格玛（6 Sigma）等工具和方法。这个观点是不对的，所有这些生产方式、工具、方法都只是在精益管理过程中用来提高生产效率的手段或分析某一类特定问题的工具，是精益管理的战法层次。精益管理是一种体系化的管理模式，是一种精神，一种思维，一种信仰，是相信永远存在更好办法的信念。在这种信仰下，不管公司现在做得多出色，现在的做法一定不是最好的，要敢于突破现状，挑战新目标，寻找新方法，通过永不停止的改善获得越来越好的结果，达成更高的目标。

精益管理不是某个人、某个部门的事情，而是公司每位员工的事情。某一环节的精益管理往往无法奏效，只有全公司一起上阵，一个一个地解决生产过程中的瓶颈问题，实现整个团队的整体提高，才能够实现精益管理的目标。

精益管理需要马上开始，不需要满足条件。我们在管理咨询的过程中发现，许多企业管理者认为推行精益管理需要满足某些条件，比如，等公司管理基础完善之后再做精益管理，等公司人才队伍完备之后再推行精益管理，等公司流动资金充足之后再开始精益管理，这些观点是完全错误的。精益管理的目的是什么？就是要改善管理基础，提升人才队伍，提高工作效率，降本增效，使流动资金充足。一句话，公司现状越不好，越要尽早推行精益管理。销售部门应该立即想方设法缩短客户订单处理时间；采购部门应该马上采取行动加快物料供应；制造部门应该赶紧想办法持续提高设备、工艺、品质的可靠性和稳定性，缩短生产周期，总之，全公司各部门都要联合行动起来。

2.1.2 精益管理的核心思想
1. 产品由客户决定

产品价值是由产品价值结构集中体现的，包括产品价值的要素构成（含客户得到的利益和需要付出的成本等）、各要素的比例关系和价值实现的过程。通俗地讲，产品价值结构一是要确定企业的某一种产品可以让客户获得哪些具体利益以及各种利益的具体数量；二是要确定客户获得该产品需要付出哪些成本以及各项成本的具体数量；三是要确定各种利益和成本之间存在什么样的关系和比例；四是要确定利益的获得与成本的付出是按照什么样的流程来实现的。例如，销售同一型号的汽车，A、B两家经销商的销售价格相同，但是付款方式不同，A公司只能现款现货，B公司可以分期付款，也就是说，客户获得的利益是一样的，但是其支出有所不同，支出的流程也不相同，那么这两家经销商的产品价值结构就不同。

  随着人类社会的进步和科学技术的发展，社会生产力快速提高，在产品和服务方面出现了两个倾向：一是人才的普遍素质越来越高、信息获得成本越来越低、技术越来越先进、管理越来越成熟，多样化的产品层出不穷，人类能够生产的物质极大丰富，"只有想不到，没有做不到"，企业已经具有了满足客户多样化需求的社会条件；二是以此为基础，随着人们生活水平的提高，精神生活逐渐占据了相当的地位，人们对物质的需求呈现出更加突出的个性化特点，这就直接产生了产品价值多样化的结果，客户的强势购买力也直接影响产品价值结构的实现。

  在此情况下，企业竞争的焦点是如何更好地满足客户个性化的需求，将工业社会的规模优势和信息社会的低成本优势充分融合利用。"客户价值"的概念日益受到企业的重视，"以客户为中心"的思维日渐受到企业的重视，市场环境的改变正逐渐把客户推向决定产品价值结构的地位。"钱是赚出来的，不是省出来的"，这个观念被彻底颠覆。信息透明度越来越高，产品的价格也越来越接近其真实价值，利润空间被急剧压缩，社会供销逐渐趋于理性。2020年年初突如其来的新冠肺炎疫情，更是充分证明了这一点，那些在新冠肺炎疫情下能够存活并发展的企业的利润无一不是"省出来"的。在当下特殊的经济环境下，省钱就是赚钱。所以，"降本增效"这个并不时尚也不新鲜的概念正在成为很多企业活下去甚至长远发展的基础理念，这就是精益管理。精益管理的出发点是产品价值结构的合理性，即高性价比，在价值结构由最终客户决定的形势下，传统大规模生产的低成本策略被迫向定制化、小批量的低成本策略转变，更加凸显精益管理的重要性。

2. 生产由客户拉动

  传统的生产方式都是推动式生产，以产定销，以产品研发和升级换代推动客户的需求，以营销作为主要的手段，让客户逐渐接受企业的理念和产品表达。在工厂内，生产计划部门根据市场需求，按产品构成清单对所需的零部件规格和数量进行计算，确定产品及所有零部件的投入产出计划，按计划发出生产和采购的指令；采购部门按收到的计划采购所需原材料、设备和工器具，然后推送给各个生产车间；各车间按照接收的生产计划排产，并将生产完成的零部件推送到下一道工序或下游生产车间；最终将产品交给销售部，由其将产品推销给客户。整个过程都是由前工序向后工序推动,根本无视下一道工序和下游生产车间的需求如何。物流和信息流的分离,沟通成本的高涨,沟通效率的低下,导致了库存高企、浪费严重、管理费用居高不下、客户满意度低等结果。

拉动式生产的核心就是生产由客户和市场决定,生产什么、生产多少、质量如何完全交给客户去选择和设计,从市场需求出发,由客户需求信息决定产品组装,再由产品组装拉动零部件的加工。工厂内部同样是"以客户为中心",后工序是前工序的客户,下游车间是上游车间的客户,在客户提出需求之前,任何工序均不生产产品或提供服务。每道工序、每个车间都按照客户提出的需求进行生产活动或服务活动,同时向前一道工序或上游车间提出需求计划,并以此类推。在该生产方式下,物流和信息流完美地结合在一起,整个过程相当于由后工序拉动前工序。

拉动式生产方式可以真正实现按需生产,由客户需求拉动整个生产过程,而不是把产品硬推给原本就不需要的客户。如果每道工序都直接按照客户(市场客户或后道工序)的实际要求,在适当的时间,按需要的品种与数量生产,从而设计、生产出客户真正需要的产品,就会消除产品高库存、零部件积压的情况,甚至不再需要销售预测、生产计划预测等管理工作,大大降低管理和生产中的浪费现象,客户的需求也会变得更加稳定,实现了产品设计、生产、物流、信息流的精益化结果。

3. 生产实现单件流动

在传统的制造业生产车间,产品品种较少,每种产品的生产数量较多,采用的是批量生产的模式,周期性批量重复生产某几种产品。制品批量在各车间加工,并按工艺流程批量推送给后道工序和下游车间。这就是批量移动,批量移动是推动式生产的产物。

在拉动式生产中,成批移动已经无法适应根据客户需求进行定制化柔性生产的需要,由此诞生了单件流动。

单件流动就是在制品一件一件地按照工艺流程在各个工序间连续移动。首先按照工艺流程将作业场地、工作台、作业设备等合理配置,按照工作量大小和相互连续的关系将工艺流程划分为几个工段。其次零部件和在制品都不再批量移动,一是在某工段内部,生产用的零部件在各个上下游工序间一件一件地加工和移动,每个工序最多只有一个在制品或成品;二是在工段之间,同样是在制品或产品一件一件地从上游工段移动到下游工段。

在单件流动中,每个工段有序地连接在一起,工段中的各工序也衔接在一起,前工序完成的在制品可立即"流动"到下一工序继续加工,前工段完成的同样立即流动到下一工段。整个生产过程不会产生库存和积压,任何工段和工序之间几乎没有搬运距离,不会有多余的物品移动与储存,因此在制品数量可大幅度降低,生产空间的需求也随之减少。不良品一旦出现,可立即被发现,且可很容易确认该不良品产生于哪一台机器或由哪一个操作员生产,由此大大降低了不良品的比例。更重要的是,生产周期大幅度缩短,工作能更快、更有效地完成。该生产方式更好地满足了市场多变的需求,同时满足了精益管理"降本增效"的需求。

4. 消除价值链上的浪费

某天,大野耐一(丰田生产方式的创始人)认真观察了现场工作的作业员,对他们说:"我可以请求你们,每天至少做一个小时有价值的工作吗?"作业员认为他们已经很卖力地工作了一整天,因此对这句话很愤怒。然而,大野耐一的真正意思是"你们每天至少做了一个小时有附加价值的工作吗?"他知道作业员大部分的时间,只是在现场走动,没有增加任何价值。那些没有任何附加价值的作业,大野耐一称为浪费。

精益管理是个全局的体系化的工作,必须跳出单个企业去关注整个产业价值链,去分析生产某个特定产品所必需的全部产业活动,包括从产品概念构思到实际交付给客户过程中的全部活动。产业价值链是从原材料到完成满足客户需求的产品所涉及的全部企业所形成的增值链,即从原材料的供应开始,经过价值链中不同企业的制造加工、组装、分销等过程直到最终用户的一条逐渐增值的价值链,所有相关企业既给产品增加了价值,同时也给自己带来收益。所以,企业在做好内部消除浪费的工作之外,要共同思考与价值链上各企业的衔接与信息沟通,并最终形成全价值链的精益管理。

2.2 转变精益思维,突破管理瓶颈

2.2.1 更加关注企业效益,认识精益管理的必要性

以钢铁企业为例,近年,随着我国房地产、汽车、船舶、工程机械等领域的快速稳定发展,钢材需求增势明显。2019年的钢铁产量和消费量均创新高,工信部网站信息显示,2019年全国生铁、粗钢和钢材产量分别为8.09亿吨、9.96亿吨和12.05亿吨,同比分别增长5.3%、8.3%和9.8%。

同时,进口铁矿石价格大幅上涨,导致相关企业经济效益大幅下滑,2019年中国钢铁工业协会会员钢铁企业实现销售收入4.27万亿元,同比增长10.1%;实现利润1889.94亿元,同比下降30.9%;累计销售利润率4.43%,同比下降2.63%。

2020年是"十三五"规划的收官之年,钢铁企业的发展面临着复杂多变的内外部形势,且在应对生产工艺复杂、生产流程长、供应链冗长等困难的前提下,又面临着客户需求个性化强、工业知识获取和设备维护成本高、环保难度大压力大等挑战。要

想实现健康有序经营、长期稳定发展，必须做好信息化、数字化、智能化转型，扎实做好实际生产过程中的管理控制工作，在内部管理、供应链、生产管控、设备管理、环保管理等方面降本增效，这就需要做好精益管理工作。

按照中央经济工作会议的要求，钢铁行业必须坚持以供给侧结构性改革为主线，巩固钢铁去产能的成效，提高钢铁行业绿色化、智能化水平，提质增效，降本减排，推动钢铁行业高质量发展。

现在的制造业面临的生存环境如下所述：一是市场的多样化，现在市场上的产品和用户需求越来越多样化，导致市场竞争日益激烈，利润空间一步步被压缩；二是资源短缺现象日益显现，随着各行业产能增加，周边环境的压力相对加大，资源就会相对短缺；三是制造成本日益上涨，主要来自劳动力成本的提高和原材料价格的上涨。

目前，整个制造业都面临着较大的困难和挑战。所以，在目前国际形势、社会形势和市场形势下，制造企业进行精益管理的改革和实施成为当务之急。

2.2.2 更加关注员工成长，打造精益思维基础

真正"以人为本"和"企业最大的浪费是员工智慧的浪费"是精益管理的核心思想，强调"对人的尊重"和"更加重视人的作用"，追求"自主管理"和"自主创新改善"。突出表现就是关注员工个人意识和能力的提升，充分开发和发挥员工个人智慧，并把企业的竞争力提升与每位员工的能力提升捆绑在一起。那么企业就必须把绩效考核的导向与员工改善的方向并轨，积极营造利于员工成长的环境，引领和促进员工努力向上，通过良好的机制和"有诱惑力"的舞台，引导他们自主学习、自发行动和自我超越。

东、西方企业管理中的"以人为本"思想虽然都强调对人的尊重，但是关注角度却是不同的。西方着眼于员工权利的主张和对自由的保障；东方注重员工个人意识和能力的提升，并把员工个人成长和企业发展紧密联系在一起，这就需要加强对员工的培养和授权。

生产过程中存在大量无形的、微小的浪费，这些浪费更多与员工日常工作密切相关，例如，员工动作上的浪费、加工切削余量的浪费、各种工器具放置不合理造成的时间浪费，以及部分残次品的浪费等。要杜绝这些浪费，首先要依靠员工，高度信任员工，通过消除这些浪费逐渐转变他们的思想，改变他们的工作习惯；其次要不断提高员工的能力和素质，通过培训、实践、指导等行为，让员工具有发现浪费、分析浪费原因、解决浪费问题的能力；最后还要给员工充分授权，让在生产过程中发现问题的员工可自行决定暂停生产。通过各部门的高度重视促使每一位员工都考虑从根本上解决问题，避免因自己的错误导致公司整体的损失。

企业把员工的能力分为两种，即专业能力和综合素质能力。真正适合企业的人才必须同时具备专业能力和综合素质能力，这样的员工既能把岗位要求的工作做好，同时又具备企业所需要的素质。所以，在培养员工能力时，企业应同时培养这两方面的能力，使员工能力与企业需求相匹配。

专业能力指与员工从事的具体职能和工作相关的知识及技能，它直接影响员工能否完成岗位工作的要求。综合素质能力指符合公司文化和组织本身所需要的综合素质，这项能力和组织本身的工作性质有很大关系，包括人际关系能力、组织分析能力、团队合作能力、创新能力等，综合素质能力在不同组织内的影响作用不同。

企业在运营中应该怎样培养人才，从而保持企业团队的稳定性呢？必须遵循以下几个原则。

(1) 尊重员工，与员工建立友谊。

当下企业中的很多员工都是90后，他们平时看的电影、玩的APP，或者追的明星，都和管理者有所不同。如果企业不能尊重他们的兴趣和爱好，是不可能收获他们工作以外的友情的。如果只是单纯培养技能，那么员工学完之后，可能就离开企业了，这样达不到企业培养员工的目的。企业要想培养好的员工，就要走近员工，了解他们，和他们的心在一起，用友谊之花维系彼此的感情。

(2) 树立企业的价值观。

企业文化是企业的灵魂，好的文化让员工心里有目标，有原则。如公司强调利他之心，这样的文化有助于互相协作。好的文化，也让公司管理变得透明，公司未来的目标是什么？以后需要什么样的人才？将会做出哪些举措？明确这些问题，员工就明白自己的工作方向和在企业中的价值。

(3) 组织良好培训，成为员工的导师。

技能的培养是建造万里长城的第一步。在工资没有增幅的情况下，培训是聚拢团队感情的最快方式之一。员工在企业即使工作时间长一些，待遇不如同行业的其他企业，如果企业能够让员工获得良好的培训，增强他们的技能知识，提升他们的价值，那么员工也可能对企业产生认同感。良好的培训不仅包括知识培训，还有工作习惯培养、工作问题解决、公司制度熟悉等。

(4) 开拓员工眼界，提供更大舞台。

在榻榻米上是学不会游泳的，学游泳的最好方式就是把人扔入水中。要想让员工更加优秀，必须要做的就是给予机会，让员工独立负责原有能力以外的事情；施加工作压力，让员工在实践过程中独立成长；在员工的实践过程中适当给予提点，这样员工可能就会成为更合格的员工。

(5) 权衡决策。

注意管理策略和管理行为的一致性。例如，我们看到员工很早就下班离开公司，或者看到员工下班之前没有什么事情做。如果想要培养好的员工，这个时候批评是没有作用的。我们要做的是思考，思考是不是因为工作安排不当员工才没有事情做？是不是因为没有培养员工积极参与反馈的能力，所以他们不知道自己的问题在哪里？这些是培养员工时需要衡量的。

(6) 建立反馈制度。

反馈制服指的是每周的会议总结和周报，通过会面的和文字的方式来进行反馈。好的反馈制度可以帮助员工改善工作，积极明确目前团队存在的问题，也可以帮助管理层了解公司的业务现状，为做出决策提供参考。即时的反馈制度有利于控制不良事件，防止不良影响扩大化。

(7) 确定能力标准。

企业需要什么样的人才？具体的标准是什么？对于这些问题，管理者必须做到心中有数，把需要的专业能力和综合素质能力标准详细地列出来。在日常人员轮岗、工作调配、培训时，大脑中时刻有这个"标准"，就有参考的依据，也是与下属沟通的依据。

(8) 确定培养目标。

思想上，不要把这个问题想得太复杂，要记住"作为管理者，要有意识地确保每个人每年或者每月、每天都有进步，哪怕是一点点"。对于每个人的发展或者培养目标，管理者心中要有一个长期的规划，可以不落实到书面上，但必须做到心中有数。在实际行动中，要把培养目标细分成一个个可以量化管理的小目标，逐步推进，时间久了就可能达到想要的效果。例如，想把某人培养成这个专业中比较全面的人才，日常工作中就应该逐渐让他轮岗。每个岗位待多长时间？达到什么目标？怎样进行效果验证？都要做好计划。

(9) 建立能力培养模型。

"标准—现状—目标—措施"是员工能力培养的基本模型，每个阶段都有适合自己组织的具体工具，需要大家不断摸索、实践。管理中有句话"员工的能力是由管理者设计出来的"，管理者首先应当为想干事的员工创造一个能干事的平台，这是优秀管理者培养人才最重要的目标。

2.2.3 更加关注预防管理，打造精益思维导向

《汉书·霍光传》记载，客有过主人者，见其灶直突，傍有积薪。客谓主人，更为曲突，远徙其薪，不者且有火患。主人嘿然不应。俄而家果失火，邻里共救之，幸

而得息。于是杀牛置酒，谢其邻人，灼烂者在于上行，余各以功次坐，而不录言曲突者。人谓主人曰："乡使听客之言，不费牛酒。终亡火患。今论功而请宾，'曲突徙薪'亡恩泽，焦头烂额为上客耶？"主人乃寤而请之。

　　大意是，一位客人看到主人家炉灶的烟囱是直的，旁边还堆积着柴草，就对主人说："您最好在灶膛与烟囱之间加一段弯曲的通道，移走柴草，这样就安全多了。否则，会有发生火灾的忧患。"主人听了不以为然，也就没有采纳客人的建议。过了几天，房子果然由于烟囱和柴草的原因着火了，左邻右舍齐心协力，拼命抢救，才把火扑灭了。主人杀牛摆酒感谢帮忙救火的人。被火烧伤的人在上位，其他人以功劳大小依次坐，唯独没有请那位提出忠告的人。这就"曲突徙薪无恩泽，焦头烂额为上客"。这时，有人提醒主人："您把帮助救火的人都请来了，可为什么不请那位建议您改烟囱、搬柴草的人呢？如果您当初听了那位客人的劝告，就不会发生这场火灾了。现在是论功请客，怎么能不请对您提出忠告的人坐在上席呢？"主人听了以后，恍然大悟，连忙邀请提出忠告的人。

　　精益管理的重要思维之一就是：打造不容易出错的现场，营造容易发现问题的环境，形成根据问题改善的习惯。但是在管理实践中，我们会发现企业经常忙碌于应付各种层出不穷的问题，很多员工都充当"消防员"的角色，优秀者更是在"灭火大赛"中脱颖而出，获得重奖，如此一来，提出"曲突徙薪"的人越来越少，防微杜渐的事情少有人关注和潜心研究，企业中的小问题成为视而不见的隐患。更有甚者，很多企业领导打着"问题导向"的旗号，认为花钱请你来就是要解决大问题的，从而忽视了培养精益管理预防和改善思维的重要性。

　　预防管理，要从两个方面正确理解。

　　第一，越是在问题源头管理或改善，损失越小，效果越好（见图2-1）。

　　例如，常见的产品质量问题，如果在市场上被客户发现，客户投诉造成的损失最为惨重；如果在产品出厂时被发现，可以少损失物流、名誉、客户满意度等成本；如果在生产过程中被发现，所造成的损失会进一步减少；如果在原材料供应商处发现问题，所造成的损失会更小；如果能在设计环节想到了所有问题并采取了有效的防错设计，就不会发生质量问题，也不会产生损失。

　　第二，小问题解决或改善得越多，大问题发生的概率越小。

　　在企业的生产管理，特别是安全管理中有一个著名的"海恩法则"（见图2-2）。任何不安全事故都是可以预防的。每一起严重事故的背后，必然有29次轻微事故和300起未遂先兆以及1000起事故隐患。"海恩法则"强调两点：一是事故的发生是量的积累的结果；二是再先进的技术，再完善的制度，也无法取代实际操作层面人自身的素质和责任心。

图2-1　问题关系树示意图

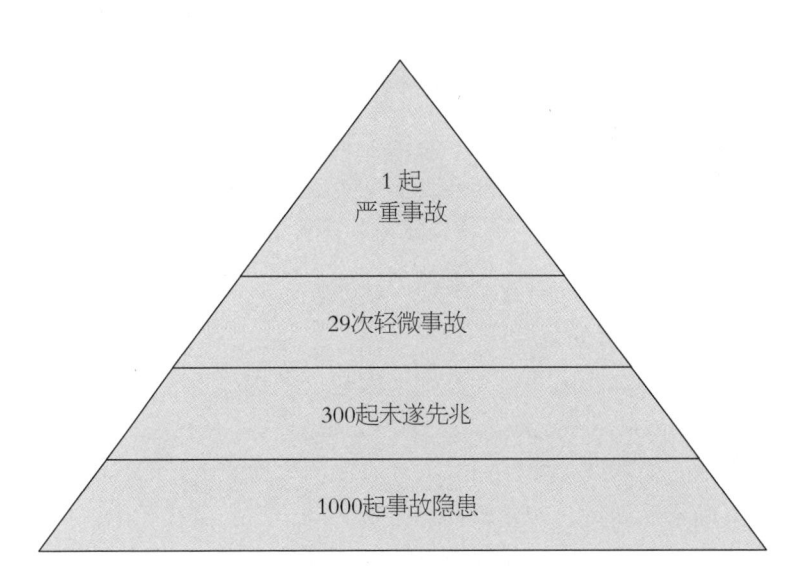

图2-2　海恩法则

按照"海恩法则"分析，1000起事故隐患不及时排除，必然产生300个小问题，这些小问题不及时解决，必然会导致29个事故隐患，最终会发生一次重大事故。所以当一件重大事故发生后，我们在处理事故本身的同时，还要及时对同类问题的事故征兆和事故苗头排查处理，避免类似问题再发生；同时必须及时消除发生重大事故的各种隐患，把一切问题解决在萌芽状态，这是成本最低、效果最好的方法，也就是精益管理的预防和改善思维。

精益管理的中心思维就是全员参与，发挥团队的力量，群策群力，让全体员工（尤其是一线员工）从解决自己身边的小问题做起，一个一个消除身边的小隐患，提倡预防为主，做到全公司每个角落持续改善，最终实现企业管理水平的不断提高和精益思维的逐渐形成。同时，改善是持续性的，是永无止境的，是需要全员全程参与的。工作就是"作业+改善"，如果只会作业不懂改善，那就只是单纯的操作机器，而不是合格的员工，所以员工一定要具备改善思维。就像日本丰田公司重点提倡的："我们希望员工不仅是带着身体和体力来上班，更多的是带着脑袋和智慧来上班。"

2.2.4 更加关注库存浪费，挖掘精益思维深度

在企业经营中，我们常听到一句话"库存是万恶之源"，很多企业也深刻感受到高库存的"切肤之痛"，然而，库存带来的"恶"到底有哪些？你能看到的和库存带来的真正隐患是否一致？很多人可能未必说得清，说不清就是认识不够，也就不可能从根本上认识库存管理在精益管理工作中的重要性。

1. 库存的"面相之恶"

对于库存带来的浪费，我们先从看得见摸得着的角度入手，由浅入深分析。

首先，是库存的呆滞性，因为它不会产生利润。库存商品存放在仓库里，永远都不会带来效益，不会体现增值，不能给企业带来销售收入，就不能产生企业运转所必需的现金流，利润也就无从谈起。从这点来说，库存商品是没有任何益处的。

其次，是库存的消耗性，因为它会占用并消耗企业的经营资源。第一，突出的一点是库存占用了企业的现金流，可能导致企业"断血"，甚至停摆；第二，库存占用了企业的生产空间，如仓库空间、生产现场空间；第三，库存占用了劳动力资源，增加了员工的劳动量和劳动成本，如搬运、保管、盘点。

最后，是库存的损耗性，库存商品本身还存在贬损或丢失的风险。第一，库存商品自身会因闲置而降低质量，如金属物品生锈、电子产品自然老化；第二，市场环境的变化或技术的更新换代会导致库存商品贬值，甚至被淘汰；第三，管理的失误也可能导致库存商品损坏或者遗失。

2. 库存的"内心之恶"

库存除了造成直接浪费和损失，还可能造成很多隐性的、间接性的影响，损失甚至更大，而且容易被忽视。

❶库存会增加管理的难度和流程的复杂程度。库存数据将变得更加庞大甚至繁乱，对数据的管理工作会变得复杂，与库存相关的工作，如采购、生产计划、调度，

以及分析问题等也会变得困难，无形之中增加了管理成本，降低了流程执行效率，甚至拉低了企业的管理水平。

❷库存会影响团队的执行力和实现目标的动力。当供应商交货拖延时，因库存"充足"，采购部门可能会不加关注，认为不会影响生产；当设备停机或发生故障时，因为有很多库存可以应急，设备管理部门认为不会影响供货，可能会不慌不忙，当某车间不能完成生产指标时，因为有库存备用，生产计划部门可能就会不以为然。长此以往，各部门的工作惰性与日俱增，工作紧迫感日渐消失，进而会全面影响企业内部各系统的快速反应能力，导致企业竞争力下降。

❸库存会影响企业的良性发展。由于库存占用了企业的资金、空间、劳动力等生产经营资源，影响管理水平和流程效率，消损企业的执行力和竞争力，导致像交货延迟、停机停线、工艺不良，以及计划拖延等问题都可能在库存的掩护下"合理存在"，最终影响企业的发展。

然而，精益管理的目的是缩短生产或工作周期，实行拉动式生产，并让工作流程中出现的问题立即显现，让整个团队保持持久的战斗力和工作紧迫感，这就需要降低甚至消灭库存。因为没有了库存的缓冲和掩护，每道工序的工作节奏一旦降低，就会造成全局性的影响，所以全体员工都会时刻保持警觉，时时快速反应，提高产品交货效率和质量，实现客户满意的价值交付。

2.2.5 更加关注"小事"，实现精益循环上升

精益管理思维主张消除一切浪费，更加关注的是"节流"，这显然是一种必须关注小事的"穷人"思维，将企业自身定位为"穷人"，可以培养并发扬团队勤俭节约、谦虚谨慎和艰苦奋斗的良好风尚。例如，华为公司始终保持创业精神，杜绝懈怠和骄傲，把公司内部的团队打造成有战斗力的队伍。然后以精神财富和思维财富创造价值财富，实现企业的可持续发展。用精益的理念来表达，就是持续向员工灌输不断追求精益的思想，鼓励员工积极参与工作的持续改善，消除管理中的一切浪费。

要实现上述精益理念，就必须做好坚持不懈优化改进的准备和踏踏实实的工作实施，并培养团队整体"从大处着眼，从小处着手"的习惯，从而实现精益管理工作的循环。但是必须考虑员工总数的"富余度"，必须做好一开始就艰苦奋斗的心理准备，因为万事开头难。

我们举例来说明这个问题。

某条轧钢生产线，按计划需要投入80人，分为4个班（每个班20人），进行3个班次的倒班生产，每个班次工作8小时，可实现每天3500吨钢材的生产任务。但企业管理者考虑到生产效率和人工成本等方面的因素，只投入72人，分为3个班（每个班24

人），同样实现了目标，从表面上看，每个班的工作强度降低了一些，同时还节省了8个人的成本。

但是后一种情况结果会如何？首先，本来每班20个人能干的活由24个人来干，在这种"不饱和"和"有闲置"的工作状态下，每个人的工作效率一定会逐渐降低，员工的能力素质会走下坡路；其次，长期"三班三倒"的工作制度会形成超负荷的工作状态，导致员工的工作积极性和工作效率进一步降低；再次，即使这个时候企业想推行精益管理，员工已经没有精神和精力去关注改善的问题了。试想，在这种情况下，企业对再提高产量已经无计可施了。当然，那些希望用60人三班三倒的想法更加荒谬。

在精益思维下，管理者会按计划投入80人，但是在分班上会有所不同，其中76人会被配置到生产线上，分为4个班（每个班19人），"富余"出来的4人可以关注精益改善工作。

这样做会得到什么样的结果呢？

首先，原计划投入20人完成的工作，现在由19人进行，需要每个人的工作强度和工作效率提高一点，管理者对工作分工也要更加合理。在这种情况下，个人的能力素质会得到提高，而且还不至于超负荷工作。

其次，从事精益改善的4人每天研究现场改善和生产线效率改善的方法，经过一段时间的优化后，每个班可能只需要18人就能完成日常工作任务，再次"富余"出来的4人可以继续精益改善工作；再经过一段时间，每个班可能只需要16人即可完成比预定目标还多的生产任务，日产量可能达到4000吨甚至更多，而此时又可"富余"8人，这8人可以安排到其他岗位或者成为内部的"精益推广大使"，以此类推，周而复始。

精益思维和精益管理方式从整个生产线推广到整个车间，再到整个公司，最后是整个集团，精益的习惯和文化逐渐形成了。

2.2.6 精益管理的一个核心：高层挂帅

精益的概念可以从"精""益"两个字分别理解：精就是精细、精密、精干、精华，就是少而完美，就是使用最少的资源；益就是效益、收益、增益，就是多而有用，产生最大的价值，所以精益就是使用最少的资源创造最大的价值。

精益管理的核心载体就是精益运营，是企业为了实现业绩目标有意识开展的、持久的管理变革和运营变革，是一种彻底追求生产过程合理性、高效性和灵活性，通过"彻底消除浪费"来达到这一目标的新型生产管理方式。

1. 高层挂帅

高层挂帅，也可称为一把手工程，指某个组织或团队，根据组织内最高管理者的个人意愿进行一项工程或活动。这里说的高层挂帅必须贯彻于本书所述的全部精益管理活动中。

　　高层挂帅有利于确保政令的畅通。"高层挂帅项目"的实施，在一定程度上提高了"高层"的责任心，进一步明确了其职责，在一定程度上减少甚至避免了一些工作责任上的推诿扯皮现象，能明显改善"有令不行、有令不止"的问题，以高层意志统领组织意志，保证各项规章制度与流程上传下达的效率与效果，以及执行力的提高与维持。

　　高层挂帅有利于工作的强力推进。企业高层一般是企业的核心管理人员或某项工作的主要领导，高层亲自披挂上阵，亲自组织考察，亲自制订方案，亲自召集会议，亲自协调部门间利益，亲自确定责任划分，能有序、强力地推进工作，效果明显。

　　高层挂帅有利于团队整体能力的提升。一方面，高层管理者的加入，可以加深其对业务和团队的理解，促使其在专业能力、知识结构、管理水平、领导艺术、问题解决等方面自我修炼、自我完善；另一方面，高层管理者通过共同工作，将自身所具有的理论与实践经验传授给团队，同时带领团队共同学习，共同解决问题，最终实现团队整体能力与素质的提高。

2. 精益管理工作的五个特点决定了必须"高层挂帅"

　　❶整体性：精益管理最大的特点就是全员参与。它是基于"精益思维"，通过对全公司的宣贯和培训，激发全体员工的参与热情，提升全体员工的能力和素质，挖掘公司全员的潜力；通过对员工能力、观念，对工作制度和流程的持续改善来实现降本增效和业绩提升，实现产品全周期的精益管理。否则，就会印证"木桶理论"，一环脱节，环环受到影响。

　　❷长期性：精益管理的最终目标是智能制造，实现智能制造有一个长期的、逐步的过程，所以精益管理必须坚持长期性与短期性相结合。短期目标可使企业取得快速进步，取得显著的早期成果，为长期推进获得理念支撑、资金支撑、经验支撑、人才支撑等；最终通过长期的坚持，搭建多平台和建立长效机制来推动精益管理工作的持续改善、逐步优化和固化成果。

　　❸系统性：精益管理工作既然是涉及全员的长期性工作，必须要提出明确的精益目标，系统性地设计一套全面且切实可行的精益顶层规划方案。

　　❹标准化：精益管理强调从多点突破到全面推进、从局部优化到全局共振，这就需要运营成果的沉淀固化和复制推广，必须是一套能够提炼标准化的运营管理体系。最终从根本上全面改进，追求效果的持续优化。

　　❺全局性：精益管理工作的整体性、长期性、系统性和标准化最终决定了它的全局性特征，强调统一部署、系统方法、机制建设、能力培养和成果固化，才能够获得更持续、更大范围的改善。实现全局掌控的唯一核心就是：高层挂帅，这也是本章所描述的"一个核心"，由高层亲自领导，直接参与，统一部署，整体协调，才能够跨

部门、跨企业地推动全集团更大范围的精益改革。

3. "高层挂帅"可以保障精益管理工作实现三个统一

❶组织统一。统一对企业资源进行管理，统一为精益管理提供组织支持、流程支持和体制支持，解决了精益运营工作"谁来做"的问题。

❷理念统一。企业全体员工用统一的精益理念进行思考和行动，解决了精益运营工作"为何做"的问题。

❸方法统一。精益管理工作的标准化决定了它必须使用统一的方法论和工具，让资产和资源得到充分配置和优化，从而最大程度减少浪费、最大化创造价值，解决了精益运营工作"如何做"的问题。

2.3 精益管理的两条主线：精益文化引领与价值流引领

如前所述，精益管理工作具有系统性、全局性的特点，其工作的开展和方案的设计必须遵循一定顺序和规律，不能盲目出击，更不能四面出击，否则"鱼鹰拉船"，漫无方向。

精益管理工作必须坚持两条主线：一条是企业管理的主线，即精益文化引领；另一条是业务运营的主线，即价值流引领。这两条主线是同步进行且相互交织前进的，精益文化引领着价值流的走向和进程，价值流体现着精益文化的内涵和高度。

2.3.1 第一条主线：用精益文化引领精益管理工作
1. 企业文化的核心功能

企业文化是在一定的条件下，企业生产经营和管理活动中所创造的具有该企业特色的精神财富和物质形态。它包括文化观念、价值观念、企业精神、道德规范、行为准则、历史传统、企业制度、文化环境、企业产品等，其中价值观是企业文化的核心。

企业文化是企业在经营活动中形成的经营理念、经营目的、经营方针、价值观念、经营行为、社会责任、经营形象等的总和，是企业个性化的根本体现，它是企业生存、竞争和发展的灵魂。文化是心的规范、内在的共性、外在的表现力、团队的向心力和组织的目标集合体，现代企业的竞争已经不再是人、财、物的竞争，而是文化的竞争，最先进的管理思想是用文化进行管理。

企业文化能够推动企业提高核心竞争力，为企业塑造良好的整体形象，树立信誉，扩大影响，是企业巨大的无形资产。企业文化能推动企业各项工作全面发展，关系到企业能否做强、做大、做优、做长。

这些作用是通过以下企业文化的功能实现的。

❶凝聚功能。企业的根本动力来源于员工由某种共同意识所激发出来的积极性、创造性和工作热情。企业文化就像黏合剂，它所塑造的共同价值观念、共同意识能够把员工团结起来，使他们把个人命运和企业命运联系在一起，对企业产生强烈的认同感和归属感，自觉树立对企业强烈的主人翁责任感，为企业最终目标而拼搏奋斗，从而形成巨大的向心力和凝聚力。企业的凝聚力是企业发展的基础，是企业活力的集中表现。

❷激励功能。共同的价值观念使每位员工都感到自己存在和行为的价值，自我价值的实现是人的最高精神需求的一种满足，这种满足必将形成强大的激励。在一种"人人受重视，个个被尊重"的文化氛围中，每个人的贡献都会及时受到肯定、赞赏和褒奖，而不会被埋没。这样，员工就时时受到鼓舞，处处感到满意，有了极大的荣誉感和责任心，自觉地为获得新的、更大的成功而瞄准下一个目标。企业文化给员工多重需要的满足，并能对各种不合理的需要用它的软约束来调节。所以，积极向上的思想观念及行为准则会形成强烈的使命感和持久的驱动力，成为员工自我激励的标尺。

❸辐射功能。当企业文化一旦形成较为固定的模式，它不仅会在企业内部发挥作用，对本企业员工产生影响，而且也会通过各种渠道如宣传、交往等向外扩散，同化异质小文化，感染社会大文化。在企业越来越重视广告、重视形象和声誉的今天，企业文化对社会的辐射作用越来越大。与此同时，这也是为企业自身打广告的好机会，企业不仅可以树立良好形象，拥有较高的社会知名度，还能提升产品的品牌知名度。

❹创新功能。创新是一个民族进步的灵魂，是国家繁荣富强的不竭动力，任何企业失去了创新能力，其后果只有衰亡。企业创新不仅包括技术创新，还有组织创新、管理创新、服务创新等诸多方面。优秀的企业文化可以激发员工的创新精神，鼓励员工开拓进取，促进企业建立学习型组织，激励组织成员不断学习、不断更新思想观念，这样企业创新就有了原动力。

2. 精益文化

企业管理的四个层次是：赋能引领、成果引领、沟通引领和文化引领；精益管理的四个层次分别是：学精益、做精益、说精益、无精益。而且，这两组"四个层次"是一一对应的。

我们详细介绍精益管理的四个层次，同时也是精益管理的四个阶段。

融入期：精益管理工作的第一步是进行理念宣贯、知识学习和能力培训，将精益管理的相关方法和工具融入企业管理，这就是学精益，对应企业管理的赋能引领。其目的就是为接下来的工作打下基础，指明方向，找准突破口。

融弃期：然后就是做精益，对应企业管理的成果引领，企业员工在学精益的过程中，统一了理念、目标、思想、标准、工具、方法等，就可以积极地在各自岗位上推进精益工作，将学到的精益知识落地转化，并实现精益管理的阶段性目标。同时，在这个过程中，选择适用本企业实际情况的精益知识和方法等，放弃不适应本企业文化及实际的相关内容，做到学以致用，用以致果。例如，精益工具中的5S，很多企业选择3S作为本企业现场打造的工具，即是简单适用的融弃。同时通过做精益取得良好结果，坚定了信心，提高了积极性，这对应企业管理的成果引领。

融化期：在理念、知识、能力转化为实践之后，企业需要形成具有自我特色的精益文化和精益管理体系，要进行集体思考和系统指导，同时将思考的结果内化于心，外化于行，"人人都懂，人人会说"，这就是说精益，对应企业管理的沟通引领，正所谓"管理即沟通"。其目的是将团队学习的知识系统化、普遍化，将融弃后形成的精益管理体系进一步地转化为企业内在的管理，也是完成精益工作"明白纸"的重要部分，实现团队内部相互了解、理解和支持，保证整体工作的顺畅进行和步调一致。

融合期：精益管理工作的最终目标就是无精益，对应企业管理的文化引领。无精益不是没有精益，而是不再说精益，经过融化期，企业全体员工的工作已经全面具有了精益的思维、精益的标准、精益的方法和工具，并输出了精益的结果，人人"口中无精益，胸中俱精益"，这就是精益文化。精益管理工作的目标就是形成精益文化，其过程就是提炼、固化、融入精益文化的过程。

精益企业需要精益文化做支撑，精益文化指在企业内部营造宽松的文化氛围，持续改进，不断创新。具体来说，精益文化具有以下几大特点。

（1）精益文化的"三得二不"。

文化都是实践的产物，必须是从实践中来，到实践中去，追求"现场、现物、现实"，由实践的习惯养成内在的文化。

首先，精益文化必须以追求现场"三得"为目标，这也是5S管理的重要目标，即进得去、看得见、看得清。

"进得去"就是任何场所都必须能够进得去人或进得去专业测量设备。进不去的地方一定看不见，更不要说看得清楚，看不见就不会得到真实信息并了解实情，也就无法分析、判断和预测。比如混乱的现场后面还有正在运转的设备，人进不去，专业的测量设备（如无人探测设备）也进不去，这台设备的运行状况对于管理者来说就是一个盲区。

"看得见"的前提是"进得去"，但是进得去的地方未必能看得见我们想看的东西，如被遮挡、被覆盖、距离远。

"看得清"的前提是"看得见"，看得见的地方需要能够清晰地看到，才可实现点检、巡检等工作的正常开展。例如，"跑冒滴漏"的地方能否看清？各种仪表的刻度能否看清？仪表的异常数值能否分清？危险源能否看清？

当员工将以上三点融入自己的工作习惯时，就自然具备了精益的文化基础。

其次，精益文化要实现安全隐患的"二不"：一是现场的"碰不着"；二是心理的"不容忍"。

"碰不着"就是危险的地方让人接触不到，比如在风扇、电机等有吸入危险的地方设置防护网，在有掉落危险的地方设置警示标识、隔离带、防护网，在有火车同行的地方设置声光报警器和隔离护栏等。

"不容忍"指的是让员工慢慢养成"不容忍现场脏乱差存在、不容忍安全隐患存在"的意识。一是时刻寻找和观察现场状况和隐患，不容忍疏忽；二是一旦发现问题立即处理，不容忍问题存在。打造不容易出错的现场，营造容易发现问题的环境，形成根据问题改善的习惯，这就是文化。

(2) 完美主义文化。

对一般企业来说，产品合格率能达到99.9%就是非常满意的结果了，而对精益生产下的丰田公司来说，这是远远不够的，因为零缺陷才是其目标，否则就会对企业的生存产生严重的威胁。因为在丰田的眼里，99.9%意味着什么呢？那就是每1000架飞机就可能会有一架出现故障，每1000次手术就可能会有一个人失去生命，每1000人次驾驶汽车就可能会出现一次交通事故，想想就挺可怕。

对一般企业来说，保持合理的浪费是必然的，也是"合理"的，例如，人稍微多几个，库存稍微多一些，装卸车稍微等一等；但对丰田公司来说这样肯定不行，丰田提出的观点是："杜绝一切浪费，彻底降低成本"。丰田公司认为任何浪费都是可怕的，而更可怕的是浪费还会造成更严重的浪费。例如，劳动力过多浪费会使生产成本提高、效率降低，这属于一次浪费；进而还会造成生产线配置不平衡，各工序的生产负荷不一致，并导致奖惩不公、团队士气低落，衍生怠工或生产效率大降等现象，这属于二次浪费；接着，管理层为了解决这些问题就会增加管理的工作量，或者增加管理人员数量，并制订更多的制度和流程来应对，这样做不仅浪费了大量的人力、物力和财力，而且还不能从根本上解决问题，更多的制度和流程致使生产效率进一步降低，这就是三次浪费。而且每一次浪费都比前一次更严重，最终可能会腐蚀企业的根基，给企业带来危机。

由此看来，精益生产方式追求完美主义文化，不仅是必要的，而且是必需的。企业在追求完美的过程中，逐渐暴露出各方面的问题，挖掘出隐藏在现象背后的隐患，并制订措施一一解决，才是企业一步步前进的动力。

(3) 创新主义文化。

要实现精益生产的"完美化"结果，解决生产中遇到的、想到的全部问题，消除生产过程中出现的全部浪费，此项工作的工作量之大、涉及部门之广、问题之复杂对每家企业、每位员工来说都是极大的挑战，单靠常规操作是无法达成的。这就需要企业建立积极创新的文化，发挥每位员工的积极性和智慧，大力推进岗位创新工作，鼓励员工在发现问题、分析问题、解决问题时主动思考、深度考虑，使得深藏在"合理"背后的问题被一一挖掘出来，并从根本上解决。

要实现全员创新，企业内每一成员都要善于不断地学习，培养创新能力和习惯，企业要积极营造创新的氛围。企业内的学习强调四点：一是终身学习，活到老学到老；二是全员学习，不让一个人掉队；三是全过程学习，培养多能员工；四是团体学习，强调组织成员的合作学习和群体智力的开发。

(4) 透明主义文化。

精益生产要求强制性暴露问题，使其处于众目睽睽之下，并通过目视化管理、看板管理、团队深度交流等方式使得所有信息得以标准化、透明化传递。一方面，这需要在企业内部建立起开放、透明的文化以实现全部信息准确、及时的共享，减少内部的沟通协调成本，提高合作效率；另一方面，精益生产是面向客户的，是以完美满足客户价值为出发点的，这就需要企业员工能与客户顺畅地交流合作，充分理解客户的需求；同时，它还需要企业与价值链上的所有合作厂商、供应商等共同推行精益化生产方式，以达到全面降低成本的目的。

所有这些都体现出"合作""协调""共同""交流"的需要，都需要信息的透明化传递和共享，企业必须建立与此相匹配的"透明主义"文化。

(5) 循序渐进文化。

精益生产的持续改善是通过不断解决各种细、小问题而形成整体的提升效应，聚沙成塔，集腋成裘。有些问题需要经过长时间坚持不懈的努力，通过提升员工能力、改变员工的习惯才能成功解决；有些问题需要工程技术人员、信息化部门、一线员工、外部合作团队等长时间不断革新技术才能解决；还有的改善需要一个车间一个车间、一个环节一个环节慢慢地实施才能实现。丰田公司从开始实施精益生产方式到形成完备的生产组织体系花费了几十年的时间，其快速换模操作，前后用了6年时间反复试验、不断改进，终于从3个小时缩短到15分钟。

推进精益管理工作绝对不能抱有"一口吃个胖子"的思想，一蹴而就的结果就是欲速则不达，这需要企业建立循序渐进文化，通过不断修炼，在逐步改进中实现"量变"到"质变"的蜕变。

(6) 柔性应变文化。

柔性就是应变能力，是适应外界变化的能力：一是适应市场变化的能力，客户需求、市场环境时刻在变化，这就要求企业的产品与服务在满足每位客户的特殊需求时，需要经常改变产品设计、生产组织方式和服务方式；二是适应生产计划调整的能力，即能够根据市场需求量的变化迅速调整产量、产品族的能力。

传统的制造业受技术的约束，企业只能生产少量品种的产品，而多品种小批量生产的方式更适应市场需求，但是又受到成本的约束。科技的发展和精益管理模式的诞生为解决这一矛盾找到了路径，但是要求企业文化必须跟上技术和管理的发展，建立柔性应变文化，让每个工序的员工从内心到行动都从客户的特殊需求出发，使得企业从产品设计、产品生产、仓储物流和售后服务等都具有充分的柔性以响应客户的个性化需求。

一个优秀的企业，一定是文化引领的企业，所以，在精益工作的顶层设计方案中首先要体现精益文化打造的过程，做好文化培养的设计，才能实现长期性、全局性和标准化的目标。

2.3.2 第二条主线：用价值流引领精益运营工作

1. 价值流和价值流管理

精益管理工作的两大核心目标是"为客户提供最优质的的产品和服务"与"实现企业最大化、可持续的价值"，前者是后者的基础，后者是前者的必然结果。认识到这个道理，就能做到真正的"以客户为中心"，准确地理解并关注客户的需求，从客户的角度来定义价值。能体现并完美实现这一过程的工具，就是价值流管理。

价值流是从原材料转变为成品、并赋予它价值的全部活动，包括信息流、物流、资金流和设计流四部分内容。信息流是从客户到企业、再到原材料的信息传递活动，包括企业与客户、企业内以及企业与供应商之间信息沟通的全过程。物流是从原材料转变为成品，并赋予价值、提供给客户的活动，包括从供应商处购买原材料，企业加工转变为成品，最终交付客户的全过程；资金流是生产过程中所需要的资金流动方向及流动性指标。设计流是从概念设想，通过细节设计与工程到投产的产品设计过程。

价值流管理就是通过绘制价值流图，进行价值流图分析来发现并消灭浪费、降低成本、赢取最高的边际利润。价值流图是一种用图形表达价值流的工具，用一些简单的符号和流线从头到尾描绘每一个工序状态、工序间的物流、信息流的当前状态图。找出需要改善的地方后，再描绘一个未来状态图，以显示价值流改善的方向和结果（见图2-3）。

价值流管理必须基于价值流本身具有的三个显著特点。

❶流程性：价值流虽然是由各种具体的生产经营活动组成，但是在每家企业中，价值流的活动内容和构成顺序是不同的，这全部的活动沿着供应链前后衔接，组成了一个大的流程。

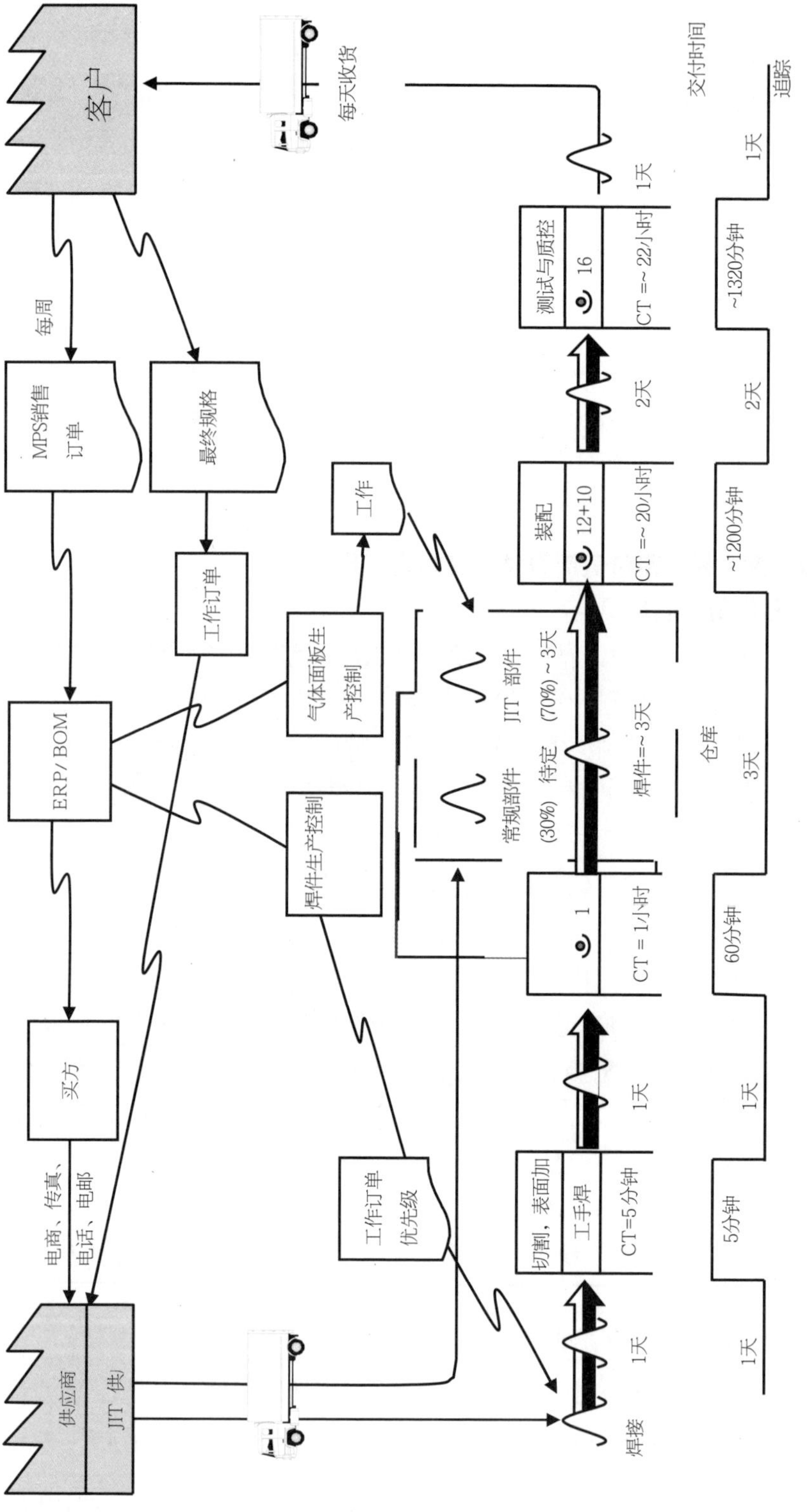

图2-3 价值流图

❷连续性：价值流是在供应链上连续不断地进行的，从第一个活动开始，到最后一个活动结束，中间不允许断裂，也不允许缺失。

❸周期性：根据不同产品的生命周期，产品的生产、销售随着时间和市场的变化呈现出不同的周期性，也体现了价值流运行的周期性。

在精益管理过程中，很多企业管理者往往会陷入一个误区：局部精益模式。即不考虑对精益管理的系统性规划设计，只是单纯针对某项工作、某条生产线或某个区域，全力打造精益管理的样板。诚然，这样做，在短期内该部分的工作效率确有提高，但却不能给企业带来有价值的系统性管理变革，也不具备可持续性，但是可以作为单点突破的尝试。所以，企业在准备开展精益管理工作、实施改善之前，必须站在企业的全局，高屋建瓴地进行一次全面的价值流分析，明确企业的核心瓶颈问题，确定问题解决的优先次序，并作为精益管理工作顶层设计的一部分。精益管理沿着价值流层层展开，步步衔接，以提高整个价值流的整体效率为出发点进行推进，才能实现工作的全局化、系统化、顺序化、流程化和目标化。

然后，将精益文化和价值流管理融为一体，在改善价值流的过程中塑造精益文化，同时用精益文化约束、指导价值流管理，最终实现精益管理工作的"无精益"境界。正所谓，始于价值流，终于精益文化，形成一个阶段性的完美闭环。

2. 价值流分析

价值流分析是识别价值流的方法，先以产品族为单位画出当前的价值流图，再以客户的观点分析每一个活动的必要性。实现精益运营管理，最基本的一条就是消灭"不必要"，这就赋予了价值流分析成为实施精益思想最重要工具的角色，也使其成为精益运营工作的一条主线。

产品的价值是由最终用户确定的，而价值也只有由具有特定价格、能在特定时间内满足用户需求的特定产品或服务来表达时才有意义。因此，进行价值流分析的第一步就是要明确客户真正需要的价值。在整个供应链上价值流分析的对象，不仅仅是企业的直接客户，还包括企业的所有上下游供应链成员；这些客户既有企业内部的，也有企业外部的。供应链上的价值流是一个连续的整体，片面追求某一个节点的优化不能提高供应链的整体效率，因此，在供应链价值定义中，应把价值流中所有成员联系在一起，共同分析产品价值的创造过程。

价值流管理基于这样一种理念，即价值流由一系列活动组成，我们期望每一项活动都能在产品或服务上增加一些价值，虽然，这是不可能的。一个完整的价值流包括三种类型的活动：增值的活动、不增值但必要的活动和不增值也不必要的活动。

增值的活动：这是真正能创造出价值并被客户所接受的活动，如产品生产过程。

不增值但必要的活动：是不能在产品或服务上增加价值，但又是价值流活动中不可缺少的部分，如新产品初期研发、供应链沟通、物料或产品的运输。

不增值也不必要的活动：这就是纯粹的浪费，包括无价值和无用价值。

价值流分析的目的就是对某个具体产品或服务的整个价值流进行管理，了解分析信息流、物流传递的路径和方法；然后根据分析结果判别和确定出浪费所在及发生的原因，为消灭浪费和持续改善提供目标；找到一种合适的精益路径，使用合适的精益方法和工具，消除不增值也不必要的活动，尽量减少不增值但必要的活动，优化增值的活动，实现浪费的最小化。最后根据企业的实际情况，设计出新的价值流程，并以此作为下一步精益运营工作的主线和依据，指明未来工作的方向。

3. 价值流分析过程

实施价值流管理的第一步就是要得到强有力的组织支持，成立价值流管理小组，共同确定每个产品族的价值流图，分清每个活动在价值流中所处的环节，明确各个环节的责任。（注：这一点在多个项目中都有提及，因为专项工作小组是各个项目成功的关键，当然，也可以根据企业的整体工作规划，将多个项目合并到一起推进，成立一个统一管理的工作小组或者委员会。）

价值流分析应当依据从大到小、从全局到局部、从整体到部分的原则，按照"体、面、线、点"逐步进行。

"体"就是把企业和企业内外价值相关联的所有企业和组织看成一个整体，进行价值流的整体规划和设计。例如，通过工厂布局的综合规划、物流路径的综合优化等，大幅度节省存储空间，减少搬运成本。

"面"就是指企业内部各部门之间的协调和衔接。这里特别关注低效协同的问题，即生产运营过程中部门之间的沟通不畅或流程断点等，如生产过程中的等待，信息不同步，决策滞后。

"线"就是某产品族的生产线。对一条生产线来说，设计是否合理，劳动力是否冗余，节拍是否恰当，这些都是重点考虑的问题。例如，决定一条生产线产出效率的环节就是作业时间最长的工序的作业效率，也是这条生产线的瓶颈和制约点。所以，衡量生产线的平衡能力，实际上就是找制约点，找瓶颈点，它决定了生产线的整体效率水平。

"点"就是单点活动，就是岗位的实际作业。针对"点"的问题，要积极推动员工岗位创新活动，一线员工针对本职工作及相关工作中存在的不合理、不平衡、低效或危险的情况，进行单点优化和改善，并用单点教程或标准作业卡进行固化和持续改善。

价值流管理小组的工作过程如下所述。

❶调查客户需求，并进行需求的明确和细化。价值流是以满足客户需求为目的的，所以必须首先正确收集并理解客户需求，将客户需求转化和分解为各个流程环节

上更详细具体的要求。例如，客户要求高质量的产品，企业就必须明确与质量相关的各项参数范围，弄清楚客户关心哪几项质量参数。

输出物：市场调研报告。报告格式根据各公司内部情况自定，但是需包括公司产品族系、竞争对手产品族系、公司核心客户需求、市场主要客户需求等。

❷分析价值分支流。分析内部和外部的各种影响价值的活动，如内部的人力资源、业务流程、信息化能力、购销渠道、财务管理等；外部的社会环境、政策法规、发展趋势等。

输出物：价值分支流图。该图为各价值相关活动的局部价值流图，用以对各项活动进行梳理和分析，并作为价值流图的主要参考内容。

❸绘制价值流现状图。将经过分析的价值分支流进行汇总和排序，根据满足客户需求的过程，绘制出价值流现状图。通过价值流图，可以看到产品的整个流动过程、总的运输路程和花费的总时间等信息。

输出物：价值流现状图。这是价值流现状分析的依据，用以梳理现时与价值相关的设计流、物流和信息流，识别现有价值流上的浪费和现有供应链系统存在的问题。

❹决策点分析。决策点是在供应链上所有客户（含内外部）的订货点，决策点分析可以帮助供应链成员明确采用拉动式或推动式的方式，并且根据决策点确定每个环节的需求，作为对上游环节的改善和优化目标。当决策点改变时，可以重新设计此产品族系的价值流。

❺寻找浪费。价值流团队共同分析出哪些是不必要的可以消灭的浪费，哪些是可以通过改变现状减少的浪费。对于每个单独的价值流分析，可以从丰田提出的7种浪费入手：过量生产、不合适的过程、不必要的移动、库存、运输、废品和等待，确认浪费，采取措施消除浪费（后文有详细的讲解）。

❻确定瓶颈，绘制价值流未来图，制订改善计划。通过前面的分析，可以明确当前供应链价值流的瓶颈环节，然后针对各个瓶颈，按照精益价值流的思想制订相应的改善计划。同时，根据改善计划绘制预期中的价值流图，作为改善工作的指导和依据。

输出物：一是价值流精益改善计划。使用6W2H工具，确定精益改善的详细计划；二是价值流未来图。这是价值流改善计划的依据和指导，是对改善后预期的价值流图。

❼实施改善，反馈总结。按照改善计划，推动各相关单位进行改善实施，并及时总结改善过程中遇到的问题和改善后的效果分析，同时反馈到价值流管理小组。

❽开始下一轮分析。根据改善计划实施各项反馈，同时根据业务调整和优化，使用PDCA工具，进行下一轮的价值流分析和改善，形成持续优化的循环，实现精益管理水平的不断提升。

4. 精益改善地图

精益改善地图是用来直观地标识业务流程上客户价值及浪费程度的图表，是对价值流中关键业务流程分析的输出物，用来确定价值流上的关键改善点和瓶颈点，分清改善的主次关系，找出下一步改善的重点和逻辑次序。

（1）精益改善地图的绘制。

精益改善地图以横轴为业务流程的细化环节，以纵轴的上半部分为客户的价值点，纵轴的下半部分是流程中的浪费点；在右侧的交叉格中，分别用白、黄、红、黑四种颜色表示程度的层次高低（越来越高），逐次标明客户价值点的重要程度和流程中浪费的严重程度（见图2-4）。

精益改善地图的绘制步骤如下所述。

第一步，确定角度。确定要分析的价值流上的某一环节，如采购。

第二步，选择流程。选择该价值流环节上的核心业务流程作为绘制改善地图的对象，如设备采购流程。

第三步，绘制横轴。将业务流程进一步梳理、细化为日常工作环节。

第四步，绘制纵轴。根据不同的流程，明确列出相应的客户价值点和浪费点。

第五步，标识程度。在右侧交叉格中，对不同流程环节进行主次分析，对该环节对应的客户价值点和浪费点进行评价，并以白、黄、红、黑等颜色标注，完成精益改善地图。

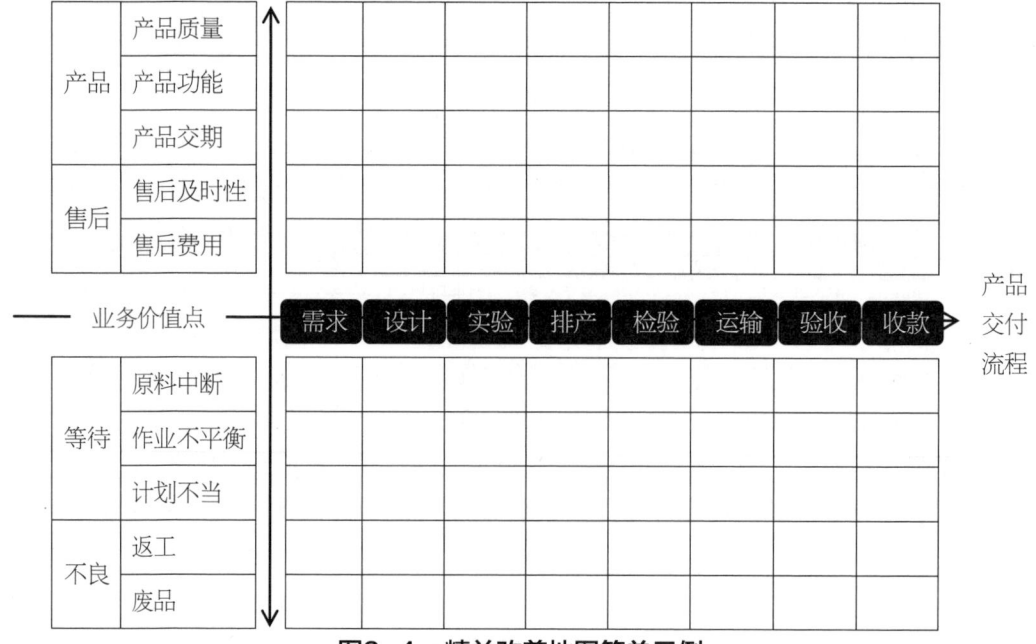

图2-4 精益改善地图简单示例

(2) 精益改善地图的使用要点。

精益改善地图是对价值流的分解,如果把价值流比作战略的话,那么精益改善地图就是战术;如果价值流是整体方案的话,那么精益改善地图就是计划。在使用精益改善地图的过程中主要注意两个关键点:一个是核心流程的选择,另一个是流程环节的细化颗粒度。

业务流程一定要选择和价值流密切相关的,影响到产品与服务交付的。关于核心流程这里不做更多的赘述,在下文"流程型组织建设"部分将详细描述。

关于流程环节的细化颗粒度,首先要考虑精益改善地图的使用单位,如果是集团流程管理委员会(或其他集团性组织)进行分析,那么就要选择跨公司的主业务流程(流程分组),流程环节就细化到各关联的企业;如果是某个独立公司进行分析,那么就要选择本公司跨部门的主要业务流程(一级流程),环节细化到各关联部门;如果是某个部门(工厂)使用的话,那么就要选择本部门内部跨岗位的业务流程(二级流程),环节细化到各关联岗位。当然,一个车间、一条产线,甚至某个岗位都可以使用精益改善地图,只不过要考虑好客户价值点和浪费点的定义。

经过价值流分析,绘制完精益改善地图,配合其他价值流的输出物,就能形成整个精益管理工作的总体指导方针和原则,所以这要作为一条精益管理展开的主线去运行,并贯穿整个经营管理工作。

2.4 精益管理的三大目标

管理有一个重要的概念——战略方向。精益管理工作的极限方向是三大目标。当然,这三大目标不是一定可以实现的,而是作为衡量工作效果的标准和方向,无限接近目标的过程就是企业持续努力和持续改进的过程。

接近目标的过程其实就是不断创造价值的过程。何谓价值?价值是由终端客户所决定,就是对客户认为重要的东西所做的陈述。例如,通过安全、舒适、最简单的方式,在合适的时间内以正确的数量和满意的质量取得需求的产品。

根据价值理论,我们把所有的工作分为三类(上文价值流分析部分有详细的讲述,见图2-5)。

工作是由一系列流程或步骤构成的,从原材料到最终产品或服务的整个过程中,每一个流程或步骤都会增加产品的价值,然后再将产品送至下一个流程或步骤,直到最终的成品。每一个流程里的人力或机器资源,若不做有附加价值的动作,就是做无附加价值的动作,无附加价值的动作就是浪费。

图2-5 传统工作的工作要素构成

所以，在精益管理中，目标就是减少浪费与附带工作，尽可能扩大增值工作的比重，提高附加价值的比重，降低成本，如图2-6所示。

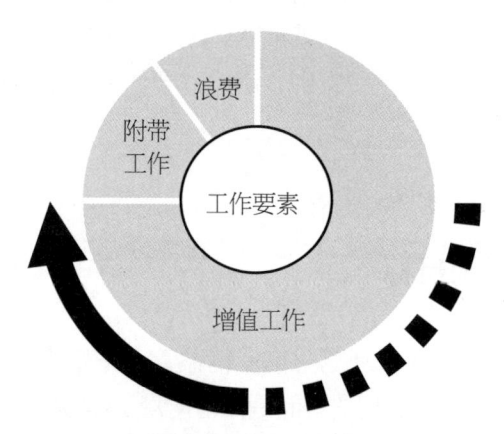

图2-6 精益工作中的工作要素构成

在竞争激烈的市场环境中，企业要比对手获得更好的效益，才能够顺利生存下去，所以精益管理的目的就是不能有丝毫的浪费。企业普遍存在大量浪费，生产现场中的问题由于看得见，解决起来相对容易一些，管理上存在的问题则隐藏较深，解决起来比较困难，但正因为困难，所以一旦解决，成效明显。因此，管理部门需要在思想上真正认清"浪费"的危害，从而在行动上真正消除"浪费"，降低成本，提高效率，增加效益。

很多人会问：有没有一针见血、一步到位的方法和策略？答案是，任何急功近利或者所谓的针对性措施都是片面和局部的。精益管理本身就是一个整体的经营管理体系，是一种管理模式和管理思维，我们必须按照精益管理的步骤循序渐进地追求整体和长期的改善和进步。

进行精益管理必须坚持一个核心，沿着两条主线，打造流程型组织，通过精益生产的三大步骤，打造好精益管理的重点项目，关注并消除企业经营管理中的各种浪费，坚持"改善永无止境"的信念，一直向着目标前进。

2.4.1 第一目标：消除生产中的七大浪费

生产中普遍存在七个方面的浪费，接下来我们逐一讲述，目的是让企业家和企业管理者先对企业治理的方向有清晰的认识。

1. 过量生产的浪费

(1) 过量生产的概念。

精益生产方式强调的是"适时生产"，即"刚刚好"，不早也不晚，恰到好处，也就是在必要的时候，生产出必要数量的必需的东西，此外的各种行为都属于浪费。必要的东西和必要的时候，指客户已决定要购买的数量与实际需求的时间。

过量生产的浪费，就是生产了客户不需要的产品或者配件，做了客户不需要的服务等工作，过量生产包括生产过多、生产过早和过量采购三个方面。

生产过多就是制造出的成品超过了客户需求的数量。生产过多主要是由生产的不均衡和生产计划的无序性造成的。出现生产不均衡的情况时，应该停机停线并追溯造成不均衡的原因，及时发现问题、解决问题。

生产过早就是在没有客户需求的情况下提前制造出大量成品。例如，客户一年的需求量是30万件，但是工厂生产了50万件产品，那么就等于产生了20万件产品的资金占用、人力占用、物料占用和库存占用等。这种情况不仅不能说明生产效率高，反而说明生产管理混乱、生产计划紊乱，还造成了管理资源的浪费。

过量采购就是购买和领用了企业生产中不必要的零部件、工器具和设备等，过量采购同样会造成大量的浪费。

(2) 过量生产的原因。

过量生产主要源于无序的政策和观念。

❶缺少统一协调机制：部分或全部工序没有考虑到下一个流程或下一条生产线的正确生产速度，只是尽自己所能，在本工序生产出最多的产品。

❷缺少工作分配机制：生产管理者为了让作业员有充分的生产伸缩空间，尽可能地提前完成生产指标。

❸规避不合格品：过量生产更多是生产管理人员的管理规避行为造成的，他们为了规避不合格品的产生和保证满足需求而过量生产，不去追求提高产品合格率。

❹规避设备故障：为了规避机器出现故障影响生产，尤其是提高昂贵设备的利用率，提高折旧费的分摊和稼动率，生产超过需要的数量，而不去追求做好设备管理。

❺规避员工缺席：为了规避员工请假和缺席，提前生产出比需要数量更多的产品。

❻为了自我利益：让每一流程或生产线追求最大提高生产力的能力，满足生产指标所得的利益。例如，面对激烈的市场竞争，营销部门担心发货不畅，希望公司内的主要产品均有足够的库存，以便一旦签订合同就可以发货。

(3) 过量生产的危害。

在精益生产体系的所有浪费中，过量生产是最严重的浪费，它给人们带来一种安心的错觉，掩盖了各种问题。过量生产比生产延迟危害更大，主要体现在以下方面。

❶占用资金和资源：过早地耗费了大量人力、物料等生产资源；占用了大量的资金，增加了利息，不但不能创造任何利润，还存在成品贬值甚至被淘汰的风险。

❷占用时间和空间：大量积压的在制品，不但会使制程的时间变长，还会占用现场工作的空间、存储空间，阻塞了物料的流动。

❸衍生各种浪费：增加搬运、堆积的成本，增加管理成本，增加机器负荷、造成设备过损。

❹隐形其他浪费：把"等待的浪费"隐藏起来，使管理人员和作业员漠视等待的发生和存在。

❺掩盖各种问题：掩盖生产过程中已经出现的各种偏差、浪费和不合理现象，致使原因不明，无从查起，从而错过发现改善和实施改善的机会。

2. 库存的浪费

(1) 库存的概念。

在精益生产中，库存被认为是浪费。像成品、半成品、零件及工器具、设备、物料的存货，都会产生库存，而库存是由过量生产造成的。

只有把库存保持在一个较低的水平，甚至没有库存，才有助于发掘生产过程中的问题，找到需要关注和改善的角度，发现迫切要去处理的隐患。这就是精益生产体系所追求的目标：当库存的水位持续下降至"一个流"的生产线时，"改善"就成为每日必行的活动。

(2) 库存的危害。

库存被认为是万恶之源，但是过量生产又是库存之源，所以库存是过量生产之后的第二大浪费。库存的延伸意义还包括较长的审核时间、较多的资金库存、放置待审核的文件等待。库存的危害主要体现在以下方面。

❶过量生产的全部危害。

❷库存贬损：库存产品的质量随着时间下降，库存贬值；更糟的是，一旦技术或工艺变革，这批库存就变得一文不值，包括生产出来的产品和库存的原材料、设备等。

❸管理下滑：很多管理人员若看不到"足够的库存"，可以说是寝食不安，当库存增多时，管理者就感受不到问题的严重性，像质量问题、机器故障、员工缺勤、设备故障、计划有误、调整时间过长、品质不一致、能力不平衡等。

❹增加养护成本：物品在存放过程中不仅需要更多的库管人员，还需要养护，出库和入库都需要检验或修整，这些都增加了成本。

❺误导效能分析：库存还导致对设备、人员的生产效率和效能的分析出现偏差，给生产计划和战略规划提供"虚假"的参考信息。

❻耽误管理变革：在精益生产中，作业中"先进先出"的原则是很好的一个手段，但是库存使"先进先出"的作业变得困难或不可能。以钢材为例，当库存增加时，新入库的钢材一般会压在原来的钢材上，如果优先使用先入库的钢材，就必须进行额外的搬运，否则只能优先使用新入库的，则先入库的钢材就变为呆滞品。当然，对于某些有特殊要求的，如钢坯进入轧机要保持合适的温度等，"后入先出"反而能节省资源，但是如果保持低库存会进一步降低浪费。

3. 不良品的浪费

(1) 不良品的概念。

不良品包括返修品和废品。在大规模生产的环境中，因设计、工艺、材料或设备本身出现差错，在问题被发现之前，高速自动化机器已生产出巨量的不良品。为了避免这种情况发生，必须指派人员在这种高速机器边上"监督"和"守候"，以便出现问题时立即停机，这又造成了人力的浪费。

假设某工厂的营业额为10亿元人民币，而不良品率为0.5%。这0.5%在很多管理者眼里似乎很低，但是造成的直接经济损失就高达500万元人民币。如果再加上返修、加班等费用，以及客户不满意造成的商誉损失等，工厂的总经济损失将非常巨大。

不良品更多的产生于过多的设计变更和操作失误、生产中的标准化作业执行不力、管理不严密、松懈等原因，很多经营者甚至认为不良品是必然的和无法避免的。但是精益生产要求生产和加工过程"无差错"，要求"第一次就把事情做好"，坚持"不制造不良，不流出不良，不接收不良"，从而把不良品消灭在生产加工过程中，大大减少了不良品造成的浪费和报失。

(2) 不良品的危害。

❶直接经济损失：废品被废弃造成资源、设备和人力的直接浪费，不良品返修会耗费昂贵的费用。

❷干扰正常的生产活动：不良品的产生会打乱原生产计划，打乱员工排班，甚至打乱运输和交付计划。

❸损坏设备：不良品有时也会损坏昂贵的机器设备。

❹影响商誉：不良品流入市场会极大影响企业形象；返工处理耽误交期会导致企业信誉下降。

4. 动作的浪费

(1) 动作浪费的概念。

任何人和机器的动作，若是没有直接产生附加价值，就是浪费。例如，人在走路时，他并没有增加价值；机器空转时，不但没有增值还会耗费能源。再如，单手空闲、左右手交换、作业动作过大、作业动作突然停止、移动中变换"状态"、步行过多、转身的角度太大、伸背弯腰以及重复性动作等，这些不合理的动作造成了时间和体力上的不必要消耗，都属于动作浪费。另外，困难动作和有危险的动作也属于动作浪费，如提起或持着一个重物，提着物品走过危险的拐角等，这些动作需要作业员耗费特别的体力。

要认定动作浪费，必须进行长期细致的现场观察，详细观察作业员手脚使用的方式。消除动作浪费，要通过对工作地点和环境的优化，根据人体工程学进行动作研究，合理布置工作场所的站、坐、走空间，对设备进行必要的改造，合理摆放设备，使用合适的工具和道具等；同时通过取消不必要的动作，组合两个以上的动作，放置物品遵循先进先出的原则，并最终形成作业标准化。例如，缝衣机操作员在工作时，先从供料箱中拿出几块布料放在机器上，然后选出所需的布料进行缝制，本应一次取出所需布料的动作变成了两个动作，这就造成了动作的浪费。我们可以重新调整供料箱的放置，使作业员能一次直接选出所需的布料，就消除了这部分浪费。

(2) 动作浪费的危害。

❶增加工人负担：长期动作的浪费会耗费操作员更多的体力，造成疲劳。

❷耗费能源：设备长期空转（合理的开机是允许的）会加速磨损，消耗更多的能源。

❸造成安全隐患：工人疲劳或者动作困难可能造成安全事故。

❹影响团队士气：长期的疲劳会让工人身心受到影响，从而影响团队士气，影响战斗力。

❺造成恶意加班或紧急操作：很多管理者为了提高效率，恶意压缩正常工作时间，造成不必要的加班，反而影响效率。

5. 加工的浪费

加工的浪费包括两种：一种是过度加工，一种是不当加工。

过度加工，即加工质量或精度超过了客户或后道工序的需求。过度加工包含两层含义：一是多余的加工和过分精确的加工，有些客户需求的场景不需要产品过度精确，但工厂实际加工时却追求精度过高造成资源浪费，如没完没了地修饰，频繁地测试、分类、检测等；二是付出多余的作业时间和辅助设备，增加生产用风、电、油、气、水等能源的需求，同时消耗更多管理、加工的工时，造成人力、物力浪费。

不当加工同样包括两层含义，即设计不当和作业不当。设计不当，是因为不适当的设计或工艺，对产品进行不必要的修正加工，从而导致加工工作本身的浪费，如因工艺问题需要去毛边的动作。由于加工作业不当会造成许多浪费，而且这种浪费是隐蔽性的浪费。例如，在机加工作业中，因加工件的材质不同所采用的切削速度也不同。一般情况下，当加工低硬度工件时尽量增加车床转速以提高切削速度，达到节省加工时间和动力能源的效果；当加工高硬度工件时，为了增加切削力，应该采用低速度。在实际工作中，某些作业员为了避免麻烦，没有根据工件的材质变换切削速度，这样既浪费了时间，又浪费了能源，还会对车床造成过度磨损。

6. 等待的浪费

作业员的双手停滞不动或设备空闲时，就是等待的浪费发生的时候。等待的浪费非常普遍，在加工、搬运、检查过程中，随处可见等待的现象。例如，前工序来料不及时、设备发生故障、生产负荷不平衡、机器运转时有作业员在旁监视等，都会产生等待的浪费。

再如，生产线上不同品种之间的切换（换模），如果准备工作不够充分，势必造成等待的浪费；每天的工作量变动幅度过大，时忙时闲，闲时就是等待的浪费；上游工序出现问题，导致下游工序无事可做，这也是等待的浪费。

除了生产过程中等待的浪费之外，像客户的等待、文件的等待、流程的等待、等待预热的复印机等现象均属于等待的浪费。

7. 搬运的浪费

在生产现场，搬运动作遍及生产活动的各个流程，包含放置、堆积、移动、整理等动作。搬运本身并不能产生附加价值，还会带来物品移动所需空间的浪费、时间的浪费和人力工具的占用等不良后果，所以就被认定为浪费。更糟的是，在搬运过程中，经常会损伤物品，造成更大的浪费。

产生搬运的主要原因为：大批量生产方式，推动式生产方式，分工艺流程批量生产方式，缺乏连续流生产的观念，设备布局不合理，生产线布局不合理，工序流程不合理等。

在实际的生产或工作活动中，搬运是一种必需的行为，虽然搬运的行为暂时无法消除，但是可以使用改善工具将浪费减到最低。例如，通过合理布局尽量将与主生产线分离的离岛作业并入主生产线内；采用拉动式生产、单件流等方式；运用5S、目视化、现场观察等。

2.4.2 第二目标：避开管理中的七大深坑

管理七大深坑，也是管理中的七大浪费。说是深坑，是因为管理工作中存在的浪费，比生产中的七种浪费严重得多，解决起来也要困难得多，原因如下。

现场的浪费大多可以量化，而管理工作大多为软性指标，具有较大的弹性，量化和细化相对困难。

管理上的浪费比较隐形，导致心理漠视，即使上级频繁要求，也是前紧一阵后松一阵，容易形成反复。

管理容易形成利益规避，管理部门大都手握重权，有考核别人的权力，所以很少有人主动说出他人和自身的问题，只能依靠管理部门自己去检查。

但是，管理工作中的浪费一旦被消除，则会出现几何级数的放大效应。因此，企业应该从消除点滴的管理浪费做起，向着彻底消除浪费的目标一步一步地走下去。

1. 管理等待

管理工作中的等待，比生产中的等待危害更大，影响更深，这些浪费的产生主要是因为企业文化的缺失、管理的松懈和混乱、个体责任心不足等。

管理中的等待主要表现在以下几个方面。

❶下级等待，等待上级的指示：下级在接不到上级安排工作时就坐等。下级等待的四个"不主动"：不主动思考；不主动执行；不主动汇报；不主动自检。如此导致很多工作都是在上级或相关部门多次检查和催办下才完成的，造成极大的浪费。

❷上级等待，等待下级的汇报：上级安排任务后就置之不理。上级等待的四个"不主动"：任务安排以后，不主动检查、监督；不主动深入调查；不主动去现场；不主动核实情况。如此做出的决定或者向公司汇报的材料，主要来自下级的汇报，一旦出现问题，就把责任推给下级，可能导致以讹传讹。

❸客户等待，等待对方的回复：和客户联系一次工作后就不再过问。这里的客户包括外部客户和内部客户（工作联系方或上下级工序）。客户等待的四个"不主动"：不主动寻求回复；不主动解决问题；不主动回访；不主动催促。一旦工作出现问题，就把责任推给客户，造成工作进展或问题解决的延误。

❹服务等待，等待生产现场的联系：职能支持部门坚守"你不找我，我不找你"的原则。服务等待的四个"不主动"：不主动为现场提供服务；不主动为生产现场着想；不主动去现场发现问题；不主动去协调解决已经存在的问题。职能部门不能正视自己的服务功能，把权力看作管理，如此会严重影响生产现场问题的及时解决，造成服务的缺位。

2. 管理闲置

生产中的库存浪费是"万恶之源",而管理工作的库存浪费影响更大,我们把管理工作中的库存浪费称为闲置。

流程型组织的建设和再造是工作流程化、规范化、职责化的有效措施,可以从某种程度上减少闲置的出现,我们将在下一章重点讲述。

管理中的闲置主要表现在以下几个方面。

❶战略闲置:由于企业管理者过高估计了市场形势、过低估计了市场生产力,对未来有过于乐观的预期,因此盲目追求战略扩张,过快地扩容组织,最终却导致人员、厂房、生产设备等资产的闲置,使公司的成本升高,利润降低,竞争力下降。

❷职能闲置:职能闲置主要表现在两个方面——职能无效和职责重叠。职能无效是企业为某些部门设置了一些职能,并增添了相应的岗位,但在实际工作中,该职能却没有发挥任何作用,反而影响了公司的其他工作,造成了部门职能和岗位的闲置。由于部门分工的模糊,出现两个部门承担类似工作的情况,职责有部分交叉重叠,这就是职责重叠。表面上两个部门都负责,结果却是都不负责,双方揽功推过,形成工作牵制和职责真空,影响效率。

❸权责闲置:正常情况下,企业有合理的授权机制,各部门及个人对自己的工作职责负责,并按照流程、制度正常开展工作。但是某些上级领导经常成为破坏规则的最大因素,比如,上级手握签字的权力,在没有上级签字或认可的情况下,工作就会出现等待和停滞等浪费。其实,一些不太重要的工作上级完全可以授权,如果下级事事请示,步步汇报,部门和岗位职责就形同虚设,组织逐渐僵化,团队失去了责任心和进取心,也就失去了活力和效率。这是每一个层级的管理者都可能犯的错误,唯有敢于授权,善于授权,才能简化流程,提高效率。

❹人员闲置:"人多力量大",但这是基于与实践相结合的"人多",并排不切实际的"人多"。很多企业管理者信奉"人多好办事",导致各部门上行下效,纷纷强调本部门工作的重要性和复杂性,盲目增加人员。另外,不能创造利润的员工会为了表示自己工作忙碌刻意"制造"各种工作,反而影响能创造利润员工的工作。如此组织内部就触发了"帕金森定律":为了避免上级批评自己"人浮于事",额外"制造"工作,导致了连锁浪费。

3. 管理无序

管理工作无序,缺乏明确的规章、制度、流程,不明确职责分工,致使工作产生混乱;即使管理体系非常健全,但有令不行、有章不循,同样导致管理无序。这些无序出现的频次多了,就会造成企业管理混乱,管理水平下降。管理无序是中高层管理者应该重点关注和考虑的问题之一,管理者应该分析造成无序的原因,努力抓住主要矛盾，积极思考如何通过有效的方法，使无序变为相对有序，从而整合资源，发挥出管理工作最大的效率。

管理中的无序主要表现在以下几个方面。

❶职责不清的无序：因为组织架构设置不合理，组织职责分配不清楚，导致工作归属出现混乱。这里存在两种情况：一是职责模糊，某项工作好像多个部门都管，又好像都不管，整天推诿扯皮，纠缠不休，让原本有序的工作变成无序，造成极大浪费；二是"狗皮膏药"，因为某项工作比较紧急且重要，但是暂时无人负责或负责部门确实无暇顾及，此时某个部门某个人及时补位，将工作办妥，以后这项工作就成为此人的本职工作了，这种"被粘上"的工作状态也是一种无序。

❷无法可依的无序：因为流程制度缺失或混乱导致的工作无序。这里存在两种情况：一是流程制度缺失，在职能型组织部门中，通常以本部门为中心，较少以工作为中心，在没有明确流程制度的规定下，各部门更多考虑本部门的直接利益或某项工作在本部门能否得到认真贯彻，很少考虑如何协助相关部门顺利实施；二是流程制度混乱，在制订业务流程时，各部门不是以部门支持流程为原则，而是要求流程围着部门转，从而导致流程混乱，工作无法顺利推进，需要反复协调，增加了管理成本。

❸有章不循的无序：因为不遵守流程制度导致的无序。这里存在两种情况：一是随心所欲，把公司的流程制度当成他人的守则，自己却不以身作则，不按制度进行管理考核，这种不自律造成无章无序的管理，既影响员工的积极性和创造性，又影响部门的整体工作效率和质量；二是无人监督。流程制度管理部门不依法办事，不对流程制度的执行进行监督和考核，甚至发布了流程制度后就不管不问，造成各项规章制度形同虚设。

❹能力低下的无序：因工作责任人素质低下、能力不足造成的工作无序，这里存在两种情况。一是责任人能力不足，承担某项工作的员工，因个人能力不能满足工作的需要而导致工作混乱无序。二是管理者能力不足，不能合理分配人才，不积极或者不懂得如何指导协调，当出现人员变更时，导致工作交接不力。高效的管理者应该是规范化的高手，能把复杂无序的工作标准化、规范化、简单化，从而使普通员工可以完成原本无法完成的工作，使工作协调和衔接顺畅无阻。

4. 管理失调

协调，是管理的一项基本职能，就是组织中的一切工作要素能够和谐地形成最佳配合，共同使组织的整体目标顺利实现；失调，就是组织内外部协调不力而导致凝聚力丧失。组织内部良好的协调，就会出现1+1＞2的协同效应；而失调，就会使整个组织不能形成凝聚力，缺乏团队意识和协调精神，导致工作效率低下，甚至工作停滞。

管理中的失调主要表现在以下几个方面。

❶指示贯彻不力：对上级的工作指示、会议安排等存在三方面的失调。一是不进行传达；二是传达了但没有进行有效的组织落实，形成口号接力；三是落实了不进行跟踪反馈。这就导致工作没有得到有效地贯彻，出现各种停滞，形成工作盲区。

导致贯彻不力的原因有三：一是上级领导的管理方式问题，下达指令不清晰或有歧义；二是上级领导对员工的能力识别和素质培养做得不到位；三是下级员工本身责任意识不强（多是因为上级领导的领导力不强）。

❷工作协调不力：由两个或多个部门共同承担的工作一旦出现问题，各部门基于利益关系往往要么不主动协调，要么置之不理，要么第三方部门出面协调时还互相推诿，影响了工作进展，将原本的小问题拖成大问题；对待外部客户问题时相关部门同样会出现上述问题，比如，处理客户投诉产品质量问题时，质量管理部门、生产部门、研发部门和销售部门经常会出现推诿现象。

协调不力是管理工作中最大的浪费之一，它使组织涣散、团队失调、文化缺失，导致效率低下。导致协调不力的原因有三：一是业务管理方面，部门职责界定不清晰，将某些事件处于部门间的断层；二是文化管理方面，团队缺乏协作精神和交流意识，责任心不强；三是绩效考核管理方面，考核项与奖惩制度偏颇，导致无人敢于承担责任。

❸流程执行不力：绝大多数的管理活动，需要多个部门共同配合完成，这就需要部门间按照横向的一级业务流程、部门内部按照纵向的二级流程来完成。但是由于部门设置及部门职责分工问题会形成对业务流程的割裂，并生成一些断点，在工作协调不力的基础上，业务流程无法顺利运行，造成流程停滞，降低了效率，造成了损失。

导致流程执行不力的原因有四：一是缺少流程，导致无流程可循，这是很多初创公司和中小公司的通病，很多大公司也因为流程化设计不完善，出现流程缺失的情况；二是设计流程没有沿着价值流的主线流动，造成流程环节缺失或者流程烦琐，成为工作的桎梏；三是没有流程相关的配套制度，造成流程无法可依，失去了正常运行的保障；四是高层管理者肆意调整工作安排，成为流程的最大破坏者，尤其是高层管理者的任意干预，这是私营企业的常态问题。

❹信息传递不力：企业的价值流由物流、信息流和资金流组成，而信息流决定着物流和资金流的效率。信息传递不力主要表现为信息在某些部门出现停滞，而应该得到这些信息的部门却接收不到，工作难以有效开展。信息传递不力的浪费很严重，应该进行信息管理变革，从信息的搜集开始，在汇总、分析、存档、再输出的全过程中，找出不准确、不及时的浪费，并进行根除。

导致信息传递不力的原因有四：一是"散养"信息，没有对信息进行分类汇总，使信息凌乱，毫无头绪，失去了进一步利用的价值；二是闲置信息，没有对信息充分分析、核实，也没有合理利用；三是信息有误，尤其是ERP、OA等系统中的数据信息不准确，造成盲目生产、物资供应混乱、计划频繁调整、无效的加班及库存增加等问题；四是私心作怪，某些部门或个人把信息视为自己的"私有财产"，作为自身价值的体现，刻意截留，则影响更大。

5. 管理应付

应付就是敷衍了事，不求最好的结果，只看做了与否，虽然干了，但是既浪费了资源（包括人、财、物、时间），又缺乏实际效果。俗话说"干没干是态度问题，干得好不好是水平问题"，而应付首先就是态度问题，态度的背后则体现了组织的管理水平和个人的业务水平低的现象。这种浪费对组织的损害是隐性的，会逐步侵蚀组织肌体，是一剂"慢性毒药"。

(1) 管理应付的主要表现。

应付基础工作：一是应付内部工作，对自身负责的工作不主动、不认真，领导过问时就做做表面工作，没人监督时就自我放羊，既影响了自身的工作，又影响了相关的他人或其他部门的工作进展；二是应付外部工作，在与外部单位对接工作时，延续管理等待的工作作风，等待就是一种应付。

应付检查工作：一是应付公司布置的工作，不按计划落地实施，只在企业内部检查时做做表面文章，玩玩文字游戏。如果此时检查人员也应付了事，就会形成空对空，最终要实效的时候公司就损失巨大；二是应付外部检查，不重视日常规范管理，缺乏做好基础工作的踏实作风，许多应该日常进行的工作不认真去做，将很多国家规范、行业规范仅作为取得证书和应对检查的手段，不将其作为提升公司管理水平的工具，在相关单位前来稽核前突击做表面工作，准备大量"合规"的文件和"合格"的现场以应付检查。

应付会议或培训：很多部门负责人或主管人员不重视企业会议或培训，走过场，或派无关人员参加，"该来的不来，不该来的都来了"，最终会议精神和决议传达不清，落实不了，培训也是白费功夫。

(2) 管理应付直接导致的不良后果。

前松后紧：在涉及系统性和流程性工作时，前期不认真，应付了事，必将对后续工作产生较大的影响，最终在项目收尾时赶工、突击、加班等，不仅造成更多的浪费，还难以保证高质量地完成工作。

虎头蛇尾：不制订严密的工作计划设计和实施方案，不做全盘统筹和整体规划，随着时间的推移，很多工作被遗忘甚至完全无法收尾，结果可能是不了了之。

(3) 导致管理应付的原因。

一是当事人责任心不强、能力低，体现为工作中的失职。二是其他人见怪不怪，对浪费现象麻木不仁，听之任之或事不关己，高高挂起，这体现出企业文化的缺失。三是缺乏健全的以绩效为中心的监督管理机制。其实以上三个原因的根本就是企业的管理水平低，管理者领导水平低。

6. 管理低效

(1) 管理低效包含的含义。

工作效率低：低效率的管理工作造成的隐性浪费是非常大的，原本一个人承担的工作，需要多人完成，原本一周完成的任务，不断延期。

工作错误多：精益管理追求的原则是"一次就把事情做对"，做不到这一点就是浪费。应该正确完成的工作被做错，就会出现返工、重做、纠正等浪费，甚至影响工作的整体进度；再进一步，如果高效地完成了错误的工作，造成的损失更大；更甚者，这种错误被各种各样的原因、理由掩盖住，从而反复发生，造成更多的浪费。在工作错误上，我们要坚持：允许创造性的失误，但不允许反复发生低级错误。

(2) 导致管理低效的原因。

管理者素质低：因为危机意识淡化、个人自满、学习能力不足，某些管理人员的素质并不能满足工作的需求。更有甚者，某些管理者会把责任推到普通员工的身上。我们必须坚信，所有的问题都是管理者的问题，只有低素质的管理者，没有低素质的员工。

管理方法不当：某些管理者的管理方式有待改进，包括人员安排不当、人才培养不力、工作分工混乱、工作计划不合理等，导致主次不分、分工不明，工作难以按期完成。

管理思想僵化：某些管理者过去可能是成功的，但是现在思想僵化，不与时俱进，已经不适应内外部环境了，如果仍沾沾自喜于过去的经验和方法，就会拖累并拉低整个组织的效率，成为组织前进的绊脚石。

以上三点原因不仅会让管理者难以处理棘手问题，还会拉低整个团队的素质，让有能力、有技术的下属灰心失望，导致整个团队应付工作。所以管理者必须善于学习，积极学习，不断学习，将精益的"持续改善"首先用在自己身上，逐步提高自身的管理水平。

7. 管理无"理"

任何管理的目标只有一个，就是降本增效。在降本方面，首先就要降低管理自身的成本。管理成本是企业成本构成的一项重要组成部分，即各职能部门在营销、设计、供应、生产、品质、财务、人资等管理活动中产生的费用成本。降低管理成本必须有"理"可依，依"理"而行，企业管理中的"理"就是指"目标、指标、预算、计划"。但是在实际工作中，我们会发现企业管理中无"理"和错"理"的现象很多，危害也很大，概括起来就是：无计划、不合理、执行差、缺检查、少考核。

管理中的无"理"主要表现在以下几个方面。

❶工作无设计。俗话说"凡事预则立，不预则废"。在管理中，企业必须坚信"工作是设计出来的，人才是设计出来的，效益是设计出来的"的理念，所以一个良好的管理设计是所有经营管理工作的前提。然而不幸的是，很多企业却存在三个致命问题：一是缺少管理模式和商业模式的顶层设计，造成公司整体管理模糊混乱；二是缺少执行层面详细的计划和考核监督机制，造成工作执行力差，有愿景而无落地；三是缺少事后的评价与改善机制，"一锤子买卖"，导致工作无法逐步提高，甚至退步。

❷指标不合理。管理是要有"理"可依，但一个重要的前提就是"理"必须是正确的。如果"理"本身出现了问题，或者我们对"理"的理解出现了偏差，那么结果就会与目标背道而驰。指标是工作的方向和指引，如果指标不合理，工作的方向就会出现错误，后果不言而喻。就像解答一道物理题，如果已知条件是错误的，或者题目本身出现了问题，即使运算过程再精彩，也推导不出正确的结果。

❸计划无依据。每一个指标的实现都需要良好的落地执行，而落地执行的前提就是对指标合理分解，并根据分解后的指标编制适合的行动计划。公司下达了目标指标，在执行的过程中存在四个浪费现象：一是不知道如何分解指标，不进行可用资源的详细分析，仅靠"拍脑袋"和想当然去制订预算和计划，造成计划无法执行，预算出现偏差；二是对非量化的工作不进行计划细化，导致可操作性差；三是短期计划没有围绕中长期计划进行编制，整体上出现流程脱节和目标背离；四是计划编制拖拖拉拉，事前不做详细的分析，待事态紧急时才匆忙完工，匆忙下发，导致计划缺少及时性和可行性，执行的过程中势必要进行大量的修改和调整，甚至推倒重来，危害极大。

❹执行不严肃。很多公司都在大谈执行力，但是执行力到底是什么却不甚明了。一是计划没有得到良好的宣贯和解读，执行人不理解，无法执行；二是计划太死板，不适应内外部环境变化，一旦某项条件发生改变，计划就无法执行；三是某部门工作不能及时完成，导致整体计划进展受阻；四是目标、指标定得过高，因为执行起来存在很大困难而不予落实；五是接到计划后根本不理不睬，不管不问，没有执行；六是执行的过程中一旦出现了问题，比如发现投入产出不匹配，最终成本太高，投资回报率太低等，发现的部门害怕承担责任，不积极反馈，而是硬着头皮干到底，使企业继续遭受损失，形成新的浪费。

❺检查不认真：保障计划完美落地取得实效的重要环节就是监督检查，做到把控进度，衡量效果，查漏补缺，发现问题，总结经验，对其他工作和下一次工作提出改善方案。如果不能做到这一点，就会出现：第一，个人完工大吉，不愿意再用心检查一遍，这样做除了浪费其他管理人员的时间，还可能发生"小隐患引起大问题"的现

象；第二，部门应付了事，反正公司会有人进行统一的计划考核，如果出现问题就归结于计划纰漏，部门内部的日常检查就被搁置了，致使部门内部的风气变坏；第三，如果专业的检查部门同样应付公事，认为责任部门已经做过详细的检查了，走走形式就行，其后果可想而知。

⑥考核不到位：由于检查不认真，就无法充分了解和细致掌握计划的进度和完成情况，也无法发现存在的问题，最终的考核就难以实施，或者胡乱考核，做"老好人"，追求"人人满意"，如此就失去了考核的意义。

以上管理工作中的七大浪费是经常出现的，同时又是难以发现和度量的，它们不像废品那样直观，也不像发现库存过高那样简单，因此导致的管理成本的隐性浪费经常被忽视，甚至被视为理所当然，难以形成消除此类浪费的动力。因此，企业必须清醒地认识到消除浪费活动的艰巨性和长期性，从消除点滴的管理浪费做起，向着彻底消除浪费的目标一步一步地走下去。

2.4.3. 第三目标：剑指生产"七个零"
1. 精益生产的"七个零"目标

精益管理非常注重目标管理，这是衡量精益管理工作成效的标杆。在制造企业里，任何管理的最终效果都要体现在以生产为中心的各项经营活动中，尤其是精益管理，始终围绕精益化生产进行，其效果也要通过精益生产的效果来衡量。

在精益生产中，有七个极限指标应该作为企业始终追求的方向，即"七个零"。精益管理的"消除生产七大浪费"和"消灭管理七大深坑"，以及各种精益管理的模式、思路、工具、方法等，都是为了实现精益生产"七个零"这一终极目标。完全实现"七个零"的难度极大，不过，通过精益管理工作，无限接近或实现这七个终极目标的过程就是企业和个人整体提升的过程，也是企业坚持"精益管理、永无止境"的动力源泉。

零浪费：就是通过全面精益管理，消除生产七大浪费和管理七大浪费，使浪费趋近于零。

零切换：即零换模，将产线的产品族切换与转产时间浪费降为"零"或接近为"零"。

零库存：就是消除生产过程中的一切库存，将加工工序与装配工序流水化连接，变推动式生产为拉动式生产，将产品库存降为零，全面消除库存的浪费。

零不良：就是从源头上发现并消除不良品，始终追求高品质，消除一切不良品的产生。

零停滞：即零等待、快速反应、短交期，最大限度地压缩前置时间(Lead Time)，消除一切中间停滞和等待。

零故障：就是通过全面生产维护，提高机械设备运转率，消除故障停机，实现零故障。

零灾害：就是安全第一，不出现任何安全、环保事故，防得住一切"天灾人祸"。

2. "七个零"的关键点（见表2-1）

表2-1 "七个零"的关键点

"零"目标	关键点	要解决的问题	适用的精益手法
零浪费	降低成本	浪费严重，难于发现，难找原因	综合运用价值流分析等工具
零切换	节省时间	切换时间长，切换后不稳定	快速换模、单件流、标准化作业、均衡排产
零库存	浮现问题	库存高企，掩盖问题	单件流、拉动式生产、均衡排产、节拍生产、库存超市
零不良	保证质量	低级错误多，不良率高	全面质量管理
零停滞	缩短交期	交货期长，延迟交货频繁，客户投诉多，经常赶工赶料	单件流、拉动式生产、均衡排产、节拍生产、库存超市
零故障	提高效率	故障频发，要么待工待料，要么赶工赶料	全面生产维护
零灾害	保障安全	安全事故频发，人为失误增多，安全意识差，经常赶工赶料	5S活动、目视化、现场观察、全面生产维护、标准化作业

2.5 精益管理的实现路径

精益管理工作本身就是一种思维工具和理念方法，要实现精益管理必须遵循一定的路径和方法。这里最重要的是两点：一是整体工作推进路径；二是推进整体工作的组织支撑。

我们首先，了解精益管理工作的整体推进路径，并按照此路径深入，可以从大到小、从整体到部分地深入精益管理工作。精益管理工作推进路径架构如图2-7所示。

其次，必须厘清精益管理工作的组织支撑，这是任何管理工作的核心和基础。在精益管理实施过程中，我们会提到很多的组织，如流程管理委员会、价值流委员会、岗位创新管理小组、大项目管理小组等，另外还有众多的项目组，而且大都是以兼职、临时的形式存在。如果这些委员会、小组、项目组等均以各自的形式存在，各自运行，这就与精益管理的实质相背离。解决方案是，流程管理委员会、价值流委员会统一为流程管理委员会，其他各个领导小组均在其领导下统一工作，各领导小组下设不同的项目组，这就形成了精益管理的三级架构。理由是，所有的经营管理工作都必须围绕业务进行，所有的业务都必须沿着流程展开。

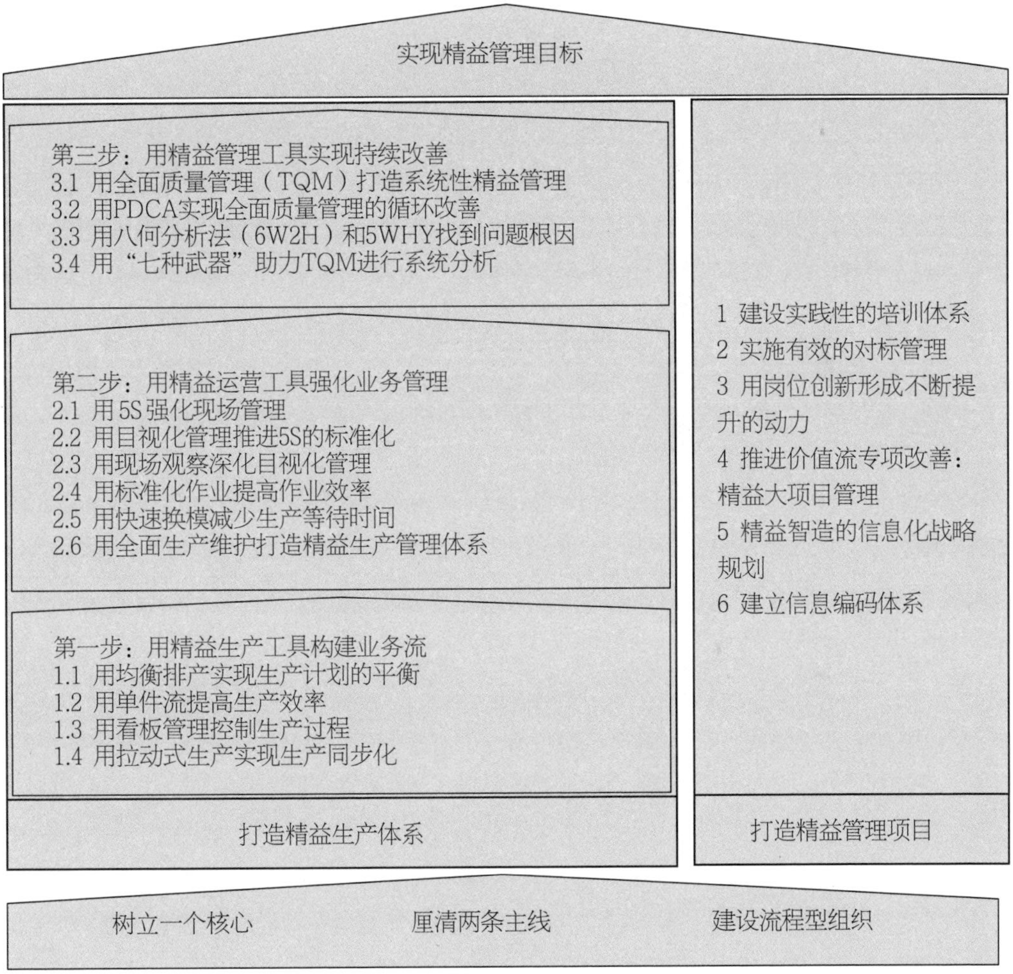

实现精益管理目标

第三步：用精益管理工具实现持续改善
3.1 用全面质量管理（TQM）打造系统性精益管理
3.2 用PDCA实现全面质量管理的循环改善
3.3 用八何分析法（6W2H）和5WHY找到问题根因
3.4 用"七种武器"助力TQM进行系统分析

第二步：用精益运营工具强化业务管理
2.1 用5S强化现场管理
2.2 用目视化管理推进5S的标准化
2.3 用现场观察深化目视化管理
2.4 用标准化作业提高作业效率
2.5 用快速换模减少生产等待时间
2.6 用全面生产维护打造精益生产管理体系

第一步：用精益生产工具构建业务流
1.1 用均衡排产实现生产计划的平衡
1.2 用单件流提高生产效率
1.3 用看板管理控制生产过程
1.4 用拉动式生产实现生产同步化

打造精益生产体系

1 建设实践性的培训体系
2 实施有效的对标管理
3 用岗位创新形成不断提升的动力
4 推进价值流专项改善：精益大项目管理
5 精益智造的信息化战略规划
6 建立信息编码体系

打造精益管理项目

树立一个核心　　厘清两条主线　　建设流程型组织

图2-7　精益管理工作推进路径架构

第 3 章
精益管理体系：流程型组织建设

多个细流汇到一起，如果向一个方向流淌就成了小溪，否则就是水坑；多条小溪汇到一起，如果向一个方向流淌就成了大河，否则就是水泊；多条大河汇到一起，如果向一个方向流淌就成了大海，否则就是大湖。

随着互联网技术的飞速发展，经济一体化浪潮正席卷全球，在合纵连横、生态式发展的大趋势下，因为信息的透明度和及时性越来越高，企业之间的竞争日益加剧。技术的发展带来经营理念的更新，更带来管理方式的不断变革，如果说技术创新是生产力的发展，那么企业管理变革就是生产关系的改造。现在的企业领导者都意识到一个问题：在今天的市场上，只有不断追求卓越的企业才能更好地生存，尤其是追求管理理念的卓越。为了适应时代发展的需要，各种管理理论和实践都在积极地追寻着更有效的组织方式和管理模式。

在这个不断追求的过程中，生态战略、目标管理、分散投资、追求"卓越"、精益运营、一分钟经理、走动管理、价值链分析、质量环、矩阵管理等学说纷纷出现，可谓是百家争鸣、百花齐放。但遗憾的是，并没有任何一种理论可以持续提高企业的竞争力。而且，随着数字化、智能化概念的深入发展，IT技术在提高工作效率和自动化程度方面成为一种必要的手段，但目前在提高企业整体效益方面并未较好地发挥强力支撑、方向引领和效率带动的核心作用。

究其原因，是企业管理模式这个"生产关系"未能跟上科学技术这个"生产力"的发展。尤其是制造业，精益生产方式已经被充分证明能够起到降本增效、增强企业竞争力的作用，但是大部分制造企业在推行精益生产的过程中并未实现"精"和"益"的目标。所以企业家迫切需要新的管理理论，进行适应企业智能化发展、精益化生产的根本性管理变革，于是，组织内外部的流程再造和制度革新提上了日程，这就为流程型组织的产生、发展和积极实践奠定了基础。

流程型组织产生的驱动力来自三个方面：一是组织的外部环境变化，如市场环境、技术革新、客户的多样化需求等；二是组织的改善内部运营需求，如机构臃肿、流程冗长、部门协调不畅、产效降低等；三是管理理论的发展，如精细化生产、生态圈、流程再造等提供了强大的理论支持。

3.1 揭开流程型组织的面纱

流程型组织是对传统的职能型组织的发展和优化，甚至是颠覆。职能型组织结构是以工作方法和技能分类作为部门划分的依据，将专业技能紧密联系、承担相同职能的业务活动及人员归类组合到一个部门内部，按工作职能来组织部门分工，设置相应的管理部门和管理职务，实行高度的专业化分工，即因事设部，因岗设人。但是在制造业推行精益生产的过程中，传统的职能型组织结构很快就暴露出如项目直接负责人模糊、目标导向不明确、客户为中心的思想不能贯彻、部门间以各自为中心协调困难等根本性的问题，尤其是无法消除管理中的浪费现象，正成为企业快速发展的瓶颈。这充分说明：在规模庞大、产品品种复杂、生产技术发展迅速、外部环境充满变数的制造型企业中，职能型组织结构已经走到了历史的终点，流程型组织应运而生。

1. 流程型组织的核心特点

顾名思义，流程型组织就是以业务流程为核心的组织形式，如果想给流程型组织下一个确切的定义，必须清楚流程型组织的核心特点。

第一，流程型组织必须具备系统性。既然流程型组织是以业务流程为核心，必然是以业务的整个价值流为导向，起于客户的需求，终于客户需求的实现，这就需要对流程进行系统化顶层设计和全局思考，否则就会导致流程被阻塞甚至中断，反而影响业务效率。

第二，流程型组织必须具备整合性。整个业务流程涉及企业内部原各职能部门一切生产经营活动，要整合流程上的各个业务活动，实现全员参与下的一体化业务推进。

第三，流程型组织必须具备全流程理念。以流程为导向，将所有的业务、管理活动都视为一个流程，实现组织模式按流程走向进行重组，将流程中涉及的下一个部门视为客户，以达到企业组织的简单化和高效化。这就需要整个组织重视流程效率，以时间和空间尺度对每一个事件、流程进行分解，并以岗位适配各流程节点；以各成员互相合作为基础，追求全流程绩效，重视客户需求的价值实现。

第四，流程型组织是目标导向型，重点关注结果和产生结果的过程。这就需要企业重新思考流程的目的，使各流程的方向和战略方向高度统一，企业管理的重点由内部作业方便转变为突出目标客户服务、重视企业的运营效率、强调流程的产出效果。流程下游就是上游的客户，是监督员；流程上游是下游的指导员，是服务员；实现层层服务和步步监督，保障流程的流畅运行和无差错推进。

第五，流程型组织是广泛授权的柔性组织。组织内部具有明确的工作程序，员工有明确的上下游工作关系，而非职级管理关系，打破了以部门为中心的工作壁垒，提高了工作效率。同时，明确的授权机制，使每位员工都能够参与公司决策，实现了组织的扁平化管理，压缩了管理成本，充分发挥出员工的主观能动性。此时，组织中原有职能部门的功能逐渐弱化，原依存于各部门的内部资源得以释放，借助信息化平台，根据市场机会进行灵活的组建和解散，这正是柔性组织的典型特点，也是适配精益生产方式的组织形式。

第六，流程型组织强调信息化工具的重要性。在智能制造的大趋势下，数字化、智能化生产逐渐取代传统的半自动化和自动化生产，必须由配套的信息化工具作为支撑，实现信息的快速及时流动，提高工作效率。

综合以上六个特点，我们可以给流程型组织下一个较为明确的定义：流程型组织就是以系统化价值流整合理论为依据，以提高满足客户需求的效率和价值为目的，以信息化工具为支撑，减少浪费，降低成本，以业务流程为中心建立的扁平化柔性组织形态。

2. 流程型组织对精益管理工作的三大支撑

管理者可以更好地确定组织的核心能力和核心流程，并进行流程再造。流程型组织的运作是以核心流程为中心，并对企业内各流程及其相互关系进行动态梳理和分析，因此管理者可以清晰地确定企业的核心能力和核心流程。同时，管理者能够根据企业战略需要并依据动态分析的结果，在市场环境变化中进行流程验证，实现流程优化和再造的闭环管理。

员工可以更好地理解企业的战略目标与经营方针。由于流程明确规定了各环节的工作目标、工作规范和工作时限，所以每一个流程的参与者都能够明确本流程与企业战略的关系，而对流程的调整也就意味着企业战略目标和经营方针的改变。

将组织的运作状态显性化。由于流程型组织架构与组织内部业务流的走向完全一致，在执行流程的过程中，一切组织内的"黑箱子"都将在流程中一一浮现，从而企业可以更好地剖析流程的合理性与有效性。

3.2 流程型组织架构

在多年的管理变革实践中，笔者一直坚持一个观点和方法：开展任何全局性、系统性的工作，都应该首先从全局考虑问题，从高处着眼，高屋建瓴，自上而下的层层分解，步步考虑，最后一定能够取得满意的效果。流程型组织变革也不例外，流程型组织是对企业整体管理模式和经营方式的改变和优化，所以，首先要对流程型组织的架构有整体的认识。

流程型组织只是减少了管理层级，但不是完全取消管理层级，各种业务活动必须存在决策、执行等层级划分，只是组织层级划分的方式围绕着流程展开；同样，改变了职能型组织结构，并不是取消了组织职能，只是转变成了功能。流程型组织设计的基本原则就是：业务决定流程，流程决定组织，最终还是要以功能组合到一起的组织开展业务！

在产品结构单一的中小型企业，因为部门数量少，流程比较单一，管理相对简单，所以其职能型组织的集中化管理和灵活性用人的特点能够起到积极的助推作用。再者，对于单一流程的企业来说，其职能型组织本身就具备流程型组织的特点，每个部门对应一个节点，按节点、时限负责，这样的企业无须考虑是否进行流程型组织变革。

从流程的观点来看，企业的整体概貌是价值流，组成企业的元素是各个流程，而组成流程的元素就是节点，不同的节点对应着不同的作业；对应着流程的是功能，对应着作业的就是岗位。流程型组织首先是为企业的战略目标服务的，整合并集成组织内外各项资源和能力，提高各职能、各岗位的快速响应能力，实现高质量产品或服务的成本优势。

流程型组织构架，应该是系统化、全局化的，应充分考虑对组织全部资源的利用，与战略目标架构、业务流程架构、组织制度构架和组织文化构架相互融合、相互影响，同时又相互制约，这几大元素围绕企业的战略使命构成了流程型组织的五大要素。战略目标作为组织中的主导要素，是组织生存的基本前提，是组织发展的方向；业务流程是组织的核心要素，是战略目标的实现路径，它将细分后的战略子目标与各种相关资源、活动连接到一起；组织制度是组织内各项活动的纲领性要素，是规范职能和岗位、保障流程结果实现、保证组织有效运作的约束力；组织文化是组织内的柔性约束，是组织精神和个体行为方式的统一体；组织架构是组织运作的主体和支柱，是以上四要素实现的载体。

基于此，典型的流程型组织架构如图3-1所示。

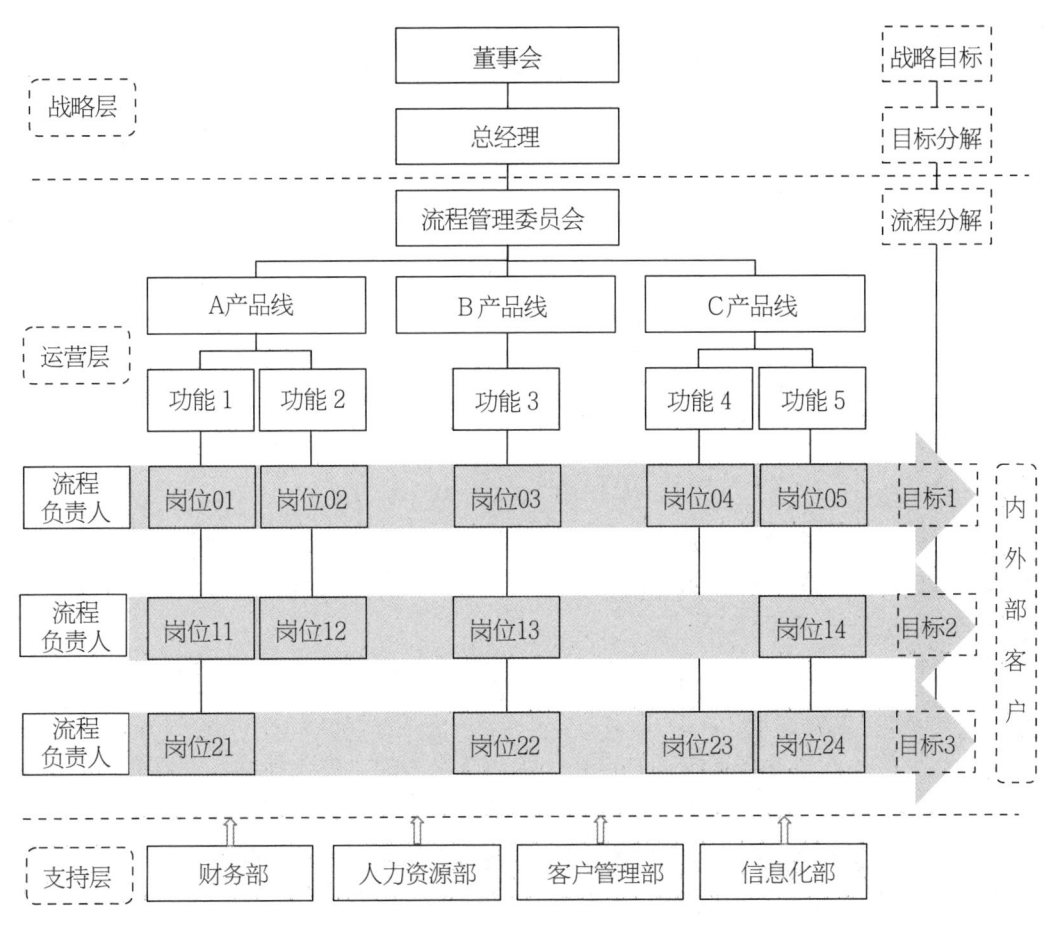

图3-1　流程型组织架构示意图

3.3 流程型组织的五略模型

五略管理法是适应流程型组织而诞生的管理方法和管理模式,本节将对五略管理法进行简单的介绍,明确流程型组织的组成原理。

每个人都有自己的优势,只是有时候,自己不能全面认识自己的优势,也就谈不上运用自己的优势。很多人之所以看起来在某件事上很成功,很大程度上是他正好发现了自己的优势,他的性格适合做这件事,他也有能力也有兴趣做这件事。生活中很多人很难找到"既能让自己感兴趣,又有潜能可以做,性格上合适"三个条件皆具备的事情。感兴趣不擅长,擅长但不符合性格,都无法体现一个人的优势。

五略管理法将人才的人格特质分为五种,并与五略人才一一对应。

(1) 指路者——经略型人才。

该类型的人坚毅果敢、充满自信、喜欢竞争,勇于接受挑战,具有冒险精神,工作上努力达成目标,注重最后的结果,是天生的领袖和行动者。

他们具有独特的魅力和强大的信心,所散发的权威性能召集大家为一个共同目标努力。他们很理性,能够用强大的动力、坚定的决心和锋芒毕露的思想实现自己制定的目标。

(2) 修路者——战略型人才。

该类型的人谦虚、有礼,随和、友善,乐于合作,关心他人,心胸宽广。

他们最突出的特征就是能够凝聚团队的力量,带领大家向着共同的目标努力前进。他们成熟、自信、值得信赖;他们知人善任,能够很快发现他人的长处;他们拥有远见卓识,善于决策,能够获得团队成员的尊重。

他们擅长培养和领导一个技能多样和特征明显的团队,善于协调各种错综复杂的关系,能够挥洒自如地解决问题。

(3) 思考者——方略型人才。

该类型的人理性、细心、思维缜密,他们做事深思熟虑,善于分析;思维逻辑性强,条理清晰,规律性强。

他们经常是创新者和发明者,思路开阔,想象力强,观念新颖,拥有高度的创造力。他们为团队的发展和完善出谋划策,经常提出新想法,为工作开拓新思路,在项目刚刚启动或陷入困境时,他们往往起到非常重要的作用;他们是独立的、聪明的、充满原创思想的;他们爱出主意,不拘小节,不受条条框框约束。

(4) 组织者——胆略型人才。

该类型的人乐观豁达、积极热心、有激情、有活力；具有较好的创意，拥有敏锐的直觉；善于处理人际关系，善于调动团队气势。

他们行动力强，执行力强，是行动的发起者，是确保团队快速行动的最有效成员；他们敢于面对困难，并义无反顾地加速前进，冲锋陷阵，无往不利；他们办事效率高，自发性强，目的明确，有高度的工作热情和成就感；他们敢于决策，干劲十足，遇到困难时，总能找到解决办法；他们善于发掘和调动可以获取并加以利用的资源，组织团队，完成任务。

(5) 实干者——操略型人才。

该类型的人有责任感，高效率，守纪律，坚韧不拔，方向性强，适应力强。他们擅长沟通，善于利用他人力量，擅长解决问题。

他们非常现实，比较传统，态度严肃，谨慎理智，多三思而后行；他们崇尚努力，计划性强，注重细节，喜欢用系统的方法解决问题；他们通常具有批判性思维，凡事考虑周全，才做出决定；他们有很好的自控力和纪律性，对团队忠诚度高，责任心强，为团队整体利益负责，他们不会根据个人兴趣而是根据团队需要来完成工作；他们可靠、高效，处理具体工作能力强。

一个成功的流程型组织要由五略型团队组成，一个高效的团队要由五略型人才组成。一个人可兼具多型人才的能力，即一个团队并非一定要有五个人，而是当全体成员融合到一起，具备五略型人才的全部能力时，该团队就会成为高效团队。同理，每个团队可能具备多型团队的能力，一个组织并非一定由五个团队组成，而是形成组织的各个团队凝结成一个具备五略型团队的全部能力时，它就成为一个成功的组织。

一个成功的五略型组织应该由五略型团队组成，如表3-1所示。

表3-1 成功流程型组织的五略型团队组成

五略型团队	团队特点	组织内职能匹配	职责定位
经略型团队	大局意识、未来意识 发展意识、综合意识	战略统筹、行动纲领 企业文化、精神领袖	文化
战略型团队	整体意思、目标意识 决策意识、协调意识	战略思维、战略规划 战略决策、团队领袖	管理
方略型团队	谋略策略、方式方法 计划步骤、目标路径	战略分解、实现策略 计划方法、实现路径	经营
胆略型团队	合作能力、组织能力 团队能力、把控能力	组织实施、流程把控 发动团队、保障任务	运营
操略型团队	坚忍不拔、经验丰富 目标感强、纪律性强	项目落地、推进执行 输出结果、达成目标	执行

注：一个团队可兼具多型团队的能力，承担多型团队的职责。

每一个成功的五略型团队都应该包括五略型人才的全部特质,如表3-2所示。

例如,经略型团队需要由五略型人才组成,或具备五略特质,其他如战略型团队、方略型团队等也需要由五略型人才组成,只是每一型人才在不同的团队内承担不同的职责和任务,但对团队起到的作用都是相仿的。

表3-2 成功团队的五略型人才组成

五略型人才	人格特质	团队内职责匹配
经略型人才	指路者	团队的战略统筹、团队文化建设
战略型人才	修路者	团队的战略决策
方略型人才	思考者	团队的战略分解、计划方法和实现路径的制订
胆略型人才	组织者	团队工作组织实施、流程把控
操略型人才	实干者	团队工作落地、推进执行、输出结果、达成目标

注:一人可兼具多型人才的能力,承担多型人才的职责。

如上所述,五略管理法是"嵌套式闭环管理"工具,五略组织包含五略团队,每个五略团队又由五略型人才组成,其关系如图3-2所示。

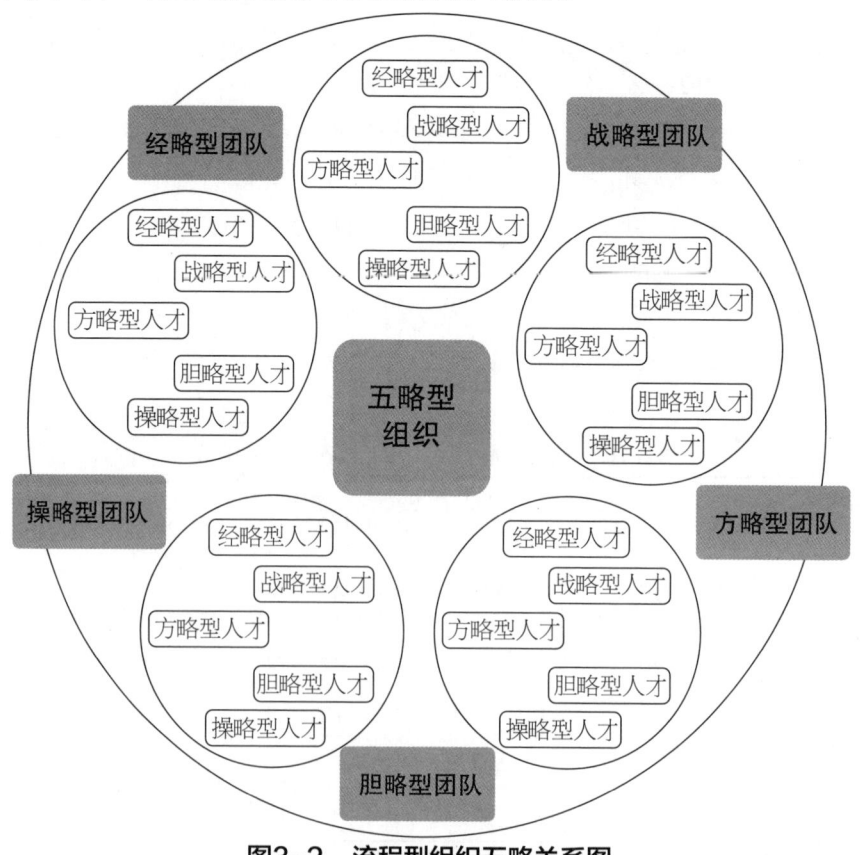

图3-2 流程型组织五略关系图

3.4 流程型组织的实现路径

流程型组织的建立需要三步走：第一步，导入组织模型；第二步，流程的建立和执行；第三步，组织的持续改善。本节将对第一步详细描述。

为了便于全面理解流程型组织的导入步骤，我们先简要分析。为什么要导入？为了更好地完成战略目标，所以确定战略目标。如何更好地实现目标？需要建立组织的核心竞争力，所以就要找到为组织创造核心竞争力的核心流程。怎样做才能让核心流程发挥最大作用？要逐步提高核心流程的运作效率，所以要对核心流程优化再造。谁来对流程负责？必须组建流程团队负责流程运转。如何让流程团队更加高效工作？必须有相应的考核体系来激励团队成员。如何让整个组织高效运转？必须借助信息化系统。所以导入流程型组织的全过程应分为六步：第一步，确定战略目标；第二步，界定核心流程；第三步，改造优化流程；第四步，组建流程团队；第五步，完善考评体系；第六步，建设信息系统（见"3.7 流程型组织的持续改善"一节）。在导入流程型组织前，企业还需要成立流程管理委员会。

1. 流程管理委员会

流程管理委员会是基于流程型组织而建立的核心管理单位，起着连接总经理与下属事业部的作用，是将企业的发展战略转化为具体战术，并推动企业流程执行的专业机构。流程管理委员会采用专业的技术（含管理和业务），从专业的角度出发，审视企业各个事业部的生产运作流程，分析流程，建立模型，重新梳理并根据企业发展战略重新设计或优化流程。同时，流程管理委员会还要担负起监督各个流程的执行情况、评价流程运行效率、考核流程绩效等任务。

从组织架构图上可以看出，流程管理委员会是运营层的最高权力和决策机构，但是在流程型组织中，它也是最高服务机构，它既是战略层的战略承接单位，又是支持层的管理指导单位。可以说，流程管理委员会是流程管理技术的最有力的体现者，其作用是要通过流程管理技术，提升企业流程的运行效率，提升流程团队的绩效，提高企业的经营管理水平和企业的整体效益。

流程管理委员会主要有三大职责。

❶战略实现：承接战略任务，分解战略职责，制订战略计划，实现战略目标。

❷企业管理：企业管理制度和业务流程的直接管理（制订、决策、监督等）单位。

❸组织协调：组织各项资源，管理各流程团队，对相关分管部门及跨部门重大事项进行沟通协调。

对流程型组织来说，流程管理委员会可以说是企业的CEO单位，对本书所提及的"价值流管理小组""流程管理小组""对标管理小组""信息化管理小组"等各项重点工作的管理组织有直接管理的权限和职责，在管理方式上可以采用集中管理或多线并行的模式。集中管理就是将所有工作看作是企业经营管理的一部分，对流程、价值流、对标、信息化等工作统一进行规划设计，同步推进，该模式适用于企业进行全面彻底变革的情况。多线并行就是以流程管理委员会为核心管理单位，其他各专项工作小组均对流程管理委员会负责，但同时各自按照计划独立开展工作，该模式适用于企业进行局部变革的情况。

2. 确定战略目标

流程型组织以客户为导向、以流程为中心，客户满意就是目标，而流程就是实现目标的载体，所以在组织设计时必须遵循战略目标导向原则，首先确定战略目标，这是导入流程型组织的前提条件和建立流程的最大因素。

在全球经济一体化的形势下，制造型企业的命运不仅受到内部管理运营的影响，更受到外部市场环境变化的影响，建立流程型组织的初衷是提高企业适应内外部环境变化的能力，实现企业可持续发展。所以，进行组织设计时，企业领导层一定要具备战略眼光，以战略目标为导向，从全局的角度来规划设计。战略目标是组织设计的出发点，也是组织设计的归宿，组织内的每一个流程都在分担并实现子目标，所以衡量流程、架构、岗位的有效性必须以是否有利于实现企业目标作为最终的评价标准。

3. 界定核心流程

流程是为了完成某一目标或任务而进行的一系列连续的作业或操作活动，是将逻辑相关的作业进行跨时间和空间的有序集合。它连接了不同的分工活动，融合了不同活动的结果，反映出各项活动之间以及其与相关参与者之间的关系。核心流程是为组织创造核心竞争力的流程，它具有不唯一性和动态性的特点。在导入流程型组织的实践中，并非所有流程都需要再造，所有的改造优化活动必须围绕核心流程来进行，这样可以将企业有限的资源集中使用在关键的业务中，抓住重点，中心突破，这也是流程管理委员会的核心工作。

所以，界定核心流程是实现战略目标最重要的步骤，首先要根据企业的价值流、价值链进行分析，因为核心流程一定是沿着价值流流动的，而界定标准可以参照四个维度来进行。

❶核心业务维度：适用于业务稳定型企业。任何组织的业务活动都可分为核心业务和非核心业务两部分，对核心业务目标贡献较大的关键业务流程应视为组织的核心流程，而贡献很小甚至没有贡献的流程则为非核心流程。

❷贯穿层次维度：适用于多核业务企业。对于企业中存在多条产品线，且业务线

定位分别不大、多业务并重的，应该以流程的贯穿层次进行分类，凡是跨多业务线和支持部门的流程均被视为核心流程，单业务线内部流程则被视为非核心流程。

❸未来战略维度：适用于市场多变型企业。组织的战略定位会根据市场环境的变化而调整，而战略定位直接影响流程的确定。在战略做出重大调整预期的前提下，与未来的业务发展方向相关的关键流程就是核心流程。

❹客户关注维度：适用于客户集中型企业。流程运行的最终目的是满足客户需求，实现战略目标，企业可以通过了解主要客户的关注点，确定核心指标。例如，主要客户最关心产品质量和交货的准时率，则这两个指标就应视为核心指标，那些对核心指标影响最大的流程就是核心流程，可以根据流程对核心指标的影响度评分，按照分数高低排列再造流程的先后次序。

4. 改造优化流程

流程是组织设计的中心和依据，是战略目标实现的载体，是企业的生命线。所以，流程型组织的设计要充分考虑流程与流程、核心流程与子流程、流程与支持部门之间的关系，实现组织架构的合理化、均衡化和协同效应。流程型组织强调全局、系统、整合，在多种核心流程之上建立流程团队，必须坚持整体最优原则，对界定好的核心流程持续改造和优化，这就是系统化流程思维。

流程的优化主要包含两个方面：一是流程的更新再造，对流程进行再设计，对象包含了流程的四要素（输入、规则、资源和输出），这是导入流程型组织时所做的变革，也是本节所涉及的工作；二是流程的逐渐规范，是对再造后的流程进行规则完善的过程，使之逐渐规范化、标准化，如操作标准、工作规范等，对象要素主要是规则和资源，这是流程型组织持续改善的工作。

流程再造的方法主要有四种：优化顺序、合并活动、删除节点和智能化。

5. 组建流程团队

流程型组织弱化了业务流程中的部门概念，取而代之的是流程团队，是为界定好的核心流程所配置的活动作业者。流程团队打破按照专有职能分工的方法，把具备不同知识、能力的人员配置在一个完整的流程内工作。流程团队包括流程负责人和不同岗位的团队成员，流程负责人对某一流程全权负责，包括流程的管理、团队成员的协调和指导，以及团队成员的业绩考评。流程管理委员会负责对每个流程团队授权协调与监督，并提供相应的支持。

流程团队有两种形式：静态流程团队和动态流程团队。前者团队成员相对固定，一般配备长期流程管理专员，主要针对业务固定、规范化程度高、操作较复杂的流程；后者团队成员相对柔性配置，实行相对灵活的用人机制，适用于变化较频繁、操作较简单、团队能力要求较低的流程。

流程团队的组建方法主要是五略管理法，按照五略模型进行团队建模、人才盘点和能力装配。

6. 完善考评体系

流程型组织要吸纳全体组织成员的参与，并充分发挥个人在群体中的主观能动性作用。很多企业管理者在进行流程型组织变革时往往会考虑聘请外部咨询团队，其优点是利用外部团队丰富的专业知识和客观公正的立场来设计和推动方案实施，能够从技术上保证方案的科学性；其缺点是外部人员通常对企业的历史、文化和业务等缺乏足够了解，可能导致对方案实施产生的冲击力度估计不足，反而影响计划的实施效果，甚至影响团队的稳定。

人力是企业的根本，如何调动企业中个人的积极性成为最大的课题。多家成功企业的流程型组织实践证明，最好的方法是吸纳全体组织成员参与变革，在获得大多数人理解、认可和支持的同时，还可以使员工在参与变革中思考、感悟，自觉地改变工作方式、行为规范和价值观。

在管理学中有个说法：员工不会按照你希望的去做事，只会按照你考核的去做事。虽然这句话有失偏颇，但也反映了一些现实存在的问题。流程型组织的基础是体系，但是体系最终还是要落到人身上，流程的最终结果还要靠流程团队用智慧、力量、工具、方法等保证输出。所以，向上激励的完善的考评体系是非常必要的。

考评体系是对组织成员的价值评估，是进行奖惩的依据，是对输出业绩的认可，是指导员工养成流程习惯的行为标尺，是建立以客户为中心、以流程为中心的协作文化的基础。在流程型组织中，衡量管理的效率和管理水平的对象不是"事"，也不是"人"，而是"流程"，即衡量流程的运行状态和运行结果。所以组织必须调整绩效考评体系，由传统的基于结果的考评体系转变为基于流程的评价体系，可以对整个组织运行的有效性做出评价。流程型团队的考核体系要强调"重团队、轻个人"的原则，因为整个流程团队是承担共同责任的，是重视互相协同的集体。

流程型组织实行基于流程的考评体系有三个方面的重要原因：第一，流程型组织基于"效率保障结果"的理念，不仅关心结果输出，更关心流程的效率，而基于流程的考评体系恰恰包含了结果指标和过程效率指标，如速度、成本等；第二，基于流程的考评体系是和流程相关联的，有相应的流程来保证其实现，双方形成一对一协调匹配的关系；第三点也是最重要的一点，基于流程的指标是可量化的，是可以在流程中测量到的，这是所有绩效考核最有说服力的特质。

设计基于流程的考评体系方法是：首先设置某一流程的输入端和输出端的关键参数，然后进行取样、计算和分析，最后设定衡量流程绩效的量化管理指标。指标设置要根据流程的分解进行KPI（Key Process Indication）的分解。例如，可以将制造型企业的供应链流程KPI进行分解，将客户及时交货率分解为供应商及时交货率、物料齐套率、生产完成及时率和配送及时率等，分别对应供应链流程的采购、计划、生产、配送等子流程。

3.5 流程的设计

3.5.1 流程设计的三大原则

关于流程和职能两个概念的区别和联系，我们只需要把握两点即可：职能是静态概念，描述的是一个部门的职责，解释"做什么"的问题；流程是动态概念，强调的是部门或岗位的活动，解释"怎么做"的问题。在流程型组织中，流程是企业的组成元素，活动是企业流程的组成元素。活动是一项作业或者变换，任何活动都包含四个方面的因素，即输入、规则、资源和输出。流程首先接受某一种输入，经过某种规则的处理，利用某些资源，经过特定的作业转化为输出结果，最终各活动之间的相互作用和相互联系就构成了企业流程系统。

据此，我们得出流程的三大特点，也是企业在设计流程时应该遵循的三大原则。

❶输出导向原则：任何流程必须包含输入、规则、资源和输出四个因素，包括有形的物质和无形的信息。输入即工作任务，输出即目标，而输出一定要和战略目标保持一致，结果不好，就是不好。例如，在设备维保流程中，输入就是设备信息、运行状况、维保记录等，规则就是保养制度、点检制度、维修制度等，资源就是维保人员、外部专家、各种工具、知识库等，输出就是设备的良好运行状态和保持状态。

❷客户导向原则：在输出导向的前提下，流程输出结果的接受对象就是该流程的客户，该结果必须达到客户满意才是根本。客户包括企业外部最终使用者和内部流程下游岗位，即一切环节皆客户。例如，销售环节的客户是企业外部使用者，成品生产的客户就是销售环节。

❸核心导向原则：每个流程都必须有一个核心处理对象，该流程的每个环节都为这个核心对象服务。企业核心流程都会涵盖实现某个对象的生命周期，在客户导向原则下，能够为客户创造最大价值的对象就是核心对象。例如，价值流的核心处理对象是销售合同，无论是获取客户需求的信息流和生产、交付的物流，都是在实现销售合同完结的全生命周期。

3.5.2 流程架构体系设计

1. 流程的分类

从流程型组织的架构可以看出，整个组织分为战略层、运营层和支持层，那么，对应的流程架构体系就分为战略流程、运营流程和支持流程。

❶战略流程：战略流程是面向未来的，为企业提供目标和方向，对战略目标的正确把握是做好流程管理的前提。其内容主要包括企业近期、中期、长期战略目标的规划，战略目标的分解和实现策略，商业模式和竞争策略的确定，以及战略过程的控制与调整。战略流程主要解决三个问题：赢得更多客户，建立可持续核心竞争力，为股东和社会创造价值。

❷运营流程：运营流程就是直接为客户创造价值的流程。它以战略流程为导向，以战略流程架构为基础展开，把企业的战略流程分解为阶段性的子流程，并制订实现该子流程目标的具体策略，然后输出结果。运营流程从接受客户需求信息开始（输入），到满足客户需求结束（输出），它是水平流动的，是横跨多个功能和岗位的。其内容主要包括：产品价值链（新产品管理）、市场链（营销和销售）、供应链（产品与服务的提供）、服务链（客户服务管理）。

❸支持流程：支持流程为运营流程提供支持服务，以运营流程为目的，为运营流程服务，协助提升运营流程的效率与效果；同时必须要以战略流程为导向，有效地支撑企业未来发展战略，为战略目标的实现提供相应的专业资源、服务支持与管控能力。支持流程一般是纵向职能化流动的，专业管理部门明确，部门成员相对确定，流程横向协调的难度相对较低。其内容主要包括：决策支持（如信息化平台等）、后勤支持（如财务、人力资源、客户关系等）与风险控制（预算、审计、业务审批等）等。

业务流程架构图如图3-3所示。

2. 流程架构体系设计的三条路径

❶自上而下：从组织最顶层架构开始设计，逐级向下分解，一直分解到作业活动环节。该路径是以管理引领运营，适合新组织、新业务或者新商业，或原有管理水平高于运营水平的情况。

❷自下而上：从最底层的作业活动开始，逐级向上搭建上一级流程架构，一直到组织最顶层架构为止。该路径是以运营带动管理，适合在组织原完备流程的基础上进行改善，或管理水平跟不上运营水平，需要提高管理水平，再造管理模式的情况。

❸上下对进：结合以上两种方式，上下齐头并进，最终在中间对接完毕，形成完整的系统。该路径效率最高，适合已经具备较完备流程标准或者有完善的同类业务模式为借鉴，且组织已经具备坚实的流程设计基础的情况。

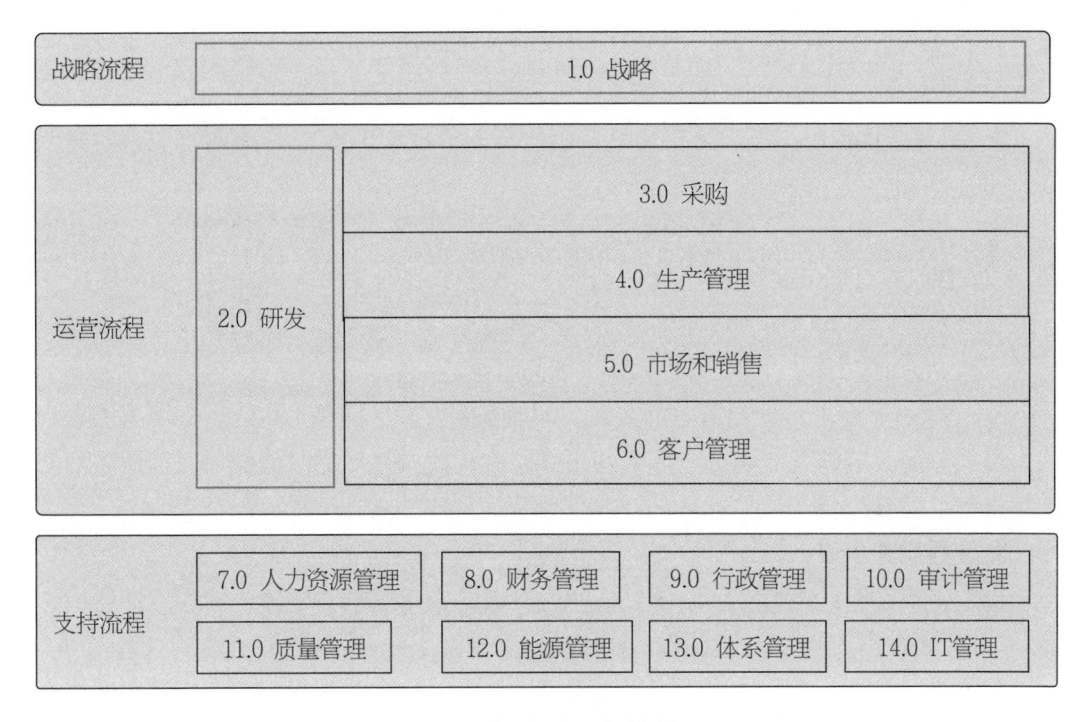

战略流程	1.0 战略			
运营流程	2.0 研发	3.0 采购		
		4.0 生产管理		
		5.0 市场和销售		
		6.0 客户管理		
支持流程	7.0 人力资源管理	8.0 财务管理	9.0 行政管理	10.0 审计管理
	11.0 质量管理	12.0 能源管理	13.0 体系管理	14.0 IT管理

图3-3 业务流程架构总图

3.5.3 流程的设计思路

1. 流程设计的原则

流程架构体系搭建好之后，就需要设计具体的流程，设计流程需要遵循以下原则。

战略导向：流程是企业战略落地的工具，流程的目标要与战略目标一致，所有流程的目标结合到一起就是战略总目标。

自上而下：基于价值流逐级分解各个核心业务流程，然后基于核心流程的价值链分解二级流程，一直到最终的基础业务活动。

端到端：从流程的输入到输出实现无断裂的全流程运作。

四要素：每个流程都必须包括输入、规则、资源和输出。

可复制：任何流程都需要具备可复制性，一次定义多次使用，从而提高通用性，减少出错率，提高整体效率。

集中管理：组织的流程、角色岗位、制度等都要统一管理，保证所有流程都指向统一的目标，同时，集中管理便于企业随时随地优化和完善流程及流程体系。

2. 优秀流程的界定标准（FRiCE原则）

流程设计的水平直接决定流程的执行效率和效果，即使无法保证所有流程都是优秀的，但是必须保证核心流程是优秀的，所以我们首先要知道什么样的流程是优秀流程。我们这里坚持的一条就是：必须站在客户（流程输出的对象）的角度，来判断一个流程是否优秀。笔者设计的FRiCE原则可以很好地解决这一问题。

F—快速（Fast）：客户需要及时得到所需的价值，即流程的周期要短，效率要高，如将产品出厂时间提前了1天。

Ri—正确（Right）：流程的输出应满足客户的需求，即流程的风险要小，效益要高，如流程执行过程中没有任何错误、中断，最终产品或服务完全满足客户的需求。

C—便宜（Cheap）：要用较低的成本来满足客户，即流程的浪费要少，如流程执行环节减少了1道工序，节省了2个人和半天的时间。

E—容易（Easy）：让业务容易实现，即流程要友好、简单、柔性，如所有流程上的人员经过简单培训就能明确本环节的工作职责；或调整产品时流程可以自适应新的产品族系。

3. 流程设计步骤

确定变革目标：将企业战略规划分解为有效的变革需求和整体的流程设计目标，然后制订详细的实施方案。责任人：流程管理委员会。

明确流程结构：流程结构是指导流程设计的蓝图，在流程型组织中，流程结构分为五层（L1—L5）如图3-4所示。

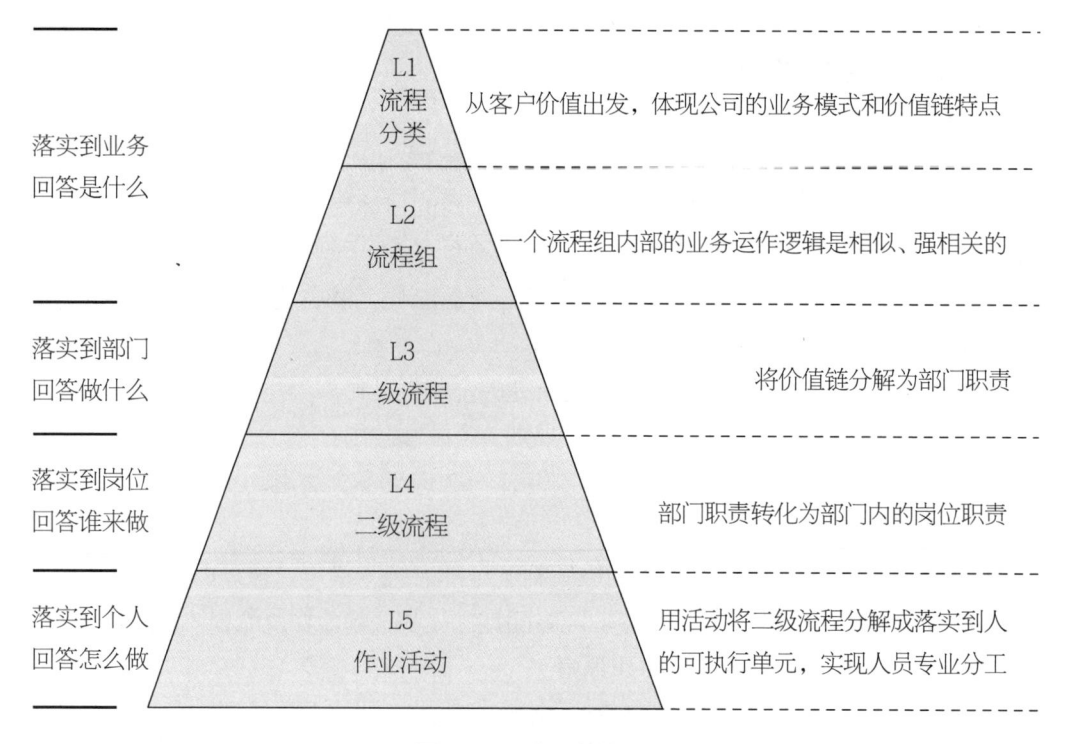

落实到业务 回答是什么	L1 流程分类	从客户价值出发，体现公司的业务模式和价值链特点
	L2 流程组	一个流程组内部的业务运作逻辑是相似、强相关的
落实到部门 回答做什么	L3 一级流程	将价值链分解为部门职责
落实到岗位 回答谁来做	L4 二级流程	部门职责转化为部门内的岗位职责
落实到个人 回答怎么做	L5 作业活动	用活动将二级流程分解成落实到人的可执行单元，实现人员专业分工

图3-4　流程结构图

设计顶层流程：所有的流程都是基于组织的核心业务也可以说是价值流展开的，要根据价值流图绘制业务的顶层流程，即价值流图的流程化显示。顶层流程的颗粒度到一级流程，即需要展示出整个价值流图中包含的各L3的关联关系。责任人：流程管理委员会。

确定流程负责人，组建流程团队：根据流程目标和顶层流程，确定流程架构中各L3的负责人，并组建相应的流程团队。注意，一个流程团队一般会负责多个一级流程的设计工作，尤其是同一L2下的流程。责任人：流程管理委员会。

确定流程要素：根据顶层流程和流程架构，确定L3和L4的"输入、规则、资源、输出"等要素内容，确保作业活动层面（L5）能够顺利开展。责任人：流程负责人。

进行流程设计：L3体现的是跨部门（功能）的流程，L4是同一部门内部跨岗位（角色）的流程。L5将L4分解为落实到个人的可执行活动单元，实现人员专业分工，其表现形式就是岗位说明书、岗位标准化作业卡等。责任人：流程负责人。

执行与监督：将设计好的流程进行统一评审，并发布执行，流程管理团队要监控和考评流程的运行过程，确保流程被有效执行。同时，如果具备条件（没有条件也应该创造条件），借助信息化工具实现流程的线上运转。责任人：流程负责人。

复盘与总结：流程管理团队定期组织流程设计和实践的回顾讨论会，交流问题，分享流程设计和运行的相关经验。责任人：流程负责人。

树立标杆，强化培训：在复盘总结的基础上，通过表彰激励优秀团队，树立组织标杆，通过内部培训分享实战经验、思想、方法和工具。责任人：流程管理委员会。

固化资源，集中管理：把复盘总结的成功经验整理成流程管理方法，建立中心流程库和资源库，转化成有形的财富，集中管理。责任人：流程管理委员会。

持续改善：如前文所提，流程型组织的建设要循序渐进，在流程执行过程中会出现各种问题，且内外部环境可能随时发生变化，通过客户和流程团队的反馈，及时修正，不断完善流程和流程管理体系。责任人：流程管理委员会、流程负责人。

可结合图3-5理解上述内容。

4. 流程指标设计

如果流程就是干活，那么指标就是干活的结果；流程是指标的载体，指标是流程的方向。在这个意义上，流程的指标需要包含并实现如下内容。

可靠性指标：即从接受客户需求到满足客户需求的整个过程效果表现，如产品质量、服务质量、设备稳定性等。

响应性指标：即对市场机会的响应速度、向细分市场提供新产品的速度、开发周期的控制力，如产品研发周期、生产周期、交付周期等。

效益指标：即收益、成本等，如产销率、回款率、生产成本、交付成本等。

资产指标：即资产的增值、减值等，含有形资产如设备、资金和无形资产如知识、经验、技能等。

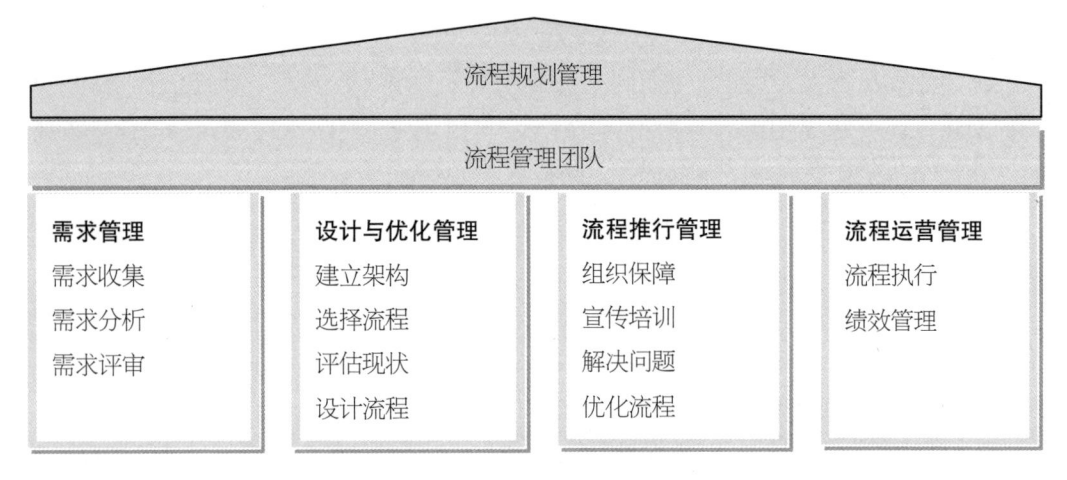

```
                    流程规划管理
                    流程管理团队

  需求管理         设计与优化管理      流程推行管理       流程运营管理
  需求收集         建立架构            组织保障           流程执行
  需求分析         选择流程            宣传培训           绩效管理
  需求评审         评估现状            解决问题
                   设计流程            优化流程
```

图3-5 流程规划实现路径

3.6 精准操作，正确识别核心流程

制造业作为一个国家发展建设的基石，对生产效率、经济效益等的要求越来越高。企业运行的三驾马车——管理水平、运营水平、技术水平——的协调发展成为众多制造型企业日益关注的重点，而承载这三驾马车平衡任务的就是流程型组织。

流程型组织发展到今天，一方面，其思想的先进性和变革的彻底性使其成为企业尤其是制造型企业关注的热点，也被认为是未来企业管理的主流，在华为、IBM、Ford汽车、AT&T、西门子等世界知名企业取得了良好的成绩。但同时，流程型组织建设失败的案例也不在少数，我们研究了大量的失败案例，发现无法正确识别企业的核心流程是导致流程型组织建设失败的主要原因。

制造型企业的内部业务流程众多，动辄几百个，如果算上二级流程、作业活动等，更是数以千计，但真正体现价值流动的核心流程一般不超过二十个。所以，企业在建设流程型组织时，如果眉毛胡子一把抓，将会浪费大量的人力、物力，造成成本过高；或者企业在管理上不得要领，将有限的资源分散摊薄，致使核心业务目标无法达成，最终整个企业"身心俱疲"，变革走向失败。再者，流程管理团队（流程管理委员会）的唯一目的是实现企业的战略目标，围绕着战略目标的核心业务才是该团队重点关注的对象，核心价值流动顺畅了，核心流程明确了，相关的支持流程、辅助流程的输出目标自然水到渠成。

3.6.1 核心流程及核心关注要素

流程，就是一组共同给客户提供价值的相互关联的经过企业精心设计的活动。业界尚未能对核心流程给出统一的定义，不过各企业、各管理学派在核心流程的关注维度上还是取得了基本的共识，即核心流程是那些与企业利益相关者关系最密切的流程，包括为满足客户、供应商、员工、股东及政府等需求所必须具备的流程；就是企业为了实现战略目标，按照客户需求为其提供产品或服务的活动，如销售、采购、生产、供应等这些直接为企业创造价值的活动。

据此，我们可以对制造业的核心流程给出一个评判标准：与"将产品提供给客户"的价值流过程关系最密切的流程就是制造业的核心流程。从制造型企业内部来看，其经营活动是以价值创造为核心，并贯穿企业价值流动的全部环节，形成企业内部业务活动相互关联、相互影响的一体化系统，是一个从接收客户需求（输入端）到满足客户需求（输出端）的端到端的循环过程，也就是大家常说的"产—供—销"体系。

制造型企业的核心流程，必须以"客户服务意识"为根本，为实现企业战略目标服务，密切沿着企业价值流动方向，满足企业的经营管理需要。为此，我们要关注四个方面的核心要素。

❶关注核心价值流要素。企业的核心流程必须要以价值流为依托，将价值流上直接创造价值的业务活动、为创造价值提供核心支持服务的管理活动、不创造直接价值的辅助活动等要素明确定义出来，前两者为价值流上的核心要素。同时，必须保障业务活动的横向连贯性和价值流体系的整体性，使价值流的核心要素全部体现在流程的相应环节上。

❷关注经营管理的核心需求要素。核心流程围绕核心业务进行，为企业经营管理服务，需要企业明确识别出急需改进的活动、有待改进的活动、可维持的活动和可忽略的活动，前两者为经营管理的核心需求要素。对核心要素的关注和重视，有利于提高核心流程管理的针对性和有效性。

❸关注客户的核心需求要素。企业的战略目标和经营管理活动，归根结底需要通过满足客户需求来实现，那么核心流程的输出端就必须以此为目的。毋庸置疑，核心流程是面向客户的，这里的客户既包括外部客户，也包括内部客户。对外，每个客户的核心需求就是业务流程的输出目标；对内，流程上每一个下游输入端的需求就是上游输出端的结果。

❹关注管理体系的支持要素。企业在进行业务流程设计时，必须从体系化的角度出发考虑问题，核心流程体系要与管理支撑体系形成最为密切的关系，真正形成互为

支撑、互相融合的整体。核心流程考虑的是使用正确的方法和选择正确的路径达成输出端的需求，而管理支撑体系考虑的是提高系统效率和整体运作能力；核心流程帮助提高企业的管理水平和能力，管理体系帮助流程运行提高效率和保障后勤支撑。

3.6.2 核心流程与执行力

在企业中，执行就是贯彻战略意图，完成预定目标，并最终获得化为企业效益的过程。执行力是实现执行效果的能力和素质，是有效利用现有资源，按时按地保质保量达成目标的能力，是团队和个人完成任务的意愿、完成任务的能力、完成任务的程度的最终表现。对个人而言，执行力就是落实工作、处理问题的能力，用个人工作任务达成率作为衡量指标；对团队而言，执行力就是团队全体成员对团队目标的实现能力，用团队整体目标实现程度作为衡量指标；对企业而言，执行力就是企业整体的经营管理能力和水平，用企业的阶段性战略目标完成度作为衡量指标。

执行力及其衡量指标的表象是完成目标的质量与及时性，但从流程型组织的角度来看，其核心在于对企业价值流和核心流程输出目标的实现程度。流程型组织围绕核心流程工作，核心流程承载着执行，为执行规划方向和目标、制订规则和提供资源，并用输出结果来衡量执行力；反过来，执行依附于流程，执行力依附于核心流程，缺少流程的执行就是一盘散沙、各自为政，缺少核心流程的执行就不可能形成凝聚力与竞争力，也就不可能有执行力。在流程型组织里，个人的执行力一定基于流程上的某个活动环节，团队的执行力基于某个流程的输出结果，整个价值流所贯穿的核心流程就组成了企业。

执行力的核心要素是计划、实施和服务，分别对应流程架构的战略流程、运营流程和支持流程。可见，核心流程正确界定与否直接影响流程型组织的建设规划、建设方向和实施效果，没有执行力的组织绝对不是优秀的组织。

3.6.3 核心流程的识别与界定

关于核心流程的识别与界定，需要从流程的宏观角度和微观角度两个方面入手。

在宏观方面，首先要关注流程界定的四个维度，即核心业务维度、贯穿层次维度、未来战略维度和客户关注维度，这是确定核心流程的前提和方向，对制造业来说更多的是选择核心业务维度，即对企业贡献价值最大的产品线业务。

在微观方面，要对流程进行输出指标分析，选择对业务影响程度较大的输出指标作为识别对象，所选择的指标必须和经营导向密切相关，即满足客户价值的核心指标。通俗地说，输出指标可分为"与钱相关的指标"（质量、收入、成本、利润、效率等）和"与钱不相关的指标"（社会形象、社会影响力等）。"与钱相关的指标"通常作为制造业识别核心流程的指标，因为这些指标的实现直接影响"与钱不相关的指标"的实现程度。

为了进一步说明维度选择和指标选择的关系，需要明确企业的经营导向概念。企业的经营导向直接反映企业的价值取向，制造业常见的经营导向包括客户导向、成本导向、质量导向和核心价值导向四种，分别对应着企业的四种主要价值取向，即提供客户满意的产品（稳定客户型）、提供低成本的产品（竞争客户型）、提供高质量的产品（特种客户型）和提供体现企业核心竞争力的产品（创新市场型）。

客户导向指一切业务活动以客户为核心，为客户提供满意的产品和服务是企业的核心价值，所选择的衡量指标也与客户密切相关，所以为客户提供产品和服务的相关流程就是核心流程。成本导向指一切经营活动以成本控制为核心，所选择的衡量指标与降低成本和减少浪费为主，所以能够降低资源占用的流程被视为核心流程。质量导向以实现产品最终的高质量为核心，所以能够影响产品和服务质量的流程都被视为核心流程。核心价值导向指某些企业为体现特有的核心竞争力而提供特有产品和服务，如创新、特色增值、差别服务等，在此导向下，与该特有价值实现相关的流程就是核心流程。

对大部分制造型企业来说，宏观角度上核心业务维度是第一位的，这也是从企业的内部视角来分析；微观角度上客户导向是第一位的，成本导向是第二位的，这也是从企业的外部视角进行分析；所以优先选择与此密切相关的流程界定为核心流程即可。如果企业在确定核心业务上存在困难，那说明企业的战略规划存在问题，尚不具备建立流程型组织的条件；如果在识别核心流程上存在着困难，企业还可以用一个最简单的概念来界定核心流程，即直接形成和提供产品的那些流程就是核心流程；如果某一流程缺失就会影响产品的供应，毫无疑问这就是核心流程；如果某一流程的缺失仅影响某些方面的效率，而并不影响产品的最终供应，则该流程被视为非核心流程。

流程架构体系由三部分组成，即战略流程、运营流程（含研发、营销、采购、生产和客户管理）与支持流程（含人资、财务、行政、审计、质量、能源、信息化）。同样，核心流程架构体系也由这三部分组成，即核心战略流程、核心运营流程和核心支持流程。根据前文所述，制造业的核心流程可以从以下方面进行界定。

❶核心战略流程是围绕核心业务、实现企业中长期"活着并发展"的方向、目标和路径，关注的是"做正确的事"，主要包括战略管理流程、投资管理流程、融资管理流程等。

❷核心运营流程是企业为"活着并发展"直接创造价值增值的商业模式，连接客户、供应商、合作伙伴、内部各单位或部门的物流、信息流和资金流等，关注的是"正确地做事"，主要包括采购及付款流程、销售和收款流程、生产循环流程、新产品开发流程、客户管理流程等。

❸核心支持流程为运营提供"有素质的活法"的后勤保障，关注的是"做事的效率"，主要包括财务管理（预算到决算流程）、人力资源管理（人力资源规划到薪酬绩效流程）、审计监察流程、质量管理流程、固定资产管理流程、安全管理流程、能源管理流程、IT项目管理流程等。

核心流程就是对整个企业经营活动起主导作用、影响最大的业务流程，它们创造了企业的大部分客户价值，代表了企业主要经营活动之间的关系和架构，如采购流程、销售流程等。建设流程型组织是一项复杂的系统工程，时间跨度较长，实施成本较高，所以企业不可能，也没必要对所有流程进行集中分析和系统再造，必须找出并围绕核心流程搭建企业的流程架构和管理体系。

流程型组织建设的启示是：抓住核心就掌握了通往成功的船舵。

3.7 流程型组织的持续改善

流程型组织的建设不是一蹴而就的，必须遵守循序渐进的原则，以信息化工具将信息的纵向传播转变为纵横向的结合传播，以整体流程的最优化原则进行持续改善，形成具有企业特色的个性文化，促进领导方式的更新，塑造全员主动参与的积极氛围。

1. 建立流程文化，养成流程习惯

对企业来说，最高境界的管理就是文化的管理，因为文化带来的是信任和简单，这两点就决定着团队的自发、自觉、自主。文化是思想的体现、行为的规范和行事的习惯，思想决定行为，行为决定习惯。反过来说，一个人95%的行为都是习惯性的，只有5%是属于非习惯性的，这就说明习惯对行为和思想的反影响更大，从这个意义上说，文化就是习惯。即便是创新创造这种打破常规的行为，最终也是以习惯性的创新文化来主导的，所以对创新团队重要的不是有多少创新型人才，而是要形成习惯性创新的文化。流程文化的建立应该沿着"转化思维→固化行为→养成习惯→形成文化→影响思维"的闭环路径进行，流程型组织更加注重的是流程习惯和持续改善习惯的养成。流程管理不仅是对系统的整体改造，更重要的是组织成员流程意识的建立和工作方式、行为习惯的改变（见图3-6）。

这里需要说明一点，流程文化和精益文化是高度统一的，而且都是建立在"人性本善"的心理基础上的。好的管理者需要了解人性，或者说管理的前提就是人性的假设。管理学中有经济人、社会人、自我需要人和复杂人的说法，其中的社会人就是我国古人所提出的性本善，经济人即等同于性本恶。"社会人假设"是梅奥等人依据霍桑实验的结果提出来的，梅奥说："人是独特的社会动物，只有把自己完全投入到集

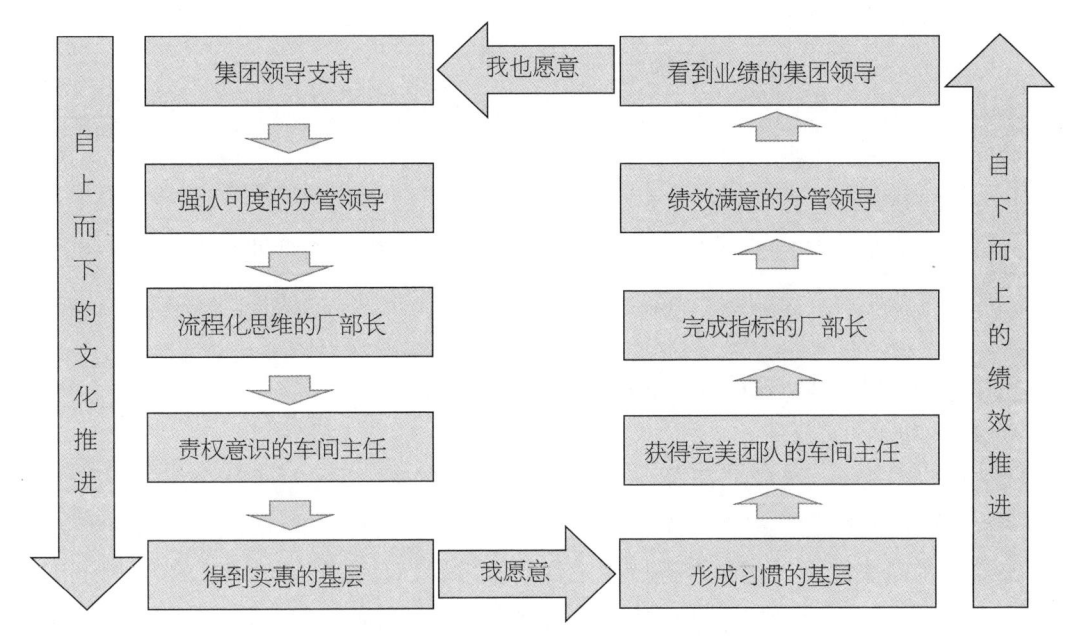

```
自上而下的文化推进  →  集团领导支持  ← 我也愿意 ←  看到业绩的集团领导  ↑ 自下而上的绩效推进
                ↓                                    ↑
         强认可度的分管领导                    绩效满意的分管领导
                ↓                                    ↑
         流程化思维的厂部长                    完成指标的厂部长
                ↓                                    ↑
         责权意识的车间主任                   获得完美团队的车间主任
                ↓                                    ↑
         得到实惠的基层    → 我愿意 →        形成习惯的基层
```

图3-6　流程型组织建设的文化循环

体之中才能实现彻底的'自由'。"这一假设认为，人是社会中的人，人们最重视在工作中能否与周围人友好相处，物质利益是相对次要的因素。人们渴望友谊和好的人际关系，希望同别人交往，这是人性的需要，从这个方面来讲，人性是善良的，他们相互取暖，相互依偎，组成一个和睦的组织。现代管理学认为出发，从性本善出发，建立社会价值观导向，通过向善的正面教育、正面评价、正面激励（精神的和物质的），可以有效激发人本身向上、向善的积极因素，促使人们自觉选择有利于社会和他人的善良行为。这种行为导向，又可以形成更强大的舆论氛围和社会价值体系，将人的善言善行固化在潜意识、行为准则、行为模式之中，从而构成不断引人向善行善的良性循环；从而实现组织、社会和人类自身的发展。

2. 改善领导方式，加强流程培训

先进的管理理论和实践都在证明一件事情，是"系统"在推动着组织90%以上的发展，"人"只是系统中发挥作用的元素，是"系统"给"人"创造价值提供了合适的舞台。因此，管理者要提升组织的"系统能力"和各类流程的效率与效果，就必须转变为流程型组织所需要的管理方式。

流程型组织的成员是以团队合作方式工作的，流程是组织传递能力的载体和工具，这就需要组织领导者持续加强三方面的能力。

第一是适应变化的柔性领导力，在管理、协调流程型团队的多样性、灵活性方面，组织领导者能够根据工作任务的不同性质、难易程度、员工素质高低等具体情况，协调好流程团队成员，确保流程的顺畅运行。

第二是全局全流程的统筹能力，要能够协调利用组织现有的资源，把战略目标和子目标与流程统筹把握，做好全过程的计划、协调、组织工作。组织领导者未必是具体业务上的专家，但必须是能领导专家的专家。

第三是传递能力的能力，流程的运营能力就代表着组织的管理水平，管理者在工作中需要传递压力，推动整个流程运行；更需要传递能力，传递正确有效的方法，进行流程培训，从领导推动变为团队驱动。

3. 借助管理工具，建设信息平台

(1) 借助管理工具。

"工欲善其事，必先利其器"。一个组织运行的好坏不取决于某个人或某几个人的突出表现，尤其是对大型制造业而言，其成功一定是整个团队的成功。团队成功与否主要由两点决定：一是是否进行体系化的管理，二是是否应用合适的方法论和工具。流程型组织持续改善的管理工具是PDCA循环，其四个主要特点（周而复始、大环带小环、阶梯式上升、统计的工具）决定了它在流程型组织持续改善中的核心工具。

(2) 建设信息化平台。

在经济一体化、世界数字化和地球网络化的环境中，企业要建立扁平、高效、快速的流程型组织，必须依托以流程为中心的信息化平台，按照统一的数据标准与格式，将企业内外部的各种信息进行加工、汇总和分类，逐步做好业务数字化和数字业务化的转变，保障流程的输入和资源两个核心要素的有效运行。搭建人机交互的流程运营管理体系，实现企业各流程间以及战略层、运营层和支持层的信息集成与共享，使组织的运行趋向流程化、自动化、数字化和智能化，使流程突破时间和空间的限制，快速、高质、高效地实现战略目标。

信息化系统的建设一定要与流程型组织的导入同步进行，制造业信息化平台主要包括ERP、MES、DNC、MDC等系统。

流程型组织既然是体系化的管理工具，它就不排除其他的组织结构形式，而是在体系框架下融合各种合适的结构，将各种零散的流程和组织完整地统一起来。流程型组织不能解决企业所有的问题，但是可以成为解决所有问题的体系支撑，能够对制造业的精益管理工作起到提高效率、加强执行力、保障结果输出的重要作用，成为精细化生产的管理载体。

第 4 章
精益生产的三大步骤

人类文明发展的一个重要标志就是学会制造和使用工具，而且这一标志性能力在社会发展、企业发展上发挥着重要的作用，未来甚至可能"一切工具化"。

精益管理是一项系统性工程，企业内各部门及价值链上的各单位共同协作，全方位地对生产过程进行改善，这需要按照一定的逻辑和步骤进行。实现精益管理的过程就是围绕一个核心，在两条主线的引领下，使用精益的方法和工具，逐步优化业务运行的过程。

一个完善的精益生产体系包括三部分内容：一是构建业务流，合理均衡的业务流是精益生产的基础，是精益管理落地的直接对象，也是持续改善的载体；二是规范化的业务管理，这是基于业务流的管理强化，逐渐形成标准化、规范化的业务管理机制可保障业务流动的顺畅；三是在强化业务管理的基础上持续改善，形成生产体系发展的良性循环。

4.1 第一步：用精益生产工具构建业务流

精益生产又称为准时制生产方式（Just In Time，JIT），或无库存生产方式（Stockless Production，SP），是基于多品种、少批量、短周期，追求消除库存、优化生产物流、减少浪费的目标。基本思想是"只在需要的时候，按需要的量，生产所需的产品"，实现无库存或最小库存。

4.1.1 用均衡排产实现生产计划的平衡

均衡排产是采用月计划、周计划、日计划，并根据需求变化及时调整计划，达到计划的均衡化，进而使物流在各生产工厂之间、产线之间、工序之间、作业之间平衡、稳定、均衡地流动。

1. 均衡排产的定义及作用

均衡化生产指企业的各个生产环节，包括工厂、车间、产线、小组、工序、作业等，都按照预先制订的计划进度，完成大致相等的产量或工作量，并能根据计划实现稳步递增，使每个环节达到充分的工作负荷，既没有多余的人员和不应该有的闲置时间，又不会出现人手短缺和突击生产的现象，在保证产品质量和生产数量的前提下，按时均衡地完成或超额完成生产任务。均衡化生产意味着基于客户需求在单个生产单元内协调生产周期时间，从而使生产工作得以在整个制造流程上连续平稳地进行。

均衡化生产是拉动式生产的前提和基础，也是生产管理的一项基本要求。均衡的不仅包括产品数量，还包括产品品种、生产时间、人员负荷与设备负荷等。这就需要生产的各个环节都能提供足够的保障，如原材料、备品、备件准时供应；生产设备、工器具始终处于良好状态；工人技术水平稳定提高，出勤率良好等。如果生产计划不均衡，生产节奏时松时紧，可能导致很多不良后果。例如，生产任务不足时，部分人员和设备就会闲置，生产能力不能充分发挥，必然导致劳动纪律松懈；生产任务超额时，企业又要加班加点突击生产，导致工人疲惫、精神不集中，易出安全事故，生产设备长时间连续工作得不到正常保养，常常会因过度磨损出现故障，而且赶工赶量容易忽视质量，粗制滥造，滋长工人的懈怠情绪，从而形成恶性循环。只有实现均衡化生产，建立起正常的稳定的生产秩序，使生产能力得到充分利用，才能保证稳定的产品数量、质量和效率。

要实现均衡化生产就要进行生产计划的均衡排产，根据市场变化和客户需求，按照特定的、均衡的周期安排产品生产计划、产线停机计划等，以便匹配最终产品销售的计划进度，解决生产过剩或不足、排队等待和库存浪费等问题。这里尤其要重视产品族比例的均衡化、零部件使用的均衡化和生产工时的均衡化。例如，某"铁钢轧"一体化公司推行均衡化生产，首先根据客户需求排定各产线的生产计划；然后组织炼铁、炼钢用原材料、燃料、设备备件、工器具的准时化供应工作；由于炼钢产能低于轧钢产能，又组织了缺量钢坯的准时化采购供应计划；然后排定了生产所需电、水、气等能源的供应方案；同时公司每月按销售计划编制装车运输计划，初步实现了多品种汽车、火车混流装配；各职能部门安排好相关的职责和服务计划；最后根据市场需求适时调整整个生产计划，做到滞销产品迅速停产、畅销产品快速投产，不断提高均衡化生产水平。

2. 生产节拍

生产节拍（Takt Time）又称节拍时间、客户需求周期或产距时间，指在一定时间长度内，某生产单元总有效生产时间与客户需求数量的比值，是客户需求一件产品的市场必要时间。节拍时间，是根据客户需求量与工厂可供时间所得之生产节拍，是可满足客户需求的生产节拍。生产节拍的使用将会使生产现场的作业规律化，生产活动稳定，实现生产的定置管理，并可作为改善现场生产效率的主要依据。

企业的各个生产环节应该以内部供应链的方式进行管理，也即内部客户的概念，每一个工艺阶段就是上一个工艺阶段的客户，同时又是下一个阶段的供应商。在此思维下，每个工艺阶段的生产节拍就是该阶段总有效工作时间与下一个阶段需求的中间产品数量的比值。

节拍时间的计算公式如下所示：

$T = Ta \div Td$

式中：

T = Takt Time (生产单元的生产节拍，根据产品生产周期确定单位，可为分钟、小时、天、周、月等。例如，造船企业就是用月作为船台的节拍单位，而用小时作为吊装的节拍单位；收音机制造企业就用分钟作为节拍单位。）

Ta = Time Available（生产单元的可用工作时间，是剔除了休息时间和所有预期停工时间如维护时间和交接班时间等以外的净工作时间。）

Td = Time Demanded or Customer Demand（客户需求件数）

在企业内部，生产单元可以是全生产系统、工厂、车间、生产线、工段、工序，甚至工步。企业在计算生产节拍时，应首先计算某需求产品的全生产系统节拍，这样整个生产的基准节拍也就确定下来，其他生产单元的生产节拍就有了依据，然后再从工厂到工步逐步确定其生产单元的节拍。

例如，某电视机生产企业有板装车间、整机车间、插接车间、总装车间、测试车间和包装车间，工作时间每周为7天，每天按24小时计算。该企业9月的订单需求为6000台电视机，则该企业的生产节拍就是30天×24小时×60分钟÷6000台=7.2分钟/台。对板装车间来说，每天的客户需求量是200块电路板，分3个班次，每班工作时间为8小时，计480分钟。现以白班为例，任务量80块，午餐时间30分钟，休息时间共计30分钟，交接班需要10分钟，基本维护检查需要10分钟，则可用工作时间 = 480-30-30- 10-10=400（分钟），每块电路板的节拍时间就是T=400分钟÷80块=5分钟/块。

节拍生产就是按照设定的节拍时间安排生产计划，控制生产节奏，进行稳定的生产实施，并通过精益管理逐步减少节拍时间，提高生产效率和产能。

节拍生产可分为强制节拍生产和自由节拍生产，这两种方式分别适用于不同的情况。

(1)强制节拍生产是流水线跟点走。

这要求员工必须在组长设定好的生产节拍时间内完成本工站的作业内容。如果员工工作滞后，马上会被组长发现，而且立即会产生本工序的堆积和后工站的断流。

在这种生产方式下，组长只需调快或调慢生产线速度即可控制产量，而且员工的动作速度提升较快。缺点是对员工的心理压力较大，有一定的强迫性，对产线工站分工均衡以及设备保养和材料品质有很高的要求。

为了规避以上缺点，我们可以采用如下方法。

❶尽量在长单生产时选择强制节拍生产方式。

❷由ME（Mechanical Engineer，结构工程师）和生产主管共同完成工站平衡和现场排配。

❸设立全技能员工担任副组长，作为流动人员及时消除生产不平衡及顶位工作。

❹在关键工站设立备用机台，一旦发生工作滞后马上安排人手协助。

(2)自由节拍生产，即各工站可自由控制生产时间。

该方式一般用于桌板线生产，输送带生产在某些情况下也可以采用自由节拍生产。在这种生产方式下，组长较难掌控产线的产量，产量完全取决于员工工作积极性和员工作业熟练度的提高，产线间的不平衡也不易被发现，往往会出现投入数量是产出数量的几倍甚至十几倍的现象。另外，自由节拍生产对管理人员的水平要求很高，有经验的生产组长对各工站的人力排配已经积累了丰富的经验，在工作上往往能够得心应手，这就意味着自由节拍生产较依赖某些管理人员。对新组长来说或者发生产品转型时，工站人员排配就是比较棘手的工作，容易分工不均，引发人力浪费和产品堆积。

为了规避以上缺点，企业需要一套科学的工站人力排配的方法，鼓励组长积累工作经验和提升能力，实现节拍的不断改进。

❶确定生产节拍（如无法准确计算时，可计算粗略节拍）。

❷经过详细的调查和计算，取得各工站标准作业时间数据。

❸和员工保持良好的沟通，时刻掌握员工的工作、身体和心理状况。

❹以节拍为基准，以标准作业时间和人员状况为依据合理排配各工站人力。

❺工站排配人数=工站标准作业时间÷节拍。当结果不为整数时，可应用合并重排技术解决。

❻努力培养员工，提高员工的熟练程度和操作水平，培养多技能员工，实现关键岗位的及时补位。

3. 生产节拍与生产周期

生产节拍与生产周期不同，生产节拍实际是一种目标时间，是随需求数量和需求期的有效工作时间变化而变化的，是人为设定的。节拍反映的是需求对生产的调节，如果需求比较稳定，则所要求的节拍也比较稳定；当需求发生变化时，节拍也会随之发生变化，当需求减少时节拍就会变长，反之则变短。生产周期是生产效率的指标，比较稳定，是受到一定时期的设备加工能力、劳动力配置情况、工艺方法等因素影响决定的，只能通过管理和技术改进才能缩短。

生产节拍与生产周期的关系如下所述。

❶当生产节拍大于生产周期时，生产能力就会过剩。此时如果按照生产周期排产就会造成生产过剩，导致大量中间件及产品积压，造成库存浪费；如果按照生产节拍排产，就会导致人员设备闲置，造成生产能力浪费。

❷当生产节拍小于生产周期时，生产能力就会不足。此时如果按照生产周期排产就不能满足客户的需求，势必需要加班加点，生产紧张；如果按照生产节拍排产，盲目提高生产效率，超出了人和机器的负荷，又会导致质量问题和员工的不满。

由此看来，生产节拍大于或小于生产周期都会对生产造成不良影响，当产量过剩或产量不足时，单位产品的成本都会增加。精益生产的目的就是要尽可能地缩小生产节拍与生产周期的差距，通过对比分析，不断优化客户需求端与实际生产能力的匹配，不断改进生产周期与生产节拍的适应能力。同时通过工序能力分析，建立各工序间必要的手持分段数量，从而平衡生产节奏，保证均衡有序的生产。

4. 均衡排产的实现途径

实现均衡排产的主要途径就是节拍生产，实施节拍时间。节拍时间用规定生产步调来匹配客户需求速率，并成为精益生产系统的"心跳节奏"和精益系统的"定调者"，对生产单元工作流的顺畅至关重要，也是工作计划调度中的关键因素。通过应用节拍时间，生产可以平准到一个规定的水平或者保持在最小和最大水平之间。

均衡排产产生稳定需求模式，保证了可预见的、平顺的计划，避免了生产能力瓶颈。因为在平准期内每天的计划基本相同，简化了计划和控制，创造了生产稳定性。同时让每位员工更好地理解每天需要做的工作以及思考实现目标的方法，也方便上游供应商建立稳定的生产和供应计划。

4.1.2 用单件流提高生产效率

1. 单件流的概念及意义

单件流（One Piece Flow，OPF），指在均衡化计划的基础上，通过制订合理的标准生产流程，安排好每道工序的人员、设备数量，达到每道工序耗时基本一致，从而缩短生产周期、提高产品质量、减少转运消耗的一种高效管理工具。

单件流实际上就是一种为了实现适时适量生产，致力于生产同步化的最小批量生产方式。它是以订单为需求，以需求为拉动，以工艺流程为导向，以最小化批次为目标，达到连续生产并实现在线零库存。这里的单件，不是产品数量上的"一"，而是单位"一"，也就是员工的手持数量，单位"一"的大小是可以持续改进的，改进的结果就是手持数量越来越小，效率提高，成本降低。

通过单件流，我们可以尽可能减少在生产过程中不创造价值的工序或动作，以此提高生产效率。在单件流生产过程中，不良品和生产的问题能够及时被发现，并及时得以解决；而传统的大批量生产，一旦发现品质不良，不良产品数量就可能是巨大的，损失也是巨大的。

成功实施单件流需要做好三件事情。

❶工序细化：把生产流程中的所有工序按加工顺序细化拆分。

❷工序重组合：找到关键工序，通过调整人员、设备按关键工序的耗时，整合次要工序，使所有工序耗时趋于一致。

❸制订标准作业指导书（SOP）培训员工（这点后面会详细讲解）。

单件流是一种理想的状态，在日常作业中，不可能也没有必要总是某一时间只流过一件产品，最重要的是通过持续改进争取最少的延误和等待，实现产品流的不间断。单件流生产关注的是流过整个流程的物料，而不是某一作业的设备或某一物料。

单件流和看板管理的综合运用，比较彻底地实现了准时化生产。

我们举个例子来看看单件流的优点。假设某产品需要经过5个工站才能做出成品，每个工站的加工时间为1分钟，第一个工站同时接收到5个待加工毛坯件，对于这5个工站来说会有两种生产排程方式：成批流动（见表4-1）和单件流动（见表4-2）。

表4-1 成批流动生产排程（每个O代表一个完成的产品）

时间（分钟）	5	5	5	5	5
工站1完成	OOOOO				
工站2完成		OOOOO			
工站3完成			OOOOO		
工站4完成				OOOOO	
工站5完成					OOOOO

表4-2 单件流动生产排程（每个O代表一个完成的产品）

用时（分钟）	1	1	1	1	1	1	1	1	1
工站1完成	O	OO	OOO	OOOO	OOOOO				
工站2完成		O	OO	OOO	OOOO	OOOOO			
工站3完成			O	OO	OOO	OOOO	OOOOO		
工站4完成				O	OO	OOO	OOOO	OOOOO	
工站5完成					O	OO	OOO	OOOO	OOOOO

第一种方式下，每个工站分别用时5分钟，第一件成品用时21分钟，全部产品加工完成共用时25分钟，每个工站均等待20分钟。第二种方式下，每个工站交叉用时5分钟，第一件成品用时5分钟，然后每个工站在流出一个产品时马上接到另一个产品，接下来就是每分钟都会完成一件成品，全部产品加工完成共用时9分钟，每个工站均等待4分钟。

由此看来，少用时、少积压、少等待、少忙乱，难道不是单件流带给精益生产最大的贡献吗！

2. 单件流生产的描述参数

对于一件产品的生产全过程来说，单件流生产是将具有各自工艺特征的生产过程在时间和空间上展开，一般常用三类参数来描述这种展开状态和生产进度计划，即工艺参数、时间参数和空间参数。

(1) 工艺参数。

工艺参数主要用来描述生产过程在生产工艺方面的展开状态，包括生产过程数和单件流强度两个参数。

❶生产过程，指从原材料开始，经过生产技术组织工作，工人借助于劳动资料对劳动对象进行加工，直到把合格产品生产出来的全部过程，是各个相互联系的全部劳动过程的总和，也是生产管理进行计划、组织、指挥、协调、控制和考核等管理活动的对象。

❷生产过程数n，用来描述产品生产过程中各项相对独立的工段或工序的数量，是生产进度计划编制的基础，也是计算生产节拍的重要依据。不同的产品其生产过程数是不同的，同一产品在不同的工厂其生产过程数也会不同。编制控制性的生产进度计划时，生产过程的划分应该突出重点，不宜分得过细；编制实施性的生产进度计划时，生产过程就应该详细划分，主导性的生产过程必须列入计划，只有那些不占用生产对象工作面、不影响工期的过程才可以忽略。

❸单件流强度V，也称单件流能力，指某一生产过程在单位时间内所需完成的工程量，包括机械生产过程单件流强度和人工作业过程单件流强度，是衡量生产线生产能力的重要指标，也是确定生产周期指标的重要依据。精益生产追求的是每个生产过程单件流强度均趋于一致。机械生产过程单件流强度计算公式如下：

$$V = Ri \times Si \times x$$

式中：

Ri 为"某主导生产机械的台数"。

Si 为"该机械的台班生产率"。

x 为"同一生产过程中主导生产机械的类型数"。

(2) 时间参数。

时间参数用来表示单件流生产过程中某部分或全部生产涉及的时间，也是用来表征生产能力的重要参数，包括过程节拍和单件流步距两个参数。

❶过程节拍t，指某一生产过程完成计划工程量的生产时间，它和单件流强度都是衡量精益生产稳定性的指标，整个单件流中的过程节拍趋于一致时，浪费最小，效率最高，生产线利用率也最高。它影响生产过程中投入劳动力、机械和材料的多少，决定着生产速度和生产节奏。

我们常用定额计算法来确定过程节拍，根据现有可投入的生产队人数或机械设备数所能达到的产量定额或指标，按工期要求来确定过程节拍：

$$t = Q \div V$$

式中：

Q为"某生产过程的工程量"。

V为"单件流强度"。

固定节拍单件流法是常用的确定过程节拍的方法，要求各生产过程的节拍都按照固定的时间设定，这就需要划定的各生产过程劳动量基本相同。首先，根据工作量和主要生产过程工作组的人数来计算其过程节拍，并以此过程节拍作为整个单件流的固定节拍；然后，根据固定节拍和其他生产过程工作面因素，来确定其他生产过程工作组的人数和机械数。

❷单件流步距K，指在同一工段内，前后相邻的两个生产过程先后投入生产的时间间隔。

单件流步距直接影响工期，单件流步距越小，工期越短，反之亦然。

计算公式如下：

$K = t + t_0$

式中：

t为"过程节拍"。

t_0为"两个生产过程中的衔接时间，如传送、搬运、等待的时间"。

由此可见，缩短单件流步距的主要方法就是减少传送、搬运、等待的时间，也就是说，如何令相邻的两个生产过程无限接近"零等待"是精益研究的重要课题。

3. 空间参数

空间参数是用来描述生产线的设备、产品、物料、人员等布局的，用于对实物或作业的位置描述，同时对企业信息编码中的位置编码也有指导作用。空间参数主要包括工作面、生产段数和生产层数三个参数。

(1) 工作面。

工作面是指生产线上满足工人和机械设备正常运行的空间大小。工作面的大小决定了生产时可以安置的工人数量、机械的规格型号和数量，同时，每个工人或每台设备所需的工作面大小取决于单位时间内其需要完成的工作量。每个工人或每台设备的工作面不能小于最小工作面要求，否则不利于发挥正常的生产效率，也会对生产安全造成不利影响；但工作面也不能过大，否则会影响空间的利用，一般以满足生产线最大生产任务的人员和设备数量所需要的空间为准。

(2) 生产段数m。

生产段指为满足流水线单件流生产的需要，按照一定规则将生产对象在平面上划分成的若干个工程量大致相等的生产区段。生产段数就是划分出来的生产区段的数量。一般情况下，生产段数和生产过程数相同，每个生产段在某段时间内只供给一个生产过程使用。

生产段的划分一般遵循如下三个原则。

❶生产段的分界线应尽可能位于结构的界限，或对结构整体性影响较小的部位，如温度缝、沉降缝等处。

❷各生产段的工作量应大致相等，相差一般不超过10%。

❸每一生产段的工作面应满足正常组织流水线单件流作业的要求，且不能划分过多，以免增加管理难度，延长工期。

（3）生产层数。

生产层数是对象在垂直方向上划分的生产段。为了方便组织生产，不仅要在平面上划分生产段，而且在垂直方向上要划分生产层，其划分可以与建筑物结构层一致，也可以根据实际情况，按一定高度进行划分。

4.1.3 用看板管理控制生产过程

1. 看板的概念

看板，顾名思义，就是一块能够方便看到的板子。看板管理指在同一道工序或者前后工序之间进行物流或信息流的传递，是实现精益生产最重要的管理工具之一。精益生产是一种拉动式的管理方式，它需要从最后一道工序通过信息流向上一道工序传递信息，这种传递信息的载体就是看板。看板是用来控制生产现场的生产排程工具，也是拉动生产各个作业之间传递需求信息和运营拉动系统的基础工具。

看板上的信息通常包括生产信息、运输信息等，有生产量、时间、方式、顺序、运送量、运送时间、地点、工具等。看板可以实现"生产以及运送的工作指令""防止过量生产和过量运送""绩效考核的公平化、透明化""保证生产现场作业秩序""进行目视管理"以及"杜绝漏洞、立即改善"等目的。当然，现在看板已经不再单纯使用小卡片等纸质化载体，而是逐渐和MES看板、MDC看板等计算机系统相互补充使用。看板的使用也是有条件的，只有在工序一体化、生产均衡化、生产同步化的前提下，才可能有效运用；但是没有看板，精益生产也是无法进行的。

2. 看板的分类

看板的本质是在需要的时间，按需要的量对所需零部件发出生产指令的一种信息媒介体，实现这一功能的形式可以是多种多样的。根据使用场景，工厂中的看板一般分为五类：标识看板、生产看板、传送看板、临时看板和电子看板管理系统。

（1）标识看板。

标识看板主要用来标识人、各种物品状况（设备、备件、成品、原料等）和物品的使用及操作说明，主要有以下几种类型。

❶三角形看板。三角形看板主要用来标示各种物品的名称,如成品区、半成品区、原材料区等。将看板统一放置在现场规划好的固定位置上,主要为"5S"管理服务。

❷设备看板。设备看板的内容主要包括设备的基本情况、点检情况、点检部位示意图、主要故障处理程序、管理职责等。设备看板可粘贴于设备上,也可在不影响人流、物流及作业的情况下放置于设备周边合适的位置。

❸单点教程。是以图文的形式对某些设备(如电机、阀门等)或用品(如防护服、灭火器等)所做的指示性说明和操作指南,主要内容包括名称、用途、操作方法、关键事项等。

❹标准作业卡。是以图文的形式记录某项连续作业最佳作业方法的卡片,是针对所有操作人员的固定操作程序说明,粘贴于作业点。(下文有详细讲述)

❺管理看板。是和公司管理制度、流程、企业文化等相关的内容,且又是现场生产人员需要熟知的关键点,这些一般也会以看板的形式张贴在现场。

❻员工能力矩阵。用来记录本车间员工对于所需能力的掌握水平,据此安排员工的培训和学习提高计划,并根据员工能力合理安排员工之间的组合与搭配。(下文有详细讲述)

❼提醒看板。用于提醒重要工作,防止遗漏,用以避免因人的遗忘而产生错误。例如,显示多少产品要在何时送到何处;某领导何时来视察;安排某会议等。

(2)生产看板。

生产看板就是在生产过程中某工序进行加工时所用的看板,用来协调工序内的生产过程。该类型看板使用中最重要的一点是"看板必须随实物,即与产品一起移动"。

❶生产管理看板。内容包括作业计划、计划的完成率、生产作业进度、设备运行与维护状况、车间的组织结构等。

❷品质看板。主要内容包括生产现场每日、每周、每月的品质状况分析、品质趋势图、品质事故的件数及说明、员工的技能状况、部门方针等。

❸信号看板。是在不得不进行成批生产的工序之间所使用的看板,如树脂成形工序、模锻工序等。信号看板挂在成批制作出的产品上,当该批产品的数量减少到基准数时摘下看板,送回到生产工序,然后生产工序按该看板的指示开始生产。没有摘牌则说明数量足够,不需要再生产。另外,从零部件出库到生产工序,也可利用信号看板来进行指示配送。

❹业绩看板。主要是用来记录每天的关键指标,借此对生产过程进行分析和预判,对于可能的问题进行根因挖掘,同时提出合理的优化改善计划。

(3)传送看板。

传送看板主要指车间内在工序之间使用的看板,也称工序间看板。与外部协作单位进行生产协调看板称为外协看板。

❶工序间看板。指工厂内部后工序到前工序领取所需零部件时使用的看板。例如，前工序为部件1#线，本工序为总装2#线，本工序所需要的零部件，根据看板就可到前一道工序领取。工序间看板挂在从前工序领来的零部件的箱子上，当该零部件被使用后，取下看板，放到设置在作业场地的看板回收箱内。看板回收箱中的工序间看板所表示的意思是"该零件已被使用，请补充"。现场管理人员定时回收看板，集中起来后再分送到各个相应的前工序，以便领取需要补充的零部件。当然，和信息化工具结合后，就不需要人工回收和分送看板了，这些工作均由信息化系统完成。例如，取料看板的内容主要包括工序序号、工序名称、工序操作者、下料时间、数量、完工时间、首检等，通常位于车间的各工序之间。后工序来领取中间品时摘下挂在产品上的工序内看板，然后挂上领取用的工序间看板。然后该工序按照看板被摘下的顺序以及这些看板所表示的数量进行生产，如果摘下的看板数量变为零，则停止生产，这样既不会延误也不会产生过量的存储。再如，发货状况管理看板的内容主要包括工序序号、小组名称、产品完成日期、发货日期、收货客户等内容，主要位于生产车间。

❷外协看板。是针对外部的协作厂家所使用的看板。对外订货看板上必须记载进货单位的名称和进货时间、每次进货的数量等信息。外协看板与工序间看板类似，只是"前工序"不是内部的工序而是在供应商处，外协看板是从最后一道工序慢慢往前拉动，直至供应商。因此，该方式可能会推动供应商推行精益生产方式，带动供应链的效率提升。

(**4**) 临时看板。

临时看板是在进行设备保全、设备修理、临时任务或需要加班生产的时候所使用的看板。与其他种类的看板不同的是，临时看板的功能是完成非计划内的生产或设备维护等任务，因而灵活性比较大。

(**5**) 电子看板管理系统。

随着信息化系统在企业的普及，电子看板管理系统已经越来越多地应用于生产现场，并在很多大数据量统计方面代替了人工操作和传统的看板形式。当然，不论信息化水平多么高，生产现场的某些场景还必须使用传统纸片式（或木板式、PVC式等）看板，如标识看板、业绩看板等，同时电子看板管理系统还可以给传统看板提供更加精确、全面的数据支撑。

❶MES（Manufacturing Execution System Association，制造执行系统）看板管理。MES是面向车间层的实时信息系统，是连接企业计划管理层与生产控制层的桥梁，目的是优化和改善整个生产过程。电子看板管理作为MES的核心模块，能够提高车间生产过程控制能力，对MES的构建以及整个车间作业流程的优化均有很大的作用。

❷MDC（Manufacturing Data Collection & Status Management，设备运行状态报告）看板管理。MDC可以显示出当前每台设备的运行状态，包括空闲状态、生产状态、状态设置、故障显示、OEE（设备综合利用率）报表，能够准确清楚地分析出设备效率和每个生产环节的生产效率，以及定位系统的改善点。设备实时状态跟踪看板采用直观、阵列式、色块化的形式，将生产现场的设备状况第一时间传送给相应的使用者和管理者。企业通过对工厂设备状态的实时了解，可以实现即时、高效、准确的精细化设备管理。

3. 传递看板管理的五大原则

必要性原则：后工序只有在必要的时候，才向前工序领取必要数量的零部件。

足够性原则：前工序应该只生产足够的数量，以补充被后工序领取的零件。

在前两条原则下，生产系统自然结合为输送带式系统，生产时间达到平衡。

不良即停原则：不良品不送往后工序，后工序没有库存，后工序一旦发现次品必须停止生产，找到次品送回前工序。

最小化原则：看板的使用数目应该尽量减少，看板的数量代表零件的最大库存量。

适应性原则：应该使用看板以适应小幅度需求变动，计划的变更经由市场的需求和生产的紧急状况，依照看板取下的数目自然产生。

上述五大原则简单概括就是：没有看板不能生产也不能搬运；看板只能来自后工序；前工序只能生产取走的部分；前工序按收到看板的顺序进行生产；看板必须和实物一起；不把不良品交给后工序。

4. 看板的功能和意义

(1) 看板传递现场的生产信息，统一生产线员工思想。

生产现场人员众多，而且由于分工不同经常导致信息传递不及时的问题。看板可以让任何人都能及时了解现场的生产信息，避免信息传递的遗漏，以便生产人员掌握自己的作业任务。更为重要的是，看板还用来展示生产过程中出现的问题，供生产人员提出自己的意见或建议进行讨论，能够统一员工的思想，督促员工朝着共同的目标努力。

(2) 看板传递生产及运送的工作指令。

传递看板记载生产量、时间、方法、顺序以及运送量、运送时间、运送目的地、放置场所、搬运工具等信息，从总装工序逐次向前工序追溯，为生产和物品传递明确工作指令。

(3) 看板可实现生产和运送的均衡。

传递看板管理的一条运行规则就是，没有看板不能生产，也不能运送。根据这一规则，看板数量减少，则生产量相应减少。由于看板所表示的只是必要的量，因此通过看板的运用能够做到自动防止过量生产以及适量运送,保持生产的平衡和防止库存的产生。

(4) 看板是进行"目视管理"的工具。

看板的运用原则是"看板必须在实物上存放""前工序按照看板取下的顺序进行生产"。遵守运用原则,作业现场的管理人员对生产的优先顺序就能一目了然,通过看板就知道后工序的作业进展情况、库存情况等,方便管理。

现场看板信息既可供作业人员进行作业参考,对现场物料、产品进行科学、合理的处理,也可使生产现场作业有条不紊地进行,给参观者和客户留下良好的印象,提升公司的形象。

(5) 看板是改善的工具。

在精益生产方式下,可通过不断减少看板数量来减少在制品的中间储存。在缺少看板系统的情况下,在制品库存较高、设备出现故障、不良品数目增加等问题不会影响后道工序的生产,即使人员过剩,也不易被企业察觉,这些问题很容易就被掩盖起来。根据看板的运用原则之一"不能把不良品送往后工序",如果前工序出现问题,后工序的需求就无法满足,马上会造成全线停工,由此可立即暴露问题,从而企业必须立即采取改善措施来解决问题。这样通过改善活动不仅解决了问题,也不断增强了生产线的"体质",提高了生产率。精益生产方式的目标是要最终实现无库存生产,看板系统为其提供了一个优秀的工具。

通过看板,生产现场的工作业绩一目了然,使得对生产的绩效考核公开化、透明化,同时也起到了激励先进、督促后进的作用。

我们来具体了解看板管理在遇到生产异常时与信息化工具联动的操作流程。

❶当工位发生异常(如设备故障,或出现品质问题、物料问题、工程问题等)时,发现问题的作业者按下报警按钮,相关系统自动记录异常、报警时间和地点,同时电脑屏幕或者LED看板上显示异常工位信息和报警计时开始,并播放语音提醒。

❷相关负责人员(如质量管理员、生产管理员、机修工程师)可以通过手持设备接收到异常工位信息,及时赶到现场,按下开始处理按钮,系统自动记录响应时间点,屏幕显示工位处理进行中。

❸处理结束后,相关负责人员按下处理结束按钮,系统自动记录处理结束时间点,消除屏幕上相应报警信息,生产重新进行。

4.1.4 用拉动式生产实现生产同步化
1. 拉动式生产的概念

拉动式生产是精益生产得以实现的生产方式,又以均衡生产、单件流和看板作为支撑。它以订单为需求,用均衡生产排定计划,以工艺流程为导向,用看板承载需求、拉动计划，单件连续流动，实现适时适量生产和生产同步化。其功能是杜绝各项浪费，降低制造成本和管理成本，缩短从投产到产品交付的整个制造周期，目视化管理一切资源，并提供管理与平衡物流的方法。

在传统的推动式生产模式中，每一工序都根据生产计划，尽其所能地生产，尽快完成生产任务，前一工序将零件生产出来"推给"后一工序，而不管下一工序当时是否需要。该方式将造成物品的堆积。

在拉动式生产中，后一工序根据加工产品的需要，向前一工序提出需求，由其生产需求数量的零件。拉动式生产是精益生产方式的基本特征，我们可以从三个层次来理解：其一，在生产系统之外，由市场需求拉动企业生产；其二，在生产系统之内，后工序拉动前工序的生产运作；其三，主机厂的需求拉动配套厂、协作厂及原材料的生产供应（也称外部拉动）。

2. 拉动式生产的三种形式

（1）库存拉动系统。

库存拉动系统是最基本、使用最广泛的类型，有时也被称为填补或a型拉动系统。在库存拉动系统中，每个工序都有一个库存超市用来存放它生产出的产品并保持适量的库存，每个工序只需要补足从它的库存超市中取走的产品即可。例如，当材料被下游工序从库存超市中取走之后，一块看板将会被送到上游，上游工序根据看板内容安排生产，补足已被提取的产品数量，如图4-1所示。

由于每个工序只负责补充自己的库存超市，所以各工序工作现场的管理变得相对简单，管理越简单，其改进的机会就越明显，改进也越简单。但是该方式的缺点也很明显，因为每个工序必须承担它所生产的各种产品的库存，因此当产品类型多的时候，库存浪费和管理难度将会增加，执行效率降低。

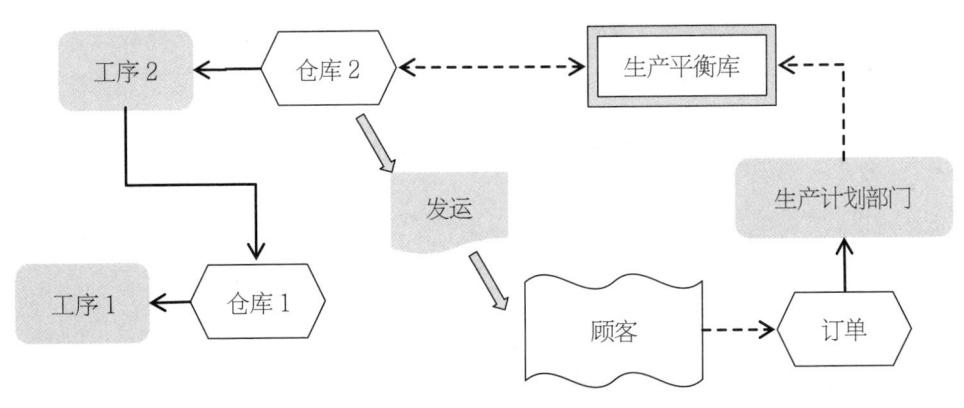

图4-1 库存超市拉动系统

(2) 顺序拉动系统。

顺序拉动系统，也被称为b型拉动系统。在该方式下，产品仅"按照订单制造"，以"顺序表"的方式生产，整个工厂按照客户需求排产，上游工序完全按照下游工序的需求生产，每个工序将前一个工序送来的半成品进行加工，最终生产指令被送到价值流最上游的工序，整个单件流按照顺序加工制造。这也是最常用的一种方式，在零件类型较多、产品类型较多的情况下能显示最大功效，将系统的库存减少到最小，如图4-2所示。

在顺序拉动的整个生产过程中，必须保持产品的先进先出原则（FIFO），生产计划部门按照市场需求，认真了解不同种类的客户订单，详细地规划产品生产数量和生产方式。顺序拉动系统本身就是一种对于工序的压力，可以保持较短的交货期，让生产更有效地运作。

如果订单难以预测的话，那就要保证产品交付期短于订单要求的时间，以应对新的市场需求或可能的市场需求变化；否则就必须增加生产平衡库，保存足够的库存才能满足客户的需求。这就需要对生产系统进行强有力的管理，在车间里对它进行改善成为充满乐趣的挑战。

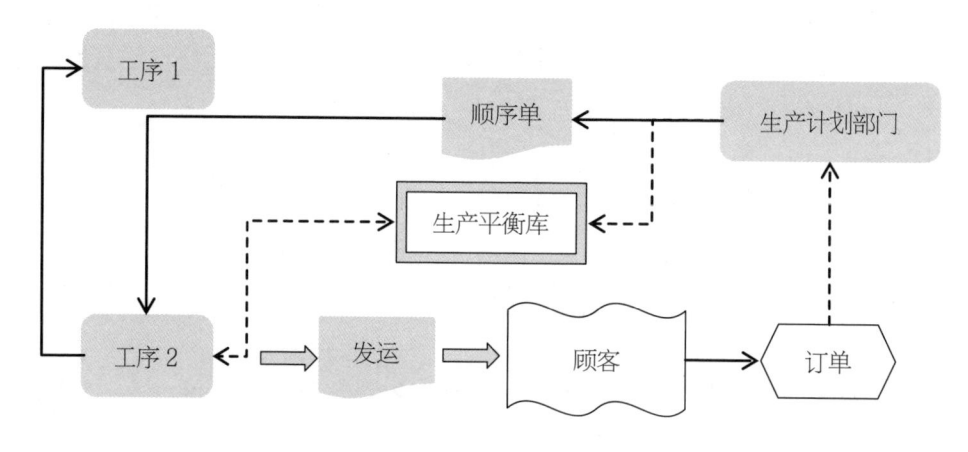

图4-2 顺序拉动系统

(3) 混合拉动系统。

混合拉动系统，根据产品族产量的不同将库存拉动和顺序拉动结合起来使用，也被称为c型拉动系统。混合拉动系统通常适用于多产品族的企业，且约20％产品族的产品产量占到公司所有产品每天总产量的约80％。

在运用这种生产方式的时候，各产品族系应该根据订单产量不同进行分级管理，通常分为高（A）、中（B）、低（C）三种订单类型。其中A型代表上文所说的20％类型，这部分产品按照库存拉动方式生产；B型代表的是中等产量订单，通常按照顺序拉动方式生产；C型代表低产量、特殊订单或者维修用零件，必须用一种特殊的C型看板（代表一定的数量）进行管理，调度部门可以采用顺序拉动系统安排C型产品的生产，如图4-3所示。

混合拉动系统根据产品族系的产量有选择地使用库存拉动和顺序拉动方式，即使在需求复杂多变的环境下，企业生产也可以良好运行。但是对混合拉动系统来说，平衡任务和发现异常问题往往会比较困难，管理和改善活动也会比较困难，所以需要有力的管理来保证混合拉动系统的有效运转。

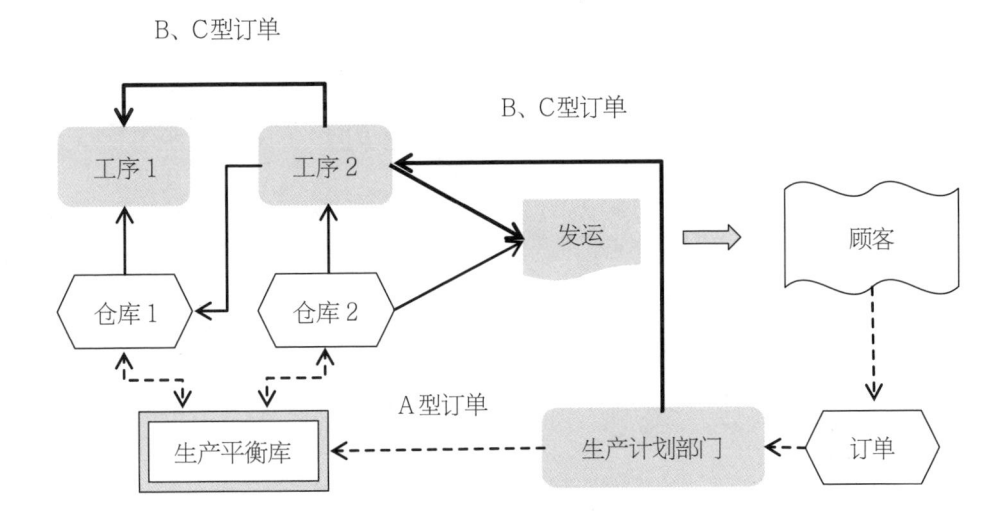

图4-3 混合拉动系统

(4) 连续拉动系统。

连续拉动系统是传统的看板系统，也是最简单、最易操作的精益生产方式，又被称为d型拉动系统。连续拉动的意思就是每个工序直到下游工序需要时才生产需要的产品或提供需要的服务，并由下游工序一直到最上游工序连续的用需求拉动生产（见图4-4）。连续拉动系统适用于大批量产品相对稳定的需求，企业可以加快生产速度，达到最小化拥堵和减少平均库存，减少生产管理成本，最大化客户服务价值。

(5) 生产平衡库的作用。

拉动式生产方式的功能是消除库存，但在实际应用中我们会发现绝对零库存反而无法令生产平稳舒畅，所以，我们把一个内部的小型缓冲仓库设在最终装配线和上游供应商之间，称之为生产平衡库。用内部看板处理内部的货物补充，随着补充时间越来越短，超市的缓冲量会不断减少。

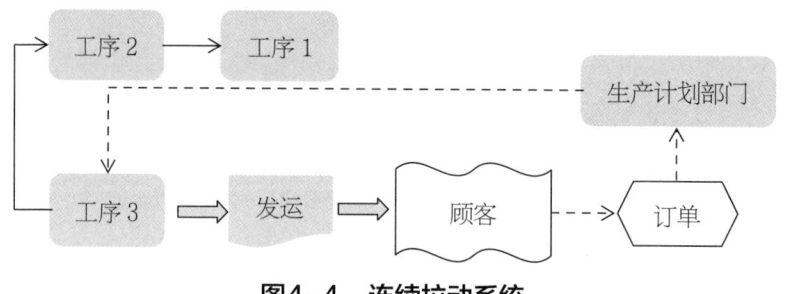

图4-4 连续拉动系统

3. 拉动式生产的实施准备

❶精益思想准备。拉动式生产的一个基本点就是精益思想的核心指导,这和传统的生产思维比起来有很大的不同,所以在实施拉动式生产之前,先要推进企业全体员工思想上的转变。这需要企业对全体员工进行精益思想的培训,通过组织专题学习、讨论和外出参观等形式将精益思想传达给每位员工。

❷现场改善准备。拉动式生产的另一个基本点就是以良好的现场作为基础支撑,所以在实施拉动式生产前,企业必须对现场进行必要的整顿和规范管理。现场管理主要通过5S工具来实现。例如,以现场的定置管理、物流的规范和库存的压缩来作为切入点,重新划分库存区域和存储方式;按目视化要求优化工位的排列和工器具的存放,规范入库、物流流程;规范各类现场作业文件记录,规范各种看板等,从而使现场达到整洁规范。

❸质量管理支撑。优良的产品质量可以使生产系统健康高效地运转,通过实施ISO9001和QS9000质量标准,落实标准体系要求,履行"预防为主,持续改进"和"一次做好"的原则,切实提高产品的实物质量,从而更有效地满足客户的要求。

❹装备管理支撑。有效、高效的装备是拉动式生产系统有效实施的直接保障,也是产品质量管理的支撑。企业通过实施全面维护管理对生产装备进行全员维护和集体管理,变传统的抢修式管理为预检修式管理,分析和控制故障,提高装备的效率,大大降低设备维护成本和生产成本。

❺努力实现均衡生产。均衡生产是实施拉动式生产的前提。

❻计算机生产管理辅助系统。在拉动式生产中应用计算机系统,对全部技术文件、零部件计划、物流计划和生产统计、分析等进行信息化的辅助管理,可大大提高生产效率。同时做好与销售、供应、财务等部门联网的各项准备,实现资源信息共享。

至此,通过均衡排产、单件流、看板系统的应用,一个顺畅的业务流构建完成,精益生产的模式得到了良好的实现,接下来的任务就是在业务流的基础上强化业务管理,让精益生产更加坚固和优秀。

4.2 第二步：用精益运营工具强化业务管理

业务流的构建完成，仅仅代表精益生产的框架和模式确立，具备了实现精益运营的基础，接下来必须进一步强化业务流的管理，使精益生产达到相对完美的程度，这就需要使用好精益管理工具。

4.2.1 用5S强化现场管理

1. 5S的概念

5S现场管理包括整理（SEIRI）、整顿（SEITON）、清扫（SEISO）、清洁（SEIKETSU）、素养（SHITSUKE），又被称为"五常法则"，因日语的罗马拼音（日语读音）均以"S"开头，英语拼写也是以"S"开头，所以简称5S。虽然也出现了6S、7S乃至12S，但万变不离其宗，精益管理本着简单、适用的原则，建议选择5S。而且在实践中，更多的企业倾向于3S管理，即整理、整顿、清扫，因为3S做好了，现场自然清洁，员工素养自然提升，做到了不为而为。5S是现场管理的基础，是全面生产维护（TPM）的前提，也是全面质量管理（TQM）的第一步。5S水平的高低，代表着企业管理者对现场管理认识的高低，决定了现场管理水平的高低，同时制约着ISO、TPM、TQM活动能否顺利、有效地推行。

2. 5S的意义

在生产中，企业首先要注意的就是"安全第一"，安全是置于全部生产活动之上的首要因素，企业有了人安全、物安全和事安全的"三安原则"，才能确保安全生产并能保持团队高昂的士气；反之，整个企业都将受到影响，甚至走向衰亡。然而，为了不断完善企业安全、不断改善企业生产和不断提升企业形象，企业应首先推行5S计划，并最终实现六大效果。

❶保障企业安全生产。整理、整顿、清扫，必须做到工作场所宽敞、明亮，工作通道畅通无阻，存储位置整齐干净，工厂内部有条不紊，现场危险六源得到治理，问题和隐患更加容易浮现，自然就会大大减少意外事件的发生，有了安全保障。

❷改善和提高企业形象。整齐、整洁的工作环境，能够让来企业参观的客户感受到企业文化和管理水平，由此对企业产生信心和信赖；并且，由于口碑的渐次传播，企业又会成为其他公司的学习榜样，从而大大提高企业的形象与影响力。

❸提高员工积极性和工作效率。员工的工作积极性来自哪里？很重要的一点就是氛围，进而是由氛围形成的个人情绪。《东周列国志》记载着管仲的一句话："凡人

劳其形者疲其神，悦其神者忘其形"，说的就是这个道理。良好的工作环境容易形成融洽的工作氛围，还能吸引有素养的合作伙伴，在此熏陶下，员工情绪高涨，并可以集中精神、认真工作，必然能极大地提高工作效率。同时，通过坚持不懈地推行5S，员工还会形成良好的工作习惯，精神面貌能够明显改善，组织也会由此焕发出强大的活力。由此带来的尊严感和成就感更会促进员工的工作，并带动其意识心态的改善。所以说，推动5S是提高员工积极性和工作效率的有效途径之一。

❹改善物品在库周转率。所有零部件、工器具的使用要注意两点：一是能用好用，二是能取易取。能用好用意味着必须做好存储位置的清洁，做好零备件、工器具的维护；能取易取意味着在需要时能迅速拿到，保证供需间物流通畅可以极大地减少寻找物品和等待时间，提高零部件在库房中的周转率，提高工器具的使用效率。

❺减少直至消除故障。不管对人来说，还是对机器、物料来说，优良的品质来自优良的工作环境。不断净化的工作环境，能有效地避免机器设备的损毁和物品的污损，通过持续改善环境，故障越来越少，设备的高效率得以维持，生产品质得以提高。

❻降低成本。企业通过推行5S，能够减少人员、设备、场所、时间等方面的浪费。同时，通过实施整理、整顿、清扫、清洁来实现标准化管理，使异常情况显性化，企业生产可以非常顺畅地运行，作业效率必然提高，作业周期必然缩短，从而提高了生产效率，降低了管理成本和生产成本。

3. 用5S寻找和解决"六源"

在推行5S管理的过程中，员工将会发现某些隐患，这些隐患都可能是问题和事故的源头。在推行5S过程中，企业要主动引导员工寻找和解决"六源"，并逐渐形成一种"不容忍任何问题源头"的习惯和文化。这"六源"是：污染源、难扫源、故障源、浪费源、缺陷源和危险源。

(1) 污染源。

污染源指灰尘、油污、废料和加工材料屑的来源，更深层的污染源还包括有害气体、有毒液体、电磁辐射、光辐射以及噪声方面的污染。污染源的治理主要有两个方向：一个是源头控制，另一个就是防护。企业要鼓励员工寻找、搜集这些污染源的信息，同时激励员工自己动手，通过合理的方式治理这些污染源，首先做到源头控制，然后以此为基础进行防护。例如，在机械加工车间，每一台车、铣、钻床都加装防护挡板，防止加工的铁屑、油污外溅，保持车间地面洁净、无油、无尘。再如，在焙烧车间，在玻璃焙烧炉口加装挡板，防止煤尘外喷。以上这两项措施都属于防护工作。另外，如加装污水处理设备、空气净化装置和各种堵漏工作等，则属于源头控制工作。

(2) 难扫源。

难扫源是难以清扫的区域和部位。例如，空间狭窄、人难以进入的部位；无人工作的空位；设备内部深层无法使用清扫工具的部位；污染频繁，无法随时清扫的部位；高空、高温、设备高速运转部分；操作工难以接近的区域等。难扫源的治理有两个方向：一是控制源头，使这些难以清扫的部位不被污染，如加装设备防护盖板等；二是设计开发专用的清扫工具，使难以清扫的区域或部位变得容易清扫，如使用长臂毛刷和特殊吸尘装置等。

(3) 故障源。

故障源是可能引起设备故障的潜在因素。解决污染源和难扫源是解决故障源的基础，可以使很多故障隐患显现出来。通过PM分析法，逐步了解故障发生的规律和原因，然后采取措施避免故障发生。例如，对因为润滑不良造成的故障，就应加强润滑密度，甚至加装自动加油装置来解决；对温度高、散热差引起的故障，就应加装冷风机或冷却水来解决；对粉尘、铁屑污染引起的故障，就要通过防护、除尘方式来解决。

PM分析法是一种针对设备关联的物理性进行分析的方法，是寻找和分析设备产生的重复性故障及其相关原因的一种手法，即在分析过程中把重复性故障的相关原因毫无遗漏地考虑进去进行全面分析。

PM有两层意思：P指的是Phenomena或Phenomenon（现象）及Physical（物理的）；M指的是Mechanism（机理）及其关联的Man（人）、Machine(设备)、Material（材料）等。

采用PM分析法的目的就是满足"因设备所衍生的慢性损失为零"的目标需求，其特点是以理论来指导事实，尤其适用于设备慢性损失的个别改善。当然，除非对设备具备相当程度的了解，否则极难应用此分析法，所以，一般工厂将PM分析留给专门保养单位应用。在精益生产中，我们常采取易用且效果良好的"五个为什么"方法来替代，下文将详细介绍。

(4) 浪费源。

浪费可以说是"企业伴侣"，浪费严重的会吃掉所有的利润，甚至造成企业亏损。前文已专门讲述过管理七大浪费和生产七大浪费，生产现场的浪费同样众多，而且是多种多样的，一般说来，生产现场浪费可以分为四大类。

❶第一类浪费是"开关"方面的浪费。这类浪费就是因为不关闭开关造成的电、水、气等的浪费，如人离开灯还亮，不生产的机器仍在空转，气泵、冷气、热风、风扇、空调、水龙头等在长时间无人且现场不需要的时候仍开启等。这类浪费要通过开关处的明显提示以及员工良好习惯的养成来解决。

❷第二类浪费是"跑、冒、滴、漏"浪费。往往是由设备隐患或者小毛病不注意导致的能源或材料的浪费，包括漏水、漏油、漏电和漏气。这类浪费如果长期不处理就会酿成大患，企业要采取各种技术手段做好防漏、堵漏工作，如使用高品质的接

头、阀门、密封圈和龙头，以及带压堵漏材料的应用等。同时要将其纳入点检和巡检工作的范围，发现问题马上解决，绝不拖延。

❸第三类浪费是材料的浪费。这类浪费往往是因为员工对一些所谓的边角废料的不重视导致的，久而久之，员工会养成浪费的习惯，包括浪费产品原料、加工用的辅助材料等的边角废料。解决此类浪费的方法有两种：一是通过工艺和设计的改进节省原材料；二是在废材料的回收、还原、再利用方面下功夫。

❹第四类浪费是无用劳动、无效工序、无效活动等造成的浪费。例如，工序设计不合理，无用动作过多，甚至工序安排不平衡，中间停工待料时间过长等，还包括无效的会议、无效的表格和报告等活动，这些浪费会渗透到工作的各个领域。

(5) 缺陷源。

产品缺陷源，即影响产品质量的生产或加工环节，5S活动的目的之一就是发现产品缺陷源。解决缺陷要从源头做起，从设备、工装、夹具、模具、材料以及加工工艺、热处理工艺、装配工艺的改善做起，同时也要着手规范员工的技术、工艺行为等。

(6) 危险源。

危险源即潜在的事故发生源。按照海因里希法则，要想减少严重伤害事件，必须让那些轻微伤害和无伤害的意外事件同时减少，这就需要通过5S找到那些能引起轻微故障的隐患并加以消除。

寻找"六源"、解决"六源"的各项活动，与生产现场的持续改善和难题攻关及合理化建议活动融为一体，同时也是TPM（全面生产维护）活动的重要支撑，将成为现场改善和进步的强大推动力。

4. 5S管理实施方法

(1) 整理。

区分现场需要与不需要的物品，保证现场只保留必需的物品，节省空间，且取用方便，可从六个方面改进：改善和增加作业面积；保持现场无杂物，行道通畅，提高工作效率；减少现场磕碰的机会，保障人、事、物的安全，提高工作质量；消除物品管理上的混放、混料等差错事故；减少零部件、在制品的库存量，发现库存呆滞品，节约资金占用，提高资金利用率；改变团队工作作风，改善员工个人情绪，提高工作积极性。

整理的关键点如下所述。

❶把现场需要与不需要的人、事、物分开，再对不需要的人、事、物加以处理，对生产现场的物品合理分类。

❷对车间里各工位或设备周围、通道左右、厂房上下、工具箱内外，以及车间的各个死角，都要彻底搜寻和清理，做到现场无不用之物。

❸避免"舍不得丢"和"胡乱丢"。不是什么物品都有必要放在现场，必须要懂得取舍。有些物品可能半年或一年才需用一两次，经常会被当作不必要的物品处理掉，而导致物品的浪费。这两种情况都需要生产线统一设定合理的规则来限定"要"与"不要"，不要"跟着感觉走"。

❹一些该区域不必要的物品，可能在其他区域就是必要物品，不必要物品最好集中保存，集中处理，集中调度，并做好相应的记录。

（2）整顿。

在整理的基础上，将现场需要的人、事、物进行统一的定量、定位，并形成规范。将现场必需品按照统一的规定位置、规定方法进行科学合理的布置和摆放，做到整齐有序，明确标示。这样员工可以用最快的速度寻找、取用所需物品，在最有效的规章、制度和最简洁的流程下完成作业，不浪费时间，提高工作效率和产品质量，保障生产安全。

❶整顿的三要素是：放置场所、放置方法、标识方法。关于放置场所，原则上要100%进行统一设定，工作区域附近只能放真正需要的物品；关于放置方法，要做到易取，并不超出所规定的范围；关于标识方法，做到放置场所和物品原则上一对一标识，现物的标识和放置场所的标识都要做好，企业内的标识要统一设定。

❷整顿的"三定"原则是：定点、定容、定量。定点是确定物品放置的合适地点，尽量按照操作流程设定，做到取放方便。定容是确定合适的容器、选用合适的颜色。选用的容器同样需要取用方便，而且易清洁，选用的颜色要考虑行业规范等。定量是确定合适的数量。例如，每一个容器都规定了上限和下限，上限是不让容器成为仓库，下限是低值预警，及时补充。

❸整顿的关键点如下所述。

第一，物品摆放地点要科学合理。例如，根据物品使用的频率，经常使用的东西应放得近些（如放在作业区内、手臂覆盖区内），偶尔使用或不常使用的东西则应放得远些（如集中放在车间某处）。

第二，物品摆放可目视化。摆放不同物品的区域采用不同的色彩和标记加以区别，做到过目知物；使定量装载的物品做到过目知数。

第三，群策群力共参与。整顿需要全体员工参加，共同采取合适的方案或方法，避免个人行为出现。5S小组成员及管理人员要多进行现场跟踪，及时发现矛盾和问题，及时解决。

（3）清扫。

清除现场内的脏污，清除作业区域的物料垃圾，保持现场干净、明亮。将工作场所的垃圾、污垢去除，使异常发生源易于被发现，这是实施设备自主保养、提高设备稼动率的第一步；将工作场所的隐患如场地的坑洼之处、墙壁的易掉落之处等进行填补、粉刷等处理。

清扫的关键点如下所述。

❶自我清扫。员工个人使用的物品，如设备、工器具等，一定要自己清扫，不要依赖他人，不增加专门的清扫工。

❷重在养护。清扫设备时，着眼于对设备的维护保养。一是点检，清扫设备要与设备的点检相结合，做到点检必清扫，清扫即点检；二是保养，清扫设备同时要做好设备的润滑，做到保养必清扫，清扫即保养。

❸坚持改善。清扫的过程就是改善的过程，不容忍任何粗心，不过放任何隐患。例如，清扫地面发现有飞屑和油水泄漏时，必须要立即查明原因，并采取措施或联系专业员工加以改进。

(4) 清洁。

将整理、整顿、清扫的工作制度化、规范化，认真维护并坚持整理、整顿、清扫的效果，并始终保持最佳状态。同时通过对整理、整顿、清扫活动的坚持与深入，消除发生安全事故的根源和隐患，创造一个良好的工作环境，使员工能愉快地工作。

清洁的关键点如下所述。

❶不仅整齐车间生产环境，还要清洁卫生，保证员工身体健康，提高员工劳动热情。

❷不仅保持物品清洁，还需要保持员工工作服清洁，仪表整洁等。

❸员工不仅要做到外表整洁，还要做到精神上的"清洁"，有礼貌、知尊重。

❹要保持环境的清洁，强化消除浑浊的空气、粉尘、噪声和污染源，消除各种污染，消灭职业病和导致职业病的外界因素。

(5) 素养。

素养是5S管理的终极目标，即让每位员工都成为有素养的人，提升员工品质，培养对任何工作都认真负责的员工，人人照章操作、依法行事，养成良好的习惯，形成良好的团队文化，打造良好的团队执行力。

关键点如下所述。

❶努力提高员工的自身修养，使员工养成良好的工作、生活习惯和作风。

❷努力提高员工的能力，让员工通过实践5S获得个人综合素质和人身境界的提升，与企业共同进步。

5. 5S管理的推行步骤

企业在推行5S管理时，应按照"决策→成立推行组织→设定目标→制订计划→建立评价标准→培训→试点→检查评价→总结→再计划→再培训→推广→再评价→再总结……"的流程推动，从而将素养内化到个人，养成习惯，真正做到持续维持5S效果。

(1) 成立5S管理组织。

5S管理不是一个短期项目,而是一个长期的管理方式,所以推行5S计划首先要有组织的保障,需要成立一个5S专门组织,可以是推行委员会,也可以是5S管理小组,还可以和其他小组合并,并明确划分组织职责,做到有组织、有计划、有系统地推行5S,使之成为日常管理项目。

5S管理小组的主要职责如下所述。

❶领导小组:确定5S实施目标,制订5S推行计划,审议小组各决议事项。

❷推行小组:把握分管系统部门实施的方向,负责5S活动计划的展开,协调部门间的问题及推行改善方案。

❸执行小组:一般为下属单位的具体执行管理人员,参与活动检讨,针对问题和缺陷提出改善对策,并推动部门内的活动及各项改善计划,解决、协调推行中存在的问题点,进行5S宣传,督导下属每日做好5S改善。

(2) 拟定5S推行计划。

首先,收集相关资料和对标其他单位推行5S的先进经验,结合企业的具体情况,明确5S计划的推行方针和目标;其次,制订整理、整顿、清扫、清洁、素养现场管理的5S管理标准和规范;最后,编制5S推行计划,并将其导入日常管理活动中进行深度融合。

计划包括五个方面的内容:制订推进5S的日程计划,作为推行和管理的依据;制订5S活动实施办法和流程;制订5S活动评比方法和奖惩办法,应用KPI指标对5S管理的推动与实施量化,并纳入绩效考核体系来巩固5S管理体系的顺利运行;编制5S推行手册;设计以上计划需要的相关表单。

(3) 5S的宣传与培训。

5S要求全员参与,为了充分调动全体员工参与活动的积极性,在推行5S之前有必要进行宣传和培训活动。全体员工都要了解5S的内容和意义,打造干净、有序的目视化管理工作场所。

5S宣传与培训活动相关:推行5S的理由、意义、目的和作用;推行5S过程中每位员工的积极作用与参与价值;5S的推行计划、实施流程及评比办法;5S的基本知识和规范等。

(4) 按计划实施5S。

首先,全体员工按照计划时间将工厂的每一个角落都彻底清扫干净,进行全员大扫除;其次,按照推行计划开展活动。

(5) 5S检查与评奖。

通过推行5S计划,能够极大地提升员工的整体素质,不断改善生产运管过程的各项管理指标。通过对这些指标的评估,以及对运管过程的监控,总结出实施过程中遇到的问题,提出改进措施并迅速在企业内部进行信息共享和复制。

针对5S的实施,定期举行研讨会,集思广益,讨论并解决问题,按照新的思路对方案进行修正,以达到事半功倍的效果;不定期、不定时地组织现场巡查,并形成记录;使用5S检查表作为检查标准;推行小组根据检查结果,形成"5S问题改善一览表",进一步改善5S活动;依5S检查表进行评比,公布成绩,按照评比方法和奖惩办法实施奖惩。

(6) 5S现场评估。

领导小组定期巡视现场,按照以下标准评价:现场5S是否纳入部门的日常工作;员工的参与度与活跃度如何;现场5S实际实施效果如何(如各种指标的实现程度)。公开表扬表现优秀的员工和单位。

(7) 反复实施(4)—(6)步骤(PDCA循环)。

一个循环完成后,马上开始第二次循环。坚持使用PDCA工具,通过不断检查,不断发现问题和解决问题,促使现场5S获得持续改善。

6. 5S推行中常用的方法

在推行5S的过程中,常用的方法有看板管理、现场巡视、定点拍照和红牌作战等方法。前文已详细介绍了看板管理,接下来介绍其他三种方法。

(1) 现场巡视。

现场巡视就是到现场走线,直接感受5S推行的效果,做到"现场、现物、现实"。现场巡视和接下来要讲的定点拍照主要用于整理、整顿、清扫活动,可以直观地向员工展示问题点和隐患点,增强员工的责任感。

现场巡视团队一般由公司领导、各部门负责人、5S领导小组和推行小组组成,对全公司范围进行巡视检查,指出生产现场存在的问题,发现现场的亮点,对5S的推进能起到非常积极的作用。

主要巡视任务包括:指出现场存在的问题和实施亮点;对巡视区域的工作和改善措施提出指导意见;对跨部门的难点问题现场协调;和所在部门负责人约定改善实施节点;监督之前指出问题的改善实施情况;记录问题和改善情况,使其具有可追溯性,以监督改善的实施。

(2) 定点拍照。

定点拍照,就是对问题点改善前后的状况进行实地拍照,把改善前后的照片一同贴在A4大小的纸上,并对改善前后的状况进行必要的文字描述(改善前问题点、改善措施、现状),然后做成看板,展示推行5S改善前后的鲜明对比。这样做可以直观地告诉员工什么是好,什么是不好,培养广大员工的问题意识,还能增加员工的成就感,坚定员工的自信心。

每一问题点改善前后所拍摄的两张照片应尽量一致,所以应该做到:拍照者应尽量站在同一位置、同一角度拍照;拍照者要面向同一方向拍照;如果是变焦镜头,应尽量使用同一焦距;照片最好显示拍照的日期。

(3) 红牌作战。

红牌作战是在企业内找到问题点和非必需品并悬挂红牌。借此,员工能够一眼就看得清楚明白,对问题点和非必需品一目了然,提高自身坚持5S的自觉性和改进意识,从而积极地去改善,达到整理、整顿的目的。红牌上的改善期限,便于管理者和员工现场查看,又会引起相关责任部门的关注,及时改善和清除非必需品。

❶实施红牌作战时的注意事项如下所述。

第一,端正员工态度。实施红牌作战前,一定要向全体员工说明挂红牌的目的,不是处罚,也不是羞辱员工,而是要推动员工更好地工作。要耐心地改变员工对待红牌的态度,否则就会打击员工的情绪,影响团队士气。

第二,弄清红牌对象。挂红牌的对象一定是设备,是物,是现场,一定不能把人当作挂红牌的对象,否则会打击员工工作的积极性,甚至引起不必要的冲突。

第三,红牌上的信息要一目了然。什么样是好的,什么样是不好的,要写得清清楚楚,每个人都可以进行正确的判断。

第四,挂红牌时,要有充分的理由,要依据客观事实,严格做到对事不对人。

第五,挂红牌的频率不要太高。一般一个月一次,最多一个星期一次。如果是确实存在问题,可以挂红牌;如果仅是提醒注意,可选择挂黄牌或者不挂。

❷红牌作战的四个实施步骤。

第一步,制订红牌作战计划。由5S领导小组或企业领导和各部门负责人共同制订红牌作战计划,计划中要对挂红牌的对象做出详细说明,未说明的绝不可以乱挂。例如,材料(原材料、零部件、半成品、成品),设备(机械、设备、工装夹具、模具、防护用品),储运(货架、流水线、电梯、车辆、卡板等)。

第二步,确定判定标准。针对必需品和非必需品的评判标准、问题点的评判标准都要做出明确的规定,并严格按照规定执行,仅对有标准的非必需品和问题点挂牌,未规定的不可以挂。

第三步,挂红牌。对于发现的问题,要使用醒目的红色纸来记录发现的问题、内容、理由等。红牌要挂在明显的地方。这里需要注意的是,不要让现场的工作人员自己挂红牌,挂红牌的时间要集中,时间跨度不要太长,以免大家产生厌烦情绪。

第四步,红牌的对策与评价。对红牌要制订跟进改善的相关制度,定期评价实施效果,可以配合定点拍照对比现场改善前后的情况,并作为经验和成果向员工展示。

4.2.2 用目视化管理推进5S的标准化

1. 目视化管理的概念

目视化管理是利用形象直观且色彩适宜的各种视觉感知信息来组织现场生产活动。目视化管理以公开化为基本原则，以视觉信号为基本手段，综合运用管理学、心理学、生理学、社会学等多学科的研究成果，尽可能地将管理者的要求和意图让员工比较容易看到，让员工方便地了解目前系统运行及管理状态，打造现场看得见的管理、员工自主管理和自我控制，让复杂的现场管理变得简单、明了。

目视化管理主要实现五大管理对象的识别，即人员识别、物料识别、设备识别、作业识别和不合格品识别。

（1）目视化管理和5S管理的关系。

目视化管理和5S管理是相辅相成的，推行目视化管理要和5S管理统一组织和安排。目视化的目标是5S的标准化，5S同时具备目视化的特性。5S和目视化都是为了达成暴露问题、解决问题，然后改变人、塑造人、提高人，最终提高劳动生产率的目的。

5S管理是目视化管理的基础。目视化管理的前提是"进得去、看得见、看得清"，未彻底进行5S的工作场所，无法实现目视化管理所需要的前提。例如，有的地方根本就进不去，无法落脚，无法通过，就无法实现目视化管理；有的地方进得去但是看不见，还有的地方看不清，这样的情况都无法进行目视化管理。因此，全厂彻底实施5S管理，是目视化管理实施的基础，通过整理、整顿、清扫活动，彻底确立物品的放置场所、保管方法、包装方式的标识。

5S管理和目视化管理属性相同。5S管理和目视化管理都是利用人的视觉来优化物和事的管理。从表面上看，5S的整顿阶段通过三定（定量、定容和定位）实现物品的三易（易管理、易取用、易归还），这里包含了位置的标识、容器的标识和物品量（最大、最小存储量）的标识，这些使5S管理具备了目视化管理的特性。

5S管理针对的是物品或人的属性。从5S的概念来看，整理是区分物品的要与不要；整顿是对要的物品进行三定；清扫是对现场彻底打扫，打扫的目的除了改善环境外，更重要的是通过彻底清扫发现平时工作中忽略或者无法发现的问题（如设备螺丝的缺损、部件裂纹、绝缘皮破损、漏油漏气、生锈、堵塞、基础设施损坏）并加以解决；清洁是制度化、标准化；素养就是员工行为意识的改变和能力的提升。

目视化管理针对的是物或人的表现特征。如工具、物料、生产活动以及业务绩效状况等，看板管理就是实现目视化管理的一种强有力的工具。目视化管理的目标是标准化，更集中强调暴露问题和执行方便，是信息传递的一种手段，更像是作业指导和处理机制。

(2) 目视化管理须遵循的四个原则。

❶视觉化。所有纳入管理的物品或人的活动均需用色彩管理的方法标识，各种视觉显示信号要清晰，放置位置要适宜，现场人员作业时能够看清楚。

❷透明化。所有目视化区域都要公开透明，所有被遮隐的地方都要通过5S显露出来，除了物或人之外，所有信息也要做到透明化。对人的管理必须透明化，现场所有人员都必须严格遵守和执行相关规定，有错必纠，有功必赏。

❸规范化。目视化管理一定要首先确定判断标准，并在规范的标准下进行。目视化管理要实行标准化，各种标准、色彩、符号须统一定义、统一制作、统一管理，做到有法可依，有据可查。

❹简单化。所有目视的标识要做到人人可判断、可迅速判断和判断结果不因人而异，即各种视觉显示信号应简明易懂，一目了然，即使刚入职的员工也能看明白。另外还需要具备实际使用价值，讲究实效，没有任何多余的文字和标识。

2. 目视化管理的七大板块

(1) 安全管理目视化。

安全管理是需要企业全员共同参与的管理范畴，涉及环境、交通、消防、设备操作、化学药品、通道等多个方面。安全思想和安全意识的管理是企业工作的重中之重，所以在管理活动中所有的安全管理要求和安全要素必须进行目视化显示，实现安全管理标准目视化。

(2) 现场定置目视化。

❶区域目视化。对于现场的工作区域按照其承载的功能进行划分，并通过色彩实行目视化管理，借此员工能够明确所在位置和各种注意要素。

❷定制图目视化。定置图是对生产现场的物品进行定置，并通过调整物品来改善区域内人与物、人与场所、物与场所相互关系的综合反映图。其种类有室外区域定置图、车间定置图、各作业区定置图，以及仓库、资料室、工具室、计量室、办公室和特殊要求定置图（如工作台面、工具箱内，以及对安全、质量有特殊要求的物品定置图）等。

❸现场定位目视化。在生产现场放置员工使用的设备、工具、工装、物料和其他办公设备和设施，通过现场物品定置管理，每位现场员工对现场设备设施的操作得心应手。例如，通道线标识：通道线为黄色或白色，宽100MM；人行通道为黄色节线（黄线300MM，空300MM，宽100MM）；人行道转弯处标记"注意"或"Caution"提示（黄字）。再如，存放区标识：成品，白色实线，线宽80MM；返修品，黄色实线，线宽80MM；废品，红色实线，线宽80MM；其他，黑色实线，线宽80MM。

(3) 音频、视频目视化。

车间现场管理需要使用音频和视频等电子手段，让现场的信息（如作业者或机器设备是否正常作业）迅速而高效地暴露在管理人员面前，实现信息的有效传递和分析，由外在的刺激推动员工去关注和解决问题。例如，当生产线出现故障时，灯光系统报警，同时报警音乐、信息看板会同步显示报警位置，方便相关人员及时处理问题。

生产现场常用的信号灯分为异常信号灯和运转信号灯。

❶异常信号灯用于产品质量不良或作业出现异常时，通常安装在车间内较长的生产、装配流水线上。在实际操作中，一般设置红和黄两种信号灯，并由员工控制。当发生零部件用尽、出现不良产品及发生机器故障时，员工立即按下红灯按钮，此时主要领导和生产管理人员要马上赶往现场，对异常现象进行调查、分析和处理。排除异常问题后，管理人员关闭该信号灯，然后作业和生产继续正常运行。现在很多场所和设备的异常指示灯均为自动化装置，如烟气监测装置、水雾监测装置等，一旦监测到的数据超标，自动化装置进行声光报警。某些设备出现异常，如润滑油量低、电流超标等，也会自动触发报警装置的信号灯。

❷运转指示灯用来显示设备的状态，如运转、启动、转换或停止等状况，该类指示灯目前均为自动显示的，物联网可将某些设备的状态及时地传送到设备或生产管理系统上。

(4) 标签、标识目视化。

对各种状态下的物料附加标签。一方面，标签是验证环节唯一可被识别的载体，另一方面，在需要物料的时候，标签可以传递物料需求信息；同时对于设备、工具和工装的状态，以及其各个环节的控制要求都需要通过标牌来显示，提高管理人员和操作者的效率，能有效保持设备、工具以及工装的稳定，减少出错的概率。

(5) 看板目视化。

见前文的"看板管理"。

(6) 色彩目视化。

为提高企业的管理水平和防范意识，对现场管理过程中需要人工分享和判断的信息，以及非专人管理的信息，或者检测控制方面的信息进行着色管理，用最明显的方式进行提示。着色管理方法可以提高现场的识别度和管理效率。

(7) 作业目视化。

作业目视化是用来规范和指导现场作业，设定作业的标准和规程，描述工序重点和作业顺序的简明指导书，如标准作业卡、单点教程、操作流程图、作业指导书等。另一种就是反面教材，一般它是结合现物和柏拉图来表示，让现场的作业人员明白错误操作的不良后果，警示其不能违规操作。

3. 目视化管理的三个阶段

目视化管理分为初级阶段、中级阶段和高级阶段，企业在实际推行目视化管理时要做到循序渐进，通过对团队的不断打造，逐步达到目视化管理的高级阶段。当然，每个阶段的任务和目的不同，适用场景也不同，不能机械地认为高级阶段是对中级和低级阶段的简单包含或简单升级。

❶初级阶段是固定的目视化，让员工知道是什么（What）。初级阶段主要是为了灌输信息，单方面地传递信息，对信息来说不设定目标，也不为暴露问题和解决问题，只是起到提醒和警示的作用。例如，我们常见的各种标语、限速标识、斑马线、安全标识，或者可视的生产信息等，不需要人进行信息反馈和采取进一步的动作。

❷中级阶段是动态的双向信息传递，让员工判断怎么样（How）。常见的有各种指标信息、业绩信息，如安全、质量、环保、效率等。指标不仅展示指标，还要展示指标的目标值，用于发现问题，暴露现实与目标之间的差距，如生产状态是否正常、绩效指标是否达标等，从而采取对应的措施。这个时候必须配套不同问题的标准化应急措施或者应急机制，是暴露问题、分析问题、采取措施、监控结果的循环过程。

❸高级阶段是持续改善的循环，让员工知道为什么（Why）。建立一套优秀的目视化循环管理机制，当一个目标达成后能重新制订新的目标，从而推动指标项进入不断改善和循环验证的阶段。当然，每一个循环的结束必须让员工"知其然知其所以然"，比如对于出现的异常，有清楚的问题解决依据、明确的改善计划，以及正在实施的团队改善活动等，否则不明就里地进入下一个循环，其效果是不可期望的。

4.2.3 用现场观察深化目视化管理

1. 现场观察的意义

精益管理界一直流传着丰田汽车公司总裁张富士夫的经典名言，"观察、询问、尊重"，这句名言已经成为精益管理的基本准则之一。每一名管理者，都需要前往生产现场观察真正的生产劳动，和一线的劳动工人深入交流，同时对每位工人表达自己的尊重，这就是现场观察。

"没有调查就没有发言权"，这句话深刻揭示出现场观察的意义。现场观察讲究"现地、现物、现实"，现地就是亲自到现场去，不要高高在上地靠听汇报看材料了解情况；现物就是亲自接触实物，正所谓百闻不如一见，就像丰田生产方式的创始人大野耐一说过的，"绝不要提拔一个在车间走直道的人"，单纯走路本身是没有用处，走的目的是接触、感受实物；现实就是要根据现地现物的观察和思考，制订切实可行的工作计划和改善计划，好高骛远只能让事情越来越糟，还会把团队带散。

现场观察是持续改善的基础。丰田的大野耐一将现场观察做到了极致，有个小故事可以说明一切。一天早上，工程师箕浦照幸一上班就被大野耐一要求"站到那个圈里（现场有很多画在地上的圈）观察作业流程并思考"。至于要看什么，则毫无交代。就这样，箕浦照幸在这个圈里一站就是8个小时。晚餐时刻，大野耐一回来了，问他："看到了什么？""流程中有太多的问题……"箕浦照幸回答。大野耐一还经常在休息日带管理人员到现场，安静地站在车间里观察，然后指出需要改善的地方。只有持续不断的现场观察，才能真正做到改善无止境，实现PDCA循环。

企业运营体系中的所有环节都是息息相关、相互影响的，通过现场的细节可以发现很多问题的根源。企业管理者要花足够多的时间在一个点进行现场观察，收集足够的材料才会有新的感悟和突破，如果只停留在表面形式上，满足于到现场看了看而已，是不会有任何效果的。还有很多企业管理者往往对直观信息熟视无睹，只对数字情有独钟，对企业内存在的很多问题或者视而不见，或者习以为常，结果就可能挂一漏万，忽略一些关键线索，这个时候可以邀请企业的客户、同行，甚至毫不相干的第三方到企业来做现场观察。

2. 现场观察的内容和方法

明白了现场观察的重要意义，最主要的还要知道观察什么和怎么观察。现场观察主要包括两方面内容：一个是到现场去看，看人，看流程，看作业；第二就是到现场去问，问操作者，问自己。

(1) 以客户的眼光看整体。

❶看流程。精益管理的基础就是精益的布局，一个精益布局的流程能在源头上消除很多浪费。看流程的目的就是看是否有精益的布局？有没有物流间断点？有没有信息流卡顿点？有没有物料逆流程流动？有没有库存？

❷看目视化。目视化就是用眼睛管理，让问题简单化。目视化也是企业管理氛围的体现，是企业管理水平的直观传达。看目视化的目的：一是要观察现场是否符合已经形成的目视化管理的规范，二是要观察现行的目视化管理规范是否存在问题。

❸看标准化。标准化就是将标准普及到可执行的层面，下节将专门讲述标准化作业的内容。看标准化的目的：是否每个人都能明白和自己工作相关的标准？能否分辨正常与异常？是否每个人都能知道自己应该采取的标准方法？是否每个人都知道自己工作的主要问题？是否每个人都知道自己在做什么？是否每个人都按照标准作业？现行标准是否有问题？

❹看文化。精益的企业文化是企业发展的内在动力，也是精益管理的一条主线。首先，精益文化要求高层管理人员坚持到生产一线去，直接聆听员工的声音；其次，精益文化要求每个人都有意识地使用精益工具将潜在问题凸显出来，找到根因，提出对策；最后，精益文化是一种"问题优先、氛围至上"的文化，高层管理人员要和一

线员工在一起，要表达感激和尊重。

在现场还可以直观地看到最真实的员工精神面貌，士气高昂还是情绪低落？尽心尽力还是随意散漫？热情还是冷漠？整洁还是邋遢？如果工人的劳动热情很高，现场环境轻松愉悦，那生产效率一定更高，产品质量也会让人更有信心。

(2) 以管理的眼光看细节。

细节决定成败，看完了整体就要从细节上着眼，深入寻找各种根源性问题。细节的出发点和落脚点如图4-5所示。

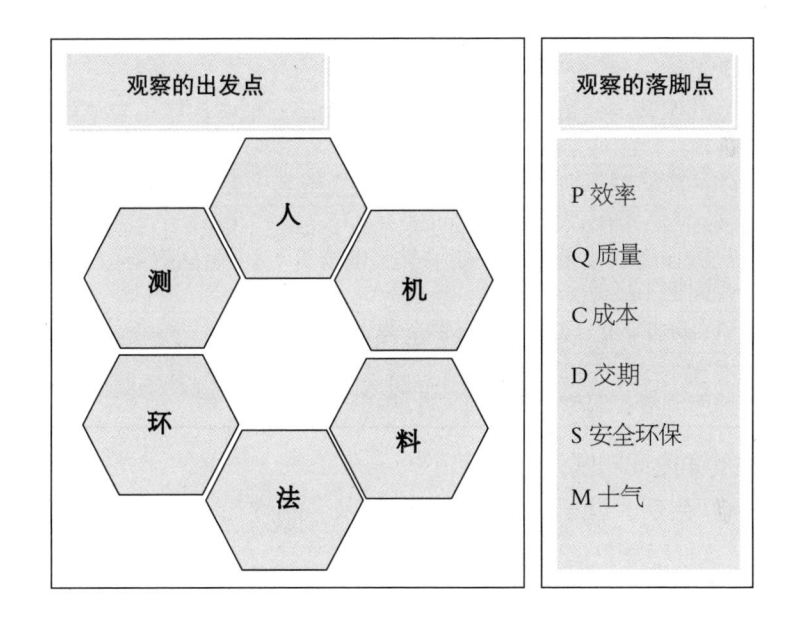

观察的出发点：人、机、料、法、环、测

观察的落脚点：
P 效率
Q 质量
C 成本
D 交期
S 安全环保
M 士气

图4-5　现场观察的细节

例如，看人：是否按标准作业操作？是否有操作资格？能力状况、培训计划是否清晰可见？是否按标准人员数量配置？有无多余人员？是否作业动作停止？是否有不必要的动作？是否发生返工？是否有寻找现象？是否作业中离开作业现场？是否有过多的弯腰、下蹲、转向、走动？安全防护用品是否穿戴齐全？

再如，看机：是否有设备点检制度，并执行？目视化标识是否完善？设备状态及各项参数是否符合作业要求？运转中是否有设备等待？是否有设备闲置？设备是否够用？故障和换模停机统计分析是否清晰可见？是否配有高效快捷的作业工具、夹具？是否有泄漏现象？是否保持干净？是否有异常声音、气味、温度？是否有螺栓松动、缺失？防护罩、散热器等是否正常？

又如，作业过程观察内容如表4-3所示（部分）。

表4-3　作业过程观察内部（部分）

人的不安全行为	作业人员所处位置有高处坠落、夹伤、物体打击、绊倒、滑倒、摔倒、烫伤、烧伤、中毒、窒息、淹溺、触电等危险
	如眼部和面部、耳部、头部、手和手臂、脚和腿部、呼吸系统、躯干等未使用、未正确使用或使用不合格的防护用品等
	设备、设施、工具本身不安全；设备不适合此项作业；使用不符合要求的物料
	未按规定开关机；未按规定使用信号；未按规定联锁；超速、超负荷作业；机器运转时加油、修理、调整、清扫；错误操作设备；未正确使用工具、物料；违章冒险作业；脱岗、串岗、睡岗、酒后上岗、无证作业等
人的不安全行为	费力抬重物；奔跑作业；难受的姿势；用力过度；疲劳作业（长时间高强度的作业）
	危险品的保管与处置不当；紧急情况下无序；忙中出错；应急处置不当会引发事故扩大
物的不安全状态	如无防护或防护不当；无保险、信号装置或其失灵；存放位置不当
	如设计不当、结构不符合安全要求（安全间距不够、有锋利尖物等）；强度不足（机械强度或绝缘强度，如吊具或电器等）；设备带病运行或超负荷运行；维修或调整不良等
	无应急、防护物品或其不符合安全要求
	环境有毒有害；照明光线不良（视线不良）；通风不良；空间狭窄；通道不畅；地面湿滑；温度或湿度不当；粉尘大、噪声大等

（3）从外在的角度问问题。

在初期观察结束后，就要去思考如何从技术、制度和人的角度去理解和分析这个生产现场系统，这就需要从第三者的角度问问题。

❶要问操作者。为什么这样做？这样做的依据是什么？（强化遵守规范的意识）；这样做的目的是什么？（强化从源头思考的意识）；要达到什么样的标准？（强化质量管理意识）；有没有异常？出现异常怎么办？（强化异常问题处理意识）。

❷要问自己。为何要这样做？有没有更好的办法？（强化精益改善意识）；你期望发现什么？你期望发现什么改变呢？（强化目标导向意识）。

4.2.4 用标准化作业提高作业效率

1. 标准化作业的概念

标准化作业（Standard Operating Procedure，SOP）的前提是作业标准化，即在对作业系统调查分析的基础上，以安全、质量、效益为目标，将现行已知的最佳作业方法进行程序和动作分解，并以科学技术、规章制度和实践经验为依据，形成安全、准确、高效、省力的作业程序。相关岗位员工统一按此程序进行作业的工作方式，就称为标准化作业。

标准化的作用就是把企业员工所积累的技术、经验，通过文件的方式加以保存并展示。保存是为了经验的固化和传承，而不会因为人员的流失导致技术和经验的流失，达到个人知道的企业都知道，将个人的经验转化为企业的财富。展示是为了让全体员工都掌握本岗位的最佳作业方式，达到企业知道的员工也知道，用企业的财富赋予员工能力和素质。标准化，使不同的人做同一件事情时，结果一样；新老员工做同一个操作时，结果相同；同一个师傅带出的徒弟水平相差不大。

创新改善与标准化是企业提升管理水平的两大轮子，二者是互为补充、相互驱动的。创新改善是企业管理水平不断提升的驱动力，其过程和成果为标准化提供了参考和指导；标准化则是防止企业管理水平下滑的制动力，将创新改善的成果固化、制度化，并在相同的岗位或工序上进行复制。没有创新改善，企业不可能提高管理水平；没有标准化，企业不可能维持较高的管理水平。

2. 标准化作业的三个要素

(1) 作业时间。

作业时间是完成一项作业所需的必要的全部时间，在生产线上的生产作业我们可以采用过程时间作为作业时间。

如果一项规定的工作没有作业时间的限制，就会出现两种情况：延迟完成或提前完成，这两种情况都会造成浪费和损失。例如，在给客户交付产品时，延迟完成会造成客户满意度低，进而损害公司形象；提前完成会造成公司资金和人员的浪费；同时这两种情况都会影响后道工序的运行。所以，每一项作业都需要明确的标准作业时间，保证及时准确地为客户或后道工序提供产品和服务。

标准化的目的是尽量减少每项作业的时间，提高工作效率，随着作业时间的减少，逐渐优化人力、物力的配置。

(2) 作业程序。

标准作业程序是为了完成一项作业，操作者必须遵循特定顺序完成一组工作要素和每项工作要素中包含的一系列动作。作业程序的表现形式一般为标准作业卡，又称为标准作业指导书。作业程序既是作业者执行的标准，也是上级考核下级的依据。

一般企业的标准作业程序普遍存在三种情况：没有作业程序、作业程序不正确或作业人员不遵守作业程序，无论哪种情况都会造成工作完成时间延迟，工作完成质量不合格，甚至根本完不成工作。试想，如果生产线上全部工序都没有标准作业程序，整个工作现场将会混乱不堪，整条生产线的效率将会极低，处处都会形成瓶颈，不均衡、不合理的现象随时发生。所以，每道工序都应该制订严格的、易于执行的作业程序，确保在作业时间内完成。

(3) 标准手头存活量。

标准手头存活量主要应用在生产作业中，是维持正常生产运行时保持必要的库存量，其中包括即将消化的库存，目的是在已分配的作业时间内满足零部件的正常生产需求。作业现场必需备有适当的、可以随时调用的资源，在发生紧急或异常情况时，操作者或机器无须等待下一个零件。

标准手头存活量规定了作业人员在进行标准化作业时，绝对需要的零件、部件、半成品等的最小限度的数量。标准化作业可以减少在制品存量，并使之维持在最低水平。这一要素是保证前两个要素实现的基础。

3. 作业标准

在标准化作业中，作业标准是最基础也是最核心的内容，它是作业程序的最核心组成部分，是作业的具体要求和指导。

好的作业标准要满足七点要求。

❶目标性。标准必须是面向明确目标的，必须用最简单最精练的语言描述出作业的目标，要做到遵循标准总是能保证作业结果的一致或者生产出相同品质的产品，如实现高炉炉前渣铁分离。

❷具体性。每个读标准的人必须能以相同的方式解释标准，一定要避免抽象，为此标准中应该多使用图和数字等量化的表达方式。比如，"焊接厚度3微米"是一个结果，在作业标准中应该描述为"焊接工用3.0A电流20分钟来获得3.0微米的厚度"；再如，"要使用脱水材料"应该描述为"使用离心机A以100+/-50rpm转动5~6分钟的脱水材料"。

❸可操作性。一是标准必须是现实的、可操作的，不能脱离实际，盲目追求所谓的"高标准"；二是标准是量化的，可以准确定义和测量；三是标准必须结合文字和图片、图表来表示，让操作者清楚明白，没有疑虑。

❹完整性。一是操作环节要全面，不能有遗漏；二是操作环节要前后完美衔接，连续进行，不能有时间空间上的断裂。

❺全面性。标准化作业要覆盖企业全部的作业操作，实现"事事有标准，人人守标准"。

❻最优性。作业标准一定要坚持"谁干活谁制订，谁制订谁执行"的原则，即由现场员工自己制订，决不能做成"办公室里想象"的标准。制订的标准一定是现行最佳的作业标准，即在该作业上表现最好的员工做出的标准，这样才能提高员工的整体素质。

❼最新性：标准在需要时必须及时修订改进，必须是最新的，是当时正确的操作情况的反映。遇到下列情况必须修订。

- 标准中的内容有含糊不清，难以理解的。
- 标准中制订的任务无法执行。
- 生产的产品品质水平已做修订。
- 当发现问题或作业步骤已经改变时。
- 当工作程序发生变化时。
- 当外部因素或要求已经改变时。
- 当法律和规章已经改变时。
- 当上层标准（如ISO）已经改变时。

4. 标准化作业卡

标准化作业卡是作业标准的最终体现形式，是员工作业的指导书，是根据现场安全生产、技术活动的全过程，按照安全生产有关法律法规、技术标准、规程规定的要求，针对现场作业过程中计划、准备、实施、总结等各个环节，以实践经验为依据，对作业步骤提炼与总结，明确具体操作的方法、步骤、危险点预控措施、标准和人员责任，依据工作流程组合而成。以此对员工作业行为进行规范性要求，使现场作业活动的全过程实现细化、量化、标准化，保证作业过程处于"可控、能控、在控"状态，不出现偏差和错误，实现安全生产目标。

标准化作业卡在管理上要做到四个"必须"。

❶标准化作业卡的制订必须经过现场观察和作业人员的集体讨论，其中必要作业必须采用工业工程分析，其内容、格式及工艺要求标准要符合规范要求，工具、安全注意事项及防范举措要相互对应。

❷必须正确执行标准。一是在思想上，为了使已制订的标准彻底贯彻下去，企业需要让员工明白：标准化作业卡是自身进行操作的最高指示，它高于任何人（包括总经理）的口头指示；二是在行动上，既然有标准，就必须按照标准化作业卡执行，管理人员在贯彻执行标准时要以身作则，起到表率的作用。

❸必须在标准执行中寻找问题。随着实际条件的改变和企业管理水平、技术水平的不断提高，标准中规定的作业方法可能与实际不符合。这就要求操作者抱着发现问题的心态去执行标准，树立"没有问题就是不正常"的观念，在永不间断的发现问题、修订标准的循环中去完善标准。

❹发现标准有问题必须及时上报。如果员工发现标准有问题或发现有更好的作业方法，必须首先及时将情况上报给自己的主管领导或标准化作业管理人员，然后由他们对员工的提议进行讨论和实践验证，最终根据验证的结果修订标准，修改标准化作业卡，保证标准化作业卡的最新性。

4.2.5 用快速换模减少生产等待时间

1. 快速换模的概念

快速换模（Single Minute Exchange of Die，SMED）是将模具的生产启动时间、产品换模时间、模具调整时间等尽可能减少的一种过程改进方法。快速换模可显著缩短设备安装和换模时间，并由此产生了一分钟换模法的概念。快速换模的实现必须以5S管理和标准化作业为基础，快速换模的导入必须在5S管理取得一定成果的基础上启动，启动过程必须以标准化作业的方式进行。如果现场混乱不堪，或者员工操作杂乱无章，快速换模是无法实现的。

为了更好地理解快速换模的概念，我们先来了解相关的其他概念。

❶换模：任何因产品更换，而必须使机器或生产线停止生产，所进行的设备、备件、模具的更换动作都被称为换模，又称为设置。简言之，换模就是更换生产线上的生产用"硬件"。

❷换模时间：因从事换模动作，而使机器或生产线停止生产的时间就是换模时间，即在前一批次最后一个合格产品完成与下一批次第一个合格产品完成之间的间隔时间。通俗地讲，换模时间就是因为换模而影响生产线运行的时间段。

❸线内换模：指必须在机器停止生产状态下才能进行的换模动作。线内换模又称为"内作业"或"内部准备"，如模具的拆卸与安装。

❹调整作业：是模具安装完成到第一个合格品产出的作业。

❺线外换模：是机器在生产运转中，仍然可以进行的换模动作，又称为"外作业"或"外部准备"，如模具的修理、换模具所用的工具及材料的准备等。

换模作业如图4-6所示。

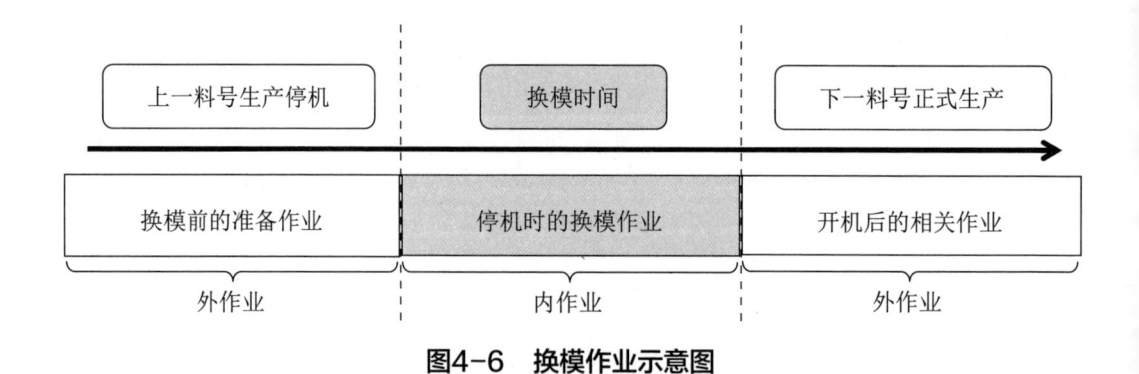

图4-6 换模作业示意图

快速换模的全称是"一分钟即时换模"，其概念指出所有的换模动作（转变和启动）都能够并且应该少于一分钟。快速换模用来不断优化设备装换时间，或者常常是用于启动一个程序并快速使其运行，并尽力将可能的换线时间缩到最短。它可以将一种正在进行的生产工序快速切换到下一生产工序，从一种产品族快速切换为另一产品族，使生产处于最小浪费的状态。

实施快速换模有三大基本要点：区分内外、由内转外、优化内外。

❶区分内外：为了便于管理和改善，需要把换模作业区分为内作业、调整作业和外作业三部分。

❷由内转外：由内转外就是尽可能地把内作业转变为外作业，把机器停止时才能展开的作业转变为在机器运转中即可预先完成的作业，以此减少设备停机时间。例如，塑料注塑机注入成型制程，每次换模前，可以在设备运行过程中将待更换的金属模具提前预热，如此换上模具后即可立即生产，节省了金属模具的加热作业时间。

❸优化内外：优化内外就是不停分析和创新，逐渐缩短内、外作业的时间。

快速换模要实现九大目的，也可以作为对快速换模作业的评判标准，分别是：缩短单次换模时间；提高换模能力，增加换模次数以适应生产转换；更具小批量生产能力；更具平准化生产能力；提高生产效率；减少资源波动；降低库存数量，增加库存周转率，减少仓储空间；减少管理工作负荷；使企业更具竞争力。

2. 快速换模七大法则

通过对快速换模概念的分析我们可以看出，快速换模最大的困难就是如何缩短内作业和外作业的动作时间，这就需要掌握快速换模的操作技巧。

(1) 平行作业。

平行作业又称并行操作，就是多人共同从事换模操作，并能无等待且同时独立或者协作作业。从事平行作业时，多人之间的配合动作必须演练熟练且要注意协作的安全，要对换模作业的各个动作进行详细分解，并以标准化作业的方式固化。

平行作业是最容易缩短内作业时间的方法。例如，一项换模作业由一个人操作需要一个小时，如果由两人共同作业，就能在20分钟以内完成，那么整个生产线的切换时间就由原来的60分钟缩减为20分钟。在平行作业中所需的人工时间或许会增多、不变或者减少，其实这些都不是考虑的重点。因为换模的人工时间减少或者不变肯定节约成本，即使换模的人工时间增多了，但是缩短了切换的时间会提高整个生产线的效率，所获得的整体收益一定大于所增加的换模人工成本。

(2) 站位固定。

换模的动作主要是依赖人的双手完成，这就必须减少双脚移动或走动的机会，尽量做到双脚不动。所以换模时必须用到的道具、模具、工器具等都必须遵循5S原则，有顺序地整理好并放置在专用台车上，以减少寻找和取放的时间。模具或切换物品的取放也必须设计成容易进出的方式，切换的动作顺序要合理化并且标准化。

(3) 专用道具。

我们平时所说的工具是一般用途的标准化器具，如锤子、扳手、螺丝刀等，道具是为专门用途特制的器具，如自制拆卸托辊工具。这就像扑克牌，我们在文具店购买的扑克牌就是娱乐的工具，而魔术师表演用的扑克牌是经过特殊设计的道具。

换模作业中要尽可能使用道具而不是工具，这就需要员工积极地进行岗位创新，自制各种道具提高换模效率。例如，测定器具也要道具化，用自制的块规或格条替代量尺和仪表等工具，做到一比就知，一个动作完成。当然，道具的种类绝对不是越多越好，不仅要用道具尽量减少工具的使用，还要尽量减少道具的数量，减少寻找和取放的时间。

(4) 剔除螺丝。

在换模操作时，螺丝是最常见的被用来固定模具的方法。使用螺丝固然有其必要性，但是装卸螺丝的动作通常占去了很多的切换时间，很多地方除了螺丝滥用外，再就是拧螺丝的圈数太多。所以，针对螺丝改善的最佳策略就是彻底取消螺丝的使用。例如，可以采用插销、压杆、中介夹具、卡式插座、轴式凸轮锁定、定位板等方式，取代螺丝固定的使用。

(5) 一转即定。

实际应用中，完全取消使用螺丝固定的方式是很难的，在某些场景下，仍然必须使用螺栓、螺丝。其实螺丝真正发挥作用的是两点；一是按照力学原理在必要的角度和位置上使用螺丝；二是螺丝紧固的功能只是旋拧的最后一圈起最大作用。所以，针对螺丝改善的基本对策就是尽量减少螺丝的使用数量和螺丝旋拧的圈数。

首先，要努力减少上紧及取下螺丝的时间。要以不取下螺栓和螺丝却能达到锁定和放松的功能为改善目标，主要方法就是采用只旋转一次即可拧紧或放松的方式。例如，可使用C字形开口垫圈垫在螺帽下，在放松螺丝时，只需将螺帽旋松一圈即可从开口处取下C型垫圈；锁紧时反向行之，也仅需旋转一圈就可。再如，采用葫芦孔的方式，也可实现一转即定。

其次，要努力实现标准化。一是实现螺丝配件的标准化，将某些地方使用的螺杆、螺栓、螺丝的长度进行精确计算，在能起到固定作用的前提下，长度越短越好；二是设定标准高度，使锁紧的部位高度固定化，则螺帽的上紧部位也就固定下来。

(6) 事前准备。

事前准备作业属于外作业的工作，在实施换模动作之前，一定要充分做好事前准备。外作业如果做得不好，就会影响内作业的顺利进行，使切换时间变长。例如，在外作业中道具或模具没有准备齐全，质量没有严格检查，在内作业的时候，可能会因找不到或品质不良等问题导致切换工作停滞，造成内作业时间变长。

(7) 标准化。

表4-4列出的是在典型的换模切换操作中，各个动作所用时间比例。

表4-4 换模切换操作中各个动作所用时间比例

动作	作业	时间占比
准备	准备部件和工具，并检查其状况；移走部件和工具，并进行清理	30%
装配	装配和移开部件	5%
调试	测量、设置和校正	15%
调整	试运行和调整	50%

换模动作是因为产品调整而必须更换不同的模具或工作条件，所以每次换模都是一种调整行为。从表4-4可以看出，调整的动作需要花费整个切换时间的50%以上，而调整本身就是一种浪费。快速换模就是要以尽量减少调整动作为改善的目标，改善的基础就是标准化。

要消除调整的浪费，必须坚持一个原则：标准不动。通俗地讲，就是机器上已经设定好的标准，不要因为更换模具而变动。实现的方法：把内作业的调整动作移到外作业，并事先做好设定的动作；或采用保留模座，只更换模穴的母子式构造方式来消除模具的设定动作；或采用共用夹具，以双组式的方式完成切换动作，当一组模具正在运行时，另一组已经提前设定好，只需要一个旋转动作即可完成切换操作。

3. 快速换模项目的实施步骤

(1) 选择作业对象。

快速换模项目的第一步就是确定改善的作业对象，应首先选择产线上切换时间最长、影响效率最大的换模作业作为立项对象，因为这就是整条生产线的瓶颈。快速换模项目实施的过程就是一个一个解除瓶颈的过程，最终提高了整条产线的效率。

(2) 建立项目小组。

快速换模的项目小组可以单独运作和管理，也可以置于某部门管理下，主要成员就是业务管理者、设备管理者、生产管理者和该项目的操作员等。还有一种方式就是成立统一的换模管理小组，然后每个换模项目再由专业技术人员和操作员成立各分项目小组，并接受换模管理小组的管理。

该小组主要负责所选作业对象的换模改善全部活动，可以为临时性组织，也可以为持续改善的长期组织。

(3) 换模改善准备工作。

一是做好项目前期作业的分析工作，从做法、效果、优势、劣势等方面详细分析，并形成分析报告，并对难点问题进行预讨论和汇总。

二是准备好快速换模研究所需的物品，如设备检查表、材料检查表、换模点检表、摄像机、白板、告示帖、记号笔等。

(4) 现场观察。

为了采集当前有关换模的数据，项目小组成员观察并记录当前换模的详细过程，并对全过程（从换模前最后一件产品完成直至换模后第一件产品完成）不间断摄像，以便分析各步骤的操作时间和操作人员的手、眼、身体动作等。然后在会议室进行录像回放，分解换模的所有动作。在人员数量方面，应确保观测人员的数量不少于操作人员的数量，做到每个操作人员都有专人观察。

(5) 以图文的形式显示当前的状况。

将观察、分解的结果以告示帖的形式进行记录，以便进一步分析。例如，将切换的每个步骤列在粉红色的告示帖上，将每一步骤的时间记录在白色的告示帖上，在黄色的告示帖上记录所观察到的结果。

同时用简短的文字描述当前的状况，包括切换的时间长度、操作人员、工具、部件及在切换过程中发生的特殊事件等。例如，2个操作人员进行3种切换，过程包括：更换提升头、框架、喂料管；选择新的程序；调整料管分隔器、瓶子引导装置、封箱和打码。

(6) 设定改进目标。

通过与行业同等操作进行对标及根据本企业实际情况做出的预测，来制订快速换模的改善目标，包括切换时间的目标值及需进行改进的时间段。

(7) 建立并实施改善方案。

第一步，区分内外。首先要区分内作业准备时间和外作业准备时间，目的是将内作业准备时间转化为外作业准备时间，同时尽量消除外作业准备时间，大大缩短换模时间。为了避免换模过程中出现异常，提前按照换模点检表对换模工具、台车或行车、加工物、检测仪器等进行仔细点检。

第二步，转化内准备。在区分内外的基础上，持续将内作业准备转化为外作业准备，这就需要认真分析收集到的当前数据和图文结果，研究哪些换模内准备作业可以转为外准备作业，并争取将外准备作业在停机前完成。

第三步，改善内准备。有些内作业准备工作无法转化时，要先考虑消除内作业准备的浪费，常用的手段可参考快速换模七大法则。

第四步，消除调整。通过消除调整操作，减少调试时间，缩短换模时间。常用的手段有模具高度标准化、将工艺参数提前录入设备等。

第五步，标准化。换模结束后，验证和分析换模结果，结果优秀的操作进行固化，推行标准化作业，并持续循环优化；效果不理想的继续从第一步开始。

4.2.6 用全面生产维护打造精益生产管理体系

1. 全面生产维护的概念与特点

全面生产维护（Total Productive Maintenance，TPM）指以团队合作的方式，以全系统的预防维修为过程，以全体人员参与为基础的设备保养和维修管理体系。TPM可提高设备的开机率（利用率），增进设备安全性并维持其高质量运转，全面提高生产系统的运作效率。5S、目视化、标准化作业为实现TPM打下了基础。

TPM由两个组成部分，即全面预防性维护与全面预测性维护。预防性维护是基于时间和使用计划的设备维护方法，维护行动在计划的时间或使用间隔内实施，防止机器故障的发生，也称为计划维护或定期维护。预测性维护是基于状态的设备维护方法，维护行动在有明显的信号时或采用诊断技术预见到异常时实施，以防故障发生，即在隐患预警或故障预警时进行的维护。

TPM将维修变成了企业经营管理中必不可少的操作，甚至可将维修视为整个制造过程的重要组成部分，维修停机时间也就成了工作日计划表中不可缺少的一项，从而使维修成了一项增值的作业。TPM的目的是最小化应急的和计划外的维修，弱化维修规划，从"救火员"的角色转变为"防火员"的角色，减少因机器故障影响生产或造成其他损失。通过采用TPM，许多公司很快意识到仅仅依靠完善的维修规划来满足制造需求是远远不够的，TPM所耗费的成本远远低于因故障带来的损失，而其带来的效率提升和生产保障却大大提高了产线的生产能力。

为进一步加深对TPM的认识，需要了解TPM的"三三四"特点。

(1) 坚守三个原则。

全员性：要将公司全体人员（包括高级管理层在内）纳入TPM计划。

自主性：必须授权公司员工自主进行校正作业。

长期性：因为TPM自身有一个发展过程，贯彻TPM需要较长的时间，改变员工的思想也需要一段时间，所以要求TPM有一个较长的作业期限，不可急功近利。

(2) 坚持三个"全"。

全效率：就是对设备成本和效率的综合考量，指设备生命周期费用评价和设备综合效率。

全系统：包括生产系统的全部设备和活动。

全员参加：不论是设备的计划、使用、维修部门，还是各管理支持部门都要参与进来，尤其注重的是操作者的自主小组活动。

(3) 追求四个"零"目标。

停机为零：指计划外的设备停机时间为零。计划外的停机对生产造成的冲击相当大，会使整个生产匹配发生困难，造成资源闲置等浪费。但是计划时间一定要设定一个合理值，不能盲目追求"零"目标，为了满足非计划停机为零而使计划停机时间值达到很高，反而会影响效率。

废品为零：指由设备原因造成的废品为零。完美的质量需要完善的机器，机器是保证产品质量的关键，而人是保证机器好坏的关键。

事故为零：指设备运行过程中事故为零。设备事故的危害非常大，不仅影响生产，可能还会造成人身伤害，严重的可能会"机毁人亡"。

速度损失为零：指设备速度降低造成的产量损失为零。由于设备保养不好，设备精度降低而不能按高速度使用设备，等于降低了设备性能。

2. TPM九大活动

虽然TPM的概念是围绕设备描述的，但是牵一发而动全身，如果想实现TPM的效果，就必须由一系列系统化的活动组成一个完整的管理体系。完整的TPM由九大支撑性活动组成，围绕"设备保全""质量保全""个别改进""事务改进""环境保全""人才培养"六个方面对企业进行全方位的改进。

（1）基础支撑——5S活动。

5S活动是TPM的一项基本活动，是现场一切活动的基础支撑，是推行TPM前必需的准备工作和必要前提，也是TPM其他各项活动的基石。

（2）能力支撑——培训活动。

培训活动和5S活动是TPM中并列首位的基础支撑性活动。任何活动的核心都是人，是团队，对很多企业来说，TPM是缺乏实战经验的新生事物，即使是推行TPM比较成功的企业，其新员工团队对之也是生疏的；而且TPM中的任何活动都要进行持续的改善和创新；另外，科技的发展、工艺的更新、设备的改造、产品族的延伸都要带来TPM活动的变化。所以，必须通过经验的集体积累、团队学习和持续的培训与实践活动，加强技能的训练和提高，保持团队的能力和素质能够对TPM的整体优化起到的支撑作用。

这里需要重点说明的是，培训和教育训练不仅是培训部门的事情，也是每个部门的职责，并且应成为每个职工的自觉行动。并且，随着社会的发展和进步，工作和学习已经不可分割地联系在了一起，学习和培训是工作的新形式，我们要把学习融入工作，在工作中学习，在学习中工作，做到学用一体化。（详见下文的"建设实践性的培训体系"）

（3）生产支撑——制造部门的自主管理活动。

TPM活动的最大成功在于发动全员参与，制造业中的主力就是占据企业总人数80%以上的制造部门员工，如果他们能在现场进行彻底的自主管理和改善的话，既能提高他们的积极性和创造性，又能减少管理层级和管理人员，简化组织架构，节约成本，提高效率，同时能够提高整个制造团队自身的能力和素养，带动整个公司经营管理水平的提高。

(4) 效率支撑——跨部门价值流专项改善活动。

全员参与的自主管理活动的主要功能是消除影响生产的隐患、微缺陷和不合理现象，起到防微杜渐的作用，旨在打通生产线某部分的"血管"。但是对影响价值流动的某些跨部门的突出问题，必须采取专项项目制度，由高层领导或运营管理部门牵头，组成专项项目小组，旨在打通整个生产的"主动脉"，实现价值流的顺畅与效率提升。例如，炼铁厂和炼钢厂在价值流上存在上下游关系，炼铁厂的铁量差和出铁正点率两个指标影响炼钢厂的生产组织，针对这两个指标的改善就可以采用专项项目制度；同理，钢坯定重会影响炼钢厂和轧钢厂的协调，也可以作为专项项目进行研究。（详见下文的"推进价值流专项改善"）

(5) 设备支撑——设备部门的专业保全活动。

现代企业的生产高度依赖机械设备，几乎所有的产品都是从设备上流出来的，所以设备管理是企业的核心课题之一，做好设备管理是提高生产效率的根本途径。为此，企业需要做好两件事情：一是用培训和标准化提高员工的技能和素质以实现对设备更好的操作和控制；二是对设备管理的职能进行细分，生产部门负责设备的日常管理，专门的设备管理部门投入精力进行设备的预防保全和计划保全，并通过诊断技术提高对设备状态的预知力，这就是专业保全活动。

生产部门进行设备的自主管理基于"自己的设备自己保养"的理念，核心目的是防止设备的劣化。在此基础上，设备管理部门能够有计划地对设备的劣化进行复原并改善保养设备，专业保全活动才能发挥出其所承担的专职保养手段的真正威力，使设备得到真正有效的保全。

对于新投入的设备，要形成一种以"少维修、免维修"为思想而设计出来的设备管理机制，按性能、价格、工艺等要求对设备进行最优化规划、布置，并使设备操作人员和维修人员具有匹配新设备的能力，使新设备一投入使用就达到最佳状态。

(6) 管理支撑——管理部门和支持部门的管理改善活动。

TPM既然是全员参与的持久的集体活动，也就包括了制造部门之外的各管理部门和支持部门，如运营管理部、企业管理部、人力资源部、信息化部等。这些部门的强力支持是提高制造部门TPM活动成果的可靠保障，但是这些部门的管理浪费也会极大地影响制造部门的效率，所以要通过流程型组织的建设和各种管理革新活动，提高各部门的服务支持水平和全公司的管理水平。最后，不仅能提高业务效率，还能提升服务意识，培养参与者的管理和领导艺术，培养一批有经营意识和全局思维的经营管理人才。

(7) 技术支撑——技术研发部门的信息管理活动。

技术研发部门的天职就是设计完美的产品和设备，除了优秀的团队外，能实现该目的的唯一可能就是全面掌握产品设计和设备设计必要的信息，包括产品和设备从提出需求到满足需求的全价值流信息。这些信息的获取离不开生产单位和品保部门的支援，以及强有力的信息化管理系统的支撑，所以TPM活动必须是围绕技术研发部门开展的全系统活动。

(8) 安全支撑——安全部门的安全管理活动。

安全是万事之本，任何活动的前提都要首先确保安全。什么是安全第一，就是当安全和企业的其他活动有任何冲突的时候，所有活动都必须为安全让路。安全活动从5S活动开始就始终贯穿其中，任何活动如果安全出现问题，一切等于零，所以安全部门的安全管理活动要自始至终持续开展。

(9) 品质支撑——品质部门的品质保全活动。

传统的品质活动都是事后管理，总是把重点放在结果上，但是结果总是不能保证优良的品质和生产出没有缺陷的产品。在TPM中，要求品质部门的品质保全活动是从源头开始抓起的，因为提高品质是生产的根本目的，也是最难的一项工程，同样也是围绕品质部门开展的涉及全公司所有活动的体系化管理，是自始至终贯穿生产活动的整个过程中的。

为了保持产品的所有品质特性处于最佳状态，企业要对与质量有关的人员、设备、材料、方法、信息等要因进行管理，对废品、次品和质量缺陷的发生防患于未然，从结果管理变为要因管理，使产品的生产处于良好的受控状态。

TPM的九大支撑性活动是相互联系、相互补充的，以谋求整体的综合效果。任何局部活动都很难取得巨大成果。比如，制造部门非常努力地开展自主管理活动，但得不到设备部门的强力支援，其取得的效果也一定是局部的；设备部门专心于专业保全和重点课题改善活动，但得不到管理部门的支援和协助，也很难有良好的结果。

简单说，TPM是围绕生产设备进行的全企业的整体协动和改善，是系统化的方案和活动体系，是应用各种精益理念、方法和工具追求全局提升的综合性工具，并最终实现精益的业务管理。

3. TPM的实施步骤

TPM的实施分为准备阶段、引进实施阶段、设备改进阶段和持续改善阶段。

(1) 准备阶段。

准备阶段主要完成三个任务：思想的准备、团队的准备、目标和计划的准备。

❶思想的准备。该方面主要做好TPM的引进宣传和人员培训工作，主要让企业员工都明白TPM的意义和可以创造的效益等好处，注意这里的"好处"两个字是重点，不仅对公司有好处，对员工个人也一定有好处。引导员工走向团结合作，打破"你管

你的、我管我的"的思维习惯，改变员工传统的"我操作、你维修"的分工概念，帮助员工树立起"工人能自主维修、人人对设备负责"的信心和思想。

❷团队的准备。建立推进TPM的强有力的组织机构，如TPM推进委员会，TPM小组等。既然TPM活动是全员参与的活动，组织成员的范围可从公司级到工段级，并层层指定负责人，赋予相应的权力和责任。在该组织下面还可成立各专业的项目组，对TPM的推行进行指导、培训，以及解决现场推进遇到的各种困难和问题。

❸目标和计划的准备。这里主要考虑的是什么时间在哪些指标上达到什么水平，考虑问题可参考如下顺序：外部要求→内部问题→基本策略→目标范围→总目标。如此可以定出TPM目标的三个方面：目的是什么、指标达到多少、什么时间完成。

(2) 引进实施阶段。

此阶段的主要任务首先就是建立TPM推进总计划。这里需要制订全局的推进计划，同时形成统一的工作计划表，对整个TPM活动起整体指导作用。TPM推进计划的主要内容包括五个方面：制订提高设备综合效率的措施；建立操作工人的自主维修程序；维修部门做好工作计划表；提高操作和维修技能的培训；建立质量保证机制。其次是以设定的目标为导向，按照TPM推进计划的主要内容，逐步细化和落实计划中五个方面的措施，步步深入开展工作。

❶制订提高设备综合效率的措施。

成立各专业项目小组，小组成员包括设备工程师、操作员及维修人员等。

项目小组有计划地选择不同种类的关键设备，抓住典型总结经验，起到以点带面的作用。项目小组还要帮助基层操作小组确定设备点检和清理润滑部位，解决维修难点，提高操作工人的自主维修意识和信心。

设备的寿命周期费用是贯穿设备寿命周期的全部费用，包括设计费用、制造费用、试运转及故障排除费用、设备运转费用、修理费用等五项，其中前三项称为购置费用。除了自动化和无维修设计的设备外，各种设备在运转及维护、修理过程中所发生的费用通常远远超出其购置费。在TPM中，设备是以高效及低寿命周期费用为前提的，所以提高设备综合效率成为实现此目的的重要内容。

保持生产设备的高效率和有效度的计划可按如下步骤进行。

第一，编制设备的维护、润滑、清洗目录。

第二，制订设备维护、润滑、清洗的实施方案。

第三，编制设备的检查程序。

第四，建立包括监督机制在内的预防维修、润滑、清洗和检查体系。

第五，编制预防维修手册。

第六，按计划实施维护、润滑、清洗。

第七，检查和调整相关的计划。

❷建立操作工人的自主维修程序。

自主维修程序的主要内容就是开展5S活动，并在5S的基础上推行自主维修"七步法"。自主维修"七步法"是自主维修程序的核心内容，规范了自主维修的步骤和操作。

第一，初始清洁。清理灰尘，搞好润滑，紧固螺丝。

第二，制订对策。5S消除"六源"活动。

第三，建立清洁润滑标准。逐台设备、逐点建立合理的清洁润滑标准。

第四，检查。由组长指导小组成员，按照检查手册检查设备的全面状况。

第五，自检。建立自检标准，按照自检表检查，并参考维修部门的检查表改进小组的自检标准，树立新目标。

第六，整理和整顿。制订各个工作场所的工作标准，如清洁润滑标准，现场清洁标准，数据记录标准，工具、部件保养标准等。

第七，自主维修。工人可以自觉、熟练地进行自主维修，增强自信心，提高成就感。

❸维修部门做好工作计划表。维修计划指的是维修部门的日常维修计划，这要和小组的自主维修活动结合进行，并根据小组的开展情况对维修计划进行分析研究及调整。一种可行的沟通方式就是生产科长与设备科长召开每日例会，随时解决生产中出现的问题，随时安排及调整维修计划。

❹加强操作和维修技能的培训。培训是一种多倍回报的投资，要与标准化作业结合起来。不但要对操作人员的维修技能进行培训，也要对他们的操作技能进行培训。培训要看需求、分层次，如对工段长培训管理技能和基本的设计修改技术；对有经验的工人培训维修应用技术；对高级操作工培训基本维修技能和故障诊断与修理；对初级操作工和新工人培训基本操作技能等。

❺建立质量保证机制。建立质量保证机制需要建立设备初期的管理程序。设备负荷运行中出现的不少问题往往在设备设计、研造、制造、安装、试运行等阶段就产生了，但是因为管理不善导致这些问题未被及时发现。因此，设备前期管理要考虑维修预防和无维修设计，在设备选型（或设计研制）、安装、调试及试运行阶段，根据试验结果和出现的问题改进设备。

(3) 设备改进阶段。

通过对设备的改进使其达到尽可能高的效率和效能。

第一步，设备信息采集。确定现有设备的效率及有效度；确定设备的实际状态；已实施的维修信息的采集。第一步重点考虑的对象就是数据的采集和处理。数据是TPM系统可行性研究的重要组成和基础，关乎着管理决策和TPM项目的成败。通过可行性研究得到的信息和各种数据（如现有的设备失效记录、故障登记表、修理费用、平均故障间隔期MTBF等等）可以被TPM小组用来进行第二步的生产设备故障及设备状态改进可能性的分析。

第二步，设备信息分析。设备故障损失的分析；确定改进设备状态的需求及可能性；确定设备换装的需求及可能性；形成设备改进方案。第二步的目的是经过各种分析，并最终形成设备改进方案。该方案将依据设备投入产出分析、生产状况和产品质量提升需求，以及设备有效度等因素的重要程度逐项安排，其重点在于对设备换装的必要性及可能性进行研究，由专业工程师组成的项目小组对换装过程中可能出现的损失和换装对设备的必要性进行可行性分析，并拟定相应的方案。

第三步，实施改进与评估。按计划实施改进及换装方案；检查及评估方案实施的效果。第三步则是根据拟定的计划方案实施改进措施。由于设备的改进是一个持续的过程，这一过程持续的时间取决于设备的状态、所确定的需求及可能性等因素，时间将长达6至18个月，而且这一进程可能不断持续下去。

对TPM管理来说，设备状态的改进是最有效的成果，对于生产设备及其他固定资产的使用效率、产品质量、产量及成本都将产生积极的深远影响。最后，生产设备状态改进的效果应通过与其改进前状态的比较而得出，在此基础上再考虑进一步的需求。

(4) 持续改善阶段。

此阶段是第二阶段的结束和评价，也是下一个第二、第三阶段循环的开始。此阶段的任务主要有三个：一是检查和评估上一阶段TPM的结果；二是找出问题，分析原因，优化方法，改进不足；三是制订下一步更高的目标，重新开始第二阶段的工作。

4.3　第三步：用精益管理工具实现持续改善

正所谓"没有最好，只有更好"，智能制造是目标，但不是终点，因为智能制造本身的标准会随着科学技术的发展和管理理念的提高而改变。所以，精益管理也没有终点，只能是阶段性的完善，持续改善，不断提升，并始终紧跟智能制造的步伐，为智能制造提供基础服务。

各项管理工具是世界各先进工业国已推行多年的管理方法，但由于每个国家国情不同或企业经营环境的差异，其采用的管理工具也不同。企业不能对这些管理工具全部逐个采用，一般原则是选择最适用企业本身需求的工具。

管理者所使用的管理工具，包括管理循环PDCA，6W2H、QC七大手法等（见图4-7），就像木匠工具箱中的锯子（锯木头）、刨子（刨木头）、墨线盒（拉直线）等一样。工具是教我们如何（How）做事，其功能（What）是解决问题，每种工具各有自己的特性与功用，在解决问题时要根据问题的性质，选对工具，问题就会迎刃而解。

同时要灵活应用各项管理工具，不要为管理工具而管理工具，如某个问题或某件事情已经非常明了，就没有必要再去选择"工具"进行处理，那样反而影响效率。

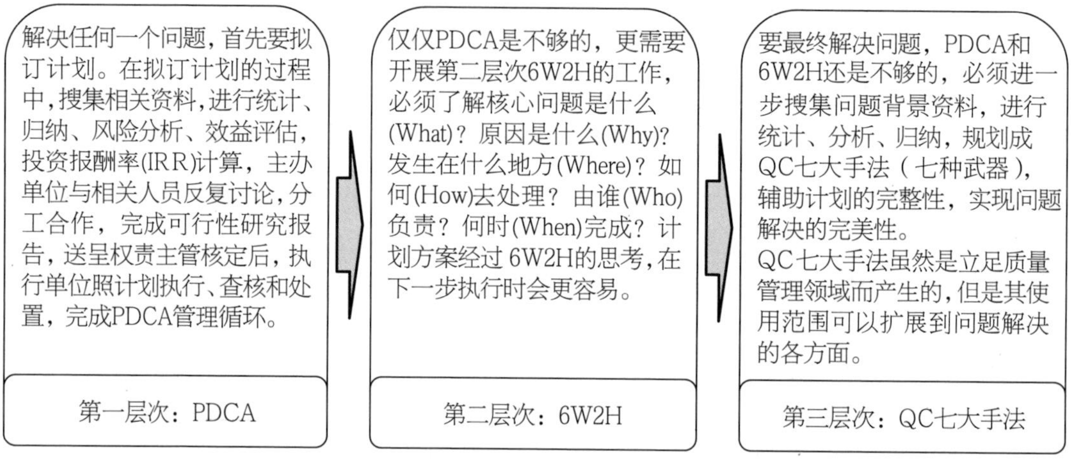

第一层次：PDCA	第二层次：6W2H	第三层次：QC七大手法
解决任何一个问题，首先要拟订计划。在拟订计划的过程中，搜集相关资料，进行统计、归纳、风险分析、效益评估，投资报酬率（IRR）计算，主办单位与相关人员反复讨论，分工合作，完成可行性研究报告，送呈权责主管核定后，执行单位照计划执行、查核和处置，完成PDCA管理循环。	仅仅PDCA是不够的，更需要开展第二层次6W2H的工作，必须了解核心问题是什么(What)？原因是什么(Why)？发生在什么地方(Where)？如何(How)去处理？由谁(Who)负责？何时(When)完成？计划方案经过6W2H的思考，在下一步执行时会更容易。	要最终解决问题，PDCA和6W2H还是不够的，必须进一步搜集问题背景资料，进行统计、分析、归纳，规划成QC七大手法（七种武器），辅助计划的完整性，实现问题解决的完美性。QC七大手法虽然是立足质量管理领域而产生的，但是其使用范围可以扩展到问题解决的各方面。

图4-7　管理工具层次图

4.3.1　用全面质量管理（TQM）打造系统性精益管理
1. 全面质量管理的概念

全面质量管理（Total Quality Management，TQM），是以产品质量为核心的一套科学、高效、严密的质量体系，是满足用户需要的过程中所进行的全部活动。它是以生产经营的全过程、全体员工的参与、为用户服务的意识、科学化的方式为基础，和全部管理目标的实现有关。也可以说，它是前文提到的全部方法和工具实施的结果，而PDCA循环是全面质量管理最基本的工作程序。

全面质量管理的基本原理与其他概念的基本差别在于，它强调为了取得真正的经济效益，管理必须始于识别客户的质量要求，终于客户对手中产品感到满意。全面质量管理就是为了实现这一目标而指导人、生产资源、机器、信息的协调活动，可以说它是对产品整个价值流的协调、指导、控制等管理活动的集合，也是沿着价值流主线进行的一切价值体现的集合。从这个意义上讲，精益管理始于价值流分析，终于全面质量管理。

全面质量管理坚持以客户为中心、为客户服务的观点，并贯穿企业业务流程的管理中，即从市场调查、产品设计、试制、生产、检验、仓储、销售到售后服务的各个环节都牢固树立"客户第一"的思想。不但要生产物美价廉的产品，而且要为客户做好售后服务工作，最终让客户放心满意；以预防为主，对产品质量进行事前控制，把事故消灭在发生之前，使每一道工序都处于受控状态；坚持用数据说话，依据正确的数据资料进行加工、分析和处理，找出规律，再结合专业技术和实际情况，对存在的问题做出正确判断并采取正确措施；同时推行"全过程""全员"的全面管理，对产品生产过程进行全面控制，企业所属各单位、各部门都要参与质量管理工作，共同对产品质量负责，把质量控制工作落实到每一名员工，让每一名员工都关心产品质量。

2. 全面质量管理的内容

全面质量管理过程的全面性，决定了全面质量管理的内容应当包括产品生产过程的每个步骤的质量管理，产品生产过程可以分为四个过程，即设计过程、制造过程、辅助过程和使用过程。

(1) 设计过程质量管理的内容。

全面质量管理的首要环节就是产品设计过程的质量管理。产品设计过程包括市场调查、产品设计、工艺准备、试制和检测等产品正式投产前的全部技术准备活动。首先，通过市场调查研究，根据客户要求、市场信息、科技信息，以及企业的经营战略和经营目标，企业制订出产品的质量目标；其次，组织营销部、研发部、设计部、工艺部、企管部和质管部等进行多部门联合审查和验证，确定出适合的产品设计方案；最后，形成高质量的技术文件、标准化的审查机制和设计试制的工作程序等。

(2) 制造过程质量管理的内容。

全面质量管理的核心环节和基础工作是制造过程的质量管理。该过程的基本任务是建立一个能够稳定生产合格品和优质品的生产系统，保证产品的制造质量。主要工作内容包括：组织质量检验工作；组织和促进文明生产；组织质量分析，掌握质量动态；组织工序的质量控制，建立管理点等。

(3) 辅助过程质量管理的内容。

全面质量管理的支持环节是辅助过程的质量管理，是为保证制造过程正常运行而提供各种物资、设备、技术等资源条件的过程。该过程的主要内容有：采购供应的质量管理，保证按时、按质、按量地提供生产所需要的各种物资（包括原材料、燃料、辅助材料等）；设备的质量管理，保持设备良好的技术状态；工器具的质量管理，提供质量良好的工具和道具；能源动力的质量管理，保证生产所需水、电、风、气等能源的质量和数量；仓库保管的质量管理与物流运输的质量管理，保证合理合适的库存，保障物资的交期等。

(4) 使用过程质量管理的内容。

全面质量管理的出发点和落脚点是使用过程的质量管理，它是考验产品实际质量的过程，也是企业内部质量管理的外部继续。该过程的基本任务是提高服务质量（包括售前服务和售后服务），保证产品的实际使用效果，满足客户的价值需求，不断促使企业研究和提升产品质量。

3. 全面质量管理的核心思想

全面质量管理是企业永远不能满足的承诺，要坚持不断地改进。这里的质量不仅与最终产品有关，而且还与组织如何交货、如何迅速响应客户投诉、如何为客户提供更好的售后服务等相关。做到"非常好"还是不够的，要坚信质量总能得到改进，企业持续不断地改进产品或服务的质量和可靠性，改进组织中每项工作的质量。这就需要向员工广泛授权，吸纳生产线上的工人加入改进过程，广泛地采用团队形式作为授权的载体，依靠团队发现和解决问题。

(1) 质量第一，以质量求生存。

任何产品都必须达到客户所要求的质量水平才算成功，否则就不能或未完全实现其使用价值，给消费者及社会带来损失。从这个意义上讲，质量必须是第一位的。市场的竞争其实就是质量的竞争，企业的竞争能力和生存能力主要取决于其满足社会质量需求的能力。"质量第一"并非"质量至上"，质量不能脱离当前的消费水平，也不能不考虑成本一味追求质量。应该重视质量成本分析，确定最适宜的质量水平。

(2) 用户第一，以客户为中心。

客户，包括最终的用户、产品的经销商、再加工者、内部各部门和全体成员。全面质量管现要求企业全员、全过程都必须树立为客户服务的思想，外部客户满意是生产过程价值兑现的落脚点，内部客户满意则是外部客户满意的基础和起点。可见，全面质量管始于识别客户的需要，终于满足客户的需要。

(3) 预防为主，不断改进产品质量。

优良的产品质量首先是设计出来的，然后才是生产制造出来的，而事后检验仅仅是对产品质量的确认，面对的是已经既成的事实。根据这一基本道理，全面质量管理要求把质量管理工作的重点从"事后把关"转移到"事前预防"，从结果管控转变为源头管控，把不合格品消失在它的设计过程中，至少消失在生产过程中，而且发现问题的工序越靠前越好。当然，为了防止不合格品流入后道工序或市场，加强质量检验在任何情况下都是必不可少的，并把发现的问题及时反馈、总结、处理，防止再发生。强调预防为主、不断改进的思想，不仅不排斥质量检验，还要求其更加完善、更加科学。

(4) 重视数据，以事实为基础。

在全面质量管理工作中，有效的管理是建立在对数据和信息充分分析基础之上的，做到"心中有数"，凡事以事实为基础，所以广泛收集信息、用科学的方法处理和分析数据与信息就成为质量管理的重要工作。为了确保信息的全面性、完整性、准确性，企业应该建立和完善信息化系统，充分利用好数据，克服"无知者无畏"的不良决策作风。

(5) 以人为本，突出人的作用。

国家、组织、企业，乃至家庭，不管选择何种经营方式，也不管经营何种产品，还是要归结到人，用好了人，一切问题都可迎刃而解，产品和服务的质量是企业中所有部门和人员工作质量直接或间接的反映。所以，全面质量管理不仅需要最高管理者的正确领导，更需要充分调动企业中每一位员工的积极性，使企业全员的能力转化为组织最大的价值收益。为了激发全体员工参与的积极性，管理者应该对员工进行质量意识、职业道德、以客户为中心意识和敬业精神的教育，还要通过制度化的方式激发员工积极性和责任感。

4. 全面质量管理的基本方法

全面质量管理的基本方法可以概况为十六个字，即"一个过程，四个阶段，八个步骤，七种武器"。

一个过程，就是企业经营管理活动的全过程。企业在不同时间内，应完成不同的工作任务，每项生产经营活动，都有一个产生、形成、实施和验证的过程。

四个阶段，就是PDCA循环的过程。根据管理是一个过程的理论，美国的戴明博士把它运用到质量管理中来，总结出"计划（Plan）—执行（Do）—检查（Check）—处理（Act）"四阶段的循环方式，简称PDCA循环，又称"戴明循环"。

八个步骤，就是将PDCA四个阶段分解为八个步骤。为了解决和改进质量问题，PDCA循环中的四个阶段还可以具体划分为八个步骤。计划阶段：分析现状；找出存在的质量问题，分析产生质量问题的各种原因或影响因素；找出影响质量的主要因素；针对影响质量的主要因素，提出计划，制订措施。执行阶段：执行计划，落实措施。检查阶段：检查计划的实施情况。处理阶段：总结经验，巩固成绩，工作结果标准化；提出尚未解决的问题，转入下一个循环。

七种武器，就是常用的七种统计方法。在应用PDCA四个循环阶段、八个步骤来解决质量问题时，需要收集和整理大量的资料，并用科学的方法进行系统分析。

关于PDCA循环和七种武器，此处带过，后文重点讲述。

5. 全面质量体系的建立

质量体系是指为实施全面质量管理所需要的组织机构、流程、制度和各种管理资源。企业为实现其所规定的质量方针和确定的质量目标，需要分解其产品质量形成过程，设置必要的组织机构，明确组织职责，配备必要的设备和人员，制订高效的流程并建立配套的管理制度；最后采取适当的控制办法，将影响产品质量的各项因素都纳入控制，以减少、清除，特别是预防质量缺陷的产生，所有这些项目和活动组成的有机综合体就是质量体系。

离开质量体系，全面质量管理就无法可依，无序可循，所以建立质量体系是全面质量管理的核心任务，是实现全面质量管理的根本保证。质量管理的中心任务就是以质量为中心，以标准化建设为重点，建立和实施全面质量体系。

为实现企业的全面质量管理，企业应从三个方面入手建立一个优秀的质量体系。

(1) 保证建立过程的完善。

企业建立有效质量体系的基本保证就是有一个完整的严格的制订程序，首先必须保证质量体系建立过程的完善。

❶分析质量环。质量环就是指在质量形成过程中影响产品质量的各个环节，它是质量体系建立的基础。在这一阶段中企业必须明确各环节的质量职能，为全面质量管理在实施过程中确立目标，实现产品质量的全程目标管理。

❷确定组织机构。在完成质量环的基础上，企业结合自己的实际情况，进一步明确各环节的质量要求、采用的具体措施、设备的配备以及人员的安置。这是质量体系建立过程中最为重要的一步，它关系到全面质量管理在企业中的应用程度和实施效果。

❸形成文件体系。质量体系是完整的文件体系，这样才能使质量管理达到全员参与的目的。

❹培训全体成员。全体成员的有力参与是达成全面质量管理效果的保障，而员工的"力"来自最高管理者有力并持久地对全体成员的培训和教育。

❺审核质量体系。审核是判断质量体系优劣的必要步骤，监督是评价质量体系文件贯彻执行效果的有效方法。而且，质量体系的建立和应用是不断完善的过程，必须通过不断的复审、反馈、验证、分析、优化，才能达到质量体系的不断改进，更好地贯彻全面质量管理思想。

(2) 保证质量体系的合理。

全面质量管理有效发挥作用的前提是质量体系的合理性，企业在建立质量体系的过程中必须紧扣质量体系的基本特征，即：全面性，覆盖全面质量管理的全部过程和内容；唯一性，一项内容只能有一项制度对应，不可"一个人戴两块手表"；适用性，质量体系文件要符合本行业、本企业的具体情况，不可盲目求大求全，以免邯郸学步；相容性，质量体系的规范必须和企业其他流程制度相辅相成，不可自相矛盾；经济性，质量管理不是不能花钱，而是不能乱花钱，要综合考虑投产比。

只有紧紧围绕这几点设计的质量体系，才能让企业处于健康稳定的发展状态，让全面质量管理的效果得以展现。

(3) 保证质量体系的实施。

再好的质量体系如果不能落地应用，一切等于零，所以要保证质量体系在实际生产中得到有效的实施。质量体系实施的关键在于：高层领导的高度重视和表率带头作用；重视审核，加强监督，从制度上保证全员参与和最终质量目标的实现；循序渐进，持之以恒，全面质量管理是一个长期的方针，只有质量体系长期稳定地运行才能使企业不断发展壮大。

6. 加强质量管理六要素（5ME）的管理

如前所述，全面质量管理的一个重要特点是预防性，即变"事后把关"为加强"事前预防"，变结果管控为源头管控。在生产过程中影响产品质量的主要因素被总结为"5ME"六大要素，即：人（Man）——工人，机（Machine）——各种设备、机器、装备，料（Material）——各种零件、材料和半成品，法（Method）——各种作业方法和条件，环（Environment）——环境，测（Measure）——品质检验和测量。

（1）"人"的管理。

在六大要素中，人是最重要的要素。不论是设备的操作、检修和保养，还是材料的验收把关，以及作业方法的遵守和改进、环境的美化和保持、检测的准确与及时，都必须依靠工人的智慧。提高生产效率，首先要在现有的人员中去发掘，尽可能地激发员工的工作热情，提高其工作积极性，发挥他们的长处。

因为"人"造成操作误差的主要原因有：质量意识差；操作时粗心大意；不遵守操作规程和标准作业卡；操作技能低、技术不熟练；由于工作简单重复而产生厌烦情绪等。

因此，对管理者来说，就要做好以下几方面工作。

❶提高工人的质量意识：加强精益文化和精益思维的培训；加强个人对作业质量负责的意识；提高个人对工作重要性的认识；加强"质量第一、用户第一、后道工序是用户"的质量意识教育，建立健全质量责任制；通过工种间的人员调整、工作经验丰富化等方法，消除操作人员的厌烦情绪；广泛开展品管圈活动，提升自我提高和自我改进的能力。

❷加强工人的技能培养：建立健全明确详细的质量标准和作业标准，并让工人充分理解；加强工序专业培训，颁发操作合格证；进行个别而具体的指导；加强检验工作，适当控制检验的频次。

（2）"机"的管理。

"机"就是设备、机械、装置及夹具和量具等。设备的管理就是要尽早发现设备运转不良的状态，及时分析原因，采取适当的措施；同时通过预防性维护和日常检修、调整，保持设备良好的运行状态。

在这里我们要经常问几个问题：选型对吗？保养有问题吗？给机器的配套对应吗？操作机器的人合适吗？机器的操作方法正确吗？机器放置的环境适应吗？

(3)"料"的管理。

"料"就是材料,不仅包括产品的原材料、燃料,还包括生产所使用的零件和辅助材料等。

关于"料"的管理,我们要经常问以下问题:是真货吗?型号对吗?入厂检验了吗?过保质期了吗?使用符合规范吗?材料适应环境吗?料与机器适应吗?料和其他料有什么影响?

现在的工业化生产,分工越来越细化,每种产品都需要几种或几十种配件、部件,而且分别由多个厂部生产供应,某一部件的缺失会造成整个装配工序停工待料,所以对"料"的管理要考虑全局和整体。

"料"的主要控制措施有:在原材料采购合同中明确规定质量要求;加强验收检查,加强原材料的进厂检验和厂内自制零部件的工序和成品检验;合理规划供应商(包括"外协厂");加强协作工厂、车间之间的协调,督促、帮助供应商做好质量控制和质量保证工作;改进保管方法,避免材料的碰伤、变形和变质;对保管中的材料进行定期检查,对将出库的材料严格检查把关。

(4)"法"的管理。

"法"就是作业方法,指生产过程中所需遵循的规范,包括工艺指导书、标准流程指引、生产图纸、生产计划表、作业标准、检验标准和各种操作规程等。"法"的作用是规范产品的生产流程和及时准确地反映产品质量的要求,严格按照"法"作业,是保证产品质量和生产进度的一个条件。

目视化、现场观察、标准化作业都是"法"的管理的得力工具。

(5)"环"的管理。

"环"就是环境,一般指生产现场的温度、湿度、噪声干扰、振动、照明、室内净化和现场污染程度等。环境会影响产品的质量,会影响设备的运行状态,还能影响人。

5S、目视化是"环"的管理的得力工具。

(6)"测"的管理。

"测",主要指测量工具、测量方法,以及经过培训和授权的测量人。使用指定的并经过定期检验的测量工具,用统一规范的测量方法,保证同一测量点、同一测量工具、不同测量人所测出的数据误差最小化,并记录测量数据。

关于"测"的管理,我们要经常问以下问题:是否指定了责任人?是否采用了规定的测量工具?是否在指定的测量点测量?是否运用了正确的测量方法?是否按照规定的频次进行了测量?是否正确做了记录?

目视化、现场观察、标准化作业都是"测"的管理的得力工具。

4.3.2 用PDCA实现全面质量管理的循环改善

在实际工作中，企业是否经常遇到以下问题。

- 管理者天天"救火"，忙得脚不着地，焦头烂额，疲惫不堪。
- 下属工作永远达不到上司的要求，不是挨批，就是返工。
- 领导天天为如何提高管理水平发愁，在各种或先进或时髦或流行的管理模式之间艰难地学习和抉择……

这个时候，企业需要引入合适的管理工具PDCA，因为企业的管理习惯和员工的工作习惯出现了问题。PDCA循环工作法是管理系统原理中的相对封闭原则的实际应用方法，是一种科学的工作程序。PDCA循环本是产品质量控制的一个原则，不仅能控制产品质量管理的过程，同样可以有效控制工作质量和管理质量，并已经成为问题解决和精益管理持续改善的重要工具和思维方式。

1. PDCA的概念

PDCA循环是一项重要的管理工具，是TQM（全面质量管理）的思想基础，也是其方法依据，代表着质量管理的四个阶段，即：计划（Plan）、执行（Do）、检查（Check）和处理（Act），要求各项工作按照制订计划、实施计划、检查实施效果，然后按效果进行处理（成功者纳入标准，不成功者进入下一循环）的过程去推进，并且循环不止地进行下去的科学程序。

P (Plan) 计划：根据已知信息，分析现状，发现问题，找出根因，制订计划，确定计划目标，做好活动规划，形成可执行方案。

D (Do) 执行：根据P环节形成的计划方案，设计计划执行的具体方法和计划布局，根据设定好的计划布局、方案和方法进行具体运作，并最终实现计划中的各项内容。

C (Check) 检查：计划运作执行结束后，总结计划执行的结果，根据P环节确定的目标，对照执行效果进行检查分析，找出差距和存在的问题，发现执行过程中的成功经验。

A (Act) 处理：处理C环节总结检查的结果，肯定成功的经验，并予以标准化；总结失败的教训，并分析根因；提交没有解决的问题到下一个PDCA循环中去解决。

如图4-8所示，四个环节就组成一个PDCA循环过程，该过程不是运行一次就结束，而是周而复始地运行，一个循环结束了，解决了一些问题，未解决的问题进入下一个循环。在这种阶梯式上升的过程中，之前发现的问题得到逐步解决，同时每一个循环中还会发现更多新问题，周而复始，逐步提高。

例如，在质量管理领域，PDCA可以如下述应用。

- 计划阶段。通过市场调查、用户走访等，摸清用户对产品质量的要求，通过对现状的分析，明确要因，确定质量政策、质量目标和质量计划。

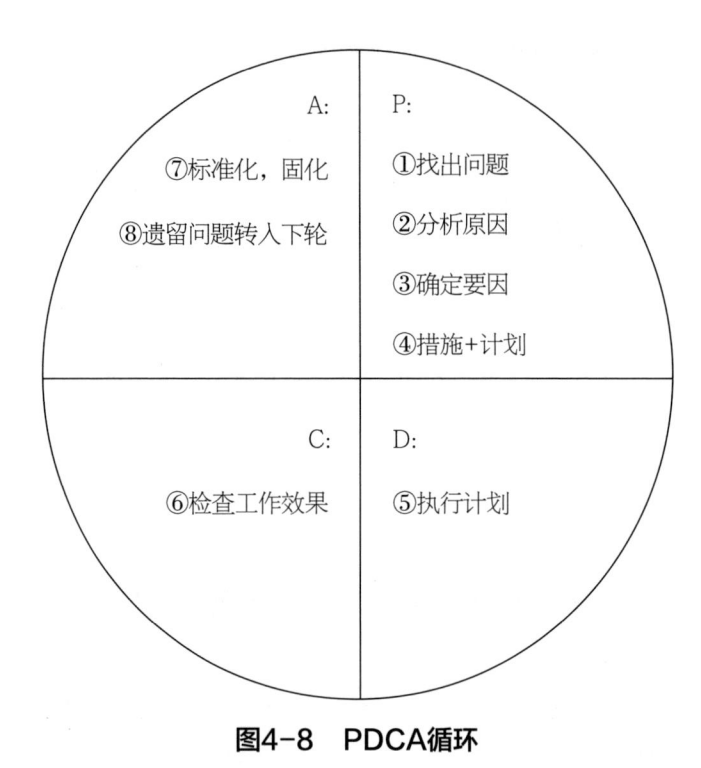

```
         A:            P:
    ⑦标准化，固化    ①找出问题
    ⑧遗留问题转入下轮  ②分析原因
                     ③确定要因
                     ④措施+计划

         C:            D:
    ⑥检查工作效果    ⑤执行计划
```

图4-8　PDCA循环

- 设计和执行阶段。落地实施计划阶段的计划，同时根据质量标准进行产品设计、试制、试验，以及计划执行前的人员培训。
- 检查阶段。检查计划执行情况，对比计划的预期效果并进行分析。
- 处理阶段。根据检查结果，采取相应的措施。巩固取得的成绩，把成功的经验尽可能地纳入标准，进行标准化；遗留问题则转入下一个PDCA循环去解决。

2. PDCA的主要特点

PDCA循环，可以使企业的思想方法和工作步骤更加条理化、系统化、图像化和科学化，具有三个特点，如图4-9所示。

(1) 周而复始。

PDCA循环的四个过程不是运行一次就完结，而是周而复始地进行。一个循环结束了，解决了一部分问题，可能还有问题未解决，或者又出现了新的问题，再进行下一个PDCA循环，依此类推。

(2) 大环套小环。

PDCA循环作为提升管理的基本工具，不仅适用于整个集团、企业、某个工程项目，也适用于企业内的部门、科室、生产线、班组，乃至个人。各级单位根据企业的总体方针和战略目标，都要有自己的PDCA循环，形成大环套小环、小环套更小的环，各级单位的小环都围绕着企业的总目标朝着同一方向转动，实现层层循环。大环是小环的母体和依据，小环是大环的分解和保证，大环拉动小环，小环推动大环。这就类似于行星轮系，体现了企业或组织的整体运行的体系与其内部各子体系的关系，是大环带小环的有机逻辑组合体，可把企业上下或项目的各个环节有机地联系起来，实现彼此协同、互相促进。

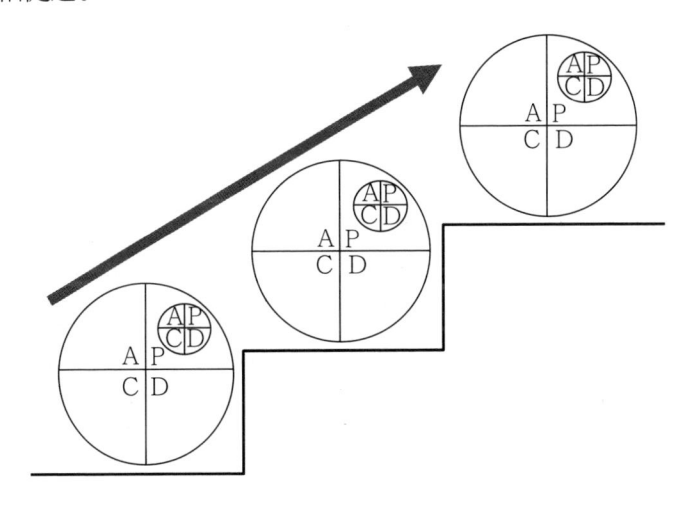

图4-9　PDCA循环的特点

(3) 阶梯式上升。

PDCA循环不是在同一水平上循环，就像爬楼梯一样，一个循环运转结束，就解决一部分问题，取得一部分成果，工作就前进一步，生产的质量（工作质量、管理质量）就会提高一步。对上一次循环进行总结，提出新目标，然后再开始下一个循环，再运转、再提高，不断前进，不断提高，使企业治理的车轮滚滚向前。

3. PDCA的具体循环过程

(1) P阶段。

P阶段的主要任务是根据客户的要求和企业的现状，为所提供的结果建立必要的目标和过程。

❶选课题、看现状、找问题。发现问题是解决问题的第一步，是分析问题的基础，所以这里强调的是发现问题的意识和对现状的把握能力。

发现问题的第一步又是对课题的选择，课题的选择很重要，是一个PDCA研究活动的切入点。选择一个合理的课题可以减少项目的失败率，降低项目实施的风险。例如，新产品开发所选择的课题范围就是如何满足市场需求，如何保障企业合理的利润，如何充分利用企业的现有资源和技术能力；提高生产效率所选择的课题就是如何做好排产，如何定好节拍，如何做好设备维护，如何提高团队能力，如何做好现场管理等。

选择课题的前提是对现状的分析，包括进行市场调研、企业资源分析、团队能力评定等，以此论证课题的可行性。离开现状的详细分析，可能带来决策上的失误，人力、物力的浪费和设计开发的失败。对调查结果的分析可以采用调查表、排列图、水平对比等方法，并通过头脑风暴，利用直观呈现的结构化信息，找出目前存在的问题，为做出合理决策提供指导。

这里要重点说明的是，企业对问题的定义一定不要想当然，问题不是企业的劣势和错误，问题是现状和目标之间的差距，是企业前进的动力，用公式来表示就是"问题=目标−现状"。以此为基础，员工就不会惧怕问题，不会认为有问题就是有错误，而是会把问题看成自己实现目标的工具。

❷找根因、定目标。分析现状、找出问题后最重要的环节就是分析产生问题的根本原因（根因）。首先，要运用头脑风暴法等多种集思广益的科学方法，把导致问题产生的所有原因统统找出来；其次，用鱼骨图、问题树等工具进行排列组合，用五个为什么方法找出每个问题产生的根因，尤其是找到问题的源头，因为从源头治理是最节省资源、效果最好的方法。

根据之前的所有分析结果，为活动设定合适的具体目标，也就是规定活动所要做到的内容和达到的标准。目标是用来衡量活动效果的指标，尽可能地采用定量性指标，尤其是能够用数量来表示的指标一定要量化，如装车时间达到10分钟以内，芯片安装时间不超过20秒等；某些不能用数量表示的指标，也必须用定性的方式设定明确而具体的目标，如制订完全符合公司制度要求的《质量管理条例》，内容严谨细致、规范合理、可操作性强，并一次获得质量委员会的通过。制订目标时可以采用关联图、因果图等工具系统化地揭示各种可能之间的联系，通过这些联系来确定可以达到的标准。

❸用工具、出方案。根据制订的目标和影响目标实现的问题根因，充分调配企业的各种资源，制定2~3个可行性方案，并使用正交试验设计法、矩阵图等筛选出所需要的最佳方案。这里注意一点，最佳方案未必是最省钱的，也未必是效果最好的，但一定是效率最高的。例如，在新产品设计活动中，企业往往要追求创新，而创新不一定是单纯的产品创新，还可以是产品优化改进、工艺创新、流程创新等。按照常规，企业会沿着"假定—分析—验证"的过程进行，通过这个过程找出最佳的原料配比、工艺路线等，并发现几个可供选择的实现方案。对这些方案，企业会一个个地去尝试吗？当然不可能。企业要在各种方案中进行优选，效率最高的方案就是最佳的方案。

❹选对策、定计划。方案定好了，就要考虑方案的实施。一个好的方案进入实施阶段的重点就是实施的细节，也就是计划，这里需要将计划分解到部门或者小组，主

责部门是该课题的管理组织或管理人员。这就需要将方案的实施具体化，分解为可操作的步骤，并对每一步骤逐一制订对策，明确组成方案中所需要的"6W2H"矩阵，即Why（何因——制订该措施的原因）、What（何事——措施的目标）、Who（何人——由谁负责执行）、Where（何地——在何处执行）、When（何时——什么时间完成）、What if（何果——可能的意外）、How（何法——完成目标的方法）、How much（何来——需要的资源）。同时使用过程决策程序图或流程图将方案的具体实施步骤进行分解，使用甘特图来制订计划时间表，从而可以确定和有效控制项目进度。

(2) D阶段。

D阶段的主要任务是按照预定的计划和目标，根据已知的各种内外部信息和分析结果，进一步细化计划，设计出每一步骤具体的行动方法和方案，再根据行动方法和方案进行具体操作。

❶行动方法。该阶段的首要任务是设计出具体的行动方法，并采取有效的行动。这里需要注意的是，在P阶段需要把计划分解到部门或者小组，而在这一阶段，需要把部门或小组内的任务分解到岗位和个人，其主责人员是部门或小组内的管理人员。

❷结果验证。行动方法制订完成后，课题就进入了实验、验证阶段，也就是按照计划和方案落地实施的阶段。同时，在该阶段还必须要对实施过程进行把控，做好数据采集、测量、计算和衡量工作，确保工作能够按计划进度实施，同时建立起数据采集、收集过程的原始记录和数据等项目文档。

(3) C阶段。

C阶段的主要任务是确认实施方案是否达到了目标。

IBM前CEO郭士纳说过："下属只做你检查的工作，不做你希望的工作。"这句话道破了检查验证、评估效果的重要性。

计划是否合适、方案是否有效、目标是否完成，这些都需要效果验证后才能得出结论。首先是采集证据，对采集到的各项信息进行总结分析。其次是比较，把完成情况同目标值进行比较，看是否达到了预定的目标。再次是分类处理，对于没有达到预期结果的，应该确认是否严格按照计划进行了落地实施，如果是，就证明计划是失败的，需要重新确定最佳方案；如果否，就证明执行过程出现了问题，需要明确未按计划执行的各项活动。

(4) A阶段。

A阶段的主要任务是将经验标准化，将问题转入下轮。

❶总结成绩、标准固化经验。标准化是维持企业治理现状不下滑，并积累、沉淀经验的最好方法，也是企业治理水平不断提升的基础。对已被证明有效的措施，一定要进行标准化，并进行推广和复制。

163

❷总结教训，处理遗留问题。即使计划再完美，方案再完整，也不可能在一个PDCA循环中全部解决所有的问题，企业应将遗留问题和新出现的问题自动转入下一个PDCA循环中解决。

A阶段是PDCA循环的关键环节，是处理"解决问题、总结经验、吸取教训、修订标准"四大事项的重要阶段，也是推动PDCA循环向前转动的动力。

4.3.3 用八何分析法（6W2H）和5WHY找到问题根因
1. 八何分析法（6W2H）

八何分析法也叫作6W2H（WWWWWWHH）分析法，是一种思考方法，更是一种创造技法。是对选定的项目、工序或操作，在调查研究的基础上，都要从原因（何因Why）、对象（何事What）、地点（何地Where）、时间（何时When）、人员（何人Who）、意外（何果What if）、方法（何法How）、资源（何来How much）等八个方面提出问题进行思考。

6W2H分析法为人们提供了科学的工作分析方法，该方法常被运用到制订计划草案上和对工作的分析与规划中，并能使工作有效执行，从而提高效率。6W2H分析法广泛应用于企业管理、生产生活、教学科研等方面，极大方便了人们的工作、生活。

（1）针对不同的类型、不同的问题、不同的性质采用不同的发问。

为什么（Why）——何因。为什么领一支铅笔也要填写申请单？为什么这么小的事情要盖机关大印？为什么一张登记表要等待两月？为什么要重视管制？为什么不允许自由竞争？为什么要这样做？不这样做有何不可？为什么不用机械代替人力？

对象（What）——何事。目的是什么？条件是什么？重点是什么？功用是什么？规范是什么？什么有关系？卖什么东西最适合？

人员（Who）——何人。谁来办最方便？谁不可以办？谁会赞成？谁被忽略了？谁是决策者？谁需要接受培训？谁是未来的客户？

时间和程序（When）——何时。为什么要在这个时候干？何时要完成？需要几天才算合理？何时最切合时宜？现在是否行动？能不能在其他时候干？将来会有何转变？

场所（Where）——何地。生产是在哪里干的？何地做最适宜？从哪里去买？还有什么地方可以卖？怎样从甲地搬到乙地？何地销货量减少最多？为什么偏偏要在这个地方干？换个地方行不行？

场所（What if）——何果。做到什么程度？质量水平如何？万一没实现目标怎么办？万一出现差错怎么办？万一出现不可抗力怎么办？

方式（How）——何法。他们是怎样干的？为什么用这种方法来干？有没有别的方法可以干？怎样做最省力？怎样做最快？怎样做效率最高？有什么更好的办法？怎样改进？

怎样避免失败？怎样求发展？怎样从点滴做起？怎样增加销路？怎样加强售后服务？

资源（How much）——何来。该花费多少钱？需要多少物力？投产比如何？钱够不够？钱从哪里来？还需要什么资源？

6W2H提问技巧如表4-5所示。

表4-5　6W2H提问技巧表

6W2H 提问技巧	第一次提问 现状	第二次提问 为什么	第三次提问 能否改善	结论 新的方案
对象（What）	生产什么	为什么要生产这种产品和配件	是否可以生产别的	到底应该生产什么
目的（Why）	什么目的	为什么是这种目的	有无别的目的	应该是什么目的
地点（Where）	在何处做	为何要在此处做	有无其他更好的地方	应该在何处做
时间（When）	何时做	为何要在此时做	有无其他更好的时间	应该在何时做
人物（Who）	由何人来做	为何要此人做	有无其他更好的人	应该由何人做
方法（How）	如何做	为何要这样做	有无其他更好的方法	应该如何做
意外（What if）	能实现吗	为什么	意外是什么	如何应对
多少（How much）	花多少钱	预算够吗	能少花吗	钱从哪里来

（2）6W2H分析技巧（ECRS分析原则）。

ECRS分析法，包括取消（Eliminate）、合并（Combine）、重组（Rearrange）、简化（Simplify）四种方法。在进行6W2H分析的基础上，可以寻找工序流程的改善方向，找到更好的效能和更佳的工序方法，以取代现行的工作方法。

❶取消：能不能取消某道工序或某个动作。首先考虑该项工作有无取消的可能性，如果有，就取消。如果此项工作、此道工序或此次操作可以取消而不影响工作效果，取消便是最有效果的改善方式。如果不能全部取消，可考虑部分取消，如在考虑成本的基础上，某些零部件由本厂自行制造变为外购，这也是一种取消和改善。

例如，取消所有多余的步骤或动作（包括身体、四肢、手和眼的动作，如抓握、搬运等）；减少工作中的不规则性，如将工具存放地点固定，形成习惯性机械动作等；取消笨拙的或不自然、不流畅的动作；尽量减少一切肌肉力量的使用；减少对惯性、动量的克服；杜绝一切危险动作和隐患；除必要的休息外，取消工作中的一切人员和设备的闲置时间。

❷合并：对不能取消的活动进行合并。合并就是将两个或两个以上的工序或活动合并成一个。合并后可以有效地消除重复现象，能取得较大的改善效果。当工序之间的生产能力不平衡，出现人浮于事和忙闲不均时，就需要对这些工序进行调整和合并。有

些相同的工作可分散在不同的工序进行，也要考虑能否全部合并在一道工序内。

例如，工序或工作的合并、工具的合并、控制的合并，以及动作的合并；合并多个方向突变的动作，形成单一方向的连续动作；固定机器运行周期，并使工作能在一个周期内完成。

❸重组：改变工序或工艺。重组也被称为替换，就是通过改变工作程序，使工作的先后顺序重新组合，以达到改善工作的目的。

例如，前后工序的对换；使两只手的工作负荷均衡，而且同时进行，相互对称；手的动作改换为脚的动作；生产现场机器设备位置的调整等。

又如，自助餐厅把炒饭、炒面、烤薯条等排在前面，虾、刺身、生蚝等放在后面，这样可以节省较贵的菜肴材料费。顾客取菜之初，难免犯多多益善的毛病，炒饭、炒面、烤薯条装满一盘子之后，才发现后面的虾、乳鸽等美味食物，可是盘中已无多容身之地，只好少拿一些。

❹简化：简化现行方法。经过取消、合并、重组之后，再对该项工作进一步地深入分析研究，尽量简化现行方法，最大限度地缩短作业时间，提高工作效率。简化就是一种工序的改善，也是局部的省略，如果整体省略就变成了取消。就像电视机遥控器取代人工开关电视、调整频道等工作，简化了程序，提高了效率。

例如，在能够完成工作的基础上使用最小的力气，且注意有间歇有节奏地使用；减少目光搜索的范围与变焦次数；使工作能在正常区域内完成而不必移动身体；使动作幅度减小；使手柄、杠杆、踏板、按钮等控制器适合于人的尺寸与肌体性能；在需要高强度肌肉力量处，借助惯性来获得能量帮助；使用尽可能简单的动作组合；减少每一个动作的复杂程度，尤其是在一个位置上的多个动作。

ECRS与6W2H的对应关系如图4-10所示。

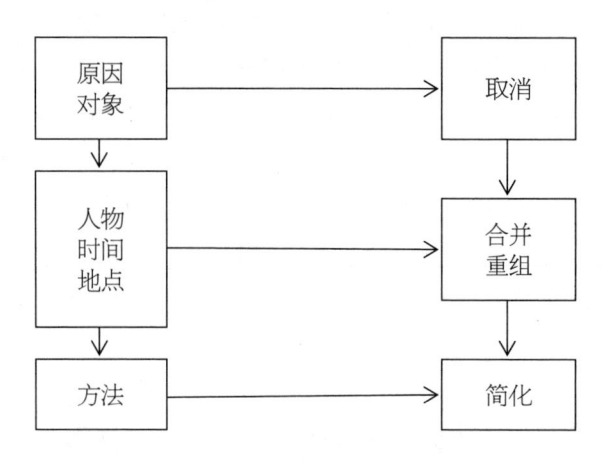

图4-10　ECRS与6W2H的对应关系

2."五个为什么"分析法（5WHY）

5WHY分析法，又称"五问法""五个为什么"，也就是对一个问题点连续以五个"为什么"来追问根原。使用5WHY法时并不限定只进行五次为什么的探讨，有可能只要问三次，也有可能要问八次，目的是通过"打破砂锅问到底"的意识，找到问题的根本原因。5WHY法的关键是鼓励解决问题的人从结果着手，沿着因果关系链条，努力避开主观或自负的假设和逻辑陷阱，顺藤摸瓜，直至找出问题的根源。5WHY分析法如图4-11所示。

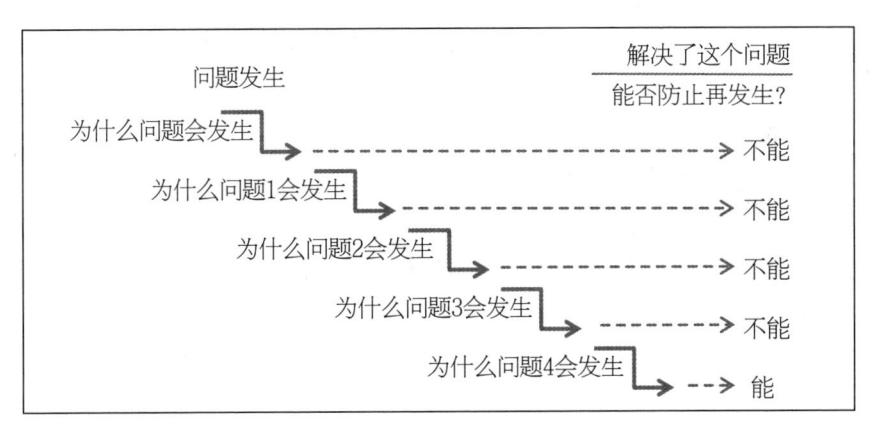

图4-11　5WHY分析法示意图

5WHY分析法要从三个层面来提问。

第一，从技术的角度提问，问题为什么会发生？

第二，从人的角度提问，为什么没有人提前发现？

第三，从流程、制度的角度提问，为什么不能预防？

每个层面经过连续N次询问，得出最终结论，并把三个层面的问题都探寻出来，才能最终发现根本原因，并找到解决办法。

丰田的大野耐一曾举了一个例子来找出停机的真正原因。

- 问题一：为什么机器停了？

  答案一：因为机器超载，保险丝烧断了。

- 问题二：为什么机器会超载？

  答案二：因为轴承的润滑不足。

- 问题三：为什么轴承会润滑不足？

  答案三：因为润滑泵失灵了。

- 问题四：为什么润滑泵会失灵？

答案四：因为它的轮轴耗损了。
- 问题五：为什么润滑泵的轮轴会耗损？

答案五：因为杂质跑到里面去了。

经过连续五次不停地问"为什么"，才找到问题的真正原因和解决方法，最终用在润滑泵上加装滤网的方法彻底解决了问题。如果员工没有以这种刨根问底的精神来发掘问题，他们很可能只是换根保险丝草草了事，真正的问题还是没有解决。

当然了，"五个为什么"不仅是对他人进行询问，当个人解决问题的时候，也要按照这种方式向自己发问，直到找到问题的根本原因。但在很多情况下，因为发散性思维的原因，询问者在问为什么的时候，很难把问题和答案控制在合理范围内。

- 问题一：为什么机器停了？

答案一：因为保险丝烧断了。
- 问题二：为什么保险丝烧断了？

答案二：因为保险丝质量不好。

从上例可看出，第二个问题的答案已经跑偏了，运用5WHY分析法时，这种情况经常出现。所以，使用此法时一定要把握一些基本原则：问题要有一定层次，如按照技术、人、制度的层次逐步分析；答案必须是受控的，这就需要询问者对问题的逻辑和常识比较熟悉。

5WHY分析法是发现问题根因的优秀工具，这个工具看起来简单，实际使用起来却非常困难，重点在于坚持不懈的尝试和思考，加强学习与实践，通过知识的积累和经验的逐渐丰富，一定能够得心应手地使用此法。

4.3.4 用"七种武器"助力TQM进行系统分析

在全面质量管理活动中，全面质量管理的"七种武器"是用于收集和分析质量数据，确定和分析质量问题，控制和改进质量水平，制订实施计划的七种常用方法，包括脑力激荡法、鱼骨图、查检表、柏拉图、直方图、甘特图和散布图（见图4-12）。这些方法科学实用，车间主管和班组长应该熟练掌握，并带领工人将其应用到生产实践中。

1. 脑力激荡法（激创意）

（1）概念分析。

脑力激荡法，即头脑风暴（Brain Storming，BS）法。它是采用会议的方式，引导参加会议的每个人围绕着某中心议题（如质量问题等）广开言路，激发灵感，在自己头脑中掀起思想风暴的一种集体创造性思维的方法。由于个人的思想常受生活习惯、环境及逻辑的影响，因此思路可能局限在某范围内，有时找不出问题的症结所在，而实际上导致问题的原因可能非常简单。脑力激荡法倡导每个人都能毫无顾忌、畅所欲言地发表见解。

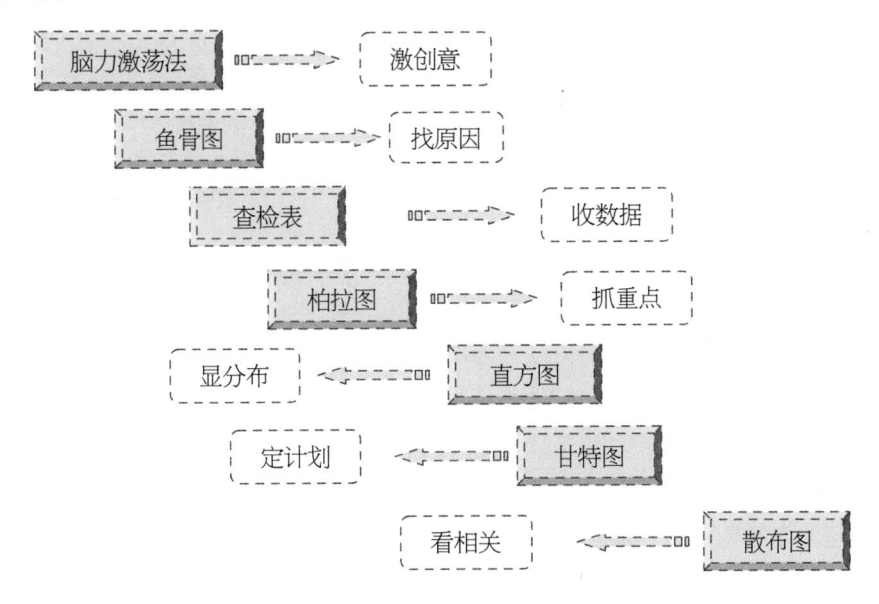

```
脑力激荡法  ┄┄▶  激创意
   鱼骨图   ┄┄▶  找原因
     查检表   ┄┄▶  收数据
       柏拉图   ┄┄▶  抓重点
   显分布  ◀┄┄  直方图
 定计划  ◀┄┄  甘特图
       看相关  ◀┄┄  散布图
```

图4-12　全面质量管理七种武器

爱因斯坦说过，"想象力比智识重要"，脑力激荡法就是利用人类创造性的想象力来解决问题的。创造的想象形成方式如图4-13所示。

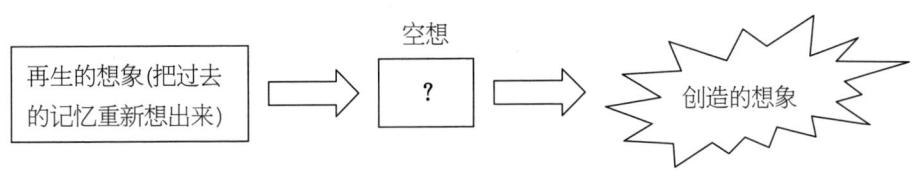

```
再生的想象(把过去    ⇒   空想   ⇒   创造的想象
的记忆重新想出来)         ?
```

图4-13　创造的想象形成方式

(2) 脑力激荡法的四大原则。

第一，禁止批评。对任何构想持有的反对意见，必须保留至会议结束，会议中不管别人的构想是好是坏，绝不批评。

第二，提倡独特。欢迎自由奔放、异想天开的意见，参与者必须毫无拘束、天马行空地思考，构想越奇特越好。

第三，追求数量。构想越多越好，不要顾虑构想内容的好坏。

第四，鼓励借用。根据别人的构想联想另一个构想，即利用一个灵感激发另一个灵感，或者把别人的构想加以修正变成更好的构想。

(3) 脑力激荡法技巧的运用。

第一，会议。脑力激荡法的运用，必须借着会议讨论方式进行，大家海阔天空地谈论，不受限制，在彼此脑力的激荡下，激发出新的构想或方法，正是"三个臭皮匠，胜过诸葛亮"。此种会议不是一般判断性的会议，而是创造性的会议。

第二，工具。配合鱼骨图的运用，把每位成员的构想或方法在鱼骨图上列明，如此一来，导致问题的原因就纲目分明。

第三，焦点法。以较简单的日常题目作焦点进行讨论，再以模拟方式强制联想。

第四，缺点列举法。例如"使用的材料有无缺点？""钢种、尺寸正确吗？""此种改善方法对吗？""有无更好的方法？"

第五，希望目标列举法。例如"如果连接更方便……""如果产品能携带……"。

(4) 脑力激荡法的实施要领。

- 运用脑力激荡法时，若无适当的题目，是不易成功的。
- 不能同时有两个以上的题目混在一起。
- 问题太大时，要分成几个小题。
- 创造力强，分析力也要强，更需具有幽默感。
- 使用脑力激荡法时，会产生无数创意，有时一小时内就能产生几百条创意，但这些创意不一定都具有实用性。
- 最终需要对众多创意进行评价，选取解决问题所必需的构想。
- 评价脑力激荡所想出来的创意时，参与人员最好接受过创造性思维训练，能进行客观判断，并对问题有深刻认识。
- 评价各种创意时，可按照下列分类处理：首选是可以立即实施的创意；次选是需较长时间加以研究或调查的创意；弃选是缺少实用性的创意。

(5) 评价脑力激荡所想出的创意时应避免的词句。

当运用脑力激荡解决问题时，不能使用下列"绝句"，否则会把所提出的创意完全抹杀："理论上说得通，但实际上并不如此""恐怕上级主管不会接受""以前试过了""违反公司的基本政策或方针""会被人讥笑""没有价值吧""可能没有这么多的时间""可能大家不会赞成""我以前想过了""只是没有多大的把握""以后再想想看，以后再研究吧"。

(6) 脑力激荡法的实施步骤。

现以"家庭费用开支大"为例，介绍脑力激荡法的实施步骤。

第一步，召开会议，畅所欲言。

饭店请客费用多；买衣服花费多；还买房贷款；修理自行车（联想到修理家电、房屋修缮等）；丢钱（不允许批评）；随礼多；给领导送礼（越奇特越好）；赡养老人……（构想越多越好）。

第二步，使用6W2H，挖掘根本原因。

Why：为什么买衣服花费多？

Who：给谁买衣服费用多？自己、孩子、父母？

Where：哪里买衣服费用多？品牌店、集贸市场？

When：什么时间买衣服费用多？春、夏、秋、冬？

What：买什么衣服费用多？上衣、内衣、皮衣？

What if：这些衣服不买的话行不行？有没有替代方案？

How：寻找对策。

How much：计算新对策的花费。

第三步，剔除不可控因素。

例如，随礼多，因为我们是礼仪之邦，礼尚往来，这些因素就不考虑、不分析了。

第四步，按类别归类整理成鱼骨图。

消费对象：人、机、料、法、环、其他。

消费类别：衣、食、住、行、其他。

费用类型：娱乐费用、管理费用等。

2. 鱼骨图（找原因）

(1) 鱼骨图的概念。

鱼骨图，又称特性要因图、鱼刺图、石川图。当一个问题的特性（结果）受到一些要因（原因）影响时，将这些要因加以整理，成为有相互关系且有条理的图形，这个图形就被称为鱼骨图。鱼骨图的功能是拓展解决问题的深度和广度，通过整理问题，追查问题真正的原因，并寻找解决问题的对策。

使用鱼骨图时，须运用脑力激荡法，启发每个人的思路，发掘问题的原因所在，绘在鱼骨图上，"骨"表示分类，"刺"表示细目，使问题的原因纲目分明，设法解决主要原因，原因消除后，将对策标准化，如图4-14所示。

类：大骨——要因（方向性），一般用名词表示，可以理解为原因的类别。例如，东、南、西、北、人、机、料、法、衣、食、住、行等。

纲：中骨——次要因（概念性），一般用短语或定性的语言表达。例如，轴承盖难以拆解，试车速度慢，买衣服花费多等。

目：小骨——问题点（事实），就是对中骨的原因进一步分解，当然，小骨下面还可以继续细分成更小的骨，细分的颗粒度以该原因能够采取措施消除为标准。例如，固定插销难以拔出（是中骨"轴承盖难以拆解"的事实之一），油量调整不容易（是中骨"试车速度慢"的事实之一），给孩子买冬装太多（是中骨"买衣服花费多"的事实之一）。

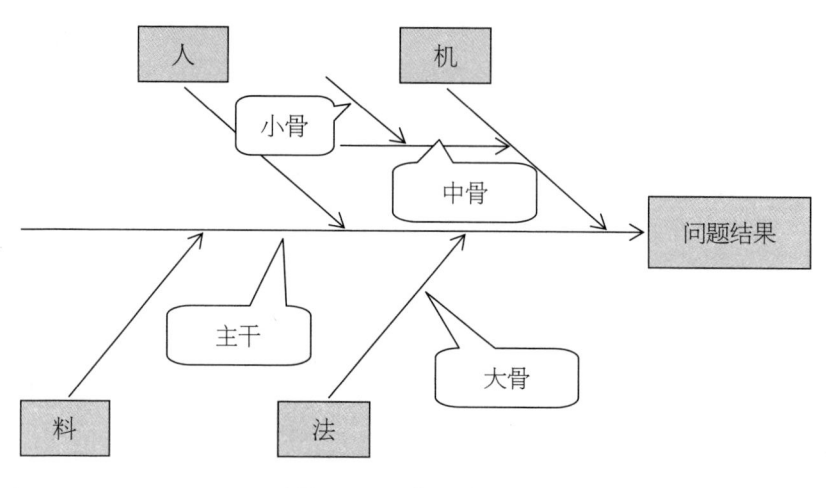

图4-14 鱼骨图示例

(2) 鱼骨图的制作步骤。

画主干：确定待分析的问题，将其写在右侧的方框内，画出主干，箭头指向右端。

画大骨：确定该问题中影响质量原因的分类方法。一般分析工序质量问题时，常按其六大影响因素分类（5ME）；作图时，依次画出大骨，箭头方向从左到右斜指向主干，在箭头尾端写上原因分类项目。

画中骨和小骨：将各分类项目分别展开，每个中骨表示各项目中造成质量问题的一个原因。作图时，中骨平行于主干，箭头指向大骨，将原因记在中骨后面或上下方；然后将原因再展开，分别画小骨，小骨是造成中骨的原因，依次展开，直至细到能采取措施的原因为止。

选重点：仔细检查分析图上标出的原因是否有遗漏，要符合"完全穷尽、相互独立"的原则。最后在形成共识的基础上，把最可能是问题的重要原因用红笔或特殊符号标识，画上方框，作为质量改进的重点。

做标记：注明鱼骨图的名称、绘图时间、绘制者、参与分析人员等必要项目。

(3) 绘制鱼骨图的十大注意事项。

脑力激荡：要集合全员的知识与经验，运用脑力激荡法，集思广益。

以事实为依据：分析大原因时应根据具体情况，适当增减或另立名目，除人、设备、物料、方法、环境等因素外，有时还包括其他如动力、管理等方面的因素。

原因分析越细越好，越细则更能找出关键原因或解决问题的方法。

在逐层分解原因时，要充分使用6W2H的方法分析。

无因果关系者，予以剔除，不予分类。

多加利用过去搜集的资料。

重点放在解决问题上，并依结果提出对策，依6W2H原则执行。

至少要有4根大骨、3根中骨及2根小骨。一个特性要因图就会有24个小要因，且这些要因都不能重复。

鱼骨图中的要因往往是根据经验和技能判定的，不一定是事实，要用查检表的数据来验证。如果没有历史数据，必须到现场观察、测量、试验等，然后加以确认。

现场工作或空闲时，如果想起其他要因，可以随时填上。

3. 查检表（收数据）

(1) 查检表的概念。

查检表，又称为检查表、调查表，就是用一种简单的方式将问题查检出来的表格或图。查检表按性质分为两类：点检用查检表和记录用查检表。

查检表提供了一个记录数据的标准化格式，以协助资料搜集。如果要知道制程的变异情形，这时可利用查检表搜集资料，这种做法可以避免数据的重复抄录及计算错误，而能得到与直方图相同的效果，是一种颇为实用的工具。

记录用查检表示例如表4-6所示。

表4-6　记录用查检表示例

2#连铸机钢坯脱方检查表（支）			

检查项目	1月	2月	3月	合计
甲班				
乙班				
丙班				
丁班				
合计（支）				

(2) 数据的定义和分类。

数据，就是根据测量所得到的数值和资料等事实。所以，数据＝事实，以数据追踪品质，让数据说实话。

数据可以分为两类：一是定量数据，包括计量值（如长度、时间、重量等连续性数据）和计数值（如缺点数、不良品数、样品数、人数等非连续性数据）；二是定性数据，如衣服的美感等以优先级为数据依据。

(3) 数据收集的原则：代表性、真实性、时效性。

- 收集数据的目的要明确，而且要适当区别。

- 应明确规定何时、何地、何人、何法收集数据。
- 明确收集的数据应如何记录，事先准备好数据表和查检表。
- 对收集到的数据应在指定的时间正确整理。
- 除了数据外，应将数据表或查检表的测定条件正确记录下来。
- 测定仪器的精度管理。
- 收集的数据应具有连贯性，最好不要收集非连续性数据。
- 原始数据的收集最好由现场第一作业员负责。
- 数据一定要真实，不要人为修饰。

（4） 设计查检表的步骤及要点。

设计查检表的步骤如下所述。

- 第一步，明确收集数据的目的。
- 第二步，确定为达到目的所需搜集的数据（这里强调问题）。
- 第三步，确定分析数据的方法（如运用哪种统计方法）和负责人。
- 第四步，根据不同目的，设计用于记录数据的调查表格式，其内容应包括：调查者、调查的时间、地点和方式等栏目。

设计查检表要注意以下要点。

- 要使应用者能一眼看出查检表的整体概况，查检表要简明、易填写、易识别，记录的项目和方式力求简单。
- 尽可能以符号记入，避免文字或数字的出现。
- 尽量减少项目，查检项目以4~6项为原则，要保留其他项。
- 查检项目要随时修正，必要的加进去，不必要的删去（活动期间要不断修正）。
- 要将检查结果反馈至有关单位，异常数据多时要立即采取行动。
- 要尽量用"○、△、×、√、正"等简单符号表示查检内容的统计情况，如多种符号同时使用于一个查检表时，要在符号后注明其所代表的意义。

4. 柏拉图(抓重点)

（1） 柏拉图的概念。

柏拉图（Pareto Analysis），又称排列图、帕累托图、重点分析图，是根据所搜集到的数据，以不同区分标准单位加以整理、分类，计算出各分类项目所占比例后按照大小顺序排列，再加上累积值，最后形成的图形，如图4-15所示。

俗语说"打蛇打七寸，擒贼先擒王"。柏拉图分析是企管学里的二八定律，抓住20%数量占比的要因，就可以解决80%的问题。所以柏拉图分析的目的是抓重点，事情找重点，问题找症结，才能迅速解决。

柏拉图能够助力企业迅速掌握问题重点，了解问题的基本症结所在，反映了每个原因导致问题的百分比。通过柏拉图，分析者能把握问题的核心，抓住重点原因，对症下药，并确认改善效果。

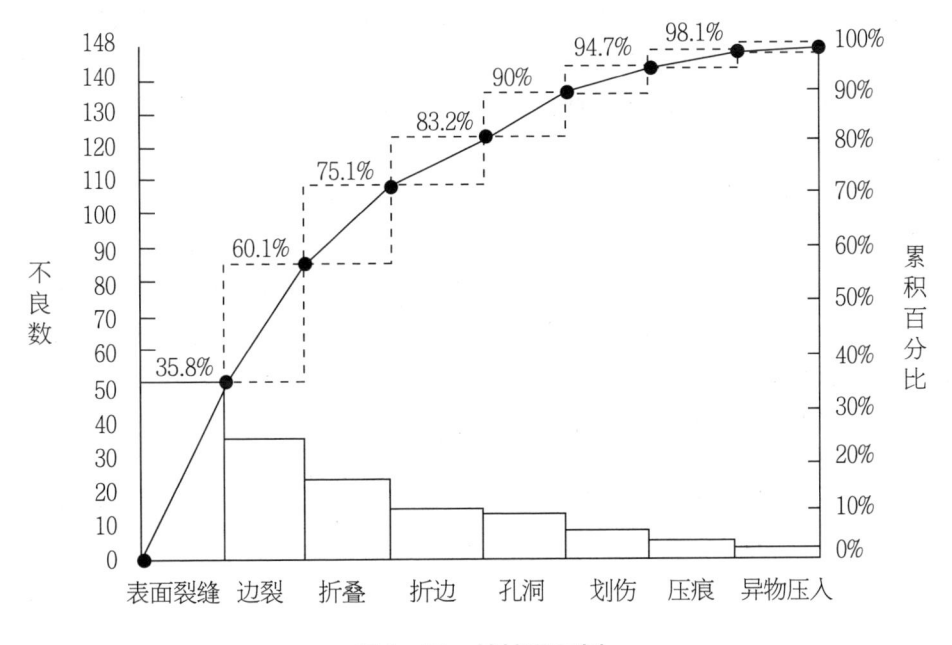

图4-15　柏拉图示例

(2) 柏拉图的制作步骤。
- 收集数据，并用查检表记录，或绘制鱼骨图。
- 把数据分类好的项目进行汇总，由多到少排序，并计算累积百分比。
- 绘制横轴与纵轴刻度，注意纵横坐标要均衡；左轴代表量（金额、时间、次数等），右轴代表累积百分比，无箭头。
- 绘制柱状图（无间隔）；项目别宽度统一，虚线向上平移；柏拉图的项目别可以用大骨，也可以用中骨或小骨，但不能混在一起使用；其他项目放在最后，不可能高于第二项或第三项。
- 连接各矩形的对角线，填上累积百分比。
- 绘制累积积分曲线。
- 记入必要事项（如总检查数、不良数、检查者、绘制者、日期）。
- 分析柏拉图。

(3) 使用柏拉图的注意事项。
- 分析柏拉图时只要抓住前面2～3项原因就可以。
- 柏拉图的分类项目不要太少，4～9项较合适，最多不超过9项；如果分类项目太多，超过9项，可划入"其他"；如果分类项目太少，少于4项，做的柏拉图无实际意义；其他项要放在最后面。

- 如果发现柏拉图各项目分配比例差不多，柏拉图就失去意义了，与柏拉图法则不符，应从其他角度收集数据再做分析。
- 柏拉图是管理改善的手段而非目的，如果数据类别已经很清楚，则无须再花时间制作柏拉图。

5. 直方图（显分布）

(1) 直方图的概念。

直方图又称质量分布图或柱状图，它是表示信息变化情况的一种主要工具。直方图是将所收集的数据、特性值或结果值，在横轴上适当地区分成几个相等区间，并将各区间内测定值所出现的次数累加起来，画成以组距为底边、以频数为高度的一系列连接起来的直方型矩形图（柱形），如图4-16所示。

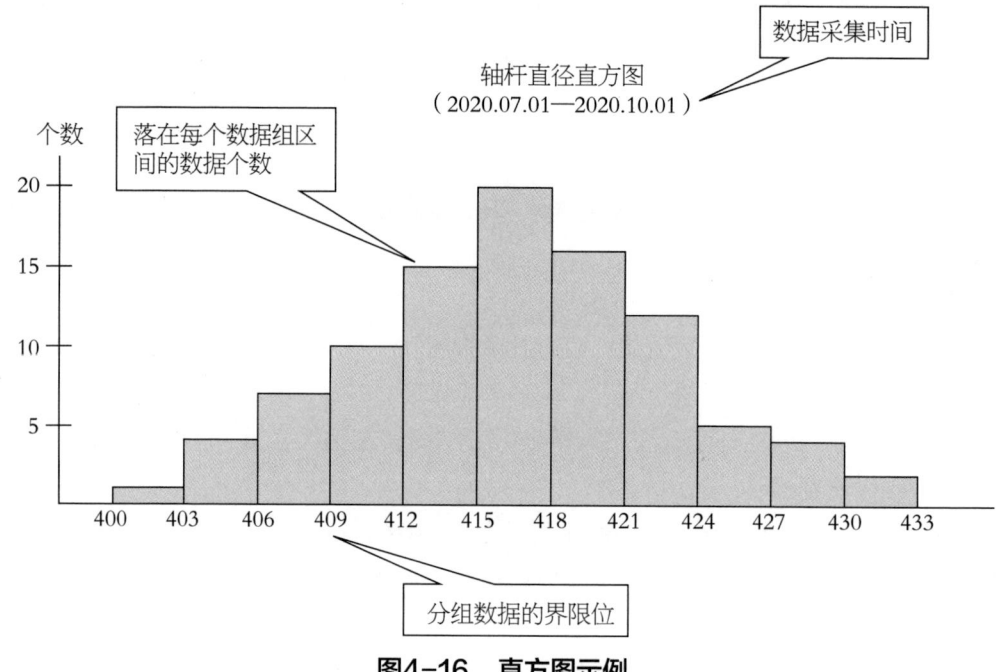

图4-16 直方图示例

在质量管理中，如何预测并监控产品质量状况？如何对质量波动进行分析？直方图就是一目了然地把这些问题图表化处理的工具。直方图通过对收集到的貌似无序的数据进行处理，解析出信息的规则性，比较直观地反映出产品质量特性的分布状态和分布情况，便于判断其总体质量分布情况，判断和预测产品质量及不合格率。可以判断一批已加工完毕的产品，或验证工序的稳定性，为计算工序能力搜集有关数据。

(2) 直方图的制作步骤。

制作直方图时，要用到统计学的概念，首先要按照一定的规则对信息进行分组，这里的关键点是如何合理分组，然后按组距相等的原则确定分组数和组距。

- 收集数据并且记录下来，且记录数据的个数N。
- 计算全距R：全距就是全部数据最大值和最小值的差。首先找出全体数据中的最大值（L）和最小值（S），然后计算全距（R）=最大值（L）-最小值（S）。
- 计算平均值X：X=全部数据的和÷N。
- 确定组数K：把数据由大到小排列，并分成5~12个组（在实际操作中，无须使用太多工具，如史特吉斯公式等，要视具体情况决定组数）。
- 计算组距H：H=R÷K=全距÷组数。
- 计算各组上、下组界：第一组，下界=最小值，上界=下界+组距；第二组，下界=第一组上界，上界=下界+组距；以此类推。
- 计算组中心点：组的中心点=（上组界+下组界）÷2。
- 计算频数：计算落在各组数据中的数据个数。
- 制作直方图：以组距为底长，以频数为高，做出各组的矩形图。
- 做标注：填上主题、规格、平均值、数据来源、日期、作者等数据。

(3) 直方图的应用原则。

- 抽取的样本数量不能过小，否则会产生较大误差，可信度低，也就失去了统计的意义。因此，样本数不应少于50个。
- 组数K控制在5~12，K偏大或偏小，都会影响对分布状态的判断。
- 直方图一般适用于计量值数据，但在某些情况下也适用于计数值数据，这要依据绘制直方图的目的而定。
- 图形要完整，标注应齐全。

6. 散布图（看相关）

(1) 散布图的概念。

散布图又称相关图，它是将两个可能相关的变量数据用点画在坐标图上，把互相有关联的对应数据，在方格纸上以纵轴表示结果，以横轴表示原因，然后用点表示出分布形态，根据分布的形态来判断对应数据之间的相互关系，判断一组成对数据之间是否有相关性。散布图的主要目的是检定两变数间的相关性，从特性要求寻找要因，根据要因预估特性水准。

这种成对的数据可能是特性—原因、特性—特性、原因—原因的关系，通过观察分析散布图，来判断两个变量之间的相关关系。例如，热处理时淬火温度与工件硬度之间的关系，某种元素在材料中的含量与材料强度的关系等。这种关系虽然存在，但又难以用精确的公式或函数关系表示，在这种情况下用散布图分析就很方便。假定有一对变量X和Y，X表示某一种影响因素，Y表示某一质量特征值，通过实验或收集到的X和Y的数据，可以在坐标图上用点表示出来，根据点的分布特点，可以判断X和Y的相关性，如图4-17所示。

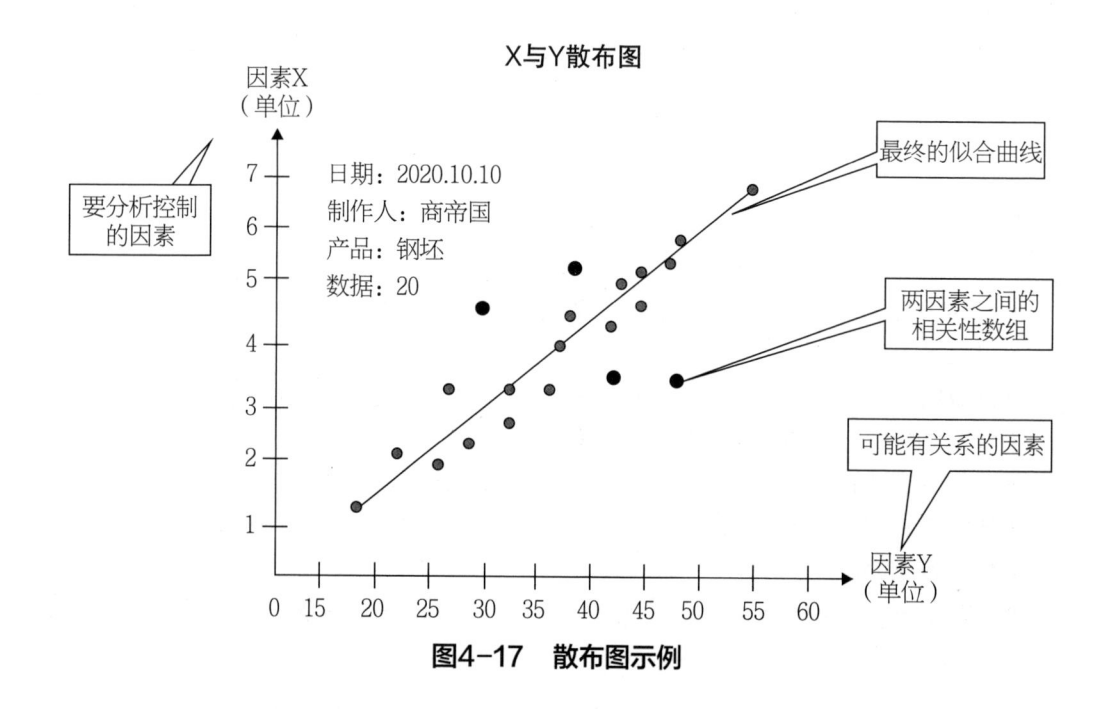

X与Y散布图

图4-17　散布图示例

(2) 散布图的制作步骤。

- 收集数据：收集相对应的数据，至少30组以上，并且整理写到数据表上。
- 计算刻度和组距：找出数据之中的最大值和最小值，标出纵轴与横轴的刻度，计算组距。
- 标注数据：将各组对数据标示在坐标上。
- 画拟合曲线：判断是否相关、相关性强弱、是正相关还是负相关、是直线相关还是曲线相关，并依据相关性判断画出拟合曲线。
- 记录必要事项：日期、制作人、制作日期、目标对象等。
- 分析判断：异常趋势或者离群点就是问题。

7. 甘特图（收结果）

(1) 甘特图的概念。

前面的六大工具是用于质量问题的收集、记录、分析、定策略的，最终必须要根据以上的输出物排定可执行的计划，这项工作就要交给甘特图来完成。

甘特图（Gantt Chart）又称横道图、条状图(Bar chart)，是通过条状图来显示项目进度，其他和时间相关的工作进展的内在关系，以及各项工作随时间进展的情况。因为由亨利·劳伦斯·甘特（Henry Laurence Gantt）先生提出，所以被命名为甘特图。

甘特图以作业排序为目的，以图示形式通过活动列表和时间刻度表示出特定项目的顺序与持续时间，是一组线条图，横轴表示时间，纵轴表示项目，线条表示期间计划和实际完成情况，直观地表明了计划何时进行，进展与要求的对比，便于管理者弄清项目的剩余任务，评估工作进度。

甘特图按内容不同，有计划图表（见图4-18）、负荷图表、机器闲置图表、人员闲置图表和进度表五种形式。

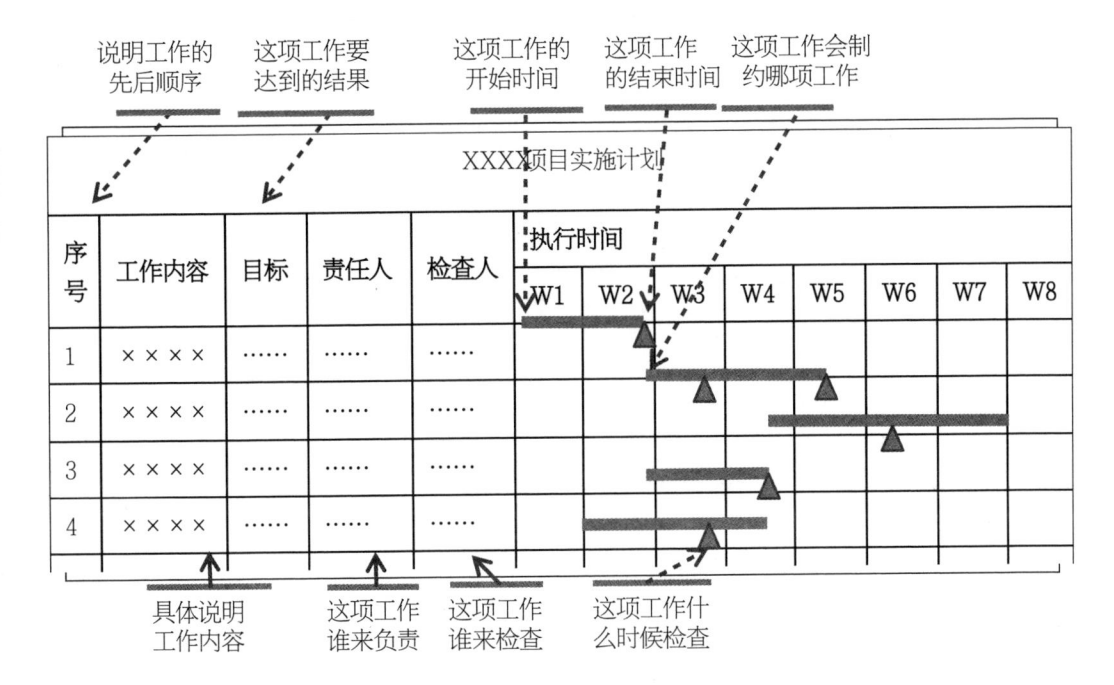

图4-18 甘特图示例

（1）甘特图的绘制步骤。

- 将项目分解成一项项具体的、可独立完成的工作，内容包括项目名称（包括顺序），任务类型（依赖/决定性）和依赖于哪一项任务。
- 制订每一项工作要达成的目标。
- 确定计划完成每一项工作要用的时间：包括开始时间和工期。
- 从最后一项工作倒推，确定工作顺序。
- 创建甘特图草图：将所有的项目按照开始时间、工期标注在甘特图上。
- 确定项目活动依赖关系及时序进度：排出最长（时间）工作链的计划表，然后把其他工作项排入计划表，并安排项目进度。

此步骤将保证在未来计划有所调整的情况下，各项活动仍然能够按照正确的时序进行，也就是确保所有依赖性活动能并且只能在决定性活动完成之后按计划展开，同时避免关键性路径过长。关键性路径是由贯穿项目始终的关键性任务决定的，它既表示了项目的最长耗时，也表示了完成项目的最短可能时间。同时，要给进度表上的不可预知事件安排适量的富余时间。不过，富余时间不适用于关键性任务，因为作为关键性路径的一部分，其时序进度对整个项目至关重要。

- 计算单项活动任务的工时量。
- 确定活动任务的执行人员和检察人员，并适时按需调整工时。
- 计算整个项目时间。

第 5 章
精益管理的四大项目打造

大脑主管思维，经脉主管信息，骨骼主管动力，而肌肉主管通路和形象。从这个意义上说，精益思维就是大脑，精益管理体系就是经脉，精益生产就是骨骼，精益专项项目就是肌肉。

5.1 建设实践性的培训体系

5.1.1 企业培训的必要性

企业的外部环境和内部环境是随时变化的，企业的各种资源也是在波动变化中的，这就导致企业的发展是动态的。然而，这些变化往往导致各种问题的产生与扩大，企业为了应对这些变化，不断寻求各种解决问题的方案，尤其是优化升级企业内部生产经营资源。在企业的各项资源中，人力资源是最重要、最具有可塑性的资源，也是其他各项资源得以良好利用的根基，所以通过培训提升组织能力与员工能力是一条非常有效的途径。

企业为什么要培训员工？有的企业认为，培训是给予员工的一项福利，符合员工的自身利益，提升员工对企业的满意度。有的企业认为，培训能够提升员工的知识与技能，提高工作效率，降低工作成本，符合企业的效益追求。有的企业则认为培训意义不大，不仅增加了成本，还会在一定程度上加快人才流失，尤其是工资增长速度慢的企业。还有的企业认为，员工在教室里学到的是呆板僵化的知识，用处不大，不如在一线实践获得的真才实干有用。

关于培训问题，企业都有自己的看法，而且都会举出众多翔实的案例加以佐证。现在不去讨论哪种说法正确，也不去质疑每个案例的真实性，笔者在这里问八个方面的问题。

- 你公司的员工是否都是"大咖"？是否都具备了本岗位所需的全部知识和能力？
- 你公司的这些"大咖"们是否不学习或者通过自学就能满足企业未来发展的能力需求？
- 你公司的员工是否都是自燃、自驱、自主学习型？他们是否都知道自己的学习方向和方法？
- 你公司的管理人员是否都是领导力超强，能够进行内部培训和指导，且帮助自己的员工实现以上三点？
- 上述情况中，是否大家花费的时间更少，取得的效果更佳？
- 是否每个人都给公司留下了最好的经验和知识沉淀？
- 是否每位员工都对公司充满了热情，并且能够配合工作？
- 是否任何人的离职都不会影响团队整体业务的进展？

事实证明，至少在笔者接触过的众多企业家和企业管理人员中，对以上问题的回答都是"否"，这就说明企业必须要安排合适的培训活动，才能让员工掌握必要的知识与能力，真正有效地完成工作，正如华为大学之于华为的发展。

培训是否具有不可替代的作用呢？这个问题的答案决定了企业能否持续性地培养员工，不断地增强组织整体能力。如果采用对比法，思考不培训可能带来的问题，就会发现，如果企业没有对员工持续性地培训，将会出现下列情况。

- 员工能力参差不齐，无法最大化工作绩效，形成浪费。
- 员工对公司产品、服务及其他相关知识掌握不足，影响工作成果。
- 员工无法形成统一的文化、思想和意识，影响团队合作与协调。
- 员工对外交流时无法传递准确、真实的信息。

因此，员工就会对自身工作缺乏信心，不敢接受挑战和承担责任，企业无法建立解决问题、分享知识和传承经验的体系。

很多企业会说，这好办，我们可以通过优化流程、完善制度、做好员工激励、形成标准化作业来解决，不过以上这些措施是否就不需要通过良好的培训来实现呢？答案是否定的。由于员工个体的差异性和工作任务的多样性，在实际工作中总会遇到个人能力不足的情况，仅靠决心和意志力是无法解决这些问题的，只有通过系统化的理论培训和实践培训来弥补。所以说，企业内部培训是非常必要的。

5.1.2 培训体系

"整体设计"是培训体系建设的六大原则之一，同时也是核心原则，既是对培训目标的细化和分解，也是对培训工作的整体计划，是培训体系建设的总体指导方针和实施方案。

在开始论述培训体系设计之前，我们先来考虑几个问题，并带着问题深入学习。

- 该体系是否能有效提高员工的素质和能力？
- 该体系是否能促进员工将培训的内容转化为工作业绩？
- 该体系的投资是否控制在一个可以接受的范围之内？
- 该体系的投资回报率是否符合预期？
- 该体系是否能体现培训工作不可替代的优势？

企业培训体系是在企业内实施培训的组织机构、职责、方法、程序、过程和资源等诸多要素构成的整体，这些要素相互联系，互相影响，形成一套结构化的动态体系。企业在搭建培训体系时，必须从战略的高度、经营的宽度、管理的深度长远规划，并且掌握内外部环境各种可控、不可控的因素，多参考成功模型，多思索自身特质，才能够设计出一套符合自身企业发展，并且能因时、因地、因人制宜的完整体系。

培训体系包括三大系统和十大要素：三大系统即培训管理系统、培训支撑系统和培训运行系统；十大要素即培训理念、培训管理流程、培训管理制度、培训机构、培训课程、培训队伍、需求分析、培训计划、组织与实施、考核与评估等,其相互关系如图5-1所示。

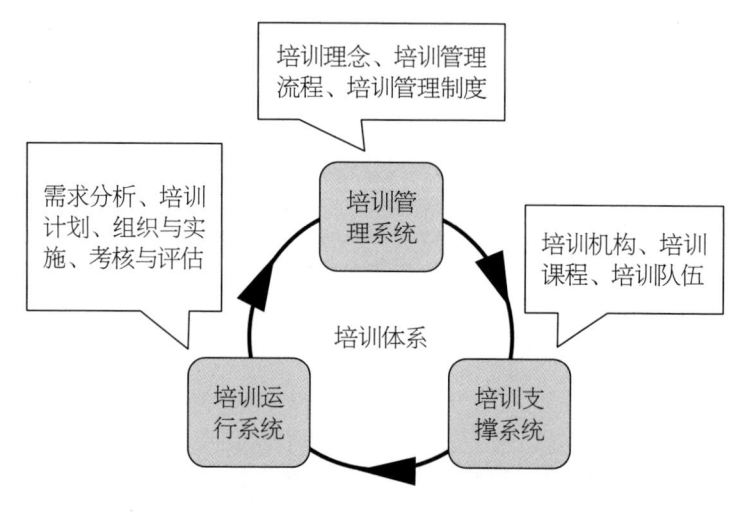

图5-1 培训体系的三大系统和十大要素

1. 培训管理系统:由培训理念、培训管理流程和培训管理制度组成

培训理念是企业在长期的培训实践过程中积累及理性思考所形成的对培训使命、培训目标、培训内容和方式等方面的高度概括,是整个管理体系的灵魂;培训管理流程是指引培训体系运行、支撑两大系统各项要素有序开展工作的规程,包括培训计划制订流程,培训实施流程,培训考评流程,培训师选拔流程等;培训管理制度是对培训中涉及的人、事、物的规范和指导,包括与三大系统、十大要素相关的职责管理、课程体系管理、培训队伍管理、培训实施管理、考核激励政策等。

2. 培训支撑系统:由培训机构、培训课程和培训队伍组成

培训机构是企业开展自主培训的主体和基础,是人力资源平台的重要组成部分,对提高企业人才素质和能力,增强企业核心竞争力起关键性作用。企业要以岗位培训和继续教育为主开展员工培训,要根据企业战略目标的要求,规划和实施培训工作,为企业提高各类人员素质和可持续发展服务。原则上不进行学历教育,不承担社会教育培训的职能。

培训课程主要包括课程目标、课程体系、培训教材、授课计划和教学手段等。培训课程的设置要坚持"变与不变"的平衡,应适应时代、行业、企业的变化,处于动态的相对变化之中,要根据企业环境变化和技术进步的因素,具有一定的针对性和超前性。最根本的一点,培训课程的内容一定要实用,要和实际工作和未来工作相结合,既应该起到立竿见影的效果,又应该起到提高创新能力、促进企业发展的效果,并基于此进行科学的培训教材编制。

培训队伍是组织开展培训活动的专门工作人员团队，从职责上划分，培训队伍包括三类人员——培训管理人员、培训师和培训支持人员。培训队伍是整个培训体系的执行主体，是制订培训规划和计划，进行培训需求分析、设计与策划、组织与实施、考核与评估的具体落实者，在培训中起主导和决定性作用。培训队伍的素质和能力直接决定着企业培训水平的高低，企业要明确培训机构和培训队伍的地位，在重视企业人才战略的同时，注重加强对培训队伍的管理，建立完善的薪酬激励和约束机制，促进培训队伍建设工作的稳定发展。

3. 培训运行系统：由需求分析、培训计划、组织与实施和考核与评估组成

需求分析，是在规划与设计培训之前，由用人部门、培训机构、人资部门等，对企业及全体员工进行全面系统的信息收集与分析，以确定培训方式和培训内容的过程。需求分析的核心是确认培训对象现有知识和技能与通过培训可达到的知识和技能之间的差距，并以此为依据确认培训内容和培训方式。需求分析主要针对两部分内容：一是培训规划前置分析，二是培训项目的需求分析。

培训计划，是根据需求分析结果，进行培训项目的设计与策划。制订培训计划的主要任务是：明确培训工作的总体要求、目标和任务；分析与整合培训工作需要的各项资源；编制培训规划和培训计划；编制培训大纲，设计课程体系；选聘培训师，确定培训教材；为培训的组织与实施做好各项准备工作。

组织与实施，即培训机构和用人单位相互配合，按照既定的培训计划，规范、有效地运作好培训项目。在培训过程中，做好培训工作的质量监督，对比调研分析报告、培训过程记录与培训计划的相关内容，了解并分析培训工作的运行进程和实施效果，提出改进意见，监督培训计划的落实。

考核与评估是对整个培训项目运作的效果确认和激励培训师的依据。培训工作经过组织与实施后，必须运用科学的理论、方法和程序对培训工作过程及其效果进行系统考核与评估，利用PDCA循环，找出问题，固化经验，实现持续的提高。

在由需求分析、培训计划、组织与实施、考核与评估等要素组成的培训运行系统中，以企业的培训需求为切入点，以员工在知识、技能、态度等方面的差距为依据，以培训效果为检验标准，形成一个有始有终、依次递进、闭合循环的过程。

5.1.3 培训体系建设的原则

不论企业用什么样组织形式来体现培训机构，对培训工作本身来说，统称为培训体系。培训体系的建设必须遵循六大原则：目标明确、文化指引、战略导向、整体协同、系统设计、循序渐进，并在每种原则下使用合适的方法推进。其中，关于系统设计的具体内容将在下节专门讲述。

1. 目标明确：企业培训体系必须具备明确的目标，方可做到有的放矢

首先，培训目标要有实践性。必须做到理论和实践相结合，以"学以致用、学用结合"为原则，通过理论培训来增加知识，通过实战培训来提高能力，通过工作指导来增长经验，培训的目标要在理论、实战和指导三个维度设定，切忌单纯理论教学和单纯实战学习，或者理论和实战脱钩。

其次，培训目标要有针对性。培训必须立足于组织发展的需要，同时符合员工个人的职业发展需要，才能实现组织与个人齐头并进、互为依托、共同发展的目标。不同岗位的员工、不同水平的员工所需要的培训内容和方式都不一样，必须要设计一套科学的培训需求分析机制，保证组织整体水平的提高。

最后，培训目标要符合SMART原则。S（Specific）代表具体，指培训目标要切中特定的工作指标，不能笼统；M（Measurable）代表可度量，指培训目标是数量化或者行为化的，验证这些指标的数据或者信息是可以获得的；A（Attainable）代表可实现，指培训目标在付出努力的情况下可以实现，避免设立过高或过低的目标；R（Relevant）代表相关性，指培训目标与工作的其他目标相关联，与本职工作相关联；T（Time-bound）代表时限性，注重完成培训目标的特定期限。

2. 文化指引：培训体系的建设和实施过程，同时也是企业文化落地的过程，必须通过培训让员工理解和融入企业文化，减少"高能低质"的情况发生

通过培训向员工传递企业的愿景、使命和价值观，培养员工的行为规范、学习习惯和工作作风，全面提高员工的整体素质，从而营造良好、融洽的工作氛围，提升员工的工作满意度和成就感。同时通过不断的学习和创新来提高员工的工作效率，增强员工对组织的认同感，增强员工与员工之间、部门与部门之间的凝聚力和团队精神。

在树立企业文化的时候，员工信心是一个很重要的影响因素，甚至决定着员工能否接受企业的价值观。员工信心的两大特征：一是对现状持有健康的心态，二是对未来抱有积极的预期，培训就是要解决这两方面的问题。员工通过不断学习、实践和提高，加强对自身能力的认可，提高解决未来不确定性问题的能力。

3. 战略导向：企业培训工作是生产经营活动的重要组成部分，最终是为了实现企业的战略目标和长期愿景

在建立培训体系的过程中，企业要从发展战略的角度去思考和统筹，以战略目标为方向，以实现战略目标的需求为依据，以企业发展计划为蓝本，做到"为战略而培训"，而不是"为培训而培训"。一句话，战略需要什么就培训什么，战略需要什么样的员工就把员工培训成什么样的人。

4. 整体协同：培训体系的建设必须要全员参与，做到整个企业的协同，要提升到"一把手工程"的高度

参与培训体系建设的人员既包括人力资源部门和企业管理部门的人员，也包括企业高层管理者、各业务部门管理人员、工作人员和全体培训对象等。只有调动企业全员积极参与，发挥各自优势，才能保证培训体系建设的全面性和有效性。企业发展和员工发展是互相依托、互相促进的关系，科学、完善、系统的培训体系，一定是能够使企业和员工达到长期利益共赢，使企业和员工共同成长的体系。

在培训设计以及实施过程中，仅靠培训工作人员的努力是不够的，必须让员工与部门参与全过程。例如，某公司推出新产品，那么对销售人员的培训重点就是产品特性、卖点和销售话术，以及销售政策与激励政策，在培训设计和实施过程中，销售部门、售后部门应当与培训管理人员共同设计出一套完整的培训方案，并清晰无误地传递给员工。

5. 循序渐进：建立培训体系是一个漫长的过程，不能一蹴而就，要循序渐进地开展工作

继承企业和企业员工在过往培训体系建设中的优秀做法，借鉴国内外优秀企业培训成功的经验，融会贯通，结合企业实际情况，开展培训工作。培训体系建设工作强调过程的质量控制，坚持PDCA循环的系统方法，追求"持续改进、趋于完美"的目标，逐渐建立企业的员工赋能基地。

5.1.4 培训需求分析

培训是企业的重要管理活动，正因为重要，所以培训的目标性非常强，为了确定正确合适的目标，企业需要进行详细的培训需求分析。培训需求分析是在规划与设计每项培训活动之前，由企业培训机构采用科学的方法，对组织及成员的战略、管理、知识、技能等方面进行系统的分析，并最终明确培训方式和培训内容的过程。培训需求分析的目的就是要明确培训原因、培训对象和培训内容，是确定培训目标、设计培训计划、实施培训方案、进行培训评估的前提，是使培训工作准确、及时和有效的基础。

1. 培训需求分析的类型

培训需求分析很重要的一步就是以需求分析的目标为方向，以满足企业需要为前提，确定分析的角度。培训需求分析可以从多个维度进行多角度的分类，但是从实战来看，我们主要从两个维度进行分类：按照分析对象分类，培训需求分析可分为组织分析（战略性）、岗位分析（战术性）和个人分析（战法性）；按照培训需求分类，培训需求分析可分为目前胜任力需求分析（现实性）和未来胜任力需求分析（前瞻性）。

（1）组织分析。

培训需求的组织分析基于组织的战略层面，从全局上把握整个组织的培训需求。主要分析组织的战略目标、经营管理资源、文化特质和所处环境等因素，准确地找出组织存在的问题，深挖问题产生的根源，寻求解决问题的办法，为企业培训机构提供参考，并确定是否可以通过培训有效地解决。

❶组织目标分析：培训始终是为组织服务的，是为组织目标服务的，明确、清晰的组织目标决定培训规划与执行，决定着培训目标。组织目标不清楚，培训目标一定模糊，培训规划就会偏航，培训执行的效果就会不理想。例如，某组织的目标是提高设备的生产效率，那么培训活动必须和设备管理与维护一致。

❷组织资源分析：培训工作不能盲目地追求高大上和全面开花，必须根据企业实力量力而行，这需要明确培训工作可以利用的人力、物力和财力资源，并以此为基础确定培训目标和培训的组织方式。尤其对人力资源的分析，一是为了确定现有人力资源的水平，为培训规划提供依据，二是为了发现可从事培训工作的人才。对物力和财力的分析主要是确定能够投入培训工作的资金、场地、设备等，"有多大锅就做多少饭"。例如，企业资金链紧张，而且培训内容与经营管理水平无关，此时宜采用内部培训的方式，不必花大价钱聘请外部专家；再如，企业营销水平较低，但是企业内部没有这方面的专家，企业就应该聘请外部顾问来做咨询培训。

❸组织内外部环境分析：组织的内外部环境对培训也有较大的影响。内部环境包括组织的价值观、流程、制度、管理方式、经营模式、员工风格等企业文化内容。落地企业文化就是培训的重要功能之一，如果培训规划和企业文化不一致，培训工作就不会在组织内良好地展开，甚至受到抵触。从外部环境来说，世界、国家、行业、科技水平、管理模式等首先会影响组织的目标和资源，进一步影响培训工作的开展，所以企业要对外部环境有一定的前瞻性预判，将战略部的工作和企业培训机构的工作结合到一起。

（2）岗位分析。

培训需求的岗位分析基于工作的战术层面，要分别对目前的工作任务和各岗位进行分析，通过现状与标准的比较，识别差距、分析原因，确认相应的培训需求。因为培训分析最终还是要落到培训对象，也就是人的身上，所以对工作任务的分析也是为岗位分析服务的，同时为个人分析服务。

工作分析的目的是了解工作的详细内容、标准以及达成工作所应具备的知识和技能，其结果作为指导培训课程设计和编制的重要参考，也为了给岗位分析提供提纲。工作分析必须包括三个方面的内容：具体工作任务；完成这些任务所需要的知识、经验、技术、技能、团队等；工作任务的评估标准和考核方式。

岗位分析的目的是明确岗位的职责和能力需求，一是分析该岗位目前是否能够满足工作任务的完成，二是为接下来的个人分析提供依据和标准。岗位分析必须依据价值流和业务流程进行，从完成整个工作的角度上进行分析，决不能把每个岗位仅仅当成一个个独立的岗位。

(3) 个人分析。

培训需求的个人分析基于工作的战法层面，面向的是所有的个体，是对个人特质、工作绩效、工作能力、知识经验的综合评价。通过分析每位员工的现状与目标的差距，确定谁需要接受培训、应该培训的内容等。

对员工的个人分析主要包括以下几个方面。

❶员工历史绩效：包括员工的工作能力、工作表现（出勤情况、工作状态等）、工作成果、工作事故、培训历史、入职前工作经历及表现等。

❷员工自我评价：以员工的工作清单为基础，由员工就工作认知、工作需求、工作效果，以及与工作相关的知识和技能等真实地进行自我评价。

❸知识技能测验：用实操目视化或笔试的方式检验员工的真实工作表现。

❹员工工作态度：员工的工作态度既影响自己的工作表现和知识技能的学习与发挥，也影响团队的氛围，还影响与客户或合作伙伴的关系，在个人分析中非常重要。员工工作态度的分析可以通过态度度量表或者现场观察的方式进行。

(4) 目前胜任力需求分析。

胜任力就是员工胜任工作岗位的综合能力和程度，是某一工作中卓越成就者与表现平庸者之间的个人特征区别，包括个人特质、价值观、个人形象、专业知识、外在认知和技术技能等一切可以被可靠度量的个体特征。有人把胜任力分为职业、行为和战略综合三个维度：职业维度是员工处理日常工作的能力；行为维度是员工处理突发事件或非计划事件的能力；战略综合维度是与组织协调工作有关的管理技能。在实际的培训分析中，胜任力又被定义为员工完成岗位工作的综合素质。

目前胜任力需求分析，就是为了确定当前组织中的关键岗位能力与完成战略目标之间的需求差距，最终通过培训提高，确保目标实现。首先，根据组织分析与岗位分析的结果，依据组织内外部环境的变化，战略目标和绩效指标、岗位职责和岗位能力需求形成岗位胜任力模型，同时，根据员工的个人分析结果，依据个人工作绩效等综合信息，确定个人素质模型；其次，通过对比岗位胜任力模型和个人素质模型、岗位绩效指标和个人绩效表现，找到个人在能力和素质方面的差距，分析个人的素质需求，使培训分析过程更加标准化、具体化，找出培训需求所在。该方法也使组织的绩效评估更加方便，使员工更容易理解组织对他的要求，建立以行动为导向的学习体系。

目前胜任力需求分析过程如图5-2所示。

精益管理法

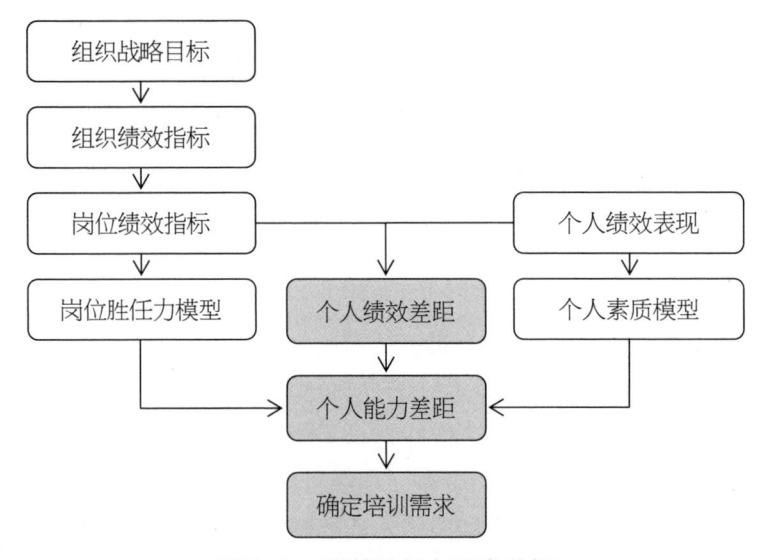

```
组织战略目标
    ↓
组织绩效指标
    ↓
岗位绩效指标 → 个人绩效表现
    ↓              ↓
岗位胜任力模型  个人绩效差距  个人素质模型
    ↓           ↓            ↓
        个人能力差距
            ↓
        确定培训需求
```

图5-2　目前胜任力需求分析

（5）未来胜任力需求分析。

未来胜任力需求分析，是为了应对组织和个人未来的变化，以可预见到的未来组织目标和个人发展目标为方向，确定组织中关键岗位能力与完成目标之间的需求差距，明确个人现在素质模型和未来岗位需求之间的差距，最终通过培训提高，确保目标实现。例如，某钢厂目前的产品是建筑钢，但是根据战略规划三年以后将生产优特钢，那么就要根据这一战略变化调整培训规划；再如，随着技术的不断进步和员工的个人成长，某些员工会因工作需要或个人发展需要为工作调动、职位晋升做准备，这就需要为这部分员工调整培训规划。

未来胜任力需求分析是建立在未来需求的基础上，是为了满足组织和个人未来发展的需要，将个人职业生涯规划与组织的发展前景相结合，在激励员工的基础上，组织获得长远发展，并获得培训工作的主动性与前瞻性。

未来胜任力需求分析过程如图5-3所示。

2. 培训需求分析的实施步骤

培训需求分析要经过五个步骤，分别是确定目标、明确对象、做好准备、开展调研和分析、出具调查分析报告。

（1）确定目标。

培训需求分析一般分为年度需求、单项需求和单课需求，其实施的基本思路和工具是一致的。培训需求分析的第一项工作就是要弄明白调研的目的是什么。

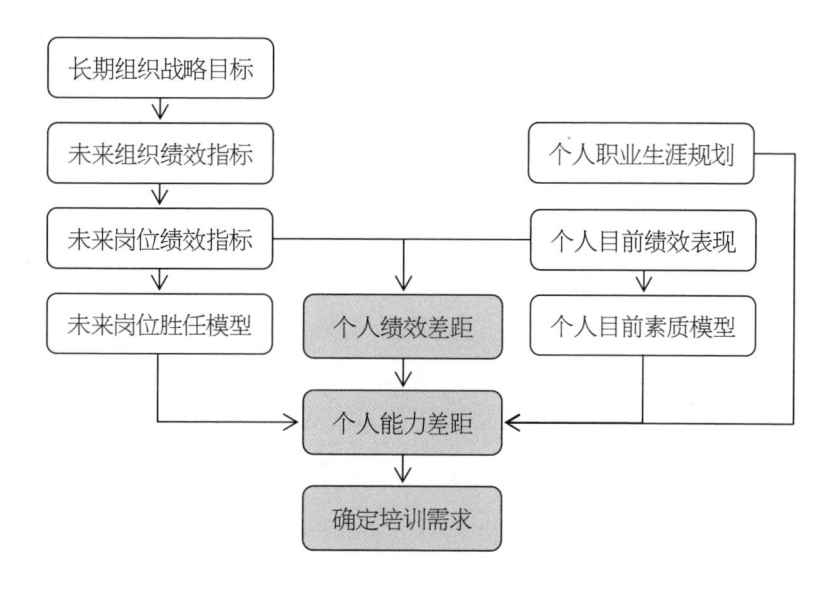

图5-3 未来胜任力需求分析

为此，企业必须用6W2H法先提出并回答以下问题。
- Why：为什么要做这次需求分析？希望通过本次调研解决什么问题？
- What：通过本次需求分析要获取哪些信息？信息颗粒度要细化到什么程度？
- Who：调查对象范围是哪些人？
- When：需要多长时间？
- Where：本次调查要在哪里或哪个公司或哪个部门实施？
- What if：本次调查会出现哪些问题？这些问题如何处理？
- How：用什么方法调查？
- How much：整个调查过程需要调动哪些资源？是否具备这些资源？

(2) 明确对象。

企业要根据第一步确定的调查范围，明确调查对象。调查对象一般分为两类：第一是客户，就是提出需求的人（外部和内部客户），一般也是资源支持者和最终受益者，企业需要深挖客户的需求背景、培训预期、痛点和各种影响因素等，以便后期做好针对性的方案；第二是用户，也就是参与学习项目的学员，这也是培训的直接参与者和受益者，要收集他们的直接需求，验证客户的需求是否符合用户实际。

(3) 做好准备。

客户需求分析是一项非常重要、非常复杂的工作，一旦分析出错，培训的方向就会出错。所以在开始需求调查之前，做好充分的准备工作是整个工作的保障。

准备文件档案。各种文件档案是需求调查的依据，也是工作计划及效果预测的依据。需要准备的文件档案包括：完备的员工背景档案、与培训对象相关的业务数据、过往的培训资料和培训报告、相关的流程和制度等。

制订培训需求调查计划。这是行动的纲领，包括调查项目清单、采用的调查方法、调查工作的实施计划等。

调查流程和相关制度。

培训资料和调查实施资料。包括调查表、访谈表、各种PPT课件、二维码、链接地址、APP、小程序等。

相关客户及支持配合人员的联系方式和基本信息等。

(4) 开展调查和分析。

接下来就要按照行动计划依次开展调查工作，这里主要做好四个方面的工作。

- 实施。按照计划中的调查方法（如访谈、调查、现场观察）实施调查。
- 整理。收集汇总调查得到的各项信息，将信息进行归类整理。
- 分析。分析、总结培训需求，包括组织整体的SWOT分析、受训员工的现状和存在的问题、受训员工的期望和真实想法。
- 确认。结合前期准备的资料和培训需求信息，确认最终培训需求。

(5) 出具需求分析报告。

最后一步就是要交付输出物，这里的输出物就是需求分析报告。需求分析报告为培训部门提供关于培训的详细情况、评估结论及建议，是确定培训目标、设计培训课程计划的依据和前提。

培训需求分析报告包括以下主要内容。

- 背景。需求分析实施的背景，即产生培训需求的原因。
- 目的。开展需求分析的目的和性质，可以以案例的形式和之前成功的需求分析工作进行对比展示。
- 计划。概述需求分析采用的方法和计划，使客户对整个分析活动有一个全面概括的了解，为分析结论的判断提供基础依据。
- 结果。用文字、图表的形式说明分析结果。
- 建议。解释和评价分析结果，提出培训工作开展的建议。
- 附录。附录是为客户对分析报告的方法和结果判定提供参考和依据，包括收集和分析资料用的图表、问卷、部分原始资料等。
- 提要。提要是对报告要点的概括，要求简明扼要，是为了帮助客户迅速掌握需求分析报告中的要点。

3. 培训需求分析的九种方法

培训需求分析可使用的方法很多，在实际操作中有九种常用的方法：访谈法、头脑风暴法、关键事件法、绩效分析法、经验判断法、观察法、问卷调查法、专项测评法和胜任能力分析法。在运用这些方法分析培训需求时，需要注意的是，每一种方法的功能是不一样的，要根据培训目标和培训对象，合理搭配使用各种培训需求分析方法，并结合各种方法的分析结果进行信息归类和综合分析。

(1) 访谈法。

访谈法，是通过与访谈对象进行面对面的交谈来获取培训需求信息。访谈对象的选择要基于培训需求分析的目标：如果要了解企业对成员的期望，就选择企业管理层；如果要了解专业和工作对培训的需求，就选择相关部门的负责人；如果要了解个体对个人的未来发展预期，就选择特定的个人或某一类人。

访谈中提出的问题可以是封闭性的，以获取更易分析的结果；也可以是开放性的，以便能发现更深层次的事实。访谈一般以结构性访谈为主，非结构性访谈为辅，结构性访谈即以标准的模式向所有访谈对象提出同样的问题，非结构性访谈即针对不同对象提出不同的开放式问题。

在运用访谈法的过程中应注意以下几点。

- 首先要确定访谈目标。明确需要了解哪些方面的信息，确定访谈对象。
- 准备完备的访谈提纲。在访谈过程中，要按照访谈提纲启发、引导访谈对象的思路，保证讨论问题的相关性，防止访谈偏离中心。
- 建立融洽的、相互信任的访谈气氛。在访谈中，为了保证收集到的信息的准确性，访谈人员要以平等的心态对待访谈对象，首先取得访谈对象的信任，避免访谈对象产生敌意或抵制情绪。
- 访谈法要和调查问卷法、头脑风暴法结合使用。头脑风暴法就是集中的访谈法，调查问卷的内容可以通过访谈得以补充与核实。

(2) 头脑风暴法。

头脑风暴法，又称为脑力激荡法，我们在前文的"QC七大手法"中做了详细的描述。头脑风暴法不仅在质量管理中起到重要的作用，在分析培训需求的过程中同样可发挥良好的作用。头脑风暴和访谈法有相似之处又有区别，访谈一般是一问一答、个体式进行，头脑风暴是一问多答、集体式进行。使用头脑风暴法时，企业可以寻找内部具有较强分析能力的人，还可以邀请外部专家、上下游的客户、供应商等有关人员，共同组成头脑风暴小组。

在分析培训需求时，运用头脑风暴法的主要步骤如下。

- 准备工作。明确分析目标，确定头脑风暴小组成员，确定讨论主题。
- 召集人员。将头脑风暴小组成员召集在一起，最好是围桌而坐，人数不宜过多，一般控制在十人以内。
- 讨论主题。组织者提出主题，头脑风暴小组成员就某一主题尽快提出培训需求，并在限定时间内进行无拘束的讨论。

- 集思广益。讨论过程中，不许批评和反驳，观点越多越好，思路越广越好。
- 记录整理。所有提出的方案都要当场记录，不做任何结论。
- 分析需求。分析每条培训需求的紧急程度、重要程度与可行性，并按照可行性进行选择，按照紧急程度、重要程度进行四象限分布，最终确定培训需求。

(3) 关键事件法。

关键事件法，类似于整理记录法，用以考察工作过程中潜在的培训需求。确定关键事件的原则是影响组织价值流和核心业务流程的事件。关键事件通常是那些对组织目标起关键性作用、对企业绩效有重大影响的事件，可能是积极作用或消极作用。例如，大客户管理、采购延误、生产系统故障、安全环保事故、产品交期等。

对关键事件的分析要有足够的真实记录，要求各管理岗位人员详细记录员工工作中的关键事件，包括事件发生的原因和背景、员工的权限和行为、事件的后果，以及相关的业务流程等。

在运用关键事件法的过程中应注意以下几点。
- 建立记录媒体，便于保存重大事件的记录，如工作日志、管理人员笔记等。
- 定期分析记录，找出员工在知识和技能方面的缺陷，确定培训需求。

(4) 绩效分析法。

对个人或团队的绩效进行分析是培训需求分析的一种常用方法，因为培训的最终目的就是改善工作绩效，减少或消除实际绩效与目标绩效之间的差距，实现组织的绩效指标。

在运用绩效分析法的过程中应注意以下几点。
- 所选择的绩效指标 定是根据组织的战略目标分解开的指标。
- 重点关注关键业绩指标。
- 找到未实现绩效指标和超预期完成绩效指标的根本原因。

(5) 经验判断法。

有些培训需求具有一定的通用性或规律性，可以凭借管理人员和专业人员的经验加以判断。例如，经验丰富的部门管理者能够轻松判断该部门员工欠缺哪些方面的知识和能力；人力资源部门能够根据过去的工作经验判断新员工需要哪些方面的培训；公司领导和人力资源部门能基本清楚被提拔人员的能力欠缺；很多企业决策者都知道在新建或升级厂房时哪些参与人员需要接受哪些方面的培训。

经验判断法的使用比较灵活，将经验丰富的管理者和专业人员作为被调查对象，既可以选择问卷调查法，也可以采用访谈法或者头脑风暴法。

(6) 观察法。

观察法就是现场观察，通过现场观察员工的工作过程和工作表现，获取最实际的信息，发现问题。观察法的一大弊端就是失真，当被观察者意识到自己正在被观察时，就会刻意用最好的状态和最规范的动作工作，这可能就会使观察结果产生偏差，所以在时间、空间条件允许的前提下，尽量进行多次隐蔽观察。

使用观察法时应注意以下几点。

• 明确标准。观察者必须对被观察对象的工作和工作标准有深刻的了解。

• 尽量隐蔽。观察者不能干扰被观察者的正常工作，应隐蔽观察。

• 有选择性。观察法一般适用于易被直接观察的工作，对技术要求较高的复杂性工作则不适用。

• 轮换观察。除了观察者之外，可以邀请陌生人以各种身份进行观察，多人进行观察，最后多方面汇总最终信息。

(7) 问卷调查法。

问卷调查法就是以标准化的问卷形式列出一组问题，要求调查对象就问题进行打分或做出选择或判断。这是一种常用的方法，更适用于被调查对象人数较多且时间紧张的调查，可以采用APP、网站、电子邮件、传真、纸质等方式填写问卷，也可以通过面谈和电话访谈进行。调查问卷法的缺陷就是被调查者应付了事，导致结果失真。

在分析培训需求时，编写一份优秀问卷的主要步骤如下。

• 制订调查问卷计划表。

• 详细分类列出希望了解的事项清单。

• 平衡封闭式问题和开放式问题的组成比例，编制形成问卷文件。

• 请他人检查问卷，并加以评价，分析评价信息，并优化问卷文件。

• 选择小范围对象进行模拟问卷测试，评估结果。

• 根据评估结果，对问卷进行必要的修改。

• 确定调查方式，可以多方式结合，需要IT或其他部门配合的，要在计划内提前做好安排。

• 实施调查。

(8) 专项测评法。

专项测评法实际上是一种高度专门化的问卷调查方法，比问卷调查要复杂得多，对测评表的设计需要大量的专业知识。专项测评法是基于专业知识进行深层次的调查，一般邀请外部专家或专业的测评公司实施。这里需要考虑时间和费用预算，做好翔实的实施计划和财务预算，并由内部专业团队负责策划和执行。

(9) 胜任能力分析法。

胜任能力分析法就是前文所述的目前胜任力需求分析和未来胜任力需求分析，参考前文内容实施即可，可为公司招聘与甄选员工、员工培训、绩效考评和薪酬管理提供依据。

5.1.5 培训计划的制订步骤

培训计划是按照一定的逻辑顺序制作的行动方案，它是从组织的战略出发，在全面、客观的培训需求分析基础上做出的对培训内容、培训时间、培训地点、培训者、培训对象、培训方式和培训费用等的预先系统设定。

培训计划分为长期计划和短期计划：长期计划主要是以年为单位设计的整体培训规划和培训战略实施计划；短期计划，一是对长期计划的分解，二是突发的、临时的或者为了满足某些方面的需要而安排的培训活动。不论长期计划还是短期计划，实施步骤大同小异。

1. 确认培训预算

不管是内部讲师还是外聘讲师，培训是要花钱的，人力、物力也是钱，不同的硬环境和软环境会影响培训方式的选择和培训计划的制订。在没有确定是否有足够经费支持的情况下，制订出的任何即使非常完美的培训计划都是没有意义的，所以制订培训计划的第一步就是确认组织将在培训和人力发展上投入多少预算。

培训预算通常都是由公司决策层制订的，企业培训机构应该向决策层提交"培训计划建议书"，说明企业培训为什么该花钱、该花哪些钱、该花多少钱、如何有效地花钱，企业在哪些方面能得到回报以及投资回报率的大致范围等。

编制培训预算需要注意两点。

❶预算的分配问题。在确定培训预算时，往往采用人均预算的方式，但在分配预算时，绝对不可按照人头平摊，而应该按照实际预算需求进行平衡。

❷预算与计划的冲突问题。既然是预算，就不可能百分之百的准确，尤其是对于培训这样受各方面因素影响的工作。培训预算往往会与培训计划产生冲突，最主要的冲突是培训预算不足，无法支撑培训计划的完全开展，或者培训预算过高，实际计划需求花不了。不管是哪种情况，都需要通过系统的培训需求分析，提供准确充足的信息。

2. 完善评价体系

前文介绍培训需求分析时提到过岗位胜任力模型和个人胜任力模型，它们也是企业评价体系的一部分，另外还包括企业整体能力模型，这是基于商业模式、管理模式和财经模式确立的企业能力框架。企业整体能力模型、岗位胜任力模型和个人胜任力模型，共同组成了企业的战略能力、战术能力和战法能力的评价体系。企业评价体系为接下来的工作提供指导和依据，培训规划和计划一定是围绕企业评价体系展开的，并以此为中心进行企业的培训需求分析工作，保证最终的培训为个人服务、为企业服务。

3. 建立课程体系

根据培训需求分析的结果，对培训课程进行汇总统计，制作培训课程清单，列明匹配培训需求的所有种类的培训课程。培训课程既要满足大部分员工的共性需求，也要满足少部分员工的个性需求。培训课程要全面、细致、无遗漏，根据课程类型、适用范围等分类整理，形成清晰有序、分层次的课程清单。

课程体系的建立将在下文详述。

4. 确定最终清单

初步的课程清单是一种参考，还必须根据培训预算和评价体系进行调整。在预算方面，计划的总培训需求量往往会超出培训预算，这时候企业要结合评价体系对课程清单进行优先级排序，以最佳绩效产出为目标，最终确定符合预算要求，同时符合企业能力需求，可能对参训员工绩效产生最积极影响的课程。对于某些无法满足的培训需求，一定要对提出需求的员工进行回应，做出一定的规划，如是否将来培训，是否有其他方式（岗位传帮带或者轮岗等）可以满足需求，绝不能置之不理，否则会极大影响该部分员工的积极性。

5. 确定培训队伍

有了最终版的课程清单，就可以确定培训队伍。一般情况，培训管理人员是相对固定的，是参与整个需求分析、计划、实施、评估过程的；培训师和培训支持人员是相对动态的，必须根据课程清单选择。

首先，要决定是由内训师培训还是外聘讲师负责培训。内训师的优势是成本较低，因为更了解企业的业务和流程，与企业实际结合得比较紧密，实战性强。不过，这要充分考虑内训师队伍是否健全，能力是否足够，专业覆盖是否全面。

其次，如果内训师无法满足某些课程的需求，或对某些专业课程，如高管培训、高新技术培训等，外聘讲师比内训师有更丰富的经验和更高的可信度，这就需要外聘讲师。

最后，根据培训师的情况确定培训支持人员，如助教等，毕竟好的助教能当半个家。

6. 确定培训方式

企业可供选择的培训方式很多，但是每种培训方式都有各自的优缺点，每位培训师也都有自己的专长，要根据培训课程的特点、培训对象的情况和讲师风格搭配使用。一名好的培训师都了解自己的风格定位，会根据学员情况合理地选择或者组合各种培训方式。

此处简述几种常用的方式。

（1）现场讲授法。

现场讲授法是最常用、最传统的一种培训方式，是培训师通过语言表达，面对面地向学员系统传授理论、理念和特定知识。该培训方式运用方便，经济高效，有利于学员系统地接受新知识和难点知识，可以方便地掌控学习进度，尤其适用于专家研讨和理论教学。

该培训方式对培训师的要求较高，要求培训师具有丰富的知识和经验，系统性的授课技巧，清晰的课程结构，清晰生动的语言表达，还有肢体语言的合理运用。学习效果与培训师的授课水平有直接的正向关系。同时为了提高现场讲授法的授课效果，培训师应尽量使用多媒体设备提升授课效果，加强培训师与学员之间的沟通交流，用问答等方式变传统的单向信息传递为双向信息交流。

(2) 轮岗法。

轮岗法是一种在职培训的方法，是让培训对象在预定的时期内在不同的工作岗位上轮换，以便获得多个岗位的工作经验。工作轮换能丰富培训对象的工作经历和经验，扩展其知识面；还能增进其对各部门业务和工作的了解，将来在跨部门、合作性的工作中能够更好地协调；同时企业能更快地了解培训对象的优缺点、专长和兴趣爱好，从而做好员工的定向培养。该方法适用于三种情景，一是培养企业新员工，让其对企业有更加全面的了解，找准自己的定位和发展方向，快速融入企业；二是为提拔干部做准备，定点培养有管理潜力的储备管理人员；三是培养全能型员工。

运用轮岗法需要注意两点。

• 要合理设定培训对象在每个轮换岗位上的工作时间。工作时间不能太短，否则员工不能充分了解该岗位的工作，能够学到的知识非常有限；工作时间也不能太长，太长了该员工的新鲜感和探索精神就会消失，习惯了某个岗位，就会对轮换到其他岗位的动能不足。一般工作时间以三个月为宜，出于提拔干部和培养全能型员工的目的，轮换岗位的工作时间还要取决于培训对象的学习能力和学习效果。

• 在为老员工安排轮岗时，要结合其职业生涯规划和个人能力、职业兴趣、工作态度等综合考虑。

(3) 师带徒。

师带徒是一种定点培养的方法，是由一位经验丰富的老员工或管理人员，在实际工作中对培训对象进行一对一或一对多的工作指导，双方结成类似于师徒关系的对子。师傅的任务是教会徒弟工作的方式和方法，提出建议和指导。该方法简单、经济，不需要详细完整的教学计划，而且有利于师徒之间形成良好的关系，便于工作顺利开展，不仅为企业培养了后备力量，而且可做好人才储备。

运用该方法时，企业应挑选具有较强沟通、监督和指导能力且心胸宽广的师傅。当然，合理的师带徒机制更为重要，用与徒弟培训效果挂钩的激励政策来提高师傅的积极性，用与徒弟考核相挂钩的晋升制度和稳定的工作制度解除师傅"不敢教"的后顾之忧。

(4) 小组讨论法。

小组讨论法多以专题讨论为主，费用较低，竞技性强，趣味性强。小组讨论的目的是集思广益，群策群力，交流信息，产生新知，提高学员的能力、知识和意识，开阔学员的思路，优化思维方式。该方法强调学员的积极参与和积极思考，利于激发学员学习的兴趣和热情，对提高学员的责任感或改变工作态度特别有效。讨论过程中，实现了培训师、学员相互之间信息的多向传递和交流，有利于学员开阔思路，加深对知识的理解，并发现自己的不足。这种方法比较适宜于管理人员的训练或解决有一定难度的管理问题。

运用小组讨论法需要注意两点：每次讨论必须要有明确的主题、目标和清晰的程序，以提高为目的，并让每一位学员清楚地了解相关内容；培训师必须具备丰富的讨论经验，能引导讨论进程，把握关键知识点的提炼，避免把讨论培训变成普通的工作交流。

(5) 案例研究法。

案例研究法是培训师以某些典型案例为基础，为学员提供处理完整的经营问题或组织问题的书面解决方案，让学员分析和评价案例，并提出解决问题的建议和方案。该方法生动具体，直观易学，目的是训练学员的决策能力，帮助他们学习如何处理各类紧急状况或事件；加强学员的参与性，变被动接受为主动参与；有利于提升学员参与企业实际问题解决的能力，使学员养成积极向他人学习的习惯。该方法广泛应用于企业管理人员，特别是中层管理人员的培训。

运用案例研究法需要注意两点：案例应具有真实性，不能随意捏造，案例内容要和培训内容一致；运用该方法的步骤有三——学员们以小组的形式分析案例，提出解决问题的方法；各小组参与集体讨论，发表自己小组的看法，同时听取其他小组的意见；由培训师公布讨论结果，并再次对学员进行引导分析，直至达成共识。

(6) 角色扮演法。

角色扮演法是在一个模拟的工作环境中，员工通过扮演某种角色来理解某角色，模拟性地处理某角色的工作事务，从而提高员工解决问题的能力。运用角色扮演，培训师和员工能充分交流，从而极大地调动员工的参与性和积极性。特定的模拟环境和模拟角色有利于增强培训效果，通过模拟后的指导，员工能及时认识到自身的不足，并积极提高。该方法非常适用于仪容、仪态、礼仪、交流的培训，如演讲礼仪、接待礼仪、接打电话、销售描述、业务会谈等。还有对新员工和新任岗位员工的培训，帮助员工尽快适应新岗位和新环境，融入新的角色。

运用角色扮演法需要注意四点。

• 角色扮演法效果的好坏主要取决于培训师的水平，所以选择的培训师一定知识丰富且富有亲和力，有较强的实践经验，避免因为评价和分析影响学员的学习态度。

• 要为各角色准备必要的材料和道具，确保角色扮演接近真实性。

• 为了激励学员的士气，培训师要掌握鼓励技巧，如在表演开始之前和结束之后，全体学员应鼓掌致谢，培训师应针对各学员存在的问题进行分析和评价。

• 角色扮演法应和现场讲授法、小组讨论法结合使用，才能产生更好的效果。

(7) 演示法。

演示法就是通过培训师的示范和员工的练习，让员工能够在真实的实践环境中提

精益管理法

高对知识的理解，提升实际操作能力。示范就是培训师当面向员工展示某种动作、解释某种程序或技巧；练习就是让员工根据培训师的示范，模仿重复相同的动作，通过实战尝试熟练所学的知识或技能。演示法主要适用于教授某种特殊技能、某一新的作业等场景，员工可通过此法来巩固学习效果。

演示法的优点如下所述。

- 示范的程序比较具体，可重复进行，实现"学以致用、从做中学"，掌握快，效果好。
- 有助于激发员工的学习兴趣和学习动力，提高员工的自我学习能力。
- 能够很好地将理论与实际相结合。

运用演示法需要注意以下几点。

- 员工人数不宜太多，一般不超过10人。
- 事先需要良好的策划与试验。
- 演示开始前，明确希望达成的目标，给予员工详细的说明、指示和要求。
- 要选择好特定的环境加以配合，如场地、设备、材料、温度、灯光等，场地的布置应使所有的员工都能看清楚培训师的细微动作。
- 培训师示范时可配合适当的讲解或其他方式展示，加深员工的记忆与理解。
- 演示后可根据员工的需要对重点问题重复讲解，对员工提出的问题要反馈。

(8) 专业研修法。

专业研修法主要是针对中高级管理者和中高级技术人才开设的提高班，一般都是通过与专业院校和专业机构合作的形式开展。由该领域知名的专家、教授通过阶段性的培训，结合各种培训方式，实现员工在某一领域的跨越式提高，为企业的未来发展奠定基础。

专业研修法的常见形式有：EMBA班、专业研修班、高级管理训战营、高新技术认证培训等。

(9) 互联网线上培训。

互联网线上培训，就是利用计算机网络进行线上培训，将特定的文字、图片及影音文件等培训资料部署在互联网或内部局域网上，构建线上图书馆，供员工学习。该方法具有信息量大、信息及时、学习时间和场地不受限制、学习灵活便利等优点，更适合于自制力、自主性较强的员工学习。随着5G、人工智能等科学技术的发展，互联网线上培训成为很多大企业的选择。

互联网线上培训包括四个模块的内容：需求管理模块，针对管理培训和项目需求；学习管理模块，进行在线课程和师资的管理；学习实施模块，具有网上学习和在线培训的功能；学习评估模块，用来在线考试和网上评估。

7. 制订授课计划

确定好课程清单和培训队伍后，就可以形成一份包含所有培训相关内容的授课计划，列明开课的时间和地点，简述课程介绍等，并分发给培训对象和他们的主管领导。

8. 安排后勤保障

企业培训的后勤保障工作非常重要，做好了可能不会对培训起到非常大的作用，但是做不好就会极大地影响培训效果。所以，后勤保障需要做到：满足授课条件的地点，如容纳人员数量、桌椅等；授课使用的设备和设施，如电子屏、投影仪、白板、网络连接等；授课材料，如教材复印件、笔记本、课程评估表等；还有学员的食宿和交通。

这些看似平常的工作，往往是容易出错的地方，后勤保障人员要以"假定出错"的原则考虑问题，有时还需要综合办公室等部门的协助。

9. 开展授课活动

首先，安排好培训师，确定培训师能够准时地出现在讲台上，确保培训师需要的条件完全满足。

其次，明确告知培训对象培训时间、地点、路线，以及需要携带的物品，如笔记本、计算器或调查问卷，同时做好培训对象的登记事宜，如书面签字、电子签字、扫二维码登记等。另外，某些培训对象最后可能无法参加培训，为了保证师资的有效利用，还要备选部分员工候补空余的培训名额。

10. 训后评估考核

该部分内容将在下节详细讲述。

5.1.6 培训效果评估

对培训工作来说，课程体系的设计要在培训效果评估之前，但是对培训管理工作来说，必须在完全了解培训效果评估的基础上才可确定课程体系设计的基础，所以先介绍培训效果的评估。

1. 培训效果评估的维度

培训投入和其他投入一样，都希望有效果、有收获，因此必须评估培训取得的效果。实现战略导向很重要的一点就是培训工作的投资回报，培训是一项长期持续的投资，是一项系统性工程，也必须从长期的投资回报来考虑。正所谓"十年树木、百年树人"，任何急功近利的培训思想都是错误的，都会让培训夭折。投资的根本目标就是获取经济回报，但是企业内部培训本身并不能看到直接的经济回报，可以通过降低成本、提高效率、提高资产利用率来体现。

培训效果评估共分为九个维度，三个层面。

九个维度如下所述。

培训的及时性：培训的实施时间是否满足需求的时间，有无滞后。

培训的合理性：培训目的是否真正全面、细致地体现了培训需求的预期。
内容的相关性：培训内容是否与培训对象的工作有关系，关系是否密切。
教材的适用性：编制的培训教材和培训课件是否真正体现了培训目的。
教师的适应性：所选择的培训师是否适合该课程。
场地的实用性：所选择的场地是否满足该课程。
对象的针对性：受训群体选择是否合理。
形式的有效性：培训形式的选择是否合适。
组织的系统性：培训组织与管理工作是否进行了系统性规划和实施，能否保障培训工作的开展。

以上九个维度的评价结果来自三个层面的评估。

一是对员工的学习效果进行评估，这是根本，也是核心。

二是对培训师的能力水平进行评估，这是根据员工的培训效果得出的结果，即如果员工培训效果普遍不好，培训师的能力评价就不会太高，毕竟要以结果说话。

三是对企业培训机构中的培训管理人员和培训支持人员整体工作的评估。

2. 培训效果评估的步骤

整个培训效果的评估分为五个步骤。

(1) 制订培训考核机制。

培训效果评估不是目的，而是手段，一定要将培训效果与实际工作结合才符合培训的初衷，从培训效果评估的九个维度和三个层面展开，形成一套可落地的评估规范和程序，这就是考核机制。考核机制是有效提高学员培训积极性的基础和动力，是对企业战略目标的体现，也是培训效果评估的指导方向，企业需要什么就考什么，考什么就学什么，体现"取之于民，用之于民"的原则。

❶学员层面的考核。评估结果一定要和员工的职位晋升、薪资福利、等级评定相结合，不但让学员获得自身提升的内在好处，还能获得升职加薪的外在好处，所以要和人力资源管理的职能体系、职级体系相结合。对采取学分制的企业而言，员工的升迁涨薪就要和学分捆绑。例如，员工在本岗位五大技能培训评估合格后，职级提升一级，工资上涨500元等；再如，竞聘部门经理岗位的学分不低于200分，等等。

❷培训师层面的考核。和员工一样，依据人力资源管理的职能体系和职级体系，给予内训师阶段性评估优秀者职级、职位和薪酬的提升。外聘培训师的评估结果，直接影响该培训师能否继续参与培训，以及支付给该培训师的酬劳，另外还关乎该培训师所在机构是否继续提供服务，这些都要在考核机制中做出详细的规定。

❸培训管理人员和培训支持人员的考核。对他们的考核内容可参考内训师的考核。

要重点说明的是，培训考核机制是为了体现正向激励，绝对不能用强制性的制度强迫员工学习，甚至不达标者要被处罚，这些只会挫伤员工参与培训的积极性。当然可以通过将个人能力矩阵与职级结合的方式，通过年度或季度考核、岗位竞聘等方式进行职级的升降来体现个人的能力水平，推动大家参与培训。

(2) 即时评价。

即时评价主要是考核学员对培训师和培训现场的看法，培训内容是否合适、个人获得的知识等。

即时评价的第一种方式就是让培训对象在参加完每门课程后填写课程评估表，作为对培训师授课质量评估的一部分；同时参训的管理人员召开培训小结会，形成管理层的培训评估意见。即时评估的目的是获得关于培训师的比较直观的表层评价，一名优秀的培训师应该首先是个受欢迎的人，而即时评价的最大特点就是评价其受欢迎程度，也是对其授课风格适应性的肯定或否定。

即时评价的第二种方式就是由客户的管理者、人力资源部、培训管理人员评估培训师的培训能力。一是对授课教材和课件的评价，包括课程内容的合理性、课程结构的合理性、教材的逻辑性、与需求的对应性、内容与工作的相关性、时间分配的合理性等内容。二是对培训师授课能力的评价，包括语言的流畅度和通俗性、精神状态、授课风格、现场气氛、肢体眼神等培训技巧的使用情况等。

即时评价的第三种方式就是在训后几天内，以书面考试或撰写学习心得报告的形式，检查学员通过培训掌握了多少知识和技能。

(3) 远期效果评估。

远期效果评估的对象和依据就是学员的学习效果，包括学员的学分、认证考试获得的证书，和对员工培训后转化效果的评估。

员工参加培训之后，企业关心的是员工能否将培训效果转化为绩效，这点也是评价企业培训必要性的重要维度。在转化问题上，常见的观点是，员工训后转化行为的主要责任者是培训管理人员，这是错误的。员工和其部门承担着转化行为的主要职责，这里需要确认四个问题，而且都是与参训员工及其主管密切关联的。第一个问题是培训内容与工作相关性有多大及培训内容的实用性有多强；第二个问题是参训员工是否真的听懂了，学会了；第三个问题是参训员工是否积极主动地去将学习到的知识转化为工作绩效；第四个问题是管理人员是否创造了良好的环境和氛围，协助和支持员工，让员工有意愿，也有可能学以致用。

训后转化其实就是员工将培训内容自觉融入日常行为，转变为工作习惯的过程。整个转化过程的评估分为五个步骤。

- 转化。员工在课后形成训后行动计划，说明如何把培训所学运用到实际工作中去。
- 应用。员工根据训后行动计划将培训内容应用于工作实践。
- 传播。员工与同事分享交流培训内容，增加企业培训的覆盖率，加深其对培训内容的理解。

● 固化。员工经过不断的培训和重复应用培训内容，形成良好的工作习惯。

● 检查。企业培训机构和员工主管领导对训后行动计划进行阶段性检查，可用现场观察法检查作业的改善，用笔试或口试检查理论知识的积累，用绩效评价工作业绩的提高。

(4) 综合评估。

最后结合即时评价和远期效果评估的结果，根据员工的能力提升程度、工作效率、行为规范等方面对其训后转化效果综合评估，以此作为培训师本次培训成果的体现，确认培训效果，从九个维度形成培训总结报告，调整课程清单、授课方式和培训队伍。及时解决问题，固化和复制积累的经验，最终完善企业的评价体系和长期培训规划。

(5) 评估应用。

最后根据考核机制兑现激励政策，这是重点，激励的兑现对员工持续参与培训、对内训师积极性的提高起到决定性的作用。

5.1.7 课程体系的设计

1. 培训类型设计

课程体系设计的前提是确定培训类型，根据培训类型进行针对性的整体课程设计。确定培训类型首先应该确认的是培训机制，企业培训分为两种类型，分别是学分制和认证制。学分制是为了保障全员学习的积极性和持续性；认证制是为了提高培训的专业度和学员的认可度，是一种在岗的个人提升福利，也是对个人职业生涯规划的有效补充。不管是学分制还是认证制，都是评估员工学习效果的重要依据，需一并纳入远期效果评估的范畴。例如，评估远期效果时，学分权重30%，证书权重30%，绩效转化权重40%。

(1) 学分制培训。

学分，即员工在培训活动中所获得的学习积累分数，和培训师在培训活动中积累的授课、辅导积累分数。实施学分制培训，首先需要由培训管理人员设计学习计分卡，既适用于学员，也适用于培训师。企业要根据长期培训、短期培训的需求，将不同岗位员工应具备的知识、技能、态度、习惯纳入岗位胜任力模型，制订科学的学分规范，设定适应性的培训机制，进行系统性的培训规划。如此一来，学员的学习过程就如同学生在校学习，将企业发展、个人工作、个人发展和集体学习进行了融合，最终系统严谨的培训体系就形成了。

学分的设定要有科学性和实用性，不能搞平均主义，任意设置分值，如果按重要程度排序的话，要综合考虑课程的重要程度、远期效果评价、学时和即时评价。

其中，课程的重要程度不能按照课程适用对象设定学分，而要考虑企业的需求程度，引导学员更加关注企业的发展方向。例如，副总经理学习的课程未必比普通员工学习的课程学分高，而在企业数字化转型期间，关于信息化、自动化、数字化的培训课程所占学分要相对高些。远期效果评估是进行培训的目标，所以对学员和培训师来说，远期效果评估要占较大比重。学时是对学习效果的保障，更是员工学习态度的体现，态度决定一切，所以学时的权重略低于前两项；在评价培训师时学时就代表课时。

实行学分制时，企业需要重点考虑以下几件事情。

❶学分的获取方式。设计学分时，学分的获取范围要覆盖企业统一安排的内训课程、外训课程和线上学习课程，同时将员工自主参加的外部学习、继续教育、专业技术考试、论文发表、技能竞赛、资格或职称评定、技术发明成果等转化为学分，鼓励员工将集体学习和自主学习良好地结合起来。同时，培训师获取的学分要和自己学员的某些学分挂钩，如学员的培训转化效果得分10分，培训师可得1分。

❷学分的应用机制。学分一定要融入整体的培训效果评估体系，与员工的绩效、薪酬、职业通道等挂钩；也可以另行单独规定学分的应用，如与年终奖挂钩，或直接与晋升挂钩，甚至可以与第三方购物平台挂钩等。

❸学分的信息化管理。初始运行学分制时，企业可以使用手工的学习计分卡进行学分的登记和管理，但当学分制运行比较成熟时就应该开发相应的培训学分管理信息系统（一般在线上学习平台上实现），或在OA中开发学分管理模块，员工可以及时了解自己的积分状态，以便有针对性地制订学习计划。当然，集成学习、交流、分享、测评、管理的在线培训系统是最佳选择。

❹培训监督管理机制。企业需要设计严格的过程控制和结果测评机制，保证培训对象全程参与，通过培训监督控制、效果评估办法，结合人力资源的各种职业发展制度等管理手段，加强落实，才能使企业的人才培训资源获得最大的收益。

（2）认证制培训。

某些专业人才，如技术研发、设备管理、安全管理、环保管理、内训师、销售精英等，可以通过内部、合作院校、国家认证或授权的方式，获得相应的证书，成为企业人才库的重要成员。需要说明的是，企业应该尽量通过与院校合作或者与国家相关认证机构合作的方式，提供平台帮助学员取得国家承认的资格认定证书，而不仅是颁发企业内部证书，除非内部颁发的证书拥有全球公信力。当然，当不具备上述条件的时候，内部认证同样重要。认证制的优点是学员的学习激情与专注度非常高，而证书的获得就是对个人努力学习的回报，是一种荣誉和身份的象征，学员在培训过程中必然会全力以赴。

在认证制培训中，企业要特别鼓励员工自主学习，自主取证，既实现了认证制培训的效果，又节省了企业的培训资源，还能形成集体学习、相互赶超、互帮互助的良好企业文化。例如，在企业没有条件安排集中取证培训的情况下，某些上进心十足的员工可自主学习取证，或者企业协助安排其自主学习取证。此时，企业应该考虑对这类员工实行补贴和奖励机制，鼓励人才自发性学习，如此企业才能创建学习型组织，企业才能发掘或培育出真正优秀的人才，打造良好的人才发展环境。

同时，企业必须有配套的用人、留人和激励机制。自主学习者，基本都是自燃型、自驱型的人才，有强烈的目标感和成熟的态度，能独立思考，主观意识强烈，加上长期的自我能力培养，最终都会成为专业的佼佼者，在工作环境的选择性与可控性上会更主动。如果企业无法提供人才相对满意的发展机会或待遇，没有完善用人、留人、激励机制，会造成自主型学习人才流失。如果逆向思维，这可能是好事，能够倒逼企业提高自己的管理水平，逐渐改善人才成长环境，促进企业的发展。

2. 课程体系设计

课程体系是整个培训体系的核心和基础，是企业整体战略知识化和能力化的体现，决定培训效果和转化效果。课程体系必须基于前文所述的培训体系原则和架构、培训需求分析、培训效果评估的内容进行整体规划，做到文化与能力共行，知识与技能同步，才华与态度协调，这样课程才能更有针对性，培训资源能被更有效地集中利用。

课程体系的设计要考虑两个维度：一是岗位职能的横向维度，二是人力资源开发的纵向维度。最后，通过对两个维度的分析汇总，形成培训课程矩阵，为员工岗位轮换、职位晋升、人才培养和梯队建设等提供依据。

课程体系设计要经过六个步骤：建立课程体系架构；建立横向课程索引；排定纵向课程索引；建立培训课程矩阵；制作培训教材；建立课程管理体系或知识管理体系。

（1）建立课程体系架构。

课程体系架构是依据客户（部门、员工、领导）的需求而建立的分层课程管理结构，是以工作需要和岗位需求为基础，进行归纳整理而形成的课程分类体系。该架构指导接下来要建立的横向课程索引，作为培训课程计划安排的指导思想，其表现形式类似于前文所述的流程架构体系。

课程体系架构一般分为三级。

L1为课程分类，一般以组织架构中的部门职能为分类依据，如人资类、财务类、生产类、营销类、采购类等，各企业需要根据自身情况制订。

L2为课程组，是对L1的进一步细化，分组依据为部门内的科室职能，如，营销类下可分为营销战略、营销策划、销售管理、销售实战、客户管理等。

L3为课程模块，是对L2的进一步细化，分组依据为岗位职能，如，销售实战组下可分为商务礼仪、谈判技巧、合同签订等。基于L3建立的横向课程索引就是最终的培训课程表了。

（2）建立横向课程索引。

横向课程索引是以课程体系架构为指导，基于岗位职能的横向维度，对企业的岗位职能进行横向全面梳理，建立岗位职能分类表，以此作为培训课程开发的方向。根据岗位职能的具体内容，结合工作实际，在每一类职能下面建立具体的课程名称，形成培训课程索引。

从职能维度上，课程可以分为四大类。

❶通用类。该类课程一般适用于新员工入职培训和全员定期宣传培训，是整个课程体系的基础，涉及全体员工，目的是培养员工掌握最基础的通用知识、制度、流程，以及在企业做人做事的基本准则等。例如，规章制度、业务流程、产品知识、企业文化、公司发展、行业状况等和企业相关的基础知识；职业素养、员工自我管理、沟通技巧、团队协作、时间管理、压力管理等与员工个人修养有关的知识；外语、计算机使用、OA操作等公共技术类培训课程。

❷岗位技能类。该类课程是基于各岗位的胜任力素质模型，归纳出的专业技能类课程。同时根据各岗位员工的不同层级，设定不同程度、不同要求的专业课程，一般层级越高，其所需岗位技能类课程越复杂，要求越高。例如，生产工艺、质量管理、岗位规范与操作规程、安全管理、设备管理等生产领域课程；客户开发、大客户销售、客户谈判、销售过程管理、回款技巧等销售课程；还有内训师培训、行政办公管理、市场营销、采购招标、生产管理，及各种生产、管理岗位技能等课程。

❸专业技术类。该类课程主要针对公司的技术研发与实战方面。例如，硬件结构设计与工艺、软件编码与系统集成、产品研发、生产技术研究、电子电路原理与设计等课程。

❹管理类。该类课程主要是针对主管以上的管理人员、后备干部等开设的课程。例如，战略管理、精益管理、领导力、执行力、团队建设、决策管理、中层干部管理技能修炼、目标管理、班组建设与人员管理、员工奖惩与激励管理、绩效沟通管理等课程。

横向课程索引示例如表5-1所示。

表5-1　钢企专业技术类课程索引示列

自动化	高炉专业	烧结专业	连铸专业
软件应用	高炉新工艺与新技术应用	烧结生产工艺	连铸结晶器
PLC基础	高炉装料制度与应用	混合料成球原理	连铸振动台
软硬件组态	高炉造渣制度与应用	烧结过程物理与化学原理	二冷喷嘴设计原理
初步编程	高炉送风制度与应用	烧结矿化学成分与质量影响	连铸机配水原理
中级编程	高炉热处理制度与应用	烧结矿成矿原理	连铸坯缺陷控制及凝固理论

各体系按照内容细分，可分为理论知识培训、操作技能培训、行为转变培训及工

具方法培训四大类。现以管理类培训的部分课程为例，简要说明该分类的索引方法，如表5-2所示。

表5-2 管理类课程索引示例

理论知识	操作技能	行为转变	工具方法
浪费与损失	岗位危险因素辨识	岗位创新	标准化作业
工作关系	八大高危作业的安全保障	反馈与辅导	问题解决八步法

(3) 建立纵向课程索引。

人力资源开发的纵向维度，是按照人力资源开发规划和阶段计划，结合企业发展规划和实际的工作情况，在人力资源发展每一阶段下面建立起具体的课程名称，以横向维度的课程索引为蓝本，安排不同阶段的培训课程索引。

根据人力资源开发的纵向维度，一般将培训课程分为五略四类。

• 员工入职培训，基本涵盖通用类培训课程。

• 岗前基础培训，围绕岗位胜任力模型建立的课程，基本涵盖岗位技能类初级培训课程。

• 岗位提升培训，根据企业人力资源需求和员工个人职业生涯发展规划建立的课程，基本涵盖岗位技能类中高级培训课程和专业技术类课程。

• 晋升管理培训，是围绕企业人力资源需求和员工个人职业生涯发展规划建立的课程，偏重于管理类课程的培训。该类别又细分为初级管理培训（班长、主管、车间主任等），中级管理培训（部门经理、副经理、厂长、副厂长、分/子公司经理、大区经理、办事处主任等），高级管理培训（总经理、副总经理、总经理助理、总监、总工等）和经略培训（董事长、总经理、董事会成员等）。

纵向课程的"五略四类"模型如表5-3所示。

表5-3 纵向课程的"五略四类"模型

类别		学员范围	五略
晋升管理培训	经略培训	董事长、总经理、董事会成员等	经略
	高级管理培训	总经理、副总经理、总经理助理、总监、总工等	战略
	中级管理培训	部门经理、副经理、厂长、副厂长、分/子公司经理、大区经理、办事处主任等	方略
	初级管理培训	班长、主管、车间主任等	胆略
岗位提升培训		基层员工、班长、主管、车间主任等	
岗前基础培训		新员工或新任岗位员工等	操略
员工入职培训		新员工	

(4) 建立培训课程矩阵。

培训课程矩阵就是对横向维度和纵向维度整合而形成的课程体系架构，最终为整个培训体系服务，为企业战略服务。培训课程矩阵便于企业定位不同岗位、不同层级的某一特定阶段的培训课程，便于对整个课程体系进行分析汇总。

培训课程矩阵示例如表5-4所示。

表5-4 培训课程矩阵表示例

类别		通用类	岗位技能类	专业技术类	管理类
晋升管理培训	经略培训				O
	高级管理培训				O
	中级管理培训		O	O	O
	初级管理培训		O	O	
岗位提升培训			O	O	
岗前基础培训		O			
员工入职培训		O			

注：符号O代表纵横向的交集，其内容为该交集下的全部课程索引。

(5) 制作培训教材。

课程体系架构和索引形成后，每门课程所对应的培训师就相对固定。课程和培训师之间存在"多对多"的关系，即每门课程可能由多位培训师讲授，每位培训师可能会讲授多门课程。对内部培训而言，在一门课程对应多位培训师的情况下，课程教材的编制要实行课程负责制，即本门课程教学经验最丰富的培训师负责标准教材的编制，其余培训师以该教材为基础，加入本人擅长的个性化内容，最终形成基本内容和基本思路一致，各具特色的教材。

(6) 建立课程管理体系或知识管理体系。

为了实现教材的分类、分级管理，方便培训队伍和学员课后查看，并利于企业知识的固化、传承与发展，避免各种教材及培训资料丢失或混乱，应该建立课程管理体系或知识管理体系，形成具有收集、处理、分享企业全部信息的网络系统。

知识管理是知识经济时代的产物，是随着人们对资源认识的不断深化、管理学科的思想与理念向纵深发展和企业管理能力的不断提升而发展起来的。知识管理是以知识为资源对象的管理，旨在通过知识的分享和利用，提升人力资源管理能力和企业竞争力。

有条件的企业，建议建立线上学习平台，一是以此平台形成知识管理系统，完善企业的知识管理；二是对企业的知识进行充分再利用，实现企业的内部学习网络；三是为将来进行管理输出打下良好的基础。

5.1.8 精益管理下的企业培训基地
1. 企业培训基地的功能定位

企业培训基地是由企业提供资源，以企业内部高级管理人员、内训师队伍、合作院校教授、专业培训师及专家为师资团队，通过更具实战性、实效性的教育方式，为企业、供应链或第三方培养人才，建设完整的人才梯队的一种新型教育、培训体系。企业培训基地是完美人力资源培训体系的最直接体现，是学习型组织最有效的实现方法，更是彰显公司实力的象征。

企业培训基地最主要的两个特点就是战略性和自主性。企业培训基地在管理运作、课程体系、培训队伍、学员等方面都是为企业自身服务的，为企业的战略发展服务的；企业培训基地集成了企业内外的各类学习培训资源以保证其良好运行，同时推动企业发展战略的实施，这体现了企业培训基地的战略性。企业培训基地虽然为企业内部各部门、各职能服务，但其又相当于企业的一个独立项目，可独立运行，自主开发课程，培养培训师，开发培训项目，这体现了企业培训基地的自主性。

基于此，总结出企业培训基地的三大功能定位。

(1) 赋能蓄能者。

设立企业培训基地的核心目的是提高企业的绩效和能力，本质是促进员工和组织快速成长，通过提升员工绩效推动组织绩效的实现与增长，即为员工、组织赋能。同时，企业培训基地将成为企业知识资源的集中收集、整理、创造、分享、保存、传承的管理中心，在企业内外部实现知识复制，打造企业的知识经济体系，即为企业蓄能。

为此，企业培训基地应提炼精简实用的管理理念和工具，协助各级管理人员把握绩效创造关键点和任务管控核心点，掌握资源有效配置原则和管理诊断基本方法，组织团队学习，通过搭建系统化的快速成长体系协助员工和组织快速成长。引导整个团队挖掘组织潜力，在最短的时间内取得最大的绩效，并将业绩提升的方法固化下来，以标准化的方式保证持续高效。

企业培训基地赋能蓄能的另一个着力点是企业文化。企业培训基地发挥宣贯和传承企业文化的作用，向员工传递积极进取的企业文化。同时，企业培训基地的各项活动集中了企业的各级管理者和普通员工，使组织内部获得了充分的沟通交流，增强了彼此的协作，成为企业内部有效沟通的平台。

企业培训基地蓄能的另一核心点就是为企业留住人才，积蓄人才。企业培训基地将对员工的培训与个人职业生涯发展结合在一起，为企业发展和员工个人成长提供及时而有效的知识、经验和方法，利于提高人才的凝聚力和向心力，更好地留住人才。

(2) 价值创造者。

首先，企业培训基地创造的是绩效价值。模型思路是：企业培训基地通过赋能蓄能角色，以大量有价值的培训作为载体，促进员工快速成长，从核心能力（文化力、学习力、创造力）的角度促进企业竞争力快速提升，通过价值创造角色大幅度提升产业链的整体绩效，以全面降本增效工作来有效统领绩效和竞争力提升活动，如图5-4所示。

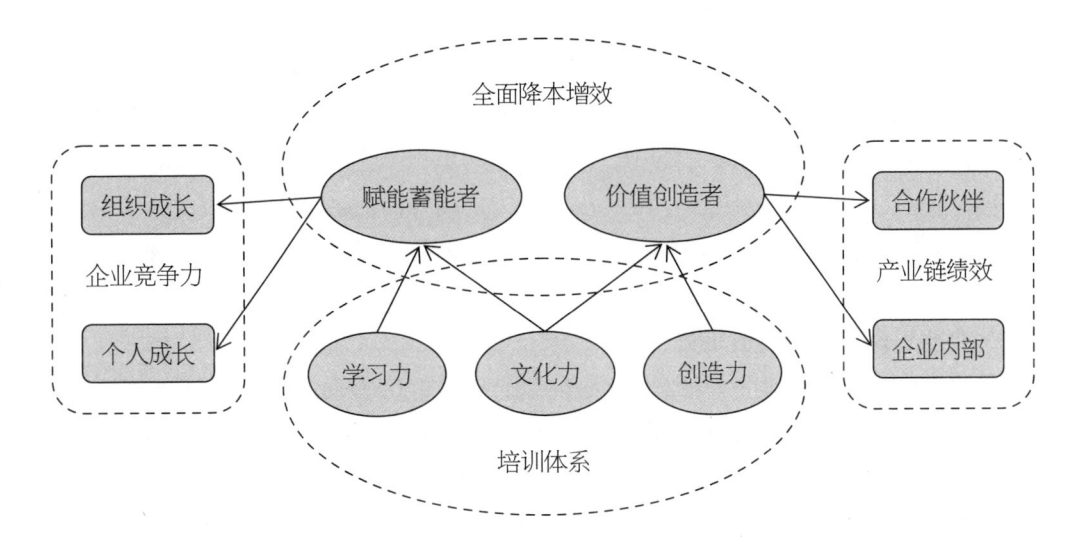

图5-4 企业培训基地价值创造模型

其次，企业培训基地可以帮助企业营造供应链、生态圈的良好关系，为企业提升生态价值。企业培训基地是连接企业与事业伙伴的桥梁，帮助上下游企业具备所必须掌握的技能、知识和能力，助其掌握质量管理、可靠性管理、产品循环周期和客户服务管理等方面的基本技能，帮助企业与供货商、客户、经销商和批发商之间形成良好的合作伙伴关系，使企业提升总体竞争力。

最后，企业培训基地通过输出解决方案和内外部培训活动等，创造经济价值和品牌价值。企业培训基地不仅是培训基地，更是企业的智库专家团队，除了实施培训活动之外，能够对内提供各种业务的解决方案，对外提供管理咨询、管理输出和技术咨询等。

总之，企业培训基地是以业务需求为导向，从投资回报的视角上开展培训活动，能为业务增长做出明确的贡献。

(3) 变革推动者。

首先，企业培训基地在组织变革中对企业文化整合起着关键作用，是跨文化管理的核心载体。在企业变革、企业并购，尤其是跨国并购中，因为文化断层、碰撞与冲突而导致的失败案例比比皆是。除企业要适应市场形势变化、提高管理者决策水平之外，企业文化整合成为企业变革的主要推动者，而承担文化整合关键工作的就是企业培训基地。

其次，企业培训基地以战略推动和变革为导向，帮助企业实现战略和业务的转型。战略转型和业务转型的最大难点就是得不到内部支持，或者内部步调不统一，而企业培训基地通过培训，从思想和能力上实现对员工的转变，助推组织变革的顺利实施。

最后，企业培训基地是新技术新产品变革的重要推动力。信息时代，新技术新产品的更迭速度是前所未有的，一家企业能否快速开发或者掌握新技术是企业发展成败的关键。企业培训基地不但为员工提供最新的技术培训，它还有另一个重要职能——创新。在企业培训基地的教学过程中，员工之间的思想产生激荡和碰撞，从而形成创新的源泉，推动企业不断学习进步，培养创新能力。同时，企业培训基地不乏专家和大师级人物，他们本身就是技术创新的能手，不仅自身创新还能带领员工创新，推动企业技术和产品变革。

2. 企业培训基地的价值定位

企业培训基地和企业的培训部门都承载着企业内部培训的功能，但是它们的定位和运作方式是不同的。企业培训部门隶属于人力资源部，企业培训基地独立运营；企业培训部门通常只为本企业内部员工提供培训服务，企业培训基地则对企业内外都提供培训服务。企业培训基地是教育实体，同时也是战略工具，它为每一个岗位提供一系列与战略相关的学习与解决方案，为战略、营销、供应链等企业运营的各个方面提供更专业、更系统的产品和服务。

企业培训基地成立的门槛较高，并非每家企业都能承担，也不是每家企业都要选择这样的培训模式。尤其对广大中小企业来说，企业培训基地更像空中楼阁，可望而不可即。有些企业自身还处于市场开拓阶段，业务不稳定、管理不规范、体系不完善，这样的企业是不可建立企业培训基地的。但是对成熟规范的大型企业来说，企业培训基地却起到了不可替代的积极作用。作为企业未来发展的关键战略，企业培训基地是企业发展到一定阶段必须建立的机构平台，也是未来知识经济时代保证企业领先的强大后盾。

（1）升级为企业培训基地的时机。

企业传统的培训部门在随着企业不断发展的过程中，可能逐渐呈现出以下五大特点，此时就是企业应该将培训部门转型为培训基地的时候。

❶组织职能相对独立。培训部门同时肩负向公司内部员工、外部客户、合作伙伴乃至社会传播企业文化的职责，其职能向战略促进者转变，站在企业战略的角度促进培训，培训管理工作的重心转向知识管理和学习型组织的建设。培训部门更像一个独立的业务部门，可以进行独立管理，独立运营，独立核算，甚至自负盈亏。

❷培训队伍已经成熟。培训队伍中有超过三分之一的专职人员具有丰富的实践经验，可以量化培训管理质量，处于最佳实践的前列，已经达到引领学科发展的顾问水

平；兼职内训师及企业的管理层初步具备了培训体系建设和培训项目实施等专业技能。

❸课程体系基本完备。公司内部能够自行开发的课程越来越多，包括各种高端课程和不同专业类别、不同层级的课程。

❹讲师体系比较完善。内部培训师队伍日趋壮大，内训师素质逐渐提升，可以讲授初级、中级和一些高级的课程，二分之一以上的内训师可以独立承担培训项目；内训师成为光荣且受人尊敬的岗位，授课已经成为内训师和各级管理人员的基本工作职责，企业内部形成了领导者带头推动的内训师文化，在优胜劣汰之下员工争当内训师；内部辅导员或教练员（师傅）能够依据成熟的学习模型指导员工（徒弟）在岗学习，并使在岗学习的人员数量超过教室内培训的，成为员工学习与发展的主要方式；企业外部讲师队伍进一步扩大，且企业对外部讲师的要求越来越高，甚至仅接受知名专家、学者或教授为外部讲师。

❺支持体系软硬兼具。培训中心的设置符合业务需要，各种培训设施软硬件系统完备，知识管理体系或能力管理体系能较好满足企业的知识资源管理和培训管理，并与企业的培训制度和培训流程相互适应，使之被纳入公司管理制度框架和管理流程。

(2) 企业培训基地的发展方向。

当企业将培训部门升级为企业培训基地之后，就面临着企业培训基地的未来发展问题，毕竟对任何企业来说，成立企业培训基地都属于战略转型或升级，所以确定企业培训基地的发展方向就成为企业决策部门非常重要的工作。

❶企业培训基地的价值观念。企业的培训部门或培训中心是典型的成本中心，价值创造不明显，而且其职责和运作方式决定了其"花钱办事"的根本。但是升级后的企业培训基地必须转变观念，从"成本中心"转变到"价值创造中心"。

在成本中心的观念下，企业培训基地就不可能具备强烈的"结果导向"意识，可能会将大量资金投入培训体系建设、课程开发、培训项目等需要但效果不好的规范性工作中去，而不是以战略为导向，以为业务服务为根本，追求培训对业务的提升效果。在价值创造中心的观念下，企业培训基地将以价值创造为核心，一是强调企业资源的合理配置和最终效能，将培训等活动和企业关键工作相结合，力争让有限的资源创造最大的价值；二是通过面向价值链和社会提供的服务，创造直接经济效益。随着企业不断追求绩效，企业培训基地必须从传统的成本中心升级为价值创造中心。

❷企业培训基地的精益化运营。传统企业培训基地往往强调碎片化、过程式的规范化建设，将精力投入培训体系建设、讲师队伍建设和课程开发等工作，但取得的效果非常有限，这其实还是成本中心的观念。而且很多企业给予企业培训基地的经费金额不稳定，尤其在民营企业，企业培训基地的经费会受到企业经营情况的影响，企业利润大幅下滑，企业培训基地就会"断血"，在自身不具备盈利的情况下，可能会关

门大吉。

现代企业培训基地理论上强调效果导向，通过系统化的思考，以价值创造为中心。这就要求企业培训基地以企业战略为核心，在明确方向、路径、标准和计划的基础上，推行精益化运营，以降本增效为原则合理利用资源，解决培训资源有限、人才梯队建设、企业绩效提升三大核心问题。工作重点从培训项目向精益管理、管理提升、降本增效、对标挖潜等学习和绩效项目方向转变，推动企业以绩效挖潜为目标，快速、大幅、持续提升组织绩效和竞争力。

❸从培训管理到管理咨询。培训管理工作是企业培训基地的主要业务活动，但随着企业对组织能力的开发，对推进企业绩效挖潜等任务的重视不断提升，培训管理工作已满足不了企业的需求。所以不管是外向型企业培训基地还是内向型企业培训基地，对其定位必须上升到管理咨询层面，这已成为企业的智库和解决方案中心。随着企业培训基地的不断发展，以及企业对培训战略的定位，很多企业培训基地将会承担对外管理咨询的职能。

3. 企业培训基地的组织架构

企业培训基地能否良好运作取决于是否有一个能支撑培训体系的管理体系，而一个良好的组织架构体系是其高效开展业务的关键，能促进企业不断进行深层次学习循环，提高内部的学习能力和创新能力，使企业可持续发展。

第一，企业培训基地因为定位较高，责任重大，必须由公司高层带队，体现了企业对企业培训基地的重视。建议企业成立培训管理委员会（兼），由首席执行官或总经理挂帅，承担类似于企业董事会的职责。

第二，企业培训基地必须有自己的运营管理团队，也就是培训基地主任带头的培训管理机构。

第三，企业培训基地既然定位为专家智库，就必须有一个由在职、退休、外部等人员组成的顾问委员会或者专家委员会，为战略决策、重大项目、课题研发、解决方案等提供支持。

第四，企业培训基地应设立各职能部门，这里的职能部门设立以最简单、最精简为原则，要以流程型组织为目标，可设置如综管部，财务部等。

第五是核心的业务部门。例如，研发部，负责课题开发和案例研究；培训管理部，负责内外部培训活动的管理、培训队伍的管理、培训方案的选择和实施等；项目管理部，负责内外部培训项目的整体管理、项目人员管理、项目方案的选择和实施；业务支持部，负责测试、交付、售后等支持服务。

典型的企业培训基地组织架构如图5-5所示。

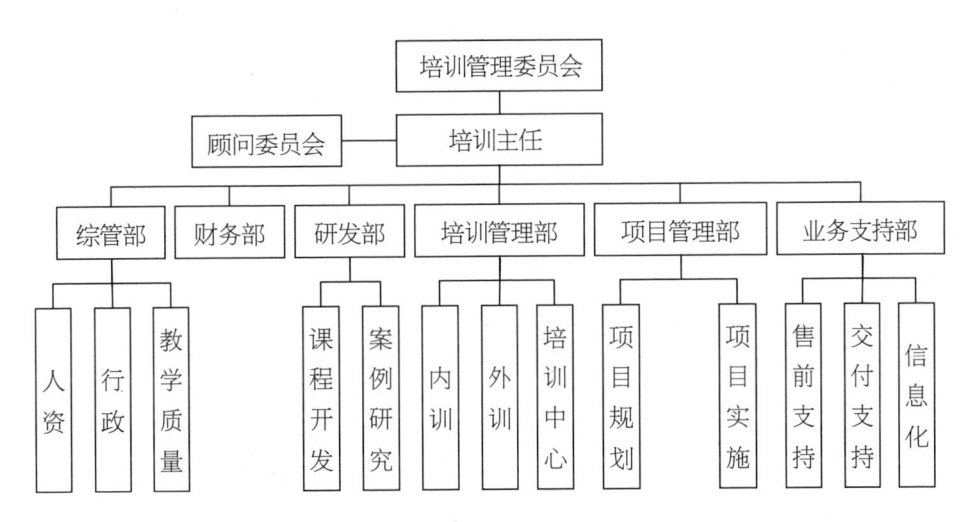

图5-5　企业培训基地组织架构示意图

4. 培训师队伍的建设

(1) 培训师队伍的构成。

企业培训基地的培训师队伍主要由内训师和外部培训师组成，二者各具特点，各自承担不同的职责。外部培训师又分为两类：一类是理论专家，擅长分析讲解先进的思想、成熟的理论和前沿的理念；另一类是咨询专家，擅长分析讲解经营管理的工具、方法和理念。外部培训师一般都有丰富的经验和体系化的理论知识，但是不容易与企业实际工作结合，对企业员工的培训容易流于形式，而且培训费用相对较高。

企业内训师是培训体系重要的组成部分，是企业内部培训的基石和可再生力量，具有以下特点。

第一，内训师更贴近实际，更了解企业的现状和问题，更能根据企业的实际需求进行有针对性的培训，而且培训时间有保障，培训计划性强。

第二，企业内训师既能大大降低企业培训成本，又能够丰富员工的工作内容，拓展其职业生涯。事实证明，很多员工都愿意成为内训师，一是对自己能力的肯定，二是对自己价值的体现。

第三，内训师有着良好的群众基础，培训过程中内训师更容易调动气氛，课后更容易持续辅导员工。内训师除了将自己拥有的知识和技能传授给员工外，还可以通过日常工作中的现场辅导，为他人解决疑难问题，培训效果具有持续性。

第四，企业培训基地应积极培养自己的内训师队伍。根据企业培训基地多年的实践来看，不论是从培养人才梯队，还是从最终实现的效果，或是从企业培训基地自身的发展来看，建立健全内训师队伍才是王道。如果始终依靠外部培训师，很难保证培训的系统性，也保证不了培训的实践性，更无法实现企业培训基地向管理咨询层面的转变。许多国内外知名企业都在努力建设自己的内训师队伍,通过TTT活动(Train the trainer,培训培训师)培训内部员工骨干和管理人员,使之成为合格的培训师。

(2) 内训师队伍的管理。

初期企业培训基地的内训师队伍,甚至某些成熟的企业培训基地,一般都存在两个共性问题。

第一,内训师理论水平普遍较低,理念较为落后,掌握的工具方法不足够。师资力量对培训工作的效果影响很大,一些企业为了节约培训成本,不重视内训师队伍的建设,只看重"拿来主义",结果导致师资队伍能力不足,影响企业员工培训效果。

第二,内训师队伍不稳定。不少企业舍不得激励兼职内训师,更舍不得在其成长上投资,有些内训师往往"费力不讨好",因此不愿意继续兼顾培训工作,甚至对企业产生不满,转身离开。合理的流动能够保持内训师队伍的活力,但过高的流失率会影响整个内训师队伍的稳定性和积极性。

"培训效果评估"一节讲述了依据培训效果对学员和培训师考核评估的方法,除此之外,对内训师队伍的管理还要注意以下几点。

首先,制订选拔机制。企业培训基地内训师的选拔都要符合实践性、实战性、实际性,即他们必须对自己所培训的内容拥有丰富的实操经验,而且边干边教,干得好才能有资格教。从这点来说,内训师一般由员工兼任,所以,安排的培训任务不要影响其本职工作,企业培训基地也不要干涉兼职内训师本职工作。每个岗位至少要选择3名内训师,他们组成的岗位任课小组可以保障培训项目的正常开展。对企业来说,要推动干部循环赋能,所有中层以上的管理人员都应具备做一名合格内训师的能力,都要担负培养下属及培训他人的责任。另外,业务骨干、技术专家和操作能手都应参与TTT活动,锻炼自己成为专业技能培训方面的优秀内训师。干得好的教会别人也干好,同时他们个人能力也通过培训他人及接受培训得到了提升,别人的进步会给予他们不断提升的动力,他们也会以更好的状态投入下一轮工作。笔者在管理咨询中发现一种较为普遍的现象:一名员工非常优秀,结果却被部门死抓着不放,不让其担任内训师,也不安排其参加培训。可结果是,时间一长,该员工耗干了能量,再扭头一看,周围的人都通过培训提升了很多,而自己最终被末位淘汰。这是不是企业的悲哀呢?所以,"干得好+教得好+学得好+干得更好"的内训师循环赋能能解决这个问题,员工在释放个人能量的同时吸收他人的能量。

其次,明确激励措施。内训师是需要激励的,毕竟他们为企业培训基地做出了贡献,他们为企业的发展贡献了力量,他们除了获得个人的成长和提高外,还应该有物质和发展机会的激励。这可以激励内训师不断学习,不断收集信息,不断总结本专业的经验和外部同行的经验,逐渐提高授课水平。

最后,采用认证管理。设立内训师不同级别的任职资格,并以证书的形式予以兑现，证书与薪酬福利、职级晋升相挂钩。认证要采取限期制，如一年认证一次，认证不通过的取消内训师认证资格，同时取消其享受的相应待遇。在激励和压力的"恩威并重"下，企业内训师才会越来越优秀。

5. 企业培训基地的预算管理

企业培训基地作为轻资产部门，一定要简化管理，独立运营，从而实现快速决策，自我提升，滚动循环上升。实现以上目的的基础就是独立核算，定位于价值创造中心，坚持有偿服务，基于收支平衡进行运营。

企业培训基地实行有偿服务是难以接受的，这与传统的"成本中心"定位以及企业培训基地的不受重视息息相关。业务单位一般认为生产的提高、销售的增长是他们辛苦努力的结果，人才提高是他们领导有方的结果，与企业培训基地关系不大。久而久之，企业培训基地也认为自己是多余的，只花钱不挣钱，结果是培训质量越来越差，造成恶性循环。

那么有偿服务可以解决这些问题吗？

首先，有偿服务可以让企业培训基地重视培训效果和质量。既然收钱了，那就成了真正的客户关系，企业培训基地必须认真研究如何培训才能给业务部门带来提升，找出支撑企业培训基地存在的真实数据，说服其他部门参与培训。同时，为了维护客户，企业培训基地必须保证教学质量，实现业务价值的增值，而且必须全面考虑自身的长远发展，那么通过服务内部打造标杆工程就成为当务之急，如此就形成了企业培训基地和业务部门互帮互助、互相激励、同步前进的良好态势。

其次，有偿服务可以消除企业培训基地的浪费，实现精益化管理。如果企业培训基地不收钱，资源就会被无限调用，各部门都会说"我们这里有问题，请大学来搞一下培训"。企业培训基地就成了救火队，资源浪费严重，机构臃肿，但成绩却很差。如果企业培训基地满足不了其他部门的需求，就会收到"差评"，这在很多企业都是现实存在的。所以，企业培训基地一定要收取合理的费用，目的不是盈利，而是增加培训成本，避免无偿利用资源，消除资源浪费。同时促使企业培训基地自身降本增效，推行精益化管理，实现可持续发展。

再次，有偿服务保证学习效果。各部门不能无偿使用企业培训基地的资源，既然花钱了，就得好好学吧，各部门管理人员会自觉要求员工学习，并监督他们的学习情况，评估学习效果，并将效果反馈回企业培训基地，形成顺畅的信息流动。

最后，有偿服务有助于企业培训基地收支平衡，不受企业预算的限制。如果企业培训基地的一切费用都依靠公司预算，那么超预算后，业务活动就会被限制，所以企业培训基地的管理者就可能减少培训活动，压缩开支，而且很多费用都经过企业领导审批，影响了效率，企业培训基地的管理者也没有心思去考虑基地的发展。换一个角度想，如果企业培训基地的培训服务能产生价值，其他部门就会非常乐意花钱购买，同时促进企业培训基地提高教学能力，更受各部门欢迎。企业培训基地也无须事事请示，提高了效率，只要给其他部门做好咨询培训服务，然后收钱继续发展即可，而且与外面的咨询公司相比不仅便宜效果还要好得多。

企业培训基地的另一种收费模式就是捐助。企业培训基地可以设立教育基金，所有人都可以自愿捐款，捐多捐少都是一种荣誉。设立基金的目的不是要收到多少捐款，而是促使员工关注企业培训基地对整个公司的赋能作用。机制建好了，动员工作就完全靠企业的进步了，因为企业的发展影响每个人的利益，所以那些真心渴望公司进步的人就会自愿支持。

5.2 实施有效的对标管理

近年来，世界经济形势多变，尤其是制造型企业面临的市场环境日渐复杂，竞争加剧，利润下滑，更甚者，有的企业陷入了生存危机，这就使寻求降本增效成为企业的必然要求。事实证明，2020年很多盈利的制造型企业的制胜法宝就是控制成本，这些企业的管理运营模式与方法逐渐成为行业标杆，甚至是模仿对象。但是单纯的模仿经常会落得一个"形似神不似"或者"四不像"的结果，费事费力还收效甚微，在这种情况下，系统化的"标杆学习"，即对标管理悄然形成热潮。

据公开资料显示，像华为、海尔、邯钢、Ford、AT&T、IBM等全球知名企业都应用过对标管理的方法，并都取得了突破性的投资回报。因为它们能真正理解系统化对标管理的方法，并积极持续地将对标管理落地实施，寻找差距、发现问题、分析原因、制订措施，引入并消化了先进的管理模式，提高了企业的核心竞争力。

但是也有对标失败的案例，表现风风火火，但收效甚微。究其原因，这些企业的对标管理仅仅是简单的竞争性学习与模仿性创新，方法不正确，路径不清晰，没有系统化的精心策划，不知道如何做好充分准备和周密的部署，就不可能做到正确实施。所以，一套体系化的正确的对标管理方法成为很多企业的核心诉求，而现有公开资料并不能满足企业的对标管理工作，这就是本书所要解决的问题之一。本节以制造业中有代表性的钢铁企业作为实例进行讲述，其核心思想和操作手法对其他企业同样是有效的。

5.2.1 为什么：企业的对标动力

对标管理，指企业以行业内外最优秀企业为标杆，从企业管理、运营等多个方面与标杆企业进行比较、分析，制订改善措施，用他人的先进经验改善自身的不足，实现对优秀企业的赶超，并不断追求优秀业绩的良性循环过程。

对标管理作为提升管理水平的有效手段之一，多年来一直是全球企业所推崇的方法。同行业内的佼佼者，自有它出色的原因，也自有它突破的路径，大部分企业是无法完全靠自身实现系统化升级改造的。企业如果想实现自身的突破，可选的路径有三条：一是引入职业团队，实现内部变革；二是引入第三方管理咨询公司，实现借脑改造；三是与行业内的优秀企业进行对标学习，实现自我提升。第一条路的试错成本较高，风险不可控；第二条路的支出成本较高，实用性和时效性不可控；第三条路的成本低，目标性强，参照性强，能快速实现效能提升，逐渐成为较多企业的首选（至少是第一阶段改革的首选）。

对标管理与流程型组织建设、生态圈建设已经成为21世纪的三大管理主题，逐渐成为目前众多制造型企业研究的方向，无论是精益管理工作，还是智能工厂的建设，或者智慧工厂与智能制造的突破，都必须基于正确的管理方法和管理工具才得以实现。

5.2.2 和谁对：企业的对标对象

"好的开始是成功的一半"，对标管理最重要的一步就是要明确对标对象，选择正确的标杆，也就是如何"立杆"。对于标杆的选择，遵循的原则是"只选对的，不选贵的"。"贵的"，就是盲目选择最先进的标杆；太"贵"的标杆，往往与企业自身的实际情况相去甚远，就如镜花水月、海市蜃楼，可望而不可即，拔苗助长的教训应该够深刻了。"对的"必须符合三个条件：一是标杆的可比性，主要是针对指标而言，所选择的标杆与本企业产品和业务存在相同或者相似的指标；二是标杆的可学性，即标杆企业的可比性指标要较大程度地优于本企业的相关指标，这样才具有学习的必要性，同时以自身的条件还要能学得会，否则等于白学；三是对标后的可用性，主要是针对改善措施，对标后的改善措施必须与自身的实际商业模式、财务状况、团队架构、经营情况等相符合，不要造成"小马拉大车"或者"火车拉轮船"的情形。

在符合可比性、可学性和可用性的三原则基础上，企业可以从三个方面考虑对标对象的选择。

❶竞争性标杆，即选择现在的直接竞争对手或潜在竞争对手中优秀的企业作为对标对象。因为两者有着相似的产品和市场，优点是结果导向较强，通过对标管理，赶超竞争对手，争取进一步的市场地位；但困难是较难获得最准确的信息和最佳的实际案例。

❷功能性标杆，即选择行业内不同市场或跨行业但业务逻辑相似的企业作为对标对象。优点是因双方不具备竞争关系，在信息交流和案例上容易获得准确信息；缺点是寻找符合三原则的企业并不容易，一般做法就是局部对标，利于操作和实施。

❸内部标杆，就是通过企业内部各部门的对标，或者通过企业所属业务相同或相似的不同权属公司间进行对标，寻求各部门、公司的平衡综合发展。优点是易操作，

可用性强；缺点是经常无法发现企业内部真正的短板，失去了对标的意义。

5.2.3 对什么：企业的对标内容

对标管理，是一项非常明确的目标导向型工作，就是要在某些指标上赶超标杆企业，所以在正式开始对标工作之前，必须明确两方面的内容，一是对标目标，二是对标内容。

企业对标管理工作最终指向企业变革，是变革就要付出代价并且面临阻力，而将代价和阻力降低到可实施范围内的最佳方法就是明确对标目标。明确对标目标的过程就是企业进行战略再设计的过程，也是企业进行企业愿景和企业文化统一的过程。对标管理导入的时机取决于企业内部达成共识的程度，对标管理能否成功取决于企业内部对自身的竞争劣势认识程度和对对标管理的信心坚定程度，尤其是企业高管对目标实现意愿的强烈程度。对标目标是企业基于对自身的充分认识和对标杆企业的充分了解才能确定的。

对标目标需要细化为对标指标，对标指标更多的是定量指标，方便操作，易于实施，当然在某些方面也可以是定性指标。企业要紧盯对标目标、对标指标、对标标准，可以采取全面对标或局部对标的方式，这要根据企业的实际情况确定。

钢铁企业对标内容和对标指标的设置可参照以下角度。

(1) 体系指标。
- 管理体系：战略规划、业务流程、管理制度。
- 人资体系：组织架构、人力机制、培训体系。
- 商业模式：价值主张、盈利机制、价值链。

(2) 经济指标。
- 盈利能力：吨钢利润、吨材利润等。
- 资金效率：主营业务毛利率、资产负债率等。
- 工序成本：铁前成本、炼钢成本、轧钢成本等，可再细化为烧结工序主料消耗、固体燃料、溶剂料消耗、修理费、二次能源回收等。
- 期间费用：管理费用、财务费用和销售费用等。
- 投资成本：每平方米投资额等。

(3) 技术指标。
- 产品技术指标：品种钢数量、产量及品种钢占比、品种钢销售量、市场占有率、新产品开发及认证等。
- 质量技术指标：产品合格率、等级率、烧结矿碱度合格率、转鼓指数合格率、铁水内控指标合格率、钢水成分命中率、板材一次抽检合格率、合同兑现率、品位、成材率、金属收得率等。

(4) 工序技术指标。
- 炼铁工序：炼焦煤耗、干熄焦率、烧结铁料消耗、休风率等。
- 炼钢工序：钢铁料消耗、铁水消耗、石灰消耗、冶炼周期等。
- 轧钢工序：氧化烧损率、燃耗、电耗、成材率、热装热送率、轧机作业率等。

(5) 生产过程指标。
- 产线效率：产能利用率、吨钢折旧、固废利用率等。
- 工作质量合格率：各类安全、生产、设备、质量事故率等。
- 运输效率：存货周转次数、厂内物流费等。

(6) 能源环保指标。
- 能源效率：工序能耗、综合能耗等。
- 能源利用：自发电比例、水重复利用率等。
- 环保指标：废气排放指标（烟粉尘、SO_2浓度）、除尘设施效率等。

5.2.4 怎么对：企业的对标管理

对标管理的主要工作集中在准备和实施上，这牵涉到方方面面的工作计划安排，也是体现企业对标工作执行力的关键所在。

(1) 成立对标管理小组。

对标管理是涉及企业变革的持续性过程，需要切实负责的管理小组负责从准备到实施的全部具体事宜，而且该小组应该由企业主要高层领导负责，同时包括不同部门的核心代表以及实际操作人员，这样保证了对标工作的计划、实施、检查、处理的闭环管理和闭环职责。如果企业对标管理小组成员确实无法承担对标工作，需要引入外部顾问或专家团队进行总体协调和指导，甚至进行全方位的规划设计。另外，对标小组还必须包括一部分储备干部或储备专业人才，在进行对标工作的过程中实行定向培养。

(2) 制订对标管理方案。

"凡事预则立，不预则废"，对标管理是一项系统化的工作，必须制订一套体系化的管理方案和工作计划，作为整体工作的指导和标准。一套完整的对标管理方案应包含四部分内容：对标目的（方案背景、待解决问题、项目目标、对标范围、小组工作制度等），对标计划（项目内容、资源需求、输出结果、实施进度、项目预算等），管理体系（报告体系、检查体系、进度把控体系等），变革计划（利害关系人及其权益、沟通计划、评估计划、调停计划等）。

对标模式有三种，企业需要根据自己的对标需求进行选择。

一是全面对标，即从企业经营管理的各个层面进行对标，双方业务重合度非常高。该模式下需要对标小组成员涵盖本企业各部门的管理及专业人员，并对对方进行长时间（一般为1~3个月）的沟通调查及现场观摩，还需要对方成立对标辅导小组入驻企业现场指导。这一般需要投入部分资金，类似于引入管理咨询团队。

二是局部对标，即选择对标企业优于本企业的某类指标进行比对，如仅对标轧钢厂指标。该模式下需要对标小组成员涵盖企业管理、人力资源以及对标部门的管理及专业人员，并入驻对方企业进行较长时间（一般为20~30天）的沟通调查及现场观摩。如果企业对标小组成员整体素质不足，需要对方成立对标辅导小组入驻企业现场指导。

三是差异化对标，即选择对标企业的某些不特定指标进行比对，给企业的变革提供某些数据参考，该模式下的操作方式类似于局部对标。

(3) 确定对标对象。

详见前文"和谁对：企业的对标对象"部分内容。这里需要补充的是"对标四忌"：忌向竞争性对标对象索要敏感数据；忌不愿与对标对象分享信息；忌未经许可向第三方分享对标对象信息；忌借对标对象的数据对其进行贬低。

(4) 收整对标数据。

一切对标活动都基于对标对象的情报信息，而竞争情报是高质量的核心信息。信息来自实地考察对接、对标对象的员工、对标对象的客户、第三方管理顾问、情报分析机构、政府信息、商业及同业文献、产业报告等。收集到的信息按照其价值流进行分类、分级整理，为后续的指标对比建立详尽的数据资源库。这里要特别注意的是，必须深入对标对象的生产服务一线，获得第一手资料；注重流程和操作细节，尤其是关键性细节，从流程角度出发弄清"是什么""为什么""怎么干"。

(5) 确定对标指标。

这是对标管理工作的关键一步，也是最难的一步。它将复杂的信息转变为管理指标，可以是人、方法、流程、关键步骤、高效协作、具体标准或优秀的管理模式。其他内容参考上文"对什么：企业的对标内容"。

(6) 确定差距、分析根因。

差距就是目前企业指标与对标对象指标间的差距；根因就是对标对象产生优异指标的过程和条件。确定差距后，最重要的还是分析原因和条件，找到根因，并形成对标分析报告，不要仅将注意力集中于数据层面。

5.2.5 怎么改：对标后企业变革

通过标杆对比借鉴行业最佳操作典范，目的是创建属于企业的最佳实践，提高企业适应环境变化的能力，确定企业的竞争战略并打造持续性竞争优势，并基于最佳实践最终赶超对标对象，所以对标后的企业内部变革是艰巨而重要的工作。

(1) 制订实施方案。

根据对标管理方案和对标分析报告制订详细对标变革实施方案，内容包含：变革措施、职责分工、指标分解、预算、资源需求、推进计划、过程把控计划、项目评估计划、项目培训计划等。

对标变革实施方案有三种类型：全面变革、局部变革和差异化变革。全面变革即从战略、运营、支持三个层面全面复制对标企业，如组织架构、流程、制度、工具、方法等，该类型的适用条件是对标企业和本企业的业务相似度大于80%，实现即插即用的效果，节省资源，提高变革实施的效率。局部变革即从某几个方面复制，如流程、制度等，该类型适合于相对成熟的企业，通过改革部分经营管理内容即可实现提升。差异化变革即充分对比对标企业和本企业的各个方面，然后将对标企业的经营管理模式吸收、整合为更适合于本企业的模式，该类型适合于大部分企业。

变革实施方案很重要的一部分就是培养内部人才梯队的计划，即培养储备干部和专业人才。对标目的是整体提升企业的经营管理水平，实现这一目标的最重要资源就是企业的人才，只有将人才培养完备，才能保证对标效果，更能实现企业的持续改善和持续创新。

(2) 根据"对标变革实施方案"落实改进措施，并进行评估提高。

这是实现对标管理落地、完成企业改进最有决定意义、最有价值的一步，也是最终实现对标管理目标的关键。实施过程中企业要根据自身资源情况，使用PDCA工具，对变革目标时时检查、审视和优化，不断提升实施效果，并为下轮改进打下基础。

(3) 校标、再对标，不断超越。

对标管理是不断与行业内最优秀的企业及竞争对手比较实力、衡量差距，进行内部提升、不断优化的过程。其一，不断寻找和研究一流公司的最佳实践，以此为基准与本企业进行比较、分析、学习、实施、提升，并不断超越自己的竞争目标。其二，企业内部通过持续的横向对比、岗位创新、合理化建议、现场观察、深度思考、深度交流等，群策群力实现自我完善、自我优化。

如果企业只重对比而不注重持续的校标和再对标管理，没有将对标后的措施落实到流程优化与组织变革上，没有形成完整的持续改进循环，就完全失去了对标意义，也实现不了对标目标。另外，还可以通过寻找、分析差异，确定自己的竞争策略，以己之强攻彼之弱，最终在竞争中胜出。

通过不断的对标、提升、再对标、再提升的循环优化过程，最终确定企业的发展速度指标，并基于此指标进行内部纵向对比（与过去）与外部横向对比（与对标对象）。在内部，发展速度优于过去，说明企业获得了提升；反之，企业对标效果不好。在外部，发展速度优于对标对象，说明双方差距在缩小；反之，差距会进一步拉大。发展速度优于潜在的竞争对手，它们则很难成为竞争对手；反之，它们将会在未来成为"搅局者"或者"劲敌"。

对标工作是企业长期坚持的一项管理措施，绝不可急于求成，也不能指望"立杆（标杆）见影"，必须坚持循序渐进，持续优化，在逐步提升中让企业成为行业佼佼者。

5.3 用岗位创新形成不断提升的动力

岗位创新，是在企业生产经营活动中，全体职工以本岗位工作为基础，通过独创、引进、改进、模仿等方式，在管理、生产、研发、销售、服务等方面，形成的具有新颖性、独创性和效益性等的制度、流程、措施、方法、技术、技巧、工艺等。

岗位创新的内容可以用"四全"来概括。

- 全体员工：岗位创新必须由企业高层带头，以全体员工的共同参与为基础。
- 全部岗位：岗位创新要覆盖全部岗位，实现流程上各环节的共同创新提升。
- 全部经营管理活动：岗位创新需要涵盖企业的全部经营管理活动，从各个方面进行优化。
- 全部发展阶段：岗位创新要在企业的全生命周期进行，始终贯穿企业发展的每个阶段，按照精益的思维，持续无止境的创新。

对企业来说，创新是生存发展之本，创新的源泉是全体员工共同参与的创新，即全员岗位创新，所以，"人"就是最活跃、最能动的生产要素，企业需要精心培养员工的创新思维、创新意识和创新主动性，激励员工在工作中创新，在提高员工工作成就感的同时，形成不断提升的企业发展动力。

5.3.1 从一个邮差说起

之前看过一本书叫《邮差弗雷德》，该书不仅使邮差弗雷德走红，更有意思的是，这本书竟然成为许多企业必备的员工手册。

《邮差弗雷德》讲述的是：一位毫不引人注意的普通邮差弗雷德默默无闻又日复一日地穿梭于社区间收寄信件和包裹，如此简单的劳作无论如何也无法让人将他与"杰出"二字联系在一起。然而弗雷德却用自己的行为让别人刮目相看，也改变了世人对这项简单工作的看法，甚至对弗雷德认同、信赖，以至受到他的鼓舞，最终弗雷德成为大家纷纷效仿的对象。

那么，弗雷德是如何做到这一切的呢？

他对待客户总是表现得非常热情。弗雷德虽然相貌平平，但他的真诚和热情却溢于言表，他利用休息时间与业主拉近距离，根据业主的作息时间调整信件和包裹的投递时间，他会根据业主的职业主动提出个性化的邮政服务内容，如此等等，每一个业主就是这样开始接受弗雷德的服务的。

只要有业主搬入弗雷德服务的小区，他都会热情地主动上门自我介绍："先生，下午好！我叫弗雷德，是这里的邮递员。我来向您表示欢迎，顺便介绍一下我自己，同时也希望能对您有所了解，比如您的职业。"

弗雷德就是这样，与每一位业主都保持着良好的关系，竭力为大家提供力所能及的帮助。在很多人眼里，弗雷德的行为超出了他的工作范围，但恰恰是这些超出岗位职责的"增值业务"，让他工作起来无比快乐，提高了他的服务质量。对于成千上万的邮递员来说，给人送信只是"一份工作"，但对弗雷德来说，它是一项神圣的使命。正是这些点点滴滴的小事让弗雷德受到了全体业主的欢迎，在大家的积极配合下，他的工作越来越出色。弗雷德的做法表明，世界上最重要的职业技能就是：在不增加成本的同时，尽量为客户创造更大的价值。

这就是岗位创新的真谛。

很多人表示，自己也想做好岗位创新工作，只是自己的资源不够但通过邮差弗雷德的故事，我们会发现，其实我们缺少的是创新思维、创新精神、创新态度。对弗雷德来说，他有什么资源？一个布口袋，一套蓝色的工作服，他手上仅有的资源就这些，但他的头脑中却装满了想象力和创造力，正是这些想象力使他能为业主创造更多的价值。

弗雷德与众不同的地方是，通过工作获得快乐，不是通过更换工作，而是通过改变自己的工作方式。他告诉人们，每个人的每一天都在改变着世界，哪怕是微小的改变，而成千上万微小的改变累积起来，就是量变达到质变，自己的工作就会发生飞跃般的变化；只要充分发挥想象力，只要积极地用想象去创新，任何平凡的岗位都会为企业创造不平凡的价值。许多年来，弗雷德的故事在美国广为传诵，无论是在全球顶尖的大公司，还是在一些创业公司，邮差弗雷德已经成为创新服务和增值服务的代名词。弗雷德的行为提醒了我们，创新是多么重要，如果企业里每个人都是"弗雷德"，那将是多么美妙的情景！

在精益管理的理念下，"创新改善无止境""工作=维持+改善"，维持就是保质保量按时地完成既定的工作，改善就是通过新思路、新方法、新工具解决目前存在的问题，实现岗位工作的不断提高。

所以，企业不断发展的原动力就是每位员工在每个岗位上坚持不懈的创新改善。

5.3.2 创新的形式

创新是什么？关于创新的争论一直没有停止，包括创新与创造的关系，创新与发明的关系，创新与改善的关系等。对此，作为实战派代表的笔者只能说：这些争论对创新工作本身来说毫无意义，对企业，尤其是对企业员工来说，只是"添堵"。因为，在精益管理的概念下，任何创造更大价值的改善行为都应该受到肯定、鼓励、支持和表扬,而不是给岗位员工制造概念陷阱。

在实际工作生活中,一切为了满足人类的自身需要,不断尝试新的行为(新理念、新方法、新工具),并产生新的更有价值结果的活动,都是创新。这里强调三点,也就是创新的三原则:第一是目的,要以满足人类需求为目标,否则再怎么花样翻新都是没有意义的;第二是过程,通过不断拓展和改变,使用新理念、新方法、新工具;第三是结果,要产生更大的价值,没有价值的东西不论多么新奇都不能算作创新。

在此概念下,创新表现出四种形式:从无到有,从有到优,重新定义,重新组合。

1. 从无到有:发明式创新

发明本身就是一种创新,该种方式的创新可以用"发明"这个词来代替,但前提是要符合创新的三原则。

例如,瓦特发明了蒸汽机,是创新;爱迪生发明了电灯,是创新;莱特兄弟发明了飞机,这也是创新。轮子的出现,大大提升了人类移动的速度,改变了人类工作和生活的思维方式;再如螺丝,小到电脑里的线路板,大到固定几十米长的风力发电机叶轮,螺丝都是必备的标准件。这些都是创新。

如果企业能够发明一项革命性的技术成果,而且在满足人类需求方面价值更大的话,一定会广受市场欢迎,助力企业取得极大的成功,如微软的Windows操作系统。

2. 从有到优:改善式创新

改善式创新是更常见、更容易被市场化的创新方式,也是更符合精益管理的方式,成为目前创新的最主要形式。毕竟从无到有很难实现,而且还很难被接受,"优化"比原创成本更低,效果更好。

例如,线下购物转变为电商送货,是优化创新;饭店吃饭转变为外卖到家,也是优化创新,这些持续优化的活动都是创新。

就单独某个事物而言,创新的工作会逐渐接近天花板,而进一步优化的成本也会更高,优化的效果却越差。如果把改善式创新定义为量变的话,最终不仅要依靠发明式的质变进一步优化,而且为发明式创新积累了丰富的经验和常识。

3. 重新定义:差异化创新

"从有到优"的创新原理是在同一条路上越走越好,是对一个方向的坚持;"重新定义"的创新原理则是换一条差异化的路,另辟蹊径。

例如,王老吉凉茶存在近两百年了,技术上没有太多创新的余地。然而营销上,"怕上火喝王老吉"的定位直接奠定了消费者对王老吉的认知,结果大卖,这就是重新定义的力量。再如,自行车从购买变成了租用,成为共享单车;淘宝不像eBay一样收取交易佣金,而是通过广告盈利。这些都是企业重新定义了自己和利益相关者的关系。

在市场上，重新定义能取得差异化的效果，避免了直接的竞争。在生产车间，重新定义工具会让无用的工具变成有用的道具。另外，重新定义通常不需要太高深的技术，门槛不高，容易实现。

4. 重新组合：组合式创新

当轮子遇上运动鞋，溜冰鞋产生了，轮子和运动鞋的价格都水涨船高。

当海量的数据遇到云计算，数据才有了更大的价值，云计算才有了更大的用武之地。

这些新产生的价值，都来自不同的组合，这种组合方式，就是组合式创新。

俗话说："垃圾放对了地方就是资源，资源放错了地方就是垃圾。"这句话充分体现了重新组合的创新意识，通常在人力资源开发和使用上，在领导力和执行力方面发挥出重要的作用，其实在财、物的创新使用上同样意义重大。

重新组合创造价值的机会是"无限"的。从企业层面来说，可以和任何有意愿的企业双边甚至多边组合，产生新的模式、新的市场，甚至新的技术，从而创造新的价值。尤其是对资金有限、资源匮乏的企业来说，组合意愿强烈，数量众多。从岗位工作层面来说，不同的工具可以组合成新的工具，不同的员工可以组合成新的班组，不同的资源更可以组合使用。

在实际应用中，一般会根据实际情况，将以上四种创新模式相互结合使用，不拘泥于某种方式。

记住：只要符合创新三原则的方式就是好方式。

5.3.3 岗位创新的关键思维

在开展岗位创新工作之前，企业应先回答以下员工关心的问题。

企业已经建立了完善的流程、制度、作业标准，而且运行效果良好，那又何必多此一举去创新呢？有必要吗？

我的岗位工作规范和标准是经过专家团队设计的，难道他们还不如我？

我的工作量已经饱和，我的时间有限，为什么还要花费大量时间搞创新呢？

创新不好，挨领导骂，弄不好还会受到处罚，费力不讨好，我何必呢？

做得好，奖励寥寥，可能还要招来领导的忌惮和同事的嫉妒，我为什么要去做？

以上常见问题不解决，员工的创新之心就会泯灭，所以创新管理的重点就是解决员工的心理和思维问题。兵马未动，粮草先行，创新的"粮草"就是关键思维。

1."习惯"大于"效果"

企业是追求效益的，企业的一切经营管理活动都要追求创造价值，精益管理的核心是消除浪费，减少不创造价值的一切活动。但是在全员岗位创新活动中却存在一个矛盾的问题：创新试错的问题，也就是创新效果和创新成本、创新风险之间的平衡问题。

这个问题可以从四个方面理解。

首先是创新模式。企业在创新实践过程中，是选择因循守旧的成熟模式，还是选择专业机构负责创新的模式，或者选择全员岗位创新模式，这决定企业的长期发展。事实证明，在制造型企业，全员岗位创新才是实现精益管理的最佳途径，因为全员岗位创新能够带来整体能力素质的提升和全员改善意识的转变。

其次是创新目的。创新追求的是有价值、有效果，任何无效果的创新都可以被定义为浪费，这就需要岗位创新要有针对性、有规划性、有组织性。

再次是创新风险。创新一定会出错，至少一定会产生无效的活动，这就是试错成本。但是企业不能因噎废食，而是应该制订将创新风险控制在合理范围内的机制，既要有一定的容错空间，又要承担一定的试错成本，否则就会导致无人想创新、无人敢创新的局面。

最后是创新习惯。良好推行全员岗位创新的关键就是形成创新文化，形成人人积极改善的氛围和习惯，整个公司就会迸发出一种进取的激情和活力。在这一点上，形成良好的习惯要比取得效果更重要，良好的习惯在合理的机制下一定会产生长远的效果，而追求短期效果会让创新习惯无法形成。有人认为，全员岗位创新是不务正业，会让员工投机取巧，形成偷懒的习惯，笔者却认为这好事，通过创新，在提升业绩的同时不妨"偷懒"，"偷懒"也是给员工创新的一种回报，只会激发他们继续改善的动力。当然投机取巧不可取，是需要通过机制引导的，创新管理的工作就是要修好创新之路，也即"修路原则"。

2. 破除两个"误区"

由于创新是一个需要全员参与的活动，如何调动人的动能和潜力就成了企业的首要核心问题。所以，企业必须掌握岗位创新的管理方法，不断完善激励员工创新的机制，鼓励所有员工都去研究和挖掘本职岗位上的"新"，通过培训和各种活动推动员工创造出"新"。尤其对传统的制造业而言，长期的快速发展让管理逐渐趋向模式化，但是在目前及可预见的将来，市场竞争加剧，而且在技术更新快、产业升级快、产能过剩的形势下，全员创新在实现企业不断超越、不断改善方面显得至关重要。

在企业的创新管理方面，通常存在两个误区。

❶创新的意识误区。很多人认为，创新是"高大上"的工作，离普通员工太遥远，不是一般人能做到的。基于前文对创新四种方式的详细介绍，可以看出岗位创新并不神奇，创新是无处不在的。

❷创新的机制误区。企业的每个岗位都会遇到各种各样既复杂又棘手的问题，企业一方面强调员工岗位创新的重要性，但同时又找不到激发员工创新火花的方法和机制，甚至很多规章制度尤其是处罚制度将员工的创新意识、创新能动性完全压制。

3. 从六个方面思考

全员岗位创新可以实现六个方面的提升，这也是创新管理需要重点考虑的角度。

❶发挥员工潜能。岗位创新的前提是信任员工，要相信员工有能力、有潜力，能力是日常工作的体现，而潜力就要靠创新来激发，通过实际的动脑动手表现出来，高手如果不动手，一切都是零。

❷增进团队协作。团队协作的基础是增强互信，增强互信最好的办法是一起解决问题，解决问题的过程就是不断提升的过程，提升就需要岗位创新。

❸形成创新文化。企业的任何资源和能力本身并不具备独特的竞争优势，只有通过对这些资源和能力进行优化组合，形成企业独特的模式才是竞争对手无法模仿的，才能成为核心竞争力，这就是创新文化。因此，企业要努力营造创新的企业文化，让创新成为企业成员的自觉思维方式。

❹改善工作环境。提高工作效率的前提是打造不容易出错的环境，打造环境必须打破固有的思维模式，这就需要用创新思维改变对环境的旧有认识。例如，传统钢铁厂的员工普遍认为"脏、乱、差"就是生产现场的代名词，如果员工都习以为常，那么现场环境的改善就是空话，既认识不到，也看不到，更想不到。

❺提升岗位业绩。业绩的维持靠干活，而业绩的提升就要靠改善，改善需要创新，不要拘泥于所谓的成熟模式。

❻提升管理水平。通过全员岗位创新，发挥出全员的潜能，能够实现企业整体管理水平的提升和生产效率的提升，三个臭皮匠还赛过诸葛亮呢。

4. TOP原则

TOP即英文单词Technology、Organization、Person的首字母组合，代表技术手段、组织手段和个人手段三个层面，这也是创新思考的三个阶段。

创新的第一步就是要从技术、设备上来考虑，如设备上加装防呆装置、加装自动化装置或者设备上粘贴目视化标识等。

如果技术手段无从下手或者没有效果时，就要考虑组织手段，如改善管理制度、改善作业流程、改善激励机制、改善作业标准、完善单点教程。

再然后才考虑个人手段，如改善作业工具、改善个人防护、加强个人培训等。

TOP原则不仅是全员岗位创新的三个手段，同时也是任何改善活动及解决问题的思考步骤。如果顺序颠倒了，先从个人着手，首先就会让员工产生反感情绪，影响创新效果，导致问题的根因被掩盖。

5. "我有责任"心态

先来看一个小故事：两户人家住在同一单元同一楼层，两家关系不错，但是两家的氛围却相差很大。张家经常吵架，日子过得十分痛苦；赵家一团和气，日子过得快乐无比。有一天，老张实在受不了，为了改变家庭氛围，前往赵家请教。老张问老赵："为什么你能让家里保持愉快的气氛呢？"老赵回答："因为我们经常做错事。"老张更疑惑了："我们家正是因为经常有人做错事才争吵不休的。"

老张正疑惑着，忽见老赵的儿媳妇匆匆回来，走进客厅时跌了一跤，正在拖地的婆婆立刻跑了过去，扶起她说："摔疼了没有，都是我的错，把地擦得太湿了。"站在门口的儿子，也跟着懊恼地说："都是我的错，没告诉你客厅正在擦地，害你跌倒。"被扶起的儿媳妇则愧疚地说："不！不！是我的错，都怪我自己太不小心了！"前来请教的老张看了这一幕，心领神会，他已经找到答案了。

试想，如果一开始，拖地的婆婆就责怪儿媳妇："怎么走路不长眼睛！"而且家人也不予理会，赵家还会有这么和睦吗？

人们在对待问题时一般会有两种心态：一是这事与我无关，我没错；二是这事我有责任，我能干点什么，怎样干得更好？

这个故事正是体现了一种"我有责任"的心态，这也是精益改善和岗位创新工作中需要传导给每位员工的心态，也是常说的"主人翁意识"。只有如此，员工才会积极寻找岗位工作中的不足并持续改进。

6."名利"必须双收

在异常激烈的市场竞争下，人才在企业中发挥最重要的作用，企业之间的竞争是对人才的竞争，留住人才就需要让人才"名利"双收。一谈起"名利"，大家的感觉可能就是世俗，好似贬低了自己。殊不知，企业本身就是为了盈利，企业所背负的社会责任也要以盈利为基础。企业的每一个员工同样如此，首先是满足低层次的需求，养家糊口，保障自身的生存和生活；其次是满足高层次的需求，追求个人价值的实现，尤其是岗位创新，更是个人价值的突出体现。用什么体现，无外乎"名利"，这里的"名"指的是精神激励，如荣誉、名声、尊严、快乐；"利"就是物质激励，如奖品、奖金、培训。

所以，良好的激励机制是岗位创新活动的有力保障，需要做好两个方面的工作。

❶健全创新激励机制。鼓励将创新发明成果转化为收益，更鼓励将所得收益在员工和所属部门之间合理分配，积极探索内部创新成果转让和复制等激励措施，合理增加创新人员收入，以效益体现价值，以财务回报才智，最大限度地激发调动各类创新人员的积极性，催生更多具有转化价值的创新成果。另外，正向激励，不要处罚，不要排名。岗位创新对员工的工作来说是做加法，应该用正向激励的方法形成牵引人才前进的拉力，不但奖励成果，还要奖励思路，也就是问题的提出者。对于不是刻意弄虚作假的项目，不要进行处罚，形成一个积极向上的氛围。同时，不要对创新成果排名，至少不能发布排名，要对效果好的进行特别奖励，这也是正向激励的主要思想。

❷加大创新人才培养力度。获得快速稳定成长是人才长久留在企业的重要原因，这就需要做好创新人才的培训培养工作。以创新需求为导向，有针对性的举办创新知识及技能培训，开展多种形式的创新人才培养，不断提升他们服务企业的能力，培养能够推动企业稳步快速发展的创新型人才和具有核心竞争力的创新团队。

5.3.4 岗位创新的实施步骤

大量事实证明，企业可持续竞争的唯一优势，就是超越竞争对手的全方位创新能力，而这种创新创造能力蕴藏在员工队伍中。所以，企业如何激活这些蕴藏的创新要素，激发全体员工的创新活力成为企业可持续发展的最大动力，这就需要建立一套完善的机制，按照科学的步骤层层推进，步步引导，消除创新管理的两个误区，充分调动员工创新的能力和动力。

1. 搭建创新管理平台，组建创新管理团队

创新改善与标准化是企业提升管理水平的两驾马车，标准化是对创新成果的重新固化，创新改善又是对标准化的进一步提升，共同推动企业整体管理水平的提高，由此可见创新改善的重要性。作为一项全员参与的项目，岗位创新活动必须采用平台化运作，将企业的高、中、基层串联到一起，将创新活动融入企业的整体管理体系。

企业创新管理平台是一个环境、一个舞台、一个机制，平台的管理单位可以是常驻单位，也可以是兼职单位，其核心组成就是创新管理团队，设定专门的岗位承担日常管理工作，岗位定编需要根据企业规模来定。搭建创新管理平台就是培育和搭建多层次、多维度创新管理团队，引领和带动全员参与创新活动，推动创新活动的开展。创新管理团队可以采用"运营中心+专业中心"的结构建设，实现管理和指导的双重作用。

运营中心就是岗位创新管理中心，又分为领导小组和运营小组。其中领导小组为兼职单位，由高层领导挂帅（总监级以上），由运营管理部门的负责人担任运营小组组长一职，负责日常管理，运营小组由岗位创新管理专岗和各部门的岗位创新管理人员组成。运营中心的工作方向包括两方面：一是高效率研究，致力于员工效率的提升和生产流程的优化，实现各项管理要素和生产活动的创新与再造；二是低成本研究，致力于降低工序成本，控制全面预算，提升产品竞争力。

专业中心就是创新工作室，专门承担重大技改项目的研究和实施，侧重于工艺改进、设备改造方案的科学研究、方案制订和组织实施，保障生产安全稳定运行，解决生产现场中的技术瓶颈和各项薄弱环节。同时，专业中心是为全员创新服务的，对于员工"有想法、无技术"的情况，将创新思路交由专业中心进行技术攻关和思路拓宽，共同结为"创新对子"。

2. 营造创新文化氛围，建立创新激励机制

一个致力于发展壮大的企业一定是文化引领的企业，岗位创新工作和整个精益管理工作一样，必须在正确的文化引领下进行，企业文化中要融入基层创新文化，而一种文化能够得到正确传播和接受的重要因素就是合理的激励机制。创新文化是创新激励机制的根基，同时也是目标，创新激励机制是创新文化的驱动力。企业构建起服务于创新的管理体系，经过不断创新改善，其内部基础素质得到稳健提升，激发和推进内部创新动能逐渐上升为企业内部管理和文化建设的主要内容。

岗位创新，就是要加强针对性，提高实效性，做到有的放矢。岗位创新管理团队的首要工作，就是宣传创新思想和创新文化，充实队伍力量，改善工作条件。基层是一切工作的终端，如果思想工作不能抵达基层，即使花再大的成本，下再大的功夫，也无法实现岗位创新的目的。

(1) 岗位创新的文化内涵。

❶重视问题的提出者。创新文化首先要能够鼓励大家提出问题，找到改善点，因为一个完整的创新过程首先是提出问题，提出问题的水平决定着研究成果的水平和价值。提出问题的人未必能解决问题，但其价值是很大的，必须予以重视，并奖励，绝不能冠以"挑刺"的帽子。

❷创新不分大小，参与其中的创新者一律重视。良好的创新文化表现为全员拥有创新意识和习惯，这种习惯的培养靠的是肯定和引导。创新没有大小之分，对于创新的点子不可打击，不可批评，更不可嘲笑，只要是员工的创新想法都要给予重视，精益管理讲究的就是"蚂蚱也是肉"。避免出现员工害怕自己的想法太幼稚太简单，不敢、不愿、不想提出来的局面。

❸物质奖励是衡量创新价值的重要因素。在岗位创新活动中，除了精神奖励，物质奖励必须要有，而且要重，这就是前文讲述的"名利一定双收"。例如，能够量化创新效果的项目，员工可以奖励成果的10%；成果很小的，最低奖励1000元；对于不能量化且通过评审的，统一奖励3000元等。

(2) 企业创新激励机制存在三个方面的问题。

第一，缺少针对创新的激励措施，没有拉动力。企业管理者认为岗位创新应该是员工的本职工作，对员工自身的工作有好处，不应该额外奖励，从而导致员工的创新积极性不高。

第二，缺少针对创新的考核指标，没有推动力。很多企业的内部考核指标仍局限于个人素养评价、岗位工作完成情况、360度测评等能力业绩评价的共性指标，没有体现岗位创新能动性的个性指标。

第三，激励制度"简单粗暴"，没有公信力。对不同部门创新效果的衡量和体现

不科学，只是根据简单的指标完成数量进行考核，完不成的就做"减法"，本来正向的创新活动却变成了负向激励。承担指标多的岗位，不是多劳多得，而是多干多错，承担指标少的岗位反而考核分数高，造成员工心理不平衡。

根据以上三个方面的问题，企业内部绩效考核应该在收入结构中增加岗位创新工作考核收入单元，以岗位创新项目和项目创收成果作为基础，合理确定岗位创新工作的激励机制。

根据笔者多年岗位创新工作的实战经验，创新激励机制要做到三个相结合。

第一，岗位创新工作标准与效果评定相结合。作为一项"额外"的工作，岗位创新确实会占用员工的部分自由时间，员工会付出较多的精力，所以要做到先有标准，后有激励。标准和激励都是员工的目标，前者是工作目标，后者是价值目标，员工在实现自我提升的同时能够测算出自己应得的激励。要知道，"明白"就是管理的最高水平。最终实现激励时，一定要言出必践，按照当初确定的标准进行激励，如果不按标准，也必须比标准高出一部分，这样才能起到真正的正向激励效果，获得企业内部的信任。

第二，一次性激励和长效激励相结合。有的创新活动实现了一次性的降本增效，或者无法进行效果量化的，就要进行一次性激励，如奖励创效额度的10%；有的创新活动进行了横向复制或者对外输出，实现了其他岗位或者其他形式的创收，就要进行二次激励，如继续奖励创效额度的3%；有的创新活动实现了较长时间的持续降本增效，就要进行长效激励，如每年都会降低成本100万元，可以持续奖励该创新项目三年甚至更长时间。也可以采用创效积分制，数量占一定的积分，如只要通过评审的项目，就积10分；业绩效果占一定的积分，如每创效1000元积1分。员工定期（一般为每季度，最长每年）凭创新积分兑现创新激励，如每分奖励100元。岗位没有创新工作，就没有创新奖励，创新工作越多，创新奖励越多，从而实现创新激励上的"加法"效果。同时根据各岗位工作的不同特性，采用差异化的考核形式，使岗位创新改善工作成为精益管理中简单有效的管理工具。

第三，个人激励和部门激励要相结合。岗位创新的激励要把部门和个人都要连接到一起，避免出现个人获益，却受到他人反对和部门不支持的情况。通过运用绩效管理手段，合理审定与评价部门与员工创新的工作价值，将奖励分为个人部分和部门部分，如个人（或项目小组）占比70%，部门占比30%，做到"人人为我，我为人人"，从而进一步推动创新文化的建设。

3. 选择创新课题，开展创新活动

我们在创新平台、创新团队、创新文化、创新机制建设的基础上，还要努力开展多种形式的全员创新活动，实现创新效果，引导员工创新方向。例如，设立生产"英

雄榜",定期发布收集到的生产难题,张榜招贤,号召广大员工主动"揭榜";在设备管理上设立"修旧利废之星",在技术创新上设立"项目承包人",在管理创新上设立"创新论坛",在工器具创新上设立"发明家"等,通过一系列成熟的创新制度激起员工创新创效的潜能。为准确评价岗位创新工作的效果,并且公平、公正地兑现岗位创新工作的激励,必须制订合理的创新项目评选标准、评定流程及相关制度。

对岗位创新课题的选择有三种方式:一是员工个人或同岗位的团队根据工作岗位的需要,提出创新课题;二是各部门根据部门工作中的难点安排研究课题;三是公司发布的引导性及竞争性课题,如前所述的各项创新活动等。例如,可以参考以下几个方面选择课题,业绩指标:质量、成本、设备OEE、下游需求、流程效率等;工作现场:"六源"治理、环境改善等;员工士气:出勤率、工时利用率、劳动生产率。

岗位创新管理小组依据岗位创新项目的重要程度将岗位创新项目分为三类:岗位级的一般改进项目、部门级的较大创新项目和公司级的重大创新项目,并分别编制评定规则和标准。

课题提出人需要提交创新工作项目实施规则和计划,并预估各项资源投入和产出效果,特别说明的是,该方案和计划要力求简单,只要能说明现状、措施、预期效果、投入等即可,能用一张纸表述清楚的绝不多写一个字。然后经过1~3步的评审,最终确定课题:第一步是岗位小组和主管的自评,岗位级项目在该步骤即可确定课题;第二步是部门的内部自评和互评,部门级项目在该步骤即可确定课题;第三步主要是针对公司级的创新项目,还要经过创新管理小组的评审方可确定课题。

4. 调查现状,寻找根因

做好前三步工作就为岗位创新的实施奠定了坚实的基础,课题一旦确定,各创新项目小组(也可能就是一个人)立足于前期对课题初步调查和分析的基础上,进行现状的深入调查和分析,并寻找出该项目的瓶颈问题,发现根本原因。这里可以使用头脑风暴法、6W2H、鱼骨图和五个为什么等工具,搜集整理数据,并设定改善目标。

5. 制订措施,评估风险

针对问题的根因,按照TOP原则,制订具体的改善措施,并修订初版的项目实施规则和计划,按照项目分类报相应的部门进行风险评估。例如,生产岗位改善项目,应由岗位主管或班长召开小组讨论会评估项目风险;项目涉及设备设施改动的,应继续报车间主任,由车间主任组织人员评估是否有安全、设备或工艺等方面的风险。

6. 实施改善,评估结果

对于通过风险评估的项目,项目小组可以着手按照计划实施改善措施,并检查是否达到了预定目标。如果达到了目标,则进入下一步;如果没有达到,则返回第四步继续分析原因,进行第二轮循环。

在实施改善过程中，创新管理团队及各级运营中心需要做好过程把控和结果把控，避免出现为了报告捏造、修改数据或事后补记录的情况。

7. 兑现激励，选择新课题

一个岗位创新项目经过实施过程之后完成了目标，可以视为该项目的阶段性结束，即使部分实现了目标，其他目标确实无法实现，也应该视为该项目的顺利完成。岗位创新管理小组要对完成的项目进行最终的效果评估，并兑现奖励，然后选择新课题。

新课题既包括原来没有实施过的项目，也包括对老课题设定新目标的项目，只要是能实现继续改善的课题都属于新课题，而不可拘泥于某些条条框框。

5.4 推进价值流专项改善：精益大项目管理

5.4.1 精益大项目核心思维

在企业中，精益工作推进的步伐可大可小，持续改善、处处改善是精益管理的核心思想。岗位创新工作是全体员工参与的、立足于工作岗位实施的改善，追求的是全面的管理提升，当岗位创新形成一种文化的时候，这项工作就成了日常工作的一部分，这也是岗位创新工作所追求的极致。从这个意义上来说，岗位创新可以看作小改善或局部改善。然而在制造业的整个生产链条中，精益管理的目的是提高整个价值链的效率，这就需要在岗位方面思考问题，用系统化、结构化的思维，把影响生产运营中的关键点、瓶颈点找出来，通过设定挑战性目标，一个一个地予以解决，从而打通整个价值链，这就需要推进价值流的专项改善，俗称精益大项目。

现以钢铁企业为例说明。轧钢厂作为炼钢厂的下游客户，双方的协作情况对整体效率起到极大的影响作用。很多钢企的钢坯定重都会经过炼钢出厂和轧钢入厂两个秤称重，然而双方的数据却存在一定的误差。这个时候，如果纠结谁的秤更加准确的话，就会陷入推诿扯皮的浪费中。钢坯重量不但会影响轧钢的彻头彻尾操作，影响生产节奏和产品质量，也会影响两个部门的业绩指标完成情况，这个时候单纯的测量技术是改变不了部门协同的问题的。看似如此简单的事情，却真实地存在于多个企业当中，而且还是大问题，这样关乎多个部门的问题，就可以使用精益大项目的方式来解决。在价值流上用精益管理的眼光来看，所有的服务都是为了满足客户的需求，所以最终满意地交付给客户的重量就是衡量指标，然后一直倒推到炼钢厂的秤，在此过程中所有的衡器都与衡量指标校对即可。

看到这里，读者可能会发现，本书关于精益管理的任何工作都特别注重文化和思维。是的，精益管理本身就是一种理念和思维的传导，一种文化的培育，精益工作本身并不神奇，只是将企业日常的经营管理融入了精益的思维。对于精益大项目而言，同样要先改变几个思维。

（1）大项目的实施目的与难点。

精益大项目要围绕价值流，全面审视物流、信息流之间的互动关系，找到制约流动的瓶颈，以优化重要管理流程、改善对完成公司年度业绩指标有重要影响作用的物耗、能耗等主要技术经济指标为主要目的。遵循的基本理念是消除浪费，不投入或少投入创造尽可能多的价值，设定挑战性目标发掘潜力，注重管理提升和员工能力培养，促进上下游之间的协作。

实施大项目的初衷很好，但失败的原因也很多，主要表现为以下几点。

• 不注重文化建设。在旧的管理模式下推行精益大项目，缺少精益文化的指引，员工在怀疑徘徊下使用精益工具。

• 未做到目标融合。精益大项目往往周期较长，见效较慢，这在一定程度上会造成人力资源和财务资源的占用，从而与各单位的业绩考核出现冲突，甚至与公司战略无法融合，导致变革管理失败。

• 单纯追求管理工具化。通俗地讲，精益工作就是在精益文化的指导下，用精益工具养成员工良好的工作习惯。精益工具固然重要，但是工具本身并不能解决问题，只有靠有能动性有能力的人使用才可产生效果。如果在推行大项目时，单纯追求精益工具的罗列和运用，而不重视人才的培养，大项目只能是无果而终。

• 未调动员工参与。大项目是跨部门的协作工作，如果仅成为少数精益精英的游戏，就会成为无本之木，无根之水。

• 追求短期财务效益。企业管理者最难改变的管理习惯就是一味地目标管理和单纯地追求短期财务效益，但是精益大项目并不能带来短期效益，而应专注长期的持续改善和进步，从而产生了矛盾。

（2）大项目与小改善齐头并进。

如果把整个价值链比作人的身体的话，那么小改善就是让每个关节更加灵活高效，而大项目就是让人体的脉络更加顺畅。小改善关注的是一个岗位或一个动作，大项目关注的是全价值流的分析与改善，以及跨部门、跨区域的协作；小改善基于现实的问题和差距去立项解决，大项目基于改善目标寻求解决方案。单纯的小改善无法达成真正提高对外部客户服务效率的目的，而单纯的大项目则无法做到局部的提升和消除价值链上的所有瓶颈，双方是互为依托，紧密联系的。例如，生产效率提升了，但是营销工作没有提升，则会造成大量的库存浪费；营销工作提升了，但是运输效率跟不上，则会导致产品交付的延迟和客户满意度的下降；在生产线上，单个工位的效率决定整条生产线的效率，从而决定整个价值链的效率。

通常的做法是，以一系列小改善提高局部效率，起到鼓舞士气、培养习惯、树立信心的作用，然后用大项目进行小改善的连接，实现整体提升。如果没有小改善的基础，仅靠浅浅的认知教育不足以真正改变长期累积的传统思维习惯，在人心不稳的情况下，大项目很容易引来围观甚至嘘声；然而，如果小改善无法取得积极的成效，后续的大项目推行也会遇到阻力，所以小改善的重要性不言而喻。

小改善可以做得多小？走进现场，随处可见的浪费就是小改善的目标，物料的摆放位置、工人的一举一动等，都可以立即动手处理，甚至无须详细计划。一个岗位、一个工位、一个小工段改下来，效率都可以显著提升，现场则更加清晰有序，这样的效果，本身就是一种说服力。大项目是价值流专项改善，就必须在价值流分析及诊断后做出立项决定，如对企业的制造周期、库存周转、产品品质、生产效率等因素一一做出分析，使要害点、瓶颈点全部浮现，抓住一点牵动全局，并最终依此制订全套项目实施方案。

(3) 大项目不同于技改项目。

技术改造项目是企业为了提高经济和社会效益、提高产品质量、促进新产品研发和产品升级换代、提高营业额度和利润、降低成本、做好资源综合利用、加强安全环保管理和三废治理等目的，通过采用先进的、适用的新技术、新工艺、新设备、新材料等，对现有设备设施和生产工艺条件进行改造的项目。

技改项目着重于避免重复建设，优化产业结构，改变增长方式，从而提高企业的效益和竞争力；技术改造坚持以技术进步为前提，以扩大再生产为主的原则，投资相对较大、工期短、见效快。精益大项目着重改善管理、生产上的薄弱环节，消除浪费，巩固和实现原有成果，实现经营管理的持续改善；大项目坚持以现有生产条件为前提，以改善无止境为原则，投资少，针对性强，是一个长期循环进行的活动。

(4) 大项目与日常工作互为依托。

大项目与日常工作关系密切，基于日常工作，又服务于日常工作，否则，大项目就成了额外负担，本身就成了一种浪费。然而它们之间又有区别，日常工作首先在于维持现有水平，然后辅以岗位创新，实现稳定的生产经营；大项目的目的首先在于大幅度提高整个生产经营工作的效率，然后加以固化和稳定，否则，大项目就失去了意义，变成了花架子和走形式。

(5) 大项目求质不求量。

岗位创新追求的是遍地开花，而精益大项目却不是多多益善。大项目的立项一定在战略点上动手，牵牛鼻子而不抓牛尾巴，不干则已，一干到底，一个项目一旦立项就贯彻到底，保证取得预期效果。否则，数量太多，资源分散使用，会影响各个项目的进展，甚至影响正常的生产经营活动。

5.4.2 大项目的课题选择

大项目的重要性决定着大项目课题选择的重要性，岗位创新的课题选择错误，造成的影响很小，而且能够快速修正，但是大项目课题选择错误，会造成很大的时间成本浪费。一般大项目的课题选择从三个方面着手：从企业年度（半年、季度）经营计划的重点工作中选择、从客户的需求上选择、从内部最需要解决的业务问题中选择。

1. 大项目的条件设定

在选择大项目课题之前，企业需要设计两个条件：大项目课题的入门条件和大项目目标的确定条件。

（1）大项目课题的入门条件。

既然是大项目，就必须符合一定的条件，这样在大项目选择之前就划定了一定的范围，避免了很多无谓的工作。当然，以下条件都是参考性而不是强制性的，除此之外，企业还要综合考虑高层管理者的意图与该课题对整体生产的影响程度。

- 预期收益：年化收益大于100万元。
- 资源组织：需要跨部门、跨区域的协作。
- 资金投入：不超过50万元，超过50万元的就是技改项目或者投资性项目。
- 涉及领域：全价值流的分析与改善。
- 项目来源：基于较高的改善目标。

（2）大项目目标的确定条件。

大项目必须基于目标立项，而不是根据改善思路做出预判，有非常强的针对性。大项目目标的设定有三个方法。

- 同行对标：将自身的关键指标与行业最佳做法比较，这是公司级大项目常用的方法。比较的对象可以是其他分支机构/部门、行业领先企业/典范、本行业以外的具有类似职能的部门的最佳做法。（详情参考上文：实施有效的对标管理）
- 历史最佳：将自身的关键指标与自己的历史完成值相比较，这是部门级大项目常用的方法。例如，用2020年的平均值作为企业的基线指标，或过去本部门天/周/月的最佳指标作为基准。
- 理论极限：用该项目理论上测算的极限指标作为基准，这是自我挑战性的目标设定方法。如一座锅炉可以通过能耗平衡桥来计算理论上可以达到的极限值，通过对比极限值来确定大项目的目标。

2. 大项目的课题选择角度

（1）从企业年度（半年、季度）经营计划的重点工作中选择。

企业年度经营计划是企业的短期战略目标，也是企业的经营方略，而大项目就是为了更好地实现该经营计划中的目标，所以从计划中需要解决的重点工作中选择大项目课题针对性最强。课题选择过程如图5-6所示。

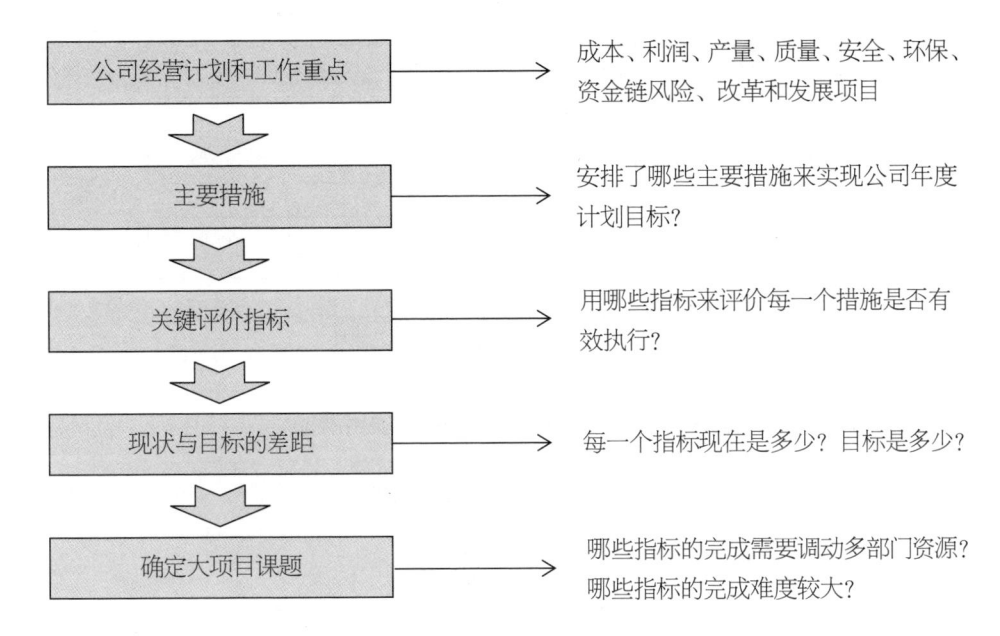

```
公司经营计划和工作重点  →  成本、利润、产量、质量、安全、环保、
                         资金链风险、改革和发展项目
         ↓
      主要措施           →  安排了哪些主要措施来实现公司年度
                         计划目标？
         ↓
    关键评价指标          →  用哪些指标来评价每一个措施是否有
                         效执行？
         ↓
   现状与目标的差距       →  每一个指标现在是多少？目标是多少？
         ↓
   确定大项目课题        →  哪些指标的完成需要调动多部门资源？
                         哪些指标的完成难度较大？
```

图5-6 从经营计划中选择大项目课题

(2) 从客户的需求上选择。

企业一切经营管理活动的直接目的是满足客户需求，但是从成本利润方面来考虑，往往客户需求的指标要求和企业产品及服务的完成指标之间存在矛盾。客户希望一定支出的情况下得到的价值最大化，这就需要质量指标做到最好；而企业希望一定的质量前提下利润最大化和成本最小化，这就需要牺牲部分质量指标。

然而，企业的发展一定建立在客户支持的基础上，牺牲质量的后果就是客户满意度下降，这就需要企业通过内部的管理措施在保证成本最小化的基础上提升交付质量。精益管理的思维本身就是客户思维，"一切资源皆客户"，而精益大项目是解决这个问题的最佳选择，那么从客户的需求中选择精益大项目课题也是针对性很强的一种方法。课题选择过程如图5-7所示。

(3) 从内部最需要解决的业务问题中选择。

不管企业的管理水平多高，企业在生产运营过程中一定会遇到很多问题，因为改善永无止境，没有问题就是最大的问题。对那些解决难度较高和急需解决的问题而言，通过精益大项目的方式来推进解决是很好的方式。

课题选择过程如图5-8所示。

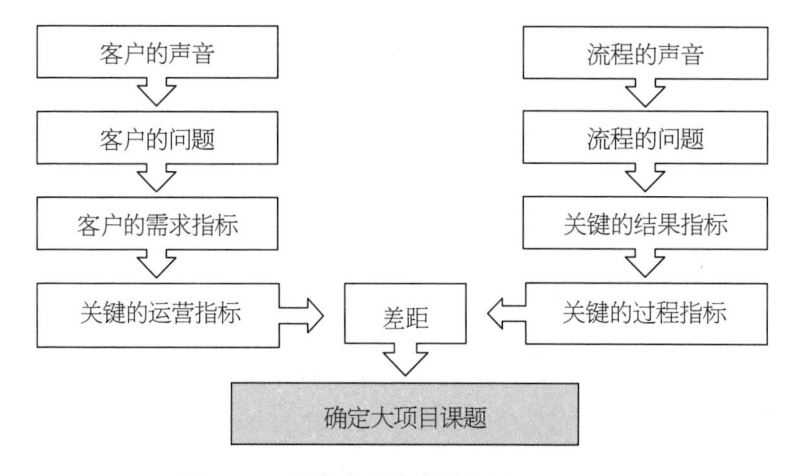

图5-7 从客户需求上选择大项目课题

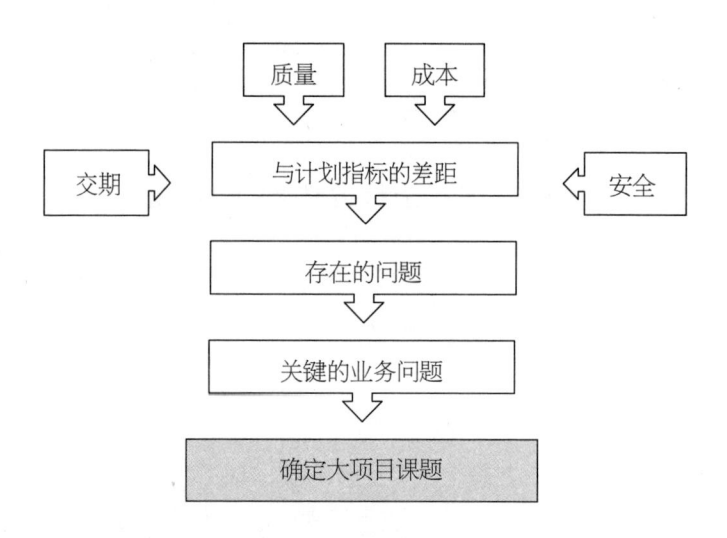

图5-8 从存在的问题中选择大项目课题

5.4.3 大项目评价和激励管理

在激励机制方面，大项目和岗位创新活动一样，合理的激励为推进大项目提供充足的动力。所不同的是，岗位创新项目"短平快"，激励可以短期兑现，但是大项目周期较长，要做到及时激励的话，就要把阶段激励（一般为月度）和结项激励相结合。项目的激励需要项目评价机制的支撑，项目评价和激励工作都由运营小组负责组织，并最终由领导小组审定后执行。

1. 项目评价机制

(1) 项目评价模型。

大项目需要从三个方面进行评价：财务年化收益、项目过程规范性、成果固化效果，如图5-9所示。

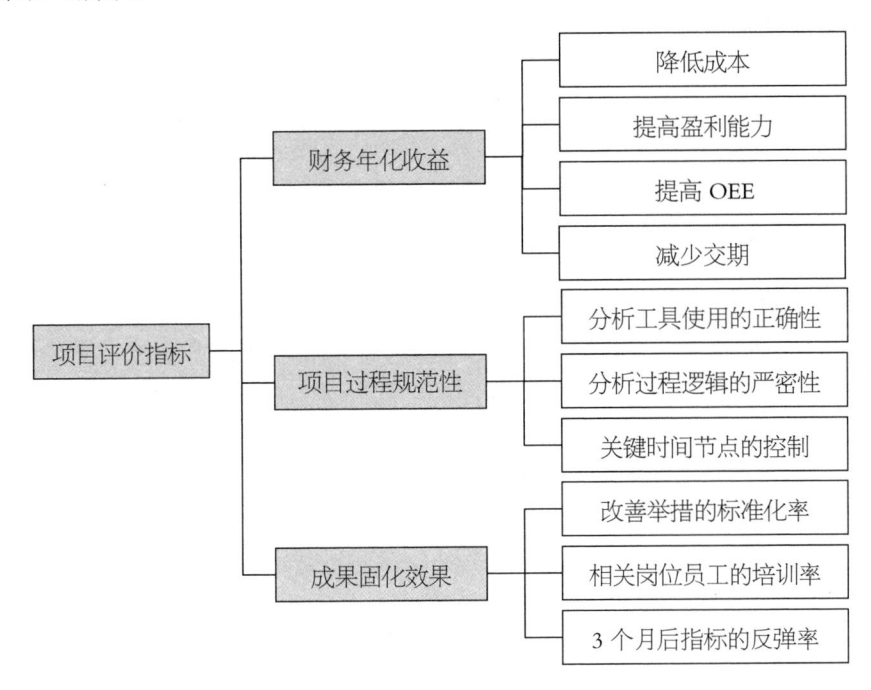

```
项目评价指标 ┬─ 财务年化收益 ┬─ 降低成本
             │               ├─ 提高盈利能力
             │               ├─ 提高 OEE
             │               └─ 减少交期
             │
             ├─ 项目过程规范性 ┬─ 分析工具使用的正确性
             │                 ├─ 分析过程逻辑的严密性
             │                 └─ 关键时间节点的控制
             │
             └─ 成果固化效果 ┬─ 改善举措的标准化率
                             ├─ 相关岗位员工的培训率
                             └─ 3个月后指标的反弹率
```

图5-9 项目评价模型

以上指标为参考性指标，各企业在制订指标时要充分考虑本企业的特点、项目特点等，进行适当调整，并且对每项指标制订明确的评价标准和分值占比，作为项目评价的核心依据。

(2) 项目评价方式。

月度评价只从项目规范性角度评分，满分按照100分评价。应该在每月上旬完成上月项目运行的评分工作，由运营小组对项目进行评分，并报领导小组审定。

结项评价要从三个方面评分，应该在项目完成三个月后进行。经营类项目（如生产、采购、销售、物流）的财务年化收益要根据项目产生的直接经济效益，按照预先制订的评分标准量化评分，尽量减少如领导评分等主观性的评分，做到公开、公正、公平。三个方面的比重建议为：财务年化收益50分，体现效益优先；项目过程规范性20分，体现过程控制；成果固化效果30分，体现项目成果的可持续应用。具体评价工作由运营小组负责，最终提交领导小组审定。管理类项目（如流程改造、体系改造等）无法计算出直接的经济效益，但是对提高管理效率和效能有重要意义，其中财务年化收益一项就需要进行主观性评价，可采用领导小组和运营小组评分的方式，另外两个方面由运营小组评分。三个方面的比重建议为：财务年化收益30分（领导小组20分、运营小组10分）；项目过程规范性30分；成果固化效果40分。

2. 项目激励机制

（1）激励标准。

为了提高激励的效果，经营类项目最终的激励金额要和年化收益挂钩，不建议以项目周期或半年甚至更少时间的收益为基础，也不建议激励金额封顶，如将年化收益的5%作为激励奖金发放给项目组。管理类项目无法按照年化收益进行分配，应以业务流程为依据实行分级激励。例如，核心流程上的项目激励20万元；重要流程上的项目激励10万元；辅助流程上的项目激励3万元。

项目组内部的奖金分配应由项目组自行决定，并将分配规则和最终激励发放明细报运营小组备案。但是运营小组需要制订分配原则，各项目组参照自行。例如，激励发放仅限于对项目开展有贡献的人员，项目组制订内部分配方案；由项目组组长根据成员日常表现及子项目KPI贡献度分配；项目组的中基层管理人员及成员的激励不得低于激励总额的70%。

月度激励总额应不高于项目总体激励的50%，剩余部分按照最终评分在结项激励时一并发放，并且多退少补（这点很重要，拿到手的未必是自己的，以此促使项目组必须保证项目完成尽量完善）。

为了提高项目管理层对项目的重视，在项目结项时对项目组组长和副组长要进行绩效加分，并纳入个人年终绩效总分。

（2）激励计算方式。

最终的激励金额还要和项目评分结合，最简单也是最有效的方式就是直接按照得分比例计算：最终激励=总激励金额×得分÷100。当然，有些企业在实际操作时可能会按照得分分级计算，如得分大于95分的，按照100%计算；得分90~95的，按照90%计算；以此类推。从实际的激励效果来看，第一种方式明显优于第二种方式，因为项目组每努力一点就会多收益一点，而不会人为卡等级，造成自我松懈。

对项目组组长和副组长的绩效加分计算方式可参照激励金的计算方式，以最高加分10分为例，即最终绩效加分=10×得分÷100。

5.4.4 大项目的实施步骤

（1）组建项目管理团队。

大项目管理团队分为项目领导小组、项目运营小组和项目组。项目领导小组由公司高层挂帅（总监级以上），财务部、人力资源部、企业管理部（或运改部、综管部等）、营销部、研发部负责人参与，大项目管理部门的负责人（如运改部部长）负责日常管理，同时担任运营小组组长；项目运营小组由大项目管理部门项目管理岗（如大项目专员）和各部门的负责人组成；项目组由项目相关部门的负责人和项目各参与人员组成。领导小组和运营小组是在大项目工作启动时即成立，各项目组是在课题审定后成立。

其中，项目领导小组的职责如下所述。
- 总体人员管理：包括运营小组组长和项目组长的最终指定，管理团队人员调配等。
- 总体规划审定：包括项目整体规划，项目总体指导，项目课题选择，项目总体目标，项目预算等的审定。
- 总体资源协调：对于运营小组无法协调的工作和资源进行协调。
- 评价激励方案：对项目评价办法、评价结果和激励方案进行审定。

项目运营小组的职责如下所述。
- 大项目管理：构建大项目平台，项目过程管理，大项目工作日常管理，召开项目管理、审定、评价会议，对大项目的总结、知识管理等。
- 大项目开展：督促项目组按照项目管理流程及制度推进大项目的实施和完工。
- 大项目支持：对项目开展提供必要的指导和支持。

项目组的职责如下所述。
- 项目人员管理：确定项目组成员，项目组的日常管理。
- 项目实施管理：开展大项目工作，完成预定目标，项目总结。

(2) 选择项目课题并立项。

项目运营小组根据前文所述大项目课题选择的方法，组织项目立项审定会，并编制立项建议表，由领导小组审定后形成正式的项目立项表。大项目一般以年度或半年为周期进行立项和评定。

项目运营小组根据立项表内容确定项目影响的单位，组织成立各项目组。项目组长一般由项目最终受益部门负责人担任，即该大项目的最终内部客户单位。

(3) 制订项目实施方案。

各项目组分别组织项目全价值流诊断和改善分析，并根据诊断出来的问题点、根因、改善点设计改善举措，制订改善计划，明确项目组分工、会议制度、运作方式和奖罚规定，形成项目实施方案并上报运营小组；运营小组向领导小组进行项目实施方案汇报，并对方案进行审定。

(4) 推进项目实施。

经过领导小组审定的项目，首先准备项目开展的各项资源，并按计划推进大项目。

在项目开展过程中，项目组需要定期（如每周）召开项目协调会，对项目的进度跟踪分析，对出现的问题予以解决。项目的实施过程也是项目持续诊断的过程，要在出现问题的分析过程中不断更新实施计划。

各项目组长定期（如每月）向运营小组汇报项目的进度、问题、解决方案及下一步工作计划，并提出需协调解决的问题。运营小组定期到各项目组开展项目巡查调研，组织相关交流学习活动，并协调资源帮助解决项目存在的问题，同时对项目开展过程中管理人员的现场履职情况进行常态化巡查，从项目质量、人员效率、绩效考核等方面进行阶段性评价和指导。

大项目的过程管理要建立公司级和厂部级看板，对大项目进行透明化的管控。项目跟踪内容要重点关注三个方面：一是跟踪项目进度，并提供适时的指导；二是跟踪项目KPI指标完成情况，并根据指标总结项目问题；三是跟踪项目问题，提供必要的资源协助。

(5) 总结固化效果。

项目实施完毕后，项目组必须向领导小组进行项目结项汇报，汇报项目总体实施情况、取得的收益成效、结果固化方案以及遗留的问题和改进建议，作为该项目是否继续深入开展的依据，并为其他项目提供参考经验，为大项目整体工作开展提供信息支撑。

项目汇报结束后，根据领导小组及运营小组提出的建议，继续完善固化方案，并进行经验固化和知识管理。固化完善阶段，项目组应核算项目的收益情况（效果），总结、检验项目改善举措是否有效，对有效的举措固化形成新的业务流程、规章制度、作业标准、操作规程等。并进一步分析项目的遗留问题，提出改善建议，经过现场实施和现场观察，继续优化经验和知识。一方面按照培训机制培养相应的内训师，一方面培训相关岗位人员，将固化的成果转化为员工的工作习惯。

(6) 项目评价激励。

按照前文所述大项目评价和激励管理办法，实施项目的评价和激励。

# 第 6 章
精益智造的信息化战略规划

　　语文使人睿智，数学使人严密，音乐使人感性，化学使人理性；同理，管理使工作睿智，精益使工作严密，智能使工作感性，信息化使工作理性。

6.1 信息化规划基本概念

企业信息化战略是企业为适应激烈的市场环境变化，为顺利完成企业总体战略目标，将现代信息技术集成到企业管理经营活动中，通过信息化技术和手段的应用，获得企业竞争优势的一种运作机制和体系。同时，企业信息化战略是企业信息化建设的纲领，是信息化要实现的任务、要完成的目标和实现这些目标的方法、策略、措施的总称。

企业信息化战略规划是指为满足企业发展战略需要，由企业高层领导、信息化专家和信息化使用单位一起，根据企业总体战略的要求，以最经济化的方式推动企业战略目标的实现，对企业信息化的发展目标、发展方向、实现路径等所制订的企业信息化建设的战略部署。企业信息化战略规划为企业信息化建设提供纲要性的目标导向和综合指导，将信息化建设与业务实现紧密结合。

无论企业整体战略及战略的实施方式如何，战略的制订和实施都必须以一个高效、可靠的信息化体系作为基础。企业根据发展目标、商业模式、管理体系、管理模式和外部环境，从战略高度上对企业的信息化进行系统的、科学的规划，才能把企业作为一个有机整体，从企业发展全局出发，为企业整体战略的实施提供最大程度的信息保障，也才能在信息化建设中少走弯路，做到"把钱花在刀刃上"，减少浪费，实现对精益管理的支撑。

信息化规划要紧紧围绕业务，以业务为核心，以业务规划为基础。如果目标脱离业务目标，再完美的规划和架构，都不能给企业带来业务价值的提升。信息化规划的基本逻辑是：从企业战略到业务目标，从业务目标到信息化目标，从信息化目标到蓝图架构，从蓝图架构到分步实施。遵循的思路就是：从业务到技术推进，从流程到信息化推进，围绕价值链分析和优化，做好现状分析、差距分析、目标制订、蓝图规划和实施规划的过程设计。

现用图6-1来描述业务规划与信息化规划的整体内容（参考性示例）。

信息化的概念以及信息化与精益管理和智能制造的关系，已在前文中详细介绍过。本书的目的不是说服企业开始信息化建设，而是为那些追求稳定快速发展的企业提供一条可操作的信息化实现路径和实操手法。

信息技术永远是支撑的手段，并不是万能的。信息化规划必须建立在企业的业务现状和管理现状的基础上，不可能脱离企业的实际去建立理想化的信息化系统。在信息化建设中，影响精益管理最重要、最核心的部分就是信息化蓝图规划，它关系整个

第6章 精益智造的信息化战略规划

信息化系统的投资收益和运行效率。

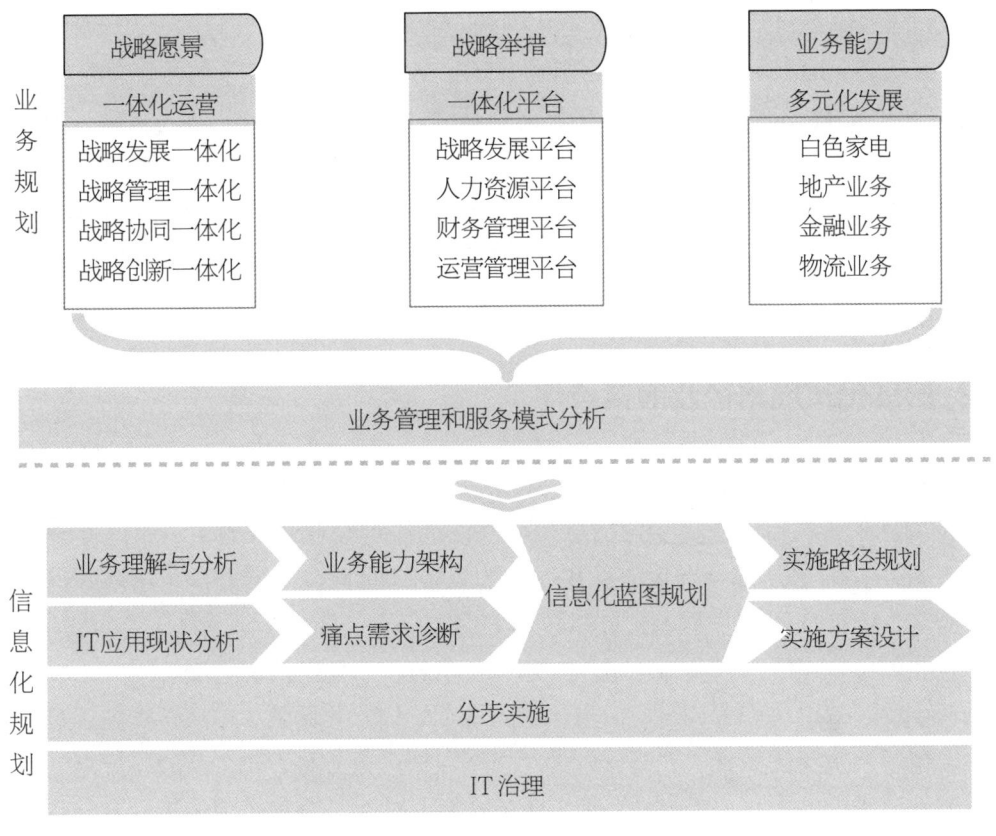

图6-1 业务规划与信息化规划的内容

在精益理念下,信息化规划一定要把握好三个原则:够用、易用、适度前瞻。

❶够用。一是满足需求,企业的信息化建设是为了提高经营管理的效率,旨在解决靠手工解决不了的决策支持和沟通协调问题,所以信息化的规划尽量做到核心管理和核心业务流的全面覆盖,要满足战略的需要。这样企业在逐步实施信息化项目时,是在一个统一的规划下进行的,不至于信息化系统分散、割裂,避免"有了信息化,孤岛遍地生"的局面。二是合适,不要一味地追求新理念、新技术、新框架、"新特异、大而全"等,一定要选择与企业现状最合适的规划方案,合适的就是最好的,尤其是技术选型。

❷易用。信息化系统要始终坚持简单化、便捷化,一切以实用为目的,任何华丽但无用的功能一律不需要,用户的登录、使用和IT人员的开发、运维都要用最简单、最友好的方式实现。

❸适度前瞻。信息化的规划要有余量，也就是前瞻性，但是绝对不可盲目的前瞻。信息化的规划是基于战略规划和技术发展的，战略规划本身就具有极大的不确定性，技术本身又是日新月异，所以信息化规划的前瞻性一定是有一定限度，一般不超过五年。坚决避免追求"高大上""高规格"造成的浪费，这才不违背精益管理的初衷。

本书对信息化的规划是以集团化公司为基础，非集团化企业可参考实施，或摘取其中某部分进行信息化建设，因为信息化建设的思路是一致的。同时，本书的读者定位为精益管理者，所以本书更多的是讲述管理思维和路径，本章内容也是以业务管理者与信息化管理者为基础展开的，对于信息化技术的讲述也以此为基调。

6.2 信息化实现路径及前置条件

1. 信息化整体实现路径

在智能制造的目标下，企业信息化可以说是决定企业命脉的工具，任何一蹴而就、东拼西补的思路都会导致信息化建设的失败，而且直接拖累企业正常的运营发展，所以，企业信息化的建设必须按照科学的路径逐步实现。

企业信息化建设的实现路径可以分为：战略分析、业务流程再造（BPR）、信息化项目启动、信息化需求调研、信息化蓝图规划、信息化评估、信息化实施、运维及持续改善等八大步骤。其中战略分析是对战略目标进行分解，对企业战略规划的信息化战略部分进行分析；业务流程再造与信息化相互依存，是信息化的指导方向和服务对象，必须提前进行；也即战略规划和业务流程再造是信息化建设的前提条件。

为了能从整体上考虑问题，我们先来看图6-2。

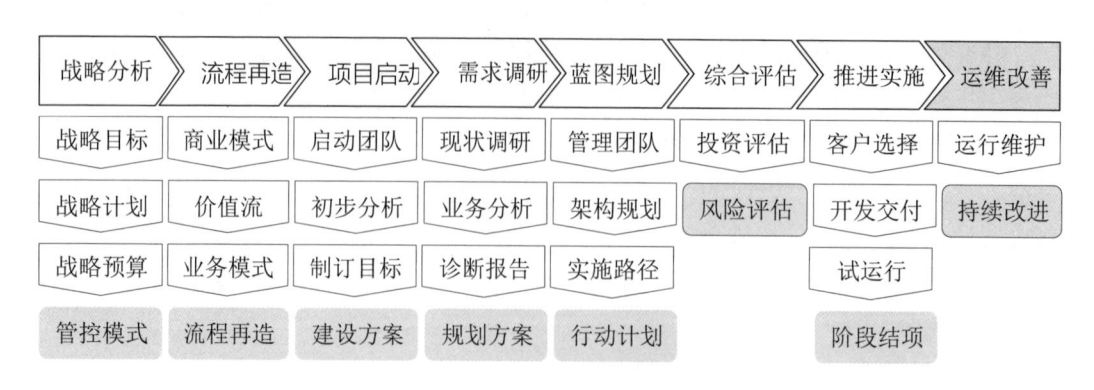

战略分析	流程再造	项目启动	需求调研	蓝图规划	综合评估	推进实施	运维改善
战略目标	商业模式	启动团队	现状调研	管理团队	投资评估	客户选择	运行维护
战略计划	价值流	初步分析	业务分析	架构规划	风险评估	开发交付	持续改进
战略预算	业务模式	制订目标	诊断报告	实施路径		试运行	
管控模式	流程再造	建设方案	规划方案	行动计划		阶段结项	

图6-2　信息化实现路径

2. 信息化与企业战略

企业战略是对企业长远发展的全局性谋划，是由企业的愿景和使命，以及企业的短、中、长期目标，和确定实现目标的策略等组成的集合。企业战略是企业一切工作的出发点和归宿，企业信息化战略是企业战略的有机组成部分，同时也是企业战略的重要组成部分，必须从企业战略出发并服务于企业整体战略及目标。

概括起来，可以从以下三个方面理解企业信息化与企业战略的关系。

(1) 信息化是企业战略的必然选择。

现在是电子信息时代、移动互联时代、地球村时代，再传统的企业管理者都被信息化浪潮洗礼多次，那些拒绝信息化的领导者都已经被淘汰，因为其企业战略失去了支撑。多家知名企业的实践证明，企业信息化在帮助企业精简机构、提高管理效率、节约成本、提升竞争力等方面起着非常重要的作用，已经成为实现企业发展战略的必然选择。

(2) 企业战略是信息化的灯塔。

企业信息化目标一定是根据企业战略目标制订的。一方面，当企业战略变化时，信息化必须随着相应变化，可以说没有企业战略的信息化就没有方向，就会造成盲目投资，造成浪费。另一方面，随着企业的发展壮大或战略转型，必然会出现一系列新的问题，企业必须借助信息化进行全方位的职业化改造，打破管理经营模式的瓶颈。

(3) 企业战略和信息化是一驾马车上的两匹马。

企业战略和信息化是相辅相成、相互促进的，必须同步推进，平行发展。缺失了企业战略，信息化失去了意义；缺失了信息化，企业战略就失去了基础。

所以对企业战略做出详细的分析就成为信息化建设的核心前置条件，在信息化建设之前的战略分析要从四个方面着手。

❶战略目标。对战略目标的分析要实现三个目的：一是找出制约和支撑战略目标的瓶颈点；二是根据这些瓶颈点找到信息化的解决方案，或者优化措施；三是分解为信息化建设的战略目标。

❷战略计划。对战略计划的分析要实现两个目的：一是找出支撑战略计划实施的信息化支撑；二是根据战略计划制订信息化的实施计划。

❸战略预算。对战略预算的分析是为了确定信息化建设的整体预算和可调动的一切资源支持。

❹管控模式。对管控模式的分析是为了确定信息化的蓝图架构，以支撑起集团化管控的运行。

3. 信息化与业务流程再造（BPR）

业务流程再造（Business Process Reengineering，BPR），是通过对企业战略、商业模式、价值流、业务流程以及支撑它们的组织架构、制度、系统等的重组与改善，达到业务流程和生产力最优化的目的。BPR强调以业务流程为中心，以客户（含内部客户）满意度为目标，对现有的业务流程进行根本的再思考和彻底的再设计。BPR是运用信息技术和人力资源管理手段大幅度改善业务流程绩效的革命性方法，BPR必须以信息化手段为工具，充分利用先进的信息技术和自动化技术，在最大化技术功能集成的基础上实现管理上的职能集成，实现企业经营在成本、质量、服务和效率等方面的突破性改善，从而建立全新的流程型组织。

BPR是精益管理的一种改进哲学，信息化是一种工具，企业信息化是BPR的基础，信息化都是以流程为中心，并通过流程来体现的。企业在建立信息化之前，首先应保证流程正确无误，畅通无阻，这是发挥信息技术效用的有效途径。同时，在企业中创造性地利用信息技术，可以起到降低成本，提高信息决策处理及时性和准确性的作用，使组织层次和参与人员大幅度减少，为企业流程再造提供强有力的支持。

由于传统的业务流程存在着许多因手工处理导致的重复或无效环节，造成很大的管理浪费，这不符合信息技术的要求。如果仅仅用计算机代替手工操作，将信息技术应用于陈旧、传统的业务流程和管理模式上，最终只能导致企业对信息技术大量投资但效果微弱。信息技术的真正力量不仅仅是使原有的工作更加优化，而是对企业旧的管理模式和工作规则的破坏与改造，协助创造出全新的管理理念和规则，这就是企业在建设信息化之前必须先进行业务流程再造的根本原因。

由此可见，信息化应用是业务流程再造不可分割的一部分，为企业流程再造提供必要的工具和手段。企业信息化是以业务流程的信息化、自动化为核心，借助先进的信息技术实现企业运行的自动化和精益化，最终将信息技术与企业流程的创造性进行结合，同时为实现企业信息化铺平道路。

在接下来的分析中我们会看到，信息化规划的一切内容都是围绕流程，并沿着流程展开的，业务流程再造的实施详见前文"流程型组织建设"一章。

6.3 信息化启动

在信息化启动阶段，企业要实现四个目的：创建启动团队，对企业信息化现状进行初步分析，确定信息化建设的目标，制订信息化建设方案。

6.3.1 确定团队与目标
1. 创建启动团队

整个信息化建设过程中会涉及三种团队：启动团队、管理团队和运营团队。在启动阶段要成立启动团队，对项目建设进行整体设计和启动规划；在实施阶段要成立管理团队，对项目的实施进行全程管理；在运维阶段要成立运营团队，负责整个信息化项目的运行、维护和持续改善。一般来说，管理团队的班底就是启动团队，运营团队的核心成员来自管理团队。

启动团队的核心职责是要对企业信息化现状进行初步分析，确定信息化建设目标和制订信息化建设方案。

信息化启动团队的成员应包括的角色如表6-1所示。

表6-1 信息化启动团队的成员构成

业务类别	角色类别	岗位示例	扮演角色
总负责人	企业高层领导	总经理、董事长	信息化建设工作的统帅
业务	业务分管领导	首席运营官、业务副总、运营总监	日常工作的协调者、管理者和负责人
业务	业务管理负责人	运营部部长、经营管理部部长	接受业务分管领导的管理，为日常工作的承接人和实施人，该部门同时是信息化建设工作的常驻办公室
系统管理	信息化分管领导	首席信息官、信息副总、IT总监	信息化设计、实施、运维工作的负责人
系统管理	信息化部负责人	信息化部部长	接受信息化分管领导的管理，IT工作的承接人和实施人
系统管理	信息化团队	IT经理，信息化骨干数名	接受信息化部门负责人的管理，并协助其工作
支持	支持部门负责人	人力资源部、财务部、战略规划部部长	提供信息化资源支持
客户	客户代表	信息化系统使用单位	提供信息化应用需求建议

注：很多企业由信息化分管领导担任日常工作的协调者、管理者和负责人，但从信息化和企业战略、流程再造的关系来分析，信息化的建设应由业务来驱动，所以信息化分管领导由IT实施管理负责人担任较为妥当，如此会使信息化和业务结合得更紧密。

2. 初步分析

启动团队对现状的分析是信息化建设的初步分析阶段，属于宏观性概略分析，目的是确定信息化建设的总体目标。现状分析主要包括三部分内容：企业自身的业务现状、企业自身的信息化现状和行业信息化现状。

（1）充分分析企业自身的业务现状。

信息化是一种工具，是围绕业务并始终为业务服务的，所以必须对业务价值链、商业模式、企业所处位置和企业的实际经营管理情况等信息进行研究，并以此明确企业自身是成熟型企业还是快速发展型企业。

成熟型企业的业务和战略相对确定，而且企业内部对信息化的理解和信息化应用已经达到一定的水平，企业的信息化基建也比较完善，其信息化规划基本可以紧跟企业战略规划进行。快速发展型企业的战略还存在较大的修改空间，主营业务可能随时做出调整，商业模式也会随时改变，其信息化规划就不能紧跟企业战略规划，否则会造成无谓的资源浪费，甚至影响企业整体的管理和运营。此类企业的信息化规划要按照平台化进行设计，即类孵化器模式，将管理模块和经营模块分开设计，管理模块功能按照集团化管控模式设计，而经营类模块按照孵化平台模式设计。

(2) 充分分析企业自身的信息化现状。

对企业自身信息化现状的分析要包括三部分内容：一是企业的信息化基建水平，这决定信息化的承载能力；二是企业信息化的技术基础和团队能力，这决定信息化的实施方式；三是企业信息化的应用现状，这决定信息化的客户适用能力和改造方向。

例如，在企业尚不具备ERP项目的基础上进行供应链的效率提升、库存优化以及现金流量控制，这肯定是不现实的；如果基础管理模块尚无法正常运行，却急于建设ERP项目，很可能导致ERP项目成为"烂尾工程"。

(3) 充分分析行业信息化现状。

初步分析的调研流程模型如图6-3所示。

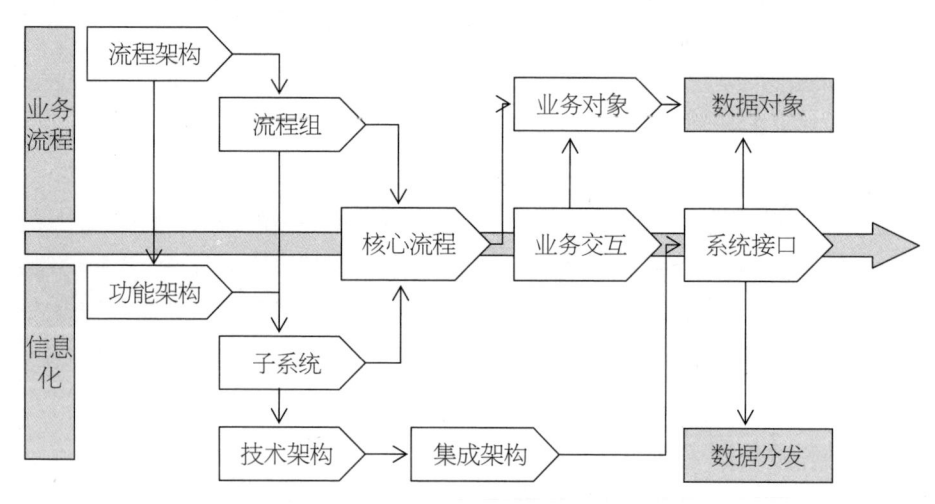

图6-3　信息化初步分析调研流程模型

俗话说："知己知彼，百战百胜。"企业的信息化规划一定要和行业的信息化高水平应用接轨，并以其作为对标目标和参考对象。成熟型企业要紧跟行业水平；快速发展型企业的信息化规划要有一定的前瞻性，相对确定的业务要高于行业水平进行规划设计，未来业务要进行信息化的提前规划。

3. 确定总体目标

分析现状之后，和前期战略分析的内容一起，形成《XX公司信息化初步分析报告》。之后，根据报告内容制订信息化建设的总体目标，作为信息化规划的指导。

信息化目标的制订要把握三个原则：一是企业的利润目标是否能够完成，这是信息化建设的底线；二是满足信息化企业运行的基本要求，这是信息化建设的最低标准，如果在最低标准下仍然影响利润目标的完成，就应该考虑暂缓实施信息化项目；三是企业未来发展的需要，要充分结合企业战略规划。

信息化目标制订的前提是进行差距分析和目标匹配，信息化建设的目的就是支撑业务目标的实现，所有信息化现状无法有效支撑业务目标的部分就是差距，而信息化规划的目的就是要消灭这些差距。差距分析主要包括三部分内容：一是信息化现状对当前业务目标支撑的差距分析；二是信息化现状对未来战略目标支撑的差距分析；三是信息化现状与业界最佳实践（或对标目标）的差距分析。目标匹配是基于差距分析进行的，要解决两个问题：一是信息化建设要解决当前业务和信息化支撑间的差距；二是信息化建设要解决未来战略目标和信息化间的差距。

信息化建设目标的制订要围绕战略任务，从支撑战略的角度去转化为信息化的工作范畴。通过差距分析找出多个子目标，然后分类、分阶段、分步骤地进行目标和问题的映射，一级目标分解为二级目标，二级目标落实到具体的项目，最终形成一个完整的解决方案。

信息化建设的目标主要包括四个方面的内容。

（1）远景目标。

远景目标是企业的信息化战略定位。根据企业的总体战略规划，确定企业信息化的远景和使命，明确信息化的作用，起草企业信息化基本原则。一是信息化的总体水平，是参考行业信息化分析的结果，通过对标并结合自身的战略定位来确定，如达到某公司的水平，或实现业界最高水平；二是信息化的总体方向，如实现运营管控的全数字化，实现生产信息的全数字化。

（2）功能性目标。

功能性目标是信息化要实现的模块功能，需要从四个方面考虑。

❶ 经营和管理信息化：一是为战略规划、经营决策提供信息化支撑，如决策支持系统（DSS）；二是为综合管理提供信息化支撑，如办公自动化系统（OA）、财务管理系统（FMS）；三是为生产运营管理提供信息化支撑，如企业资源计划（ERP）；四是为质量管理提供信息化支撑，如全面质量管理系统（TQMS）。

❷ 研发和设计信息化：一是技术开发的信息化，如研发管理系统；二是工程设计

的信息化,如实现市场分析、方案设计、技术设计、工艺设计的信息化。

❸生产和运行信息化:如计算机辅助工艺规划信息化(CAPP)、生产过程管理与控制信息化、柔性制造系统(FMS)等。

❹商务活动信息化:如客户关系管理系统(CRM)、电子商务系统(EC)等。

(3) 人资性目标。

人资性目标是信息化人力资源梯队建设的目标。如培养可完全自主设计、开发、维护信息化系统的IT团队,再如实现信息化对外咨询服务和技术外包。

(4) 时间性目标。

时间性目标是对以上目标的时间规划。例如,两年实现经营管理信息化,三年实现信息化服务输出创收等。

6.3.2 信息化建设方案

信息化建设方案是对前期工作的综合和对下一步工作的计划安排,是对信息化建设路径的细化和具体化,是整个信息化建设工作的纲领和总体指导,主要包括以下内容。

(1) 企业信息化初步分析。

即前期所做的战略分析、业务流程现状、初步分析的输出结果。

(2) 明确信息化需求。

信息化需求是根据初步分析的结果,结合企业的战略发展制订的详细需求,是制订信息化目标的具体参考标准。制订信息化需求,必须包括整个信息化建设的生命周期规划,保证信息化的连续和连贯,也即"整体规划、分步实施"。"整体规划"的前提就是"整体需求",没有"整体需求"就没有"整体规划"。

信息化需求的制订过程必须按照价值流走向,按照业务流程架构,围绕企业的核心业务流程展开。业务流程架构分为战略流程、运营流程、支持流程,信息化需求也要从这三个层面从上而下,逐步深入。从战略开始,再到采购、生产、市场和销售、客户管理,最后延展到人力资源、财务、办公协同等。

(3) 信息化建设总体目标和原则。

即根据信息化需求制订企业信息化建设总体目标(见前文的"确定总体目标")。

(4) 选择信息化建设模式。

企业信息化建设主要有三种模式。

❶直接使用标准化的系统,如OA、ERP。市场上成熟的产品很多,投资小、风险低、周期短,但是很难完全满足企业的个性化需求。

❷完全进行定制化开发。可进行自我开发、完全外包及部分外包开发,可以完全满足本企业的个性化需求,但是投资大、风险高、周期长,对开发过程和结果的控制

比较困难。

❸"标准化+定制化"。成熟的通用性系统采用标准化产品,如OA,个性化较强的系统进行定制化开发;或者在标准化产品的基础上进行二次定制开发。该方式结合了前两种方式的优点,投资适中、风险可控、周期可控,还能基本满足企业的个性化需求,成为制造业建设信息化的首选。

企业首先根据信息化的目标、战略预算和自身IT部门的能力等确定本企业信息化建设的模式,不同的模式选择决定着不同的工作安排,这里以"标准化+定制化"的模式展开下文的讲述。

(5) 安排信息化蓝图规划工作。

该部分内容不是对信息化蓝图的具体规划工作,而是指蓝图规划的推进方式。

一是将启动团队升级为管理团队。其职能由当初的分析、方案设计转变为项目管理,在启动团队的基础上需要强化业务管理人员和信息化骨干人员。

二是明确蓝图规划的实现模式。信息化蓝图规划是一项专业性很强的工作,必须由具有大量业务和技术双领域的知识和实践经验的团队进行。企业有三种模式可供选择:如果本企业完全具备蓝图规划实力,可自行规划;如果具备基本规划实力,可引入第三方咨询专家进行指导性规划;如果实力不足,应该聘请第三方咨询团队进行完整的蓝图规划。如果是引入第三方咨询专家或团队,必须安排好以下工作。

- 咨询团队的工作内容。
- 咨询团队的准入要求和考核、评价体系。
- 咨询团队的引入流程和招标工作安排。
- 咨询团队的对接人员(团队)和管理办法。

三是明确蓝图规划的时间路径。

(6) 明确信息化建设路径的总体时间规划。

一是对信息化实现路径中每个阶段的工作进行细化分解,并确定每个阶段的工作目标。

二是明确每项工作的完成时间和各项工作的负责人。

三是形成整体计划的甘特图。

(7) 完善信息化建设支持保障计划。

该部分内容要对企业可以提供的一切人、财、物、资源支持进行描述,主要包括以下内容。

- 人力资源支持计划,即把企业"一把手"能提供的支持作为核心资源列明。
- 资金支持计划,是前期的战略预算分析的结果输出。
- 流程制度支持,是对业务流程再造的结果输出。
- 长效保障机制,是组织能提供的信息化建设支持的资源集合体。

6.4 信息化蓝图规划

6.4.1 信息化蓝图架构模型设计

信息化蓝图规划要解决战略规划、技术规划和技术实施三大层面的衔接和协调问题，实现三个层面的统一、匹配和一致。战略规划层面上，要保障企业信息化目标与企业战略、业务目标紧密统一，避免信息化黑洞；技术规划层面上，要保障企业信息化方案、实施步骤与企业信息化目标有机结合，避免信息化孤岛；技术实施层面上，要保障企业信息化系统有效符合整体方案设计要求，避免信息化无效。

信息化蓝图规划始终围绕业务规划和信息化规划两条主线进行，业务驱动信息化，信息化跟随业务，业务流程转化为应用系统的功能，业务数据映射到数据模型并沉淀到数据库中，最终实现业务和信息化的深度融合。业务规划包括商业模式、价值流、业务能力、组织、岗位、角色、业务流程、业务数据，以及业务管控体系；信息化规划包括信息架构、应用架构、技术架构、信息化平台和基础设施建设。

如果由企业自身规划蓝图，就必须精通蓝图规划的内容和方法。信息化蓝图规划包括五部分内容，分别是：信息化蓝图架构模型设计、业务架构、信息架构、应用架构和技术架构。

企业信息化是一项系统工程，它工作的对象是企业整体。就如同在建筑工程中，首先需要绘制建筑设计图纸，它是建起高楼大厦的基础。在企业信息化工程中，同样需要一张描绘企业在"信息化时代"运行的设计图纸，这就是企业信息化蓝图架构，为企业描绘出一个未来业务、信息、应用和技术互动的蓝图。

信息化蓝图架构设计是一套方法和模型，涉及四个阶段：诊断分析、业务和信息架构设计、应用和技术架构设计、实施路径规划，如图6-4所示。

6.4.2 业务架构规划

企业业务架构是描述企业价值流上各业务之间相互关系和相互作用的整体结构，是整个信息化蓝图规划的基础。业务架构以企业战略为顶点，沿着企业各主营业务主线向下延伸，并以企业各辅助业务为支撑，将各条业务线的物流、信息流、资金流等联通，构成贯彻企业业务战略的基本运作模式。企业业务架构是沿着流程架构展开的，即以战略流程为顶点，以运营流程为主线，以支持流程为支撑，由流程将业务中的价值流全线贯通。从这个意义上来说，业务架构就是流程架构。

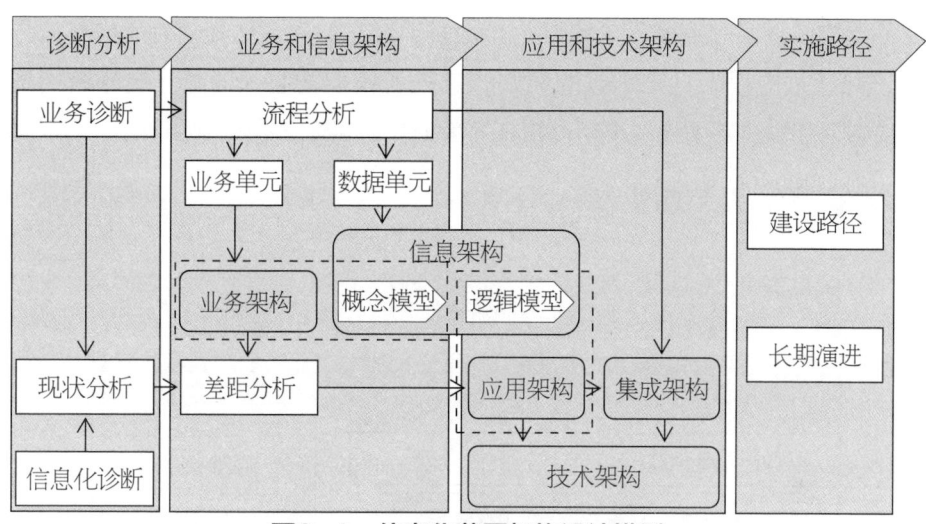

第6章 精益智造的信息化战略规划

图6-4 信息化蓝图架构设计模型

流程架构中的L1到L5，即从流程分类到作业流程，每一项业务活动都承载着业务数据和业务实体两部分内容。业务数据即数据单元，业务实体即业务单元，数据单元是数据的存储器，业务单元是对数据单元的属性进行变更活动。例如，合同的签订有自己的流程和活动，其中提交合同申请就会产生合同信息这个关键数据单元；而对合同进行审批就是对合同的状态进行变更，这就是业务单元。所以说，流程图中的业务活动就是信息化业务架构分解到最底层的业务功能模块，当把流程分解到最底层后，就可以抽象输出一个最底层的业务架构图。沿着流程架构从顶向下的流程分析就是找到关键业务单元和数据单元的过程，而业务架构规划和信息架构规划分别是对业务单元和数据单元进行归类，汇总，并从底向上进行聚合和抽象的过程。

业务架构设计过程如图6-5所示。

分析商业模式	分析价值流	识别业务能力	设计流程架构	识别流程单元	形成业务架构
使用商业九宫格识别企业商业模式中主要利益相关方及其价值主张	基于商业模式，分析企业对客户的价值实现，识别出主要业务的价值流	基于价值流分析，逐层识别出主要的业务能力	基于业务能力，分析业务架构的诉求，设计流程架构和流程	基于流程架构和业务流程，识别出各流程中的业务单元和数据单元	基于业务单元和数据单元，形成最终的业务架构和信息架构

图6-5 业务架构设计过程

业务架构设计必须遵循三个原则：一是必须确立业务架构是信息架构和应用架构的基础，并通过流程架构来承载的原则；二是流程架构必须遵循分层分级模型的原则；三是必须落实流程架构各个层面责任人的原则，做到"包产到户"。

图6-6是对业务架构规划的示列。

财经		
财务预算	财务运作	资金
财务计划及预算	财经数据	资金规划
财务预测	财经政策	现金流
……	……	……
税务	信用	账务
税务规划	公司信用敞口	应付核算
税务审计	客户评级及授信	应收核算
……	……	……

图6-6　业务架构示例（财经）

6.4.3 信息架构规划

1. 信息架构的概念和意义

企业信息架构是以结构化的方式描述在业务运作和管理决策中所需要的各类信息及其关系的一套整体组件规范，是将业务单元抽象为信息对象（数据），将业务活动抽象为信息对象的属性和方法，建立的面向对象的企业信息模型。信息架构实现从业务模式向信息模型的转变，业务需求向信息功能的映射，企业基础数据向企业信息数据的抽象。信息架构的概念来自数据库设计的领域，信息架构的主体对象是信息，是合理的组织信息的展现形式、表达形式和传递形式，主要任务是在信息与用户认知之间搭建一座畅通的桥梁，是信息直观表达的载体。

信息架构规划贯穿业务架构规划和应用架构规划之中。在业务架构规划阶段，企业需要识别关键的业务对象，形成信息架构的概念模型，这个概念模型应该包括数据域划分、核心的数据概念模型和主数据识别；在应用架构规划阶段，企业需要建立信息架构的逻辑模型。业务架构的重点是在流程，信息架构的重点是在数据。

信息架构的业务价值体现在五个方面。

❶统一语言，消除歧义。统一业务术语及业务数据标准，避免同名不同义或者同义不同名的情况，提高沟通效率。

❷打通业务流，提升业务运作效率。从数据的视角识别业务流断点，发现业务流中的改进机会点；通过数据架构和数据流设计，消除数据孤岛，打通业务流，提升业务运作效率。

❸厘清数据资产，满足用户需求。用户的需求灵活多变，导致业务同样灵活多变，快速响应业务的多样性需求必须依靠稳定的信息架构，这是企业数据资产的业务价值体现；通过信息架构厘清数据资产，是实现企业数据资产业务价值的前提。

❹改善数据质量，有效支撑决策。正确的经营管理决策必须建立在可信数据基础上，这就需要改善数据；通过信息架构确立数据负责人，明确数据责任，是数据质量改善的基础。

❺推动集成共享，降低变革成本。信息架构可有效实现数据的集成与共享，消除数据冗余，避免IT重复投资，降低企业应用系统集成的复杂性，降低系统整合成本。

2. 信息架构的组件构成

信息架构包括数据资产目录、数据标准、企业级数据模型和数据分布四个组件。其中数据分布是数据在业务流程和IT系统上流动的全景视图，是定位数据问题和识别数据"来龙去脉"的导航，此部分内容本书不做重点讲述。

（1）数据资产目录。

数据资产目录，是通过分层架构表达对数据的分类和定义，是对数据中有价值、可用于分析和应用的数据进行提炼形成的目录体系，是建立数据模型的依据。编制数据资产目录可以厘清数据资产，给出业务场景和数据资源的关系，降低理解系统数据的门槛。

数据资产目录一般分为五级，其中上三级为业务信息，下两级为数据信息，具体内容如图6-7所示。

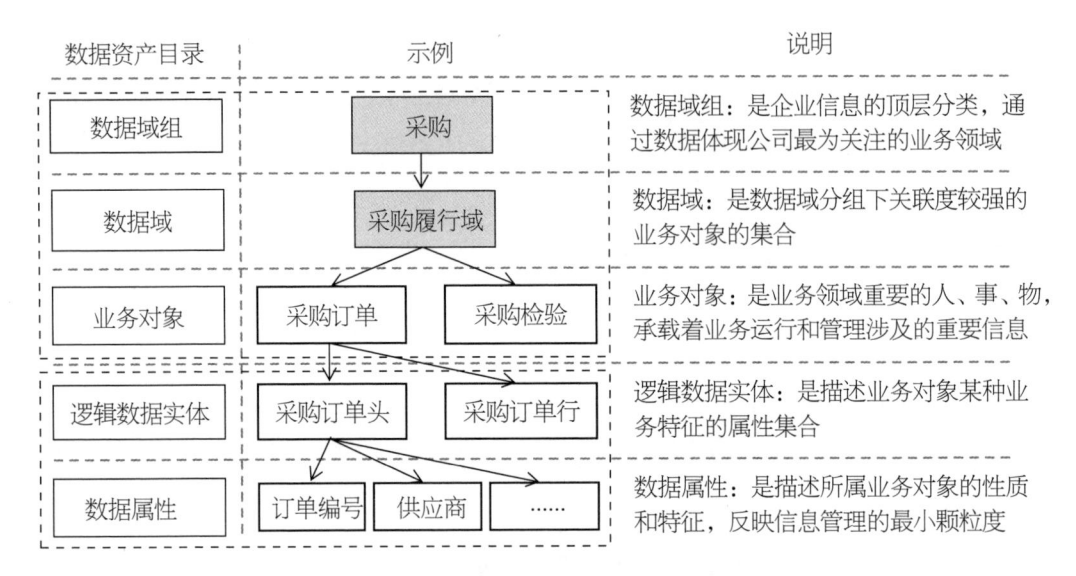

图6-7 数据资产目录模型及示例

第一级为数据域组；第二级为数据域，也称为主题域，数据域是一组具有相同数据类型、联系较为紧密的值的集合，是对业务对象高度概括的概念层次归类，使数据的管理和应用更加方便。一般可以把业务架构规划中核心价值链模型的业务作为数据域使用，业务域和数据域一般具有一一对应关系。数据域架构如图6-8所示。

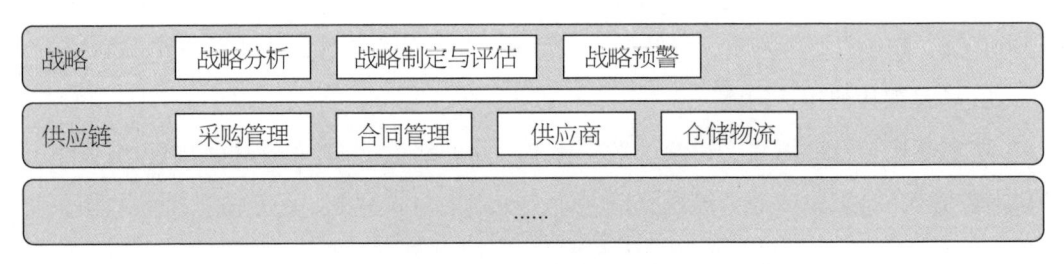

图6-8 数据域架构示例

(2) 数据标准。

数据标准是企业数据治理的核心内容，是一套由数据管理流程、制度、工具组成的数据管理体系，用统一的数据定义、数据格式、数据规则和数据分类实现信息化数据的标准化。数据标准化工作是实现数据标准的过程，即研究、制订和应用数据标准的过程，数据标准化的对象包括数据的命名、数据类型、长度、业务含义、计算口径、归属部门等。数据标准化的目的是让全部信息系统的开发、使用人员对同一数据的理解是一致的，从而保证使用数据时的规范性、一致性、正确性和完整性，提高数据使用和管理的效率。

对企业来说，数据标准管理的内容包括三部分。

❶元数据的标准化。元数据是关于数据的组织、数据域及其关系的信息，通俗地讲，元数据就是描述数据的数据，其描述对象是企业的所有信息。例如，描述一个人时，通常这样描述，"姓名：小明；性别：男；身材：高瘦；性格：直爽"，小明是被描述的对象，即实体数据，而姓名、性别、身材、性格就是描述小明的元数据。一般将元数据分为业务元数据、技术元数据和操作元数据。

• 业务元数据，描述数据的分类、对象、业务含义、业务规则等的数据。用以消除业务数据的二义性，统一对数据的认识和理解，包括：数据域组、数据域、业务对象、逻辑实体、属性和数据标准的业务名称、业务定义、属性的数据类型和其他特性，以及业务规则、业务范围等。

• 技术元数据，描述数据结构、数据属性的数据。用以规范计算机或数据库对数据的识别、存储和传输，为开发人员或技术用户提供系统信息，包括：数据表名、字段名、字段属性（字段类型、长度等），其他数据库对象的属性和数据存储特性等。也可帮助业务人员厘清数据关系，快速检索需要的业务数据，提高数据分析的效率。

• 操作元数据，描述数据操作和使用的数据。主要用于满足信息化运维用户的需求，包括：数据迁移信息、数据源和目标系统信息、批处理程序、任务频率、调度异常处理、备份与恢复信息、归档规则和使用等信息。

❷基础数据和主数据的标准化。基础数据也被称作参考数据，是用结构化的语言描述业务属性，用于将其他数据分类或目录整编的数据。基础数据一般是有固定规则的，有国标或行业规范参照的，是基本固定不变的静态数据。基础数据通常有一个阈值规定有限的允许或可选值范围，可以用作业务和信息化的开关、职责/权限的划分或统计报告的维度等，如度量单位、区域、城市、业务分类等。主数据是用来描述企业核心业务实体的数据，具有高业务价值，可以在企业甚至行业内跨组织、跨流程、跨系统重复使用的数据，是唯一、准确、权威的数据源，如客户、供应商、员工、产品、物料信息等。对于主数据可根据以下指标进行识别。

• 业务价值高。主数据是描述企业核心业务的数据，必须具备高业务价值，尤其是核心流程上用到的数据，如物料信息。

• 共享复用高。主数据一般是跨业务部门、跨业务系统高度共享复用的数据，如客户信息。一般不把单系统使用的数据作为主数据。

• 稳定性高。主数据是相对稳定的，而且具有较长的生命周期，变化频率较低，需要长期保存，如产品信息。

❸过程数据标准化。过程数据是描述主数据基础上的业务活动的数据,包括事务数据、监测数据和报告数据。

• 事务数据,用于记录企业业务过程中产生的业务事件,实质是主数据之间活动产生的数据。事务数据有较强的时效性,通常是一次性的,事务数据无法摆脱主数据孤立存在,如客服服务单、生产计划单、出入库单等。

• 监测数据,用于记录用户/机器产生的一系列监控/过程性数据,通常数据量较大,可以由机器自动采集生成。监测数据是过程性的,主要用作监控分析,如系统日志、物联网数据、运输过程中产生的GPS数据等。

• 报告数据,是对数据进行统计维度、计算方式、分析规则等处理加工后的数据。报告数据是对企业业务指标所涉及的指标项的统一定义和管理,用作数据分析和业务决策的依据,如企业的财务、销售、采购、生产、质量、售后等业务指标。

一般元数据和主数据都需要纳入标准化管理,但不是所有的过程数据都需要建立数据标准。企业的实际数据字段动辄数万、数十万个,如果把这些信息全部标准化处理,从经济性上分析是没有必要的。本着效率和效果均衡的原则,仅需对核心数据标准化处理。核心数据的圈定和选择没有统一标准,但是可以参考以下条件。

• 复用数据,共享性高、使用频率高的数据,如物料采购量。
• 关键数据,在实际使用中的关键业务数据,如产品产量。
• 监管数据,监管报送或发文所涉及的业务数据,如环保信息。
• 技术需要,对数据应用有明确使用需求的数据,如智能生产需要的过程数据。

(3) 企业数据模型。

数据模型(Data Model)是对现实世界数据特征的模拟和抽象,通过E-R建模(实体—联系模型)实现对数据及其关系的描述,用来组织数据和对数据进行操作,为数据库系统的信息表示与操作提供一个抽象的框架。企业级数据模型是对企业运营和管理过程中涉及的所有业务概念和逻辑规则进行统一定义、命名和编码,是业务人员、信息化人员和客户之间沟通的一套语言模型。

计算机无法直接处理现实的客观事物,需要对客观事物进行抽象和模拟,建立起数据模型才可被数据库系统管理,所以说数据模型就是数据库设计中用来对现实世界进行抽象的工具,是数据库系统的核心和基础,也是应用系统实现的基础。如果把企业信息化看作人的身体,那么数据就是人体的血液,数据模型就是人体的骨架,数据之间的关系和流向就是人体的血管和经脉。

数据模型按不同的应用层次可分为三种类型:概念数据模型、逻辑数据模型和物理数据模型。

概念数据模型，是一种面向用户、面向客观世界的模型，主要用来描述现实事物的概念化结构。概念数据模型是企业的顶层数据模型，由数据域组、数据域、业务对象及其之间的业务关系组成。它定义了重要的业务概念和彼此之间的关系，主要解决核心的业务问题。

逻辑数据模型，是一种面向数据库系统的模型，主要用于数据库管理系统的实现，同时还要面向用户。逻辑数据模型是对概念数据模型的进一步分解和细化，描述业务对象、数据实体及其属性的关系，主要解决细节的业务问题。

物理数据模型，是一种面向计算机物理表示的模型，描述了数据在储存介质上的组织结构。物理数据模型描述模型实体的细节，是在逻辑数据模型设计完成之后，根据选定的数据库平台和应用程序架构等因素进行设计的。它对数据冗余与性能进行平衡，主要解决细节的技术问题，即数据库的物理实现，如数据库产品、字段类型、长度、索引等因素。

数据模型与数据资产目录存在对应关系，如图6-9所示。

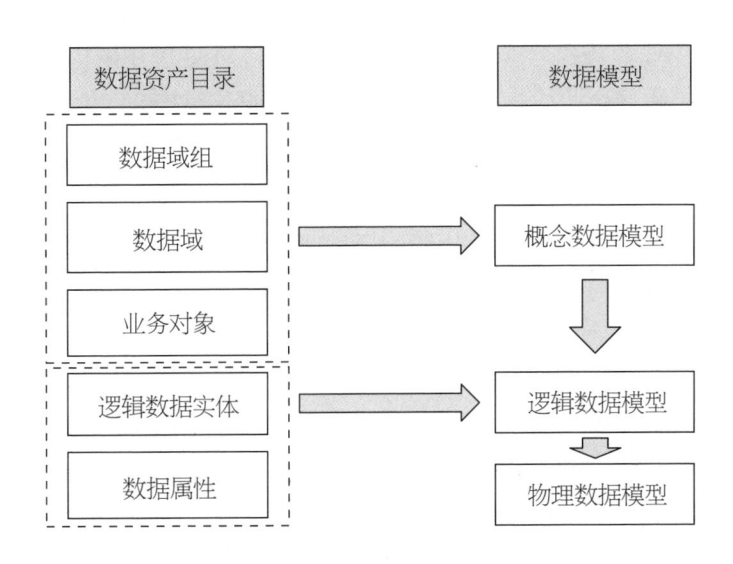

图6-9　数据模型与数据资产目录的对应关系

在信息化规划过程中，需要建立的是涵盖关键流程和业务领域的、包含相关业务对象和各业务对象之间关系的、完整的企业概念数据模型，将业务关系和业务能力连接，用以指导系统开发阶段逻辑数据模型和物理数据模型的建立，如图6-10所示。

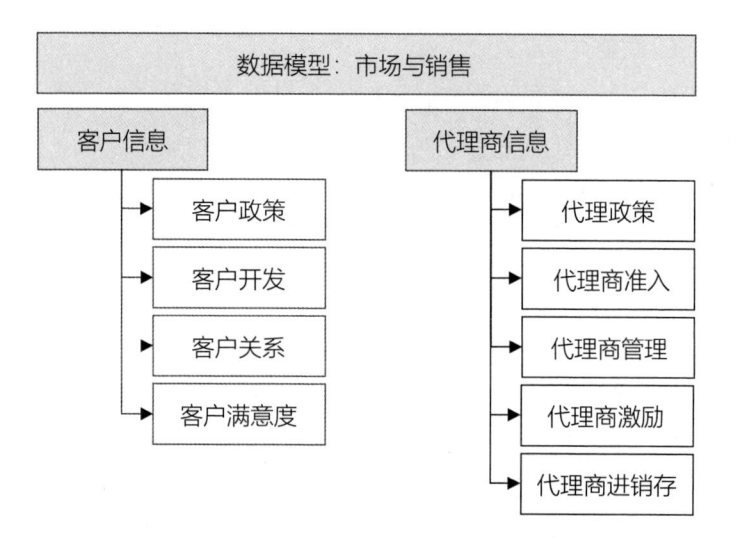

图6-10 概念数据模型示例（市场与销售）

6.4.4 应用架构规划

企业应用架构关注的是应用系统设计，是以企业信息架构为基础，建立起支撑企业业务运行的各个业务系统，并通过各个业务应用系统的集成化运行，实现企业信息的自动化流动，提高企业业务的运营效率，降低运营成本。企业应用架构起统一规划、承上启下的作用，向上承接企业战略，向下规划和指导信息化系统的定位与功能。

企业应用架构规划是信息化规划中最复杂、最重要的部分，它将业务、IT和用户进行了面对面的连接。应用架构的重点是应用和功能，主要体现业务的组件化和能力化，以及业务组件本身的独立性和可集成性。业务架构和信息架构最终都要落地到应用架构中，业务架构体现在具体的业务组件和功能上，信息架构则落地到具体的数据模型和数据库设计上。

企业应用架构规划需要解决三个问题。

❶缺少统一规划：应用系统建设的首要步骤就是统一规划，但很多企业的信息化应用系统缺乏统一规划，只是聚焦在功能的拼凑上，是根据当时的紧急需求分散建设，而且由不同的业务部门建设和管理，致使应用系统的开发商也多达数家甚至十几家，管理混乱。各系统不但存在大量重复性功能，而且应用覆盖面还大面积缺失，仅覆盖部分生产环节，应用的信息化程度不高。

❷系统集成度低：正因为应用架构缺少统一规划，导致很大部分的业务应用之间没有打通，经营层面的系统与生产层面的系统存在集成断点，应用支撑仅为段到段，而不是端到端。

❸缺乏公共平台：在企业的信息化系统中，公共服务平台起到了连接、贯通各个

系统，提供统一服务和集中管理的功能，如集中认证平台、企业公共集成平台、数据运营平台等。但很多企业主要依赖单个系统的能力在重复建设，缺乏公共平台的规划和建设。

应用架构和业务架构是基本对应的，应用架构又根据实际需要增加了非业务的公共平台以及企业门户等内容，同时对业务架构中的业务域进行了部分拆分与合并。应用架构规划必须以业务架构为基础，体现自上而下逐层展开、逐步细化的核心思路。首先根据业务架构形成企业应用架构总图，然后细化到第二个层次，即功能架构和集成架构。对应用架构细化的过程就是解决业务目标和业务功能实际落地的问题，应用架构的最底层即是单个系统的功能架构设计，也就是单系统的功能架构图。然后，观察分析核心应用和其他应用之间的集成关系以及集成后的协同问题，解决系统间的接口需求，形成集成架构。

企业应用架构总图分为接入层、应用层和平台层，相互之间通过服务进行交互，将应用层面信息化与工业自动化层解耦，实现各层面信息的互通，这就是分层解耦的概念。不仅各层、各系统之间需要解耦，系统内、系统间的各服务模块间也存在大量的接口网状调用，这就需要解耦的接口设计，即集成架构规划。集成架构主要描述各个系统之间的集成与交互关系，通过各个系统之间的集成与交互，实现界面、功能、流程、数据等领域的深度协同，对外呈现出一个系统的整体效果。

如上可知，应用架构规划包括两级：第一级是企业应用架构总图，第二级就是根据应用架构总图细化设计的功能架构和集成架构。图6-11是根据业务架构形成的应用架构总图。

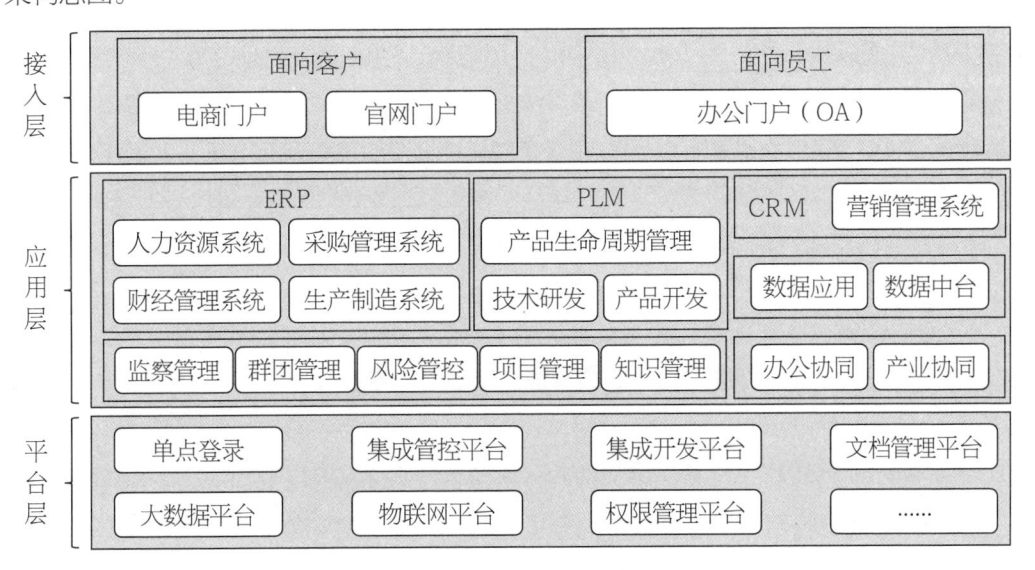

图6-11 企业应用架构总图示例

从业务层面看，企业的业务流程本身是端到端和连贯的；但从信息化层面看，为了降低信息化系统的复杂度和实现分步实施的策略，在应用架构规划时将整体应用系统拆分为多个二级系统甚至N级系统进行实现，每个系统只负责实现业务流程中的某部分内容。这就导致业务流程分散在多个系统中，出现了业务割裂，影响流程的连贯性，所以必须进行接口设计实现系统间的高效协同，共同完成一个端到端的业务流程。这就是集成架构规划的必要性，也就完成了从流程到应用，又从应用到流程的闭环处理，即：以业务流程为基础进行应用架构规划，再用规划好的应用架构各系统功能去验证业务流程的连贯性。

集成架构规划的第一步是寻找集成点。需要规划者分析业务流程图，标出跨系统的集成点，最后形成跨系统的业务交互流程图。例如，一个完整的采购流程会先后经过采购申请、采购审批、供应商管理、招标、签订合同、付款、实施采购、运输、验收、入库、账务处理、审计监察等环节，其中涉及采购管理系统、财经管理系统、生产制造系统、监察管理系统中的多个模块，并与单点登录、权限管理平台、办公门户进行互联，涉及多个集成点。

下面以电商的一项简单业务为例说明如何寻找集成点，如图6-12所示。

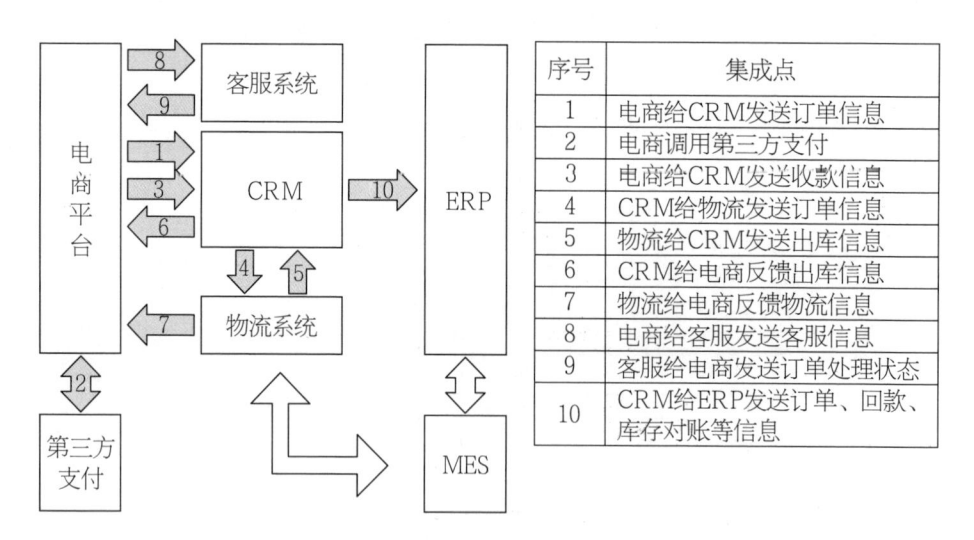

序号	集成点
1	电商给CRM发送订单信息
2	电商调用第三方支付
3	电商给CRM发送收款信息
4	CRM给物流发送订单信息
5	物流给CRM发送出库信息
6	CRM给电商反馈出库信息
7	物流给电商反馈物流信息
8	电商给客服发送客服信息
9	客服给电商发送订单处理状态
10	CRM给ERP发送订单、回款、库存对账等信息

图6-12　寻找集成点示例（电商业务）

集成架构规划的第二步是归类集成点。把跨系统业务流程上的集成点全部梳理和识别之后，就要按照应用架构进行接口的分析和归类，并形成完整的集成架构规划视图。

6.4.5 技术架构规划

企业技术架构是实现企业应用架构的底层技术基础结构，通过软件平台技术、硬件技术、网络技术、信息安全技术间的相互作用支撑企业应用的运转。它描述了支撑应用和数据实现部署所需的软硬件逻辑能力，定义了组件之间的关系以及组件与应用和数据的关系，为应用和数据提供一个可实现的基础平台，根据企业或组织的需要定义安全能力和功能，在业务安全需求和信息安全需求之间建立联系，体现了标准化的技术支撑。

技术架构制订了企业开发、实施和管理应用系统及数据所需要的信息化技术标准体系和信息化基础设施。技术标准体系定义了企业信息化的科技管理和技术标准，从最高层次的政策、原则、指导纲要到技术领域的技术标准化、技术选择和技术组件；基础设施是企业整个信息化系统的基础，包括硬件设施、软件操作系统、数据库系统、网络系统等支撑企业应用和数据运行的环境。

技术架构在业务架构、应用架构的基础上提供了技术框架，为不同的业务部门和业务领域开发在技术与业务层面相一致的交互解决方案提供了基础。重要的是它保持了企业的技术标准、技术选型、应用设计、系统产品选型、系统技术架构、系统部署、整个企业的技术部署等技术层面的组合和组件，与企业的战略规划、业务架构和应用架构的实际需求保持了一致性。

企业技术架构规划的主要内容包括如下几部分。

❶平台选型规划。平台选型是基础架构设计中的关键部分，决定信息化系统是否能够达成预期效果，主要包括物理设备层、操作系统与虚拟化层、数据库层和应用中间件层。

❷网络系统规划。网络系统是信息化系统实现的基础，决定信息化系统的承载能力和效率，规划工作主要包括需求分析、通信协议分析、逻辑网络设计和物理网络设计。网络系统规划是一项变化频率较高的工作，随着需求变更和技术迭代不断升级演变。

❸存储系统规划。存储系统承载信息化架构设计的成果，决定信息化系统的容纳能力和应用系统的效率，规划内容主要包括：高可用性设计、容灾设计、信息生命周期管理与分级存储设计。

❹开发技术规划。开发技术是支撑所有应用系统开发的基础性决策，需要随着信息化业务应用开发的技术与管理模式的发展而合理规划，规划内容主要包括开发技术选择和开发方法设计。

❺运营技术规划。运营技术是信息化系统交付后的正常运行保障，必须对应用系

统运行的后期管理进行规划设计，规划内容主要包括应用系统的服务交付和应用系统的运行服务支持。

❻云计算、物联网与公共基础服务。云计算技术的发展使得企业大型的集中式应用成为可能，也促进了物联网在企业的落地应用，需要对企业所需的基于云计算、物联网服务提供的各种信息化基础服务进行规划。

图6-13是企业技术架构的总体蓝图示例（概略图）。

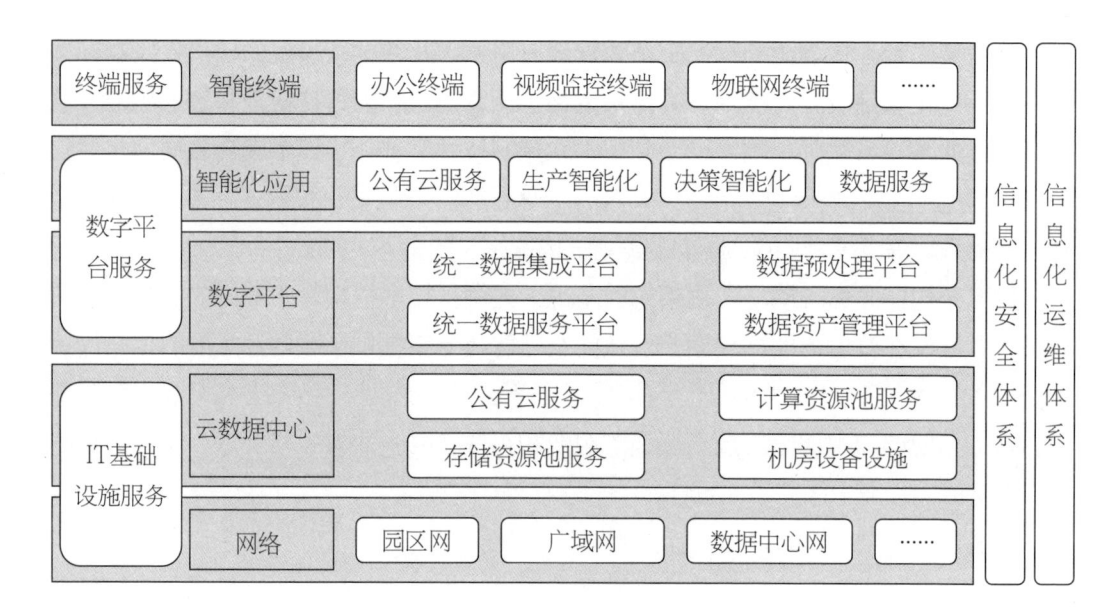

终端服务	智能终端	办公终端	视频监控终端	物联网终端	……	信息化安全体系	信息化运维体系
数字平台服务	智能化应用	公有云服务	生产智能化	决策智能化	数据服务		
	数字平台	统一数据集成平台		数据预处理平台			
		统一数据服务平台		数据资产管理平台			
IT基础设施服务	云数据中心	公有云服务		计算资源池服务			
		存储资源池服务		机房设备设施			
	网络	园区网	广域网	数据中心网	……		

图6-13　企业技术架构总图示例

6.4.6 信息化实施路径

信息化建设遵循"统一规划、分步实施"的原则，信息化实施规划直接影响信息化蓝图规划的落地效果与效率，影响信息化建设的投资价值体现，以及与业务目标的结合度。信息化实施规划的基本原则就是：少花钱，多办事，即用最少的资源投入创造最大的业务价值。

信息化实施路径规划过程分为四步：设计落地举措、形成项目清单、项目优先级排序、项目实施阶段规划。

1. 设计落地举措

设计落地举措是对应用架构中的全部应用系统进行梳理的过程，对每一项应用设计部署了初步的实施方式。这里的实施方式是概况式的，是概略式的应用实施目录而非详细的实施计划，如表6-2所示。

表6-2 设计落地举措表

架构落地	落地举措	举措描述
面向客户的一站式应用	电商门户	面向客户/供应商提供一站式的交易平台
	官网门户	集团告知公众的统一门户
面向员工的一站式应用	办公门户	面向内部员工和管理者提供一站式的办公应用
……		

2. 形成项目清单

进一步细化落地举措清单，将落地举措分解为独立项目，并预算该项目的工期，形成详细的项目清单，如表6-3所示。

表6-3 落地举措项目清单

架构落地	落地举措	举措描述	落地项目	工期
面向客户的一站式应用	电商门户	面向客户/供应商提供一站式的交易平台	购销交易电子商务平台建设项目	3个月
			贸易电子商务平台建设项目	3个月
	官网门户	集团告知公众的统一门户	集团官网建设项目	2个月
面向员工的一站式应用	办公门户	面向内部员工和管理者提供一站式的办公应用	集团本部一站式办公平台建设项目	3个月
			其他分/子公司一站式办公平台建设项目	3个月
……				

3. 项目优先级排序

首先，按照紧急程度和重要程度对每个项目评分，分值均为1~5分。紧急程度的评分参考两个维度：一是项目相关业务问题的紧急性；二是项目解决的业务问题的关键性。重要程度的评分参考两个维度：一是项目在降本增效方面支持核心业务流程运作的程度；二是项目对信息化整体的支撑程度。

其次，按照评分对项目进行四象限分类，1~3分为程度低，4~5分为程度高。按照四象限内的项目分类排列出优先级次序，先后顺序为：紧急且重要，重要不紧急，紧急不重要，不重要也不紧急。

最后，对除"不重要也不紧急"之外的所有项目进行依赖与约束分析。从其他所有项目中寻找出与这些项目有约束关系的项目，约束关系可分为：制约这些项目实施的、项目之间互相依赖的、其他项目所涉及的业务有约束关系的、在资源和能力上有依赖性的、涉及的技术与解决方案有依赖性的。这些有依赖和约束关系的项目要与该项目同时安排计划。

如此形成了项目的优先级清单,这是制订项目实施规划的最重要依据。

4. 项目实施阶段规划

首先,根据项目优先级清单划定实施阶段。

第一阶段,安排"紧急且重要"的项目与约束性项目。

第二阶段,安排"重要不紧急"的项目与约束性项目。

第三阶段,安排"紧急不重要"的项目与约束性项目。

其次,详细分析和安排各阶段的项目。包括:项目负责部门、项目协同部门、项目周期、项目组组成、项目目标、项目内容、项目启动条件、项目收益、项目资源投入、项目风险及应对措施,以及项目里程碑。

6.5 建立信息编码体系

智能制造日益成为制造型企业追求的生产方式,被寄予了实现规模化生产和个性化定制的厚望,而智能制造的实现前提是数字化,数字化的载体就是信息化。信息化不是万能的,只有打好基础、实现标准化和精确化的信息化才有意义。信息化的核心基础之一就是信息编码,以码为本、以码为媒,信息编码的水平直接影响整个信息化系统的实现水平和运行效率,它是人机之间、人与人之间、机器之间交换信息、统一认识、统一标准的一种技术手段,所以建立一套优秀的编码管理体系成为实现智能制造的必要条件。编码管理工作不仅要考虑体系的建立、实施和自我优化,更要考虑信息编码的标准化和规范化管理,考虑产品的全生命周期管理,从而实现制造型企业大规模定制下的智能管理,实现信息化系统的高效运行。

信息编码工作涉及的范围广和内容多,对制造型企业来说,编码管理体系主要包括与人和组织相关的信息、与产品相关的信息、与生产经营资源相关的信息、与经营管理活动相关的信息等内容,这些看似简单的由字母、数字、少量汉字组成的编码就形成了一个庞大的底层支撑管理体系。但是在实际工作中,我们发现某些企业的编码工作却是非常不严谨、不重视、不体系化的,甚至毫无章法可言,这导致原本追求高远的智能制造输在了信息化的基础工作上,究其原因,就是找不到、学不到立足于智能制造角度的信息编码管理工作的系统性指导文件或书籍。笔者立足于在知名钢企和多家制造型企业的编码实操成功经验,从企业信息化建设总体规划和顶层设计的角度出发,以满足制造业的实际需要为目的,提供一套系统化的编码管理工作的体系建设和实施路径，以期成为编码工作的指导方法和工具，最大限度地减少编码工作的零散、混乱、误解等问题，保证信息编码的可靠性、规范性和标准性，最终实现面向产品全生命周期管理的信息编码体系。

6.5.1 信息编码的意义和原则

1. 信息编码的意义

现在及将来的制造型企业，面对的不仅是规模化生产带来的肉眼可见的数量巨大的产品和生产资源，还有隐藏在其后数量巨大且急剧膨胀的数据。数据正是生产自动化、管理信息化、制造智能化的核心资源，管好用好数据已经成为企业发展的关键因素之一。实施ERP、MES、DNC、MDC等各种信息化系统的价值就在于这些系统能够处理庞大的数据，并为经营管理提供可量化的决策支撑，而能够实现各系统间互联互通的首要条件就是各类信息编码，能够保障数据可用性的前提就是信息编码的标准化和统一性。所以，建立统一的信息编码管理体系对企业信息化建设具有非常重要的意义，甚至决定性的意义。

（**1**）编码是一个基础。

制造型企业多为多元化经营的集团型企业，业务复杂、生产资源数量繁杂、客户和供应商众多、企业分布区域广、分子公司遍布、生产自动化和管理智能化的需求强烈，这就产生了集团管理模式统一、管理流程规范、管理机制标准化等需求，更是对集团下庞大的公有数据和私有数据的精确管理与快速响应的核心要求，而实现这一切的有效载体就是信息化智能化系统，其基础就是信息编码。用有效的编码来实现信息的交流、集成和共享，并为ERP、PDM、CRM和SCM等系统的规范化应用、标准化运行打下坚实基础，实现集团化管理和经营的高效、高值、低耗。

（**2**）编码是一套规范。

信息编码的核心作用就是实现信息的规范化和标准化，进而实现经营管理的模式化，所以编码本身就是一套规范，一套标准，对信息的描述和应用进行统一，从而保证表述信息的唯一性、可靠性和可比性。

（**3**）编码是一个体系。

不论是什么行业的企业，都是"人、机、料"组成的物理世界在"法"的规范下产生或者转化价值的"活动"，而对此进行准确描述的索引就是编码，所以编码无处不在。制造型企业的编码涉及范围和内容非常多，只有形成规范化的管理体系才能够让数量庞大的编码易于管理和应用，"信息编码标准化体系"将在下文详细介绍。

（**4**）编码是一套系统。

编码体系不是孤立的，独立运行没有任何意义，它必须和信息化智能化系统结合，与从战略到执行的各种活动结合。信息化系统需要把战略管理、产品设计、采购生产、仓储物流、质量管理、销售市场以及经营管理的诸多过程活动信息统一纳入管理，所以编码的管理范畴必须包含以上全部内容，将企业经营管理活动涉及的"人、机、料、法、活动"各个要素的工作连接到一起。这就要求必须从信息化系统的全局出发，对所涉及的主要信息统一分类编码，建立起在管理上共同认可的统一语言，将整个企业的管理经营活动融合为一个全局性管理系统。

2. 信息编码原则

充分考虑企业信息化建设的需要和未来信息化的发展趋势，企业制订信息编码时必须遵循如下原则。

(1) 标准化。

编码时，企业需要采用国际、国内权威机构已颁布的相关国标或者行标，采用统一的编码形式，缺少国标或行标的，可参考相关行业、相关职能或者标杆企业的标准制订本企业的信息编码，但必须与相关的国标和行标兼容。

(2) 结构性。

编码体系的管理工作需要一套完善的编码架构来支撑，企业应当根据所处行业情况和自身实际情况对编码进行系统性的分类整理，以企业价值流上全部相关信息为编码对象，根据相互依存、相互制约和相互补充的内在联系，建立信息编码体系架构。同时，要考虑编码架构的可扩展性，参照企业战略规划、行业预测和业务预测，对编码架构分类的扩充和编码本身的扩充都要留下充足的空间。

(3) 唯一性。

信息编码就是编码对象的"身份证号码"，所以必须具备唯一性。唯一性即一物一码，一个编码对象仅赋予一个编码，一个编码仅反映一个编码对象，同一编码下的对象可以互相代替使用，这是保障编码信息正确的最重要的原则。试想，如果两个编码对象的编码是一样的，系统会弄混这两个对象的信息，在使用中就会出现错误；如果一个编码对象拥有两个编码，那么系统会认为这是两个不同的对象，在仓储、财务、供销、统计、分析等各方面的管理上就会出现数据失真。

(4) 实用性。

遵循唯一性的前提下，企业还要注意信息编码的实用性。首先，编码要尽量简洁、简短，在保障编码扩展充足的情况下尽量压缩编码位数，节省数据存储空间，提高数据处理和传送能力，减轻信息化系统的压力，降低维护成本。其次，编码的可识别性要强，要反应编码对象的主要特点（如物料的规格属性），便于管理人员管理编码和部分人员使用编码。

(5) 可持续性。

首先，管理编码工作要保持可持续性，因此编码一定要贴近实际工作，各码段与各信息特征之间形成有序的逻辑对应关系，易懂易学易看。其次，编码本身是可持续性的，编码应保持恒定，不宜频繁变动，编码时企业要考虑各种变化的可能性（一定要充分了解业务、战略和行业），尽可能保持编码系统的相对稳定。

6.5.2 信息编码体系

企业的信息编码体系包括四部分：编码标准体系、编码架构体系、编码管理体系和编码应用管理体系。它们之间相互作用、相互依赖并相互补充，其中编码标准体系是整个信息编码体系的基础和前提，为其他体系提供全局指导和总体原则，并贯穿编码架构体系和编码应用体系中。其中，编码管理体系和编码应用管理体系在不同行业和企业里有一定的共性，编码标准体系、编码架构体系会根据行业和企业的不同具有较强的个性化色彩。

1. 编码标准体系

编码标准为信息编码工作提供基本原则、指南和规范，该体系包括业务标准和技术标准两部分。从内容上看，编码标准包括编码的业务范围、编码数据字典的分类规则、编码术语、缩略语以及符号规定等。应该统一企业信息编码编制过程中需要使用的主要名词、术语、专业词汇、技术词汇和相关缩略语，避免引起歧义性或多义性理解。术语与缩略语标准包括基础术语、专业术语、缩略语等。符号与标志标准是对企业信息编码标准中的符号与标志制订的规范性文件，如样式、颜色、字体、结构及含义等。

例如，业务术语"分类"可定义为"按照选定的特征或属性划分分类对象，并将具有相同属性或特征的分类对象集合在一起的过程"。技术术语"顺序码"可定义为"由阿拉伯数字或拉丁字母的先后顺序来标识编码对象的代码。顺序码必须等长，如三位顺序码可定义为001，而不能表示为1"。

(1) 技术标准。

技术标准为编码提供智能化信息化系统的技术规则，是企业信息编码的数字化处理规范，是在信息化系统上直接进行人机交互、机器互联的标准。内容主要包括信息化系统结构、数据库结构、数据表结构、数据类型、字段长度、字段要求（如是否可定制、是否由系统自动生成）、字符规则（如输入的字符是否对数字、字母、汉字有要求）、是否必填、关联关系（如是否与其他字段关联）、索引关系（是否与其他数据库或其他表存在索引关系）、时间格式等。

例如，人员信息中的姓名属性，数据类型为字符串VARCHAR、字段长度为

2~30、字段要求自定义输入、输入字符限制为汉字和字母、必填、时间采用datetime类型等。

(2) 业务标准。

业务标准为编码提供与实际业务相关的规则规范。一是国际和国家标准、行业标准等规范性文件，如GB/T 2260—2007《中华人民共和国行政区划代码》、JB/T 9164—1998《工艺装备编号方法》等；二是编码范畴；三是企业内部制订的编码规则及相关引用文件，如设备编码规则、产品编码引用产品分类表、位置编码引用组织架构信息等。

业务标准的体系内容、信息分类、规则编制和标准制订都与企业主营业务、管理模式、运行模式、行业特性紧密相连。所以制订企业编码业务标准时，企业应首先调研企业所在行业的信息编码国际通用标准、国家标准和行业标准；然后结合企业的实际情况，确定企业信息分类的角度和企业的信息范畴，进行企业信息类别的多级划分和企业信息的编码规则编制以及编码标准的制订。

例如，人员信息的数字化定义主要包括人员基础信息、组织、职务、岗位等内容，通过对组织、人员、职务、岗位等数据字典维护来实现人员岗位职责的动态描述；通过岗位授权来规范人与其他要素的交互内容和范围。然后将人员基本属性、组织、职务及岗位信息进行关联并数字化建模，建立人员与组织机构、职务、岗位及汇报关系模型，清晰定义岗位职责。具体如图6-14所示。

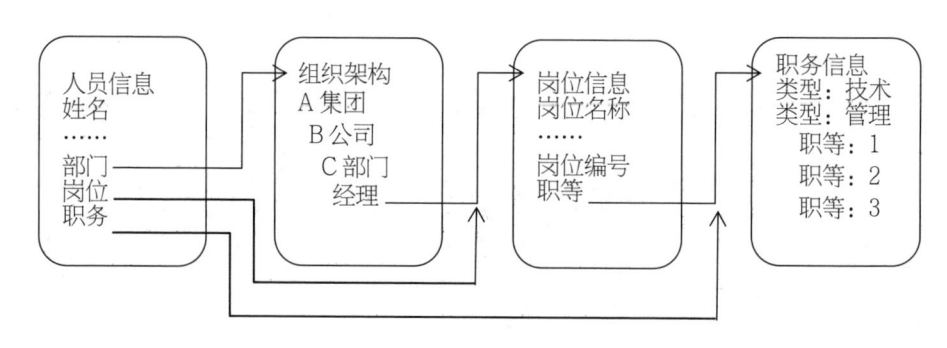

图6-14 人员信息化编码关系示意图

2. 编码架构体系

编码架构体系为企业信息编码的顶层规划，为编码工作提供基本原则、指南和框架，是对编码分类管理的总体性设计，对企业现有的以及应有的各类信息对象进行科学的分级分类管理，按各类信息编码标准的内在联系形成编码分类、编码组、编码项的三级架构体系。该部分内容详见下文。

3. 编码管理体系

编码管理体系为企业信息编码整体工作提供管理的方法和措施，含各项编码管理制度和管理流程，是企业信息编码工作实现科学管理的重要保障，用以实现企业信息编码工作的制度化与流程化。编码管理体系包含四部分内容：编码工作管理制度、编码培训管理制度、编码安全管理制度和编码管理流程。

编码工作管理制度主要涉及企业信息编码的编制、使用、变更（修改、合并、废止）、制度修订等，以及对企业信息编码体系的总体评价和实施效果等内审工作。编码培训管理制度主要涉及编码的培训管理工作。编码安全管理制度主要涉及编码的密级管理和使用权限等内容。编码管理流程是对以上三项管理制度的流程化体现，主要包括编码的编制、审核、发布、变更、培训、评价、安全等内容。

编码管理体系如表6-4所示。

表6-4 编码管理体系

编码工作管理制度	编码编制制度
	编码使用制度
	编码变更制度（含编码的修改、合并、废止）
	管理制度修订准则
	编码工作内审制度
编码培训管理制度	编码培训管理制度
	编码相关培训资料
编码安全管理制度	编码密级管理制度
	编码使用权限管理制度
编码管理流程	编码需求申报及编制流程
	编码审核与发布流程
	编码变更流程
	编码培训流程
	编码内审流程
	编码授权流程
	编码管理制度修订流程

现代企业大都在探索流程型组织建设的改造，对于流程的重视程度越来越高，因此，此处重点解释编码管理流程。企业实施统一信息编码的目的是提升信息化应用水平和管理水平，加强信息系统数据交互和汇总分析的能力，进而改善各业务单元间的沟通机制，并最终提升企业的经营管理能力。在这个过程中，编码完成了信息化基础的搭建，但真正的重点在于应用，这就为流程化的建设提出了必要和必然的要求，所

以要在编码管理体系的基础上设计高效有效的管理流程，对信息编码体系运行管理过程中的业务衔接关系进行不断优化，以提高业务协同效率。

4. 编码应用管理体系

编码应用管理体系为企业信息编码工作提供信息化智能化系统应用方面的标准与规范，主要包括信息系统管理规范和系统交互管理规范。信息系统管理规范是制订与编码相关的信息化系统进行系统集成时所需要的标准，包括系统开发与管理、系统验收与监理、系统测试与评估、系统维护与升级等方面的相关标准。系统交互管理规范是对信息化系统的系统运行、系统应用、系统接口和系统安全等制订的标准。

例如，信息系统的业务逻辑说明、需求分析表、线框原型图等，这些内容必须根据编码管理体系的标准制订。

明确信息编码原则和建立信息编码体系是信息编码工作的重要前提，对信息编码工作起到规范性、指导性、规划性的作用，给信息编码实施路径的建立提供了明确的方向和标准，对于接下来的工作意义深远。企业在正式实施信息编码工作之前，务必根据行业、企业的特性，深入研究编码体系的内容，为接下来的工作打下基础。

6.5.3 企业信息编码架构

1. 编码架构体系

信息编码架构是信息编码的分类管理指导原则，是以企业信息化规划和架构为依托，对企业现有的以及应有的各类"人、机、料、法、环、活动"信息进行科学的分级分类管理，按各类信息编码标准的内在联系形成的顶层体系。对制造行业大规模定制生产的企业来说，建立科学、完整、有序、有效的企业信息编码架构体系，为信息系统所涉及的各类信息进行开发、管理和应用提供了前提和基础，为各类业务对象提供编码规则统一管理服务，保证编码的唯一性和准确性，保证了企业信息化的顺利实施和智能化的实现。

在进行信息编码架构设计过程中，需要结合企业所处行业和自身管理经营情况，首先根据信息编码在价值流上的作用确定编码架构体系的编码分类，然后按照类别内信息编码的功能和作用确定编码分组，最后根据信息编码的管理职责确定编码项，最终形成"编码分类—编码组—编码项"的信息编码三级架构体系。

表6-5为钢企编码架构体系示例。

2. 编码规则

随着当前市场形势的变化和生产技术的发展，制造型企业生产中成组技术、大批量定制技术的出现与完善，对编码项的信息编码逐步采取更加优化的分层分类编码方法（不是架构的分类，而是编码规则中的分层分类）。对产品、设备、备件，以及各种零部件、标准件、外购件和加工设备等，按照各自的规格特征、特有属性等进行分类，并按一定的规则编排成数字码、字母码或数字、字母混合码。

表6-5 钢企编码架构体系示例

编码分类	编码组	编码项
财务	财会成本	会计科目编码
人和组织	组织架构	集团编码、法人单位编号
	人力资源	职工编号、职称代号、单位编码、专长代码、岗位代码
	客户、供应商	客户编码、经销商编码、供应商编码
产品	产品和质量	产品大类、产品形态代码、标准类别、标准序号、标准年号、牌号、用途码、特殊作业要求、产品规范代码、机组代号、冶金数据库索引号、制造标准代码……
生产活动	生产管理	厂别代码、炉号、钢坯号、切割序代码、转用原因代码、缺陷代码、钢坯用途代码、储位代码、去向代码、炉订号、计划钢坯号、炉订号状态代码、铸机号、年浇次号……
生产经营资源	设备管理	设备编码、类别属性、点检基准编号、工事基准编号、给油基准编号、工令基准编号、循环品编号、计量设备编号、特种设备编号
	备件管理	物料编码
	生产资料	原燃辅料编码
经营管理活动	采购管理	请购单号、采购案号、合同单号、交货单号、验收单/结算单号、验收调整单号、退货单号、报账单号
	销售管理	价格版次编号、合同评审编号、订单编号、合同编号、销售调整单号、授信序号、退货单号、发货通知单号、装船通知单号、装车作业单号、副产品作业单号……
	物流仓储	车辆编码、停车场编码、道路编码、轨道编码、出入口编码、翻车机编码、道岔编码、信号灯编码、计量编码、化验编码
		库房编号
	办公协同	集团公文管理—内部公文编码、集团公文管理—外部发文编码规则、集团公文管理—外部收文编码规则、公司公文管理—内部公文编码规则……
	知识管理	培训课程编号、标准作业卡编号、事故档案编号

对象编码由分类码和属性码组成，以信息模型为基础，将信息模型和业务模型有机融合在一起，并最终形成对象的编码规则。在业务模型的规则下，先将对象进行2~3级分类编码，然后根据信息模型的特点，将编码对象的特征信息转化为3~5级属性信息，然后对属性信息进行排序编码，形成最终的编码规则。

编码规则，就是对编码对象确定的最终编码模型，这里必须遵循以下基本原则。

❶人做规则，系统做事。绝对不可以通过人力形成最终的对象编码，即在信息系统内新增对象编码时，不允许人力输入字符，人只设定分层分类的规则，最后必须由信息系统根据规则自动生成最终的对象完全编码。

❷先建体系，再行编码。信息编码体系是编码工作的顶层设计和指导原则，所有的编码都必须利于编码管理、流程操作、体系建设，所以必须遵守该原则。

❸分类固定，属性恒定。编码中的分类码和属性码必须符合恒定不变的原则，如果预见该分类和属性将来会发生变化，则应在编码对象的属性值中有所体现，而不设定为编码规则，如备件的通用、专用属性，该专用备件可能会转化为通用备件，该属性即不可设定为编码规则。

基于前文所述全部原则和规范，我们以备件管理领域的物料编码规则为例加以说明。

物料编码表征备件本身的类型及属性，需要体现设备分类层级信息，在工业互联网平台上，基于设备模型对设备进行数字化、智能化管理，设备模型表征设备类型，每一类设备模型也有自己的编码。为便于同类设备基本模型的复用，并简化编码工作，将不再另设模型编码，而是直接使用物料编码作为模型编码，如图6-15所示。

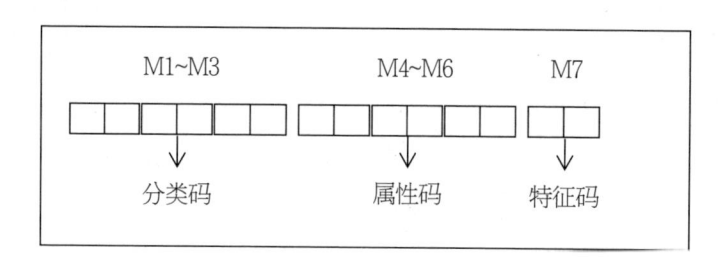

图6-15 物料编码示意图

模型编码由三部分构成，共7级14位，两位一级，由字母或数字组成。其中前1~3级为分类码，必须定义字典码，而且不能为空；4~6级为属性码，如使用也需定义字典码，未定义的层级系统自动设置为00；第7级为特征码，供工业互联网识别使用，默认自动生成。

M1体现物料一级分类特征，如电气（EL）、机械（ME）、自动化仪表（AU）；M2体现物料二级分类特征，如在M1电气（EL）分类基础上，M2分类包括断路器、变压器；M3体现物料三级分类特征，如在M2断路器分类基础上，M3分类包括微型断路器、漏电断路器；M4体现物料核心属性一，如微型断路器的核心属性有1P、2P；M5体现物料核心属性二，如6A、10A；M6体现物料核心属性三，如M5已经实现了物料的唯一性，则M6默认为00。

以德力西微型断路器DZ47SN1C20为例，编码为EL010101010001，各级分别解析如下。

M1：EL，电气；M2：01，断路器；M3：01，微型断路器；M4：01，1P；M5：01，20A；M6：00，默认；M7：01，自动生成。

6.5.4 信息编码工作实施路径

信息编码是一项复杂庞大的工作，涉及内容广泛，几乎涵盖企业的方方面面，需要的知识量庞杂，涵盖业务的全部内容，涉及的编码数量更是数十万计。所以企业必须设计好科学有效的工作实施方案和实施路径，在统一集中的指挥下，采取科学有效的实施方法才能确保信息编码在企业的成功实施和应用。

1. 统一组织：建立信息编码专项工作小组（或集团编码工作委员会）

企业信息编码工作不是几个人可以完成的，必须有一个高效协作的团队才能实现最终的结果，所以信息编码工作的第一步就是建立完备的编码工作团队，称为信息编码专项工作小组或集团编码工作委员会，明确信息编码团队的职责，规范工作流程、制订实施管理制度和合理必要的项目激励机制。信息编码专项工作小组按照基本职责分为三部分：信息编码工作组、信息编码管理组和信息编码实施组。

信息编码工作组负责企业信息编码体系的关键问题决策，参与工作整体指导和进行多方资源协同，制订工作目标并最终参与编码规则的审核。工作组组长应由企业总监级以上领导直接担任，工作组成员由企业各部门或企业所属成员单位相关编码负责人担任，支持配合组长工作。同时，工作组必须要有规范的工作制度与程序，确保信息编码工作的顺利实施，还要根据需要确定是否邀请第三方咨询机构参与企业信息编码工作。

信息编码管理组负责信息编码工作的总体指导与协调、工作计划、目标分解、进度把控等，并进行编码体系的建立、编码规则制订和编码指导、提出建议、解决问题、管理文件等，最终安排编码评审与发布实施。管理组组长由编码工作牵头部门的负责人担任，成员是企业管理、人力资源、信息化等部门人员，并由编码专业技术人员担任专家顾问，如有第三方咨询机构参与，也由管理组统一管理。

信息编码实施组有两个职能：一是负责具体信息编码项的细则编制，由各部门或成员单位负责编码编制的业务人员负责；二是负责编码的信息化部署，由信息化部门相关人员承担。实施组成员的部门负责人为该事项第一责任人，并接受管理组的管理。

2. 统一方案：进行现状分析，制订总体工作方案

(1) 对企业信息编码现状进行调研分析，并形成分析报告。

企业信息复杂多样，企业架构不断调整，业务流程不断变革，业务需求不断变化，这些都会给企业信息编码工作带来巨大影响，通过对企业编码现状进行细致调研和综合分析，梳理存在的问题，从而确定信息编码的范畴和工作重点，加强企业信息编码体系的柔性和灵活性，减少各种易变因素对工作的不利影响。

收集和整理的信息包括企业信息编码各种制度和标准，如国际通用标准、国家标准、行业标准、地方标准和企业内部相关的制度文件，以保证企业信息编码的制订有据可依；还包括目前企业运行的编码体系、编码规则、编码项细则和信息化系统编码应用现状。然后对收集到的各类信息进行分析比对、综合、归类，可用的则用，可留的则留，需废除的废除，最终形成体系化的调研分析报告，作为建立编码体系的依据和指导。

(2) 确定总体目标。

根据企业的战略规划、业务发展、信息化规划、编码现状和科技水平，确定企业信息编码工作的总体目标，用以指导接下来的信息编码工作走向和工作计划的制订。

(3) 制订企业信息编码总体工作方案。

依据企业信息编码现状调研报告，编制企业信息编码总体工作方案，作为编码专项小组的工作指导方针，内容主要包括工作管理制度、工作内容、工作进度计划、工作职责分工以及工作激励等。

3. 统一体系：建立信息编码体系

需要搭建完整的信息编码体系，顺序依次是编码标准体系、编码架构体系、编码管理体系和编码应用管理体系，也为接下来的工作做出整体规划和顶层指导。

4. 统一编制：编制编码项细则，逐步评审发行

(1) 编制信息编码项细则。

在统一的信息编码体系的指导下，结合企业实际情况，以前文所述编码体系设计、编码结构设计为基础，逐步开展编码形式设计，编制完成编码表。编制编码表时，应遵循信息编码的基本原则——标准化、结构性、唯一性、实用性和可持续性，更要充分考虑将来的横向扩展和纵向延伸，保障编码的长期可用。这里说明一点，重点实施与人和组织、与产品、与设备、与物料相关的信息编码，这些编码是整个企业信息编码的重点，也是企业价值流上变动最大、对信息化要求最高的部分。

(2) 评审企业信息编码体系，并分步发行。

管理组对企业信息编码体系组织内部评审，或根据情况组织外部评审，并依据评审意见修改完善。内部评审需先经过编码管理组组内评审，然后组织工作组内部评审；外部评审主要由聘请的企业外部相关专家负责，可以和工作组内部评审合并进行。

评审结束后，编码体系即可发布并试行，并在实际的应用过程中征集反馈意见，进一步完善修订。

5. 统一思想：进行编码体系培训

一切企业的变革都是文化的变革，一切文化的变革都是在统一思想。企业信息编码工作也是一场企业的管理变革，在企业信息编码体系发布试行的同时，必须有计划

地开展企业信息编码体系培训与应用指导，保证企业上下理念的统一、文化的认同、管理的协调和信息化技能的提升。

6. 统一部署

推进信息化系统实施与改造，此部分内容详见"信息编码的信息化管理"。

6.5.5 信息编码的信息化管理

1. 搭建信息编码管理系统，建立信息资源库

有条件（技术条件和资金条件）的企业，可采用集中管理的方式进行企业信息编码，搭建企业信息编码管理系统，实现各类企业信息编码的自动生成、灵活导入导出、各信息系统的集中接口调用和集成化互联管理，达到企业信息编码体系的管理制度化、实施一体化、应用集成化。企业信息编码管理系统应具有数据库编码字典的分离性和规范化、编码规则唯一性验证、编码规则自定义管理、可树型展开的层次结构支持、多网络协同工作、开放的系统接口等特点，另外还需具有友好的用户界面，方便的信息查询与索引功能，严谨的安全管理机制和严格的权限控制手段，并最终实现企业信息的集成共享。

通过建立信息管理系统，将编码规则和编码项细则输入该系统，部署编码管理流程，即形成了统一的编码信息资源库，实现了资源的标准化和规范性管理，为数据资源的复用提供支持，提高了数据的工作效率。

2. 有效集成编码管理系统和其他信息化应用系统

通过信息编码体系的建设和实施，企业信息编码的最终目的是实现编码信息资源的共享与信息系统的有效集成和有效应用。信息编码管理系统在很大程度上是为其他各种应用系统提供与信息编码有关的功能和服务，所以企业信息编码管理系统必须具有很好的开放性，和足够有力的信息集成支持。以信息编码管理系统为中心，通过接口实现与ERP、SCM、MES、DNC、CAD、MDC、PDM、CAPP和CRM等信息系统的集成，实现企业统一编码管理体系的应用。

当然，这里需要重点关注的是，传统制造企业的各类信息化系统基本存在相互分离、相互独立的现象，且信息化系统众多，信息"岛群"林立，这对智能制造的实现是非常不利的。所以，企业必须舍得花大力气、大价钱去整合改造这些系统，其带来的价值是巨大的，对效率的提高是明显的，会创造出远远大于投入的产出，也是实现制造业智能制造的基础和前提。

参考文献

[1] 董立志，董立杰. 五略管理法[M]. 大连：大连海事大学出版社，2020.

[2] 董立志. 迪拜，未来从这里开始——迪拜崛起启示录[M]. 青岛：青岛出版社，2007.

[3] 王延超，董立志，等. 管理方略论[M]. 济南：济南出版社，2009.

[4] 董立志. 法治中国视域下的法治莱钢建设方略[J]. 冶金管理，2014(10)：57-61.

[5] 董立杰. 新冠肺炎疫情对企业管理的七大启示[J]. 中国冶金报，2020(36)：6.

[6] 董立杰. 钢企精益管理的"一二三四"工程[J]. 中国冶金报，2020(61)：6.

[7] 董立杰. 制造业流程型组织变革之路[J]. 中国冶金报，2020(74)：3.

[8] 董立杰. 制造业流程型组织模式如何持续改善[J]. 中国冶金报，2020(102)：3.

[9] 董立杰. 精准操作，钢企如何正确识别核心流程[J]. 中国冶金报，2020(125)：3.

[10] 董立杰. 钢企如何有效地进行对标管理[J]. 中国冶金报，2020(141)：7.

[11] 董立杰. "三要点"助企业做好现场观察[J]. 中国冶金报，2021(27)：7.